KB263438

# 디지털 시대의
# 글쓰기

도서
출판 박이정

# 머리말

흔히들 21세기는 정보화 시대가 될 것이라고 한다. 이는 지식과 정보를 효율적으로 생산하고 관리하는 사람이나 집단이 새로운 시대를 주도하게 된다는 것을 의미한다. 이러한 예상으로 대학은 물론이고 사회의 모든 분야에서 영어와 컴퓨터 사용 능력의 중요성을 강조하고 있다. 그러나 진정한 정보화는 도구나 기능으로서의 영어나 컴퓨터 사용 능력보다는 근원적으로 지식이나 정보를 창출해 내고 가공하여 효율적으로 관리하고 활용하는 능력의 우열에 의해 결정된다고 할 수 있다. 지식이나 정보는 사고의 산물이며 언어의 형태로 그 모습을 나타내게 된다. 지식이나 정보가 내용이라면 언어는 그것을 담는 그릇이라고 할 수 있다. 따라서 그 그릇을 어떻게 빚어내느냐에 따라 수많은 유형과 형태의 지식과 정보로 나타나게 된다.

언어는 모든 인간 활동의 수단이다. 이 점에서 언어는 사고를 논리화하고 추상화하는 수단이 되기도 한다. 인간이 언어를 매개로 자기의 사고를 표현하는 방법에는 두 가지가 있다. 하나는 음성언어에 의한 것이고, 다른 하나는 문자언어에 의한 것이다. 이 책을 통하여 독자들에게 기대하는 것은 문자 언어에 의한 표현 능력의 신장이다. 이 표현 능력이야말로 우리의 언어로 된 학문의 기본 토대가 된다고 할 수 있기 때문이다.

글쓰기의 이론과 요령에 대하여 소개한 책은 많이 있다. 그러나 글을 쓰는 구체적인 방법을 가르치고 그것을 활용할 수 있도록 한 안내서는 많아 보이지 않는다. 좋은 글을 쓰려면 글의 구성 성분이 되는 요소들에 대한 이해와 지식이 선행되어야 하고, 그것을 바탕으로 글을 짜임새 있게 구성하는 요령을 터득해야 한다. 이러한 능력은 하루아침에 이루어지는 것이 아니고 부지런히 그리고 지속적으로 노력할 때 달성될 수 있는 것이다.

따라서 이 책에서는 글쓰기에 대한 기본적인 이론을 설명하고 그 이론을 통하여 이미 써 놓은 글을 분석해 보거나 실제로 글을 써 보는 데 중점을 두었다. 이를 위하여 각 단원마다 예문과 연습 문제를 충분히 제시하여 실질적인 글쓰기 능력 신장에 도움을 주고자 하였다. 좋은 글은 선천적으로 타고난 능력보다는 후천적인 훈련과 노력에 의해 얼마든지 개발될 수 있기 때문이다. 그리고 각 단원마다 연구 문제를 두어 실제 글쓰기 연습을 할 수 있도록 하였다. 책의 끝에는 부록으로 한글 맞춤법과 국어의 로마자 표기법, 틀리기 쉬운 표준어, 틀리기 쉬운 외래어 표기와 외래어 순화 용례를 제시하여 글쓰기의 기초를 다질 수 있도록 하였으며, '당신의 우리말 실력은'이라는 연습 문제를 실어 실전 연습과 과제로 활용할 수 있도록 하였다.

제1장은 언어와 언어 생활에 대하여 기술하였다. 언어와 인간의 관계 및 언어와 사고와의 관계, 언어의 기능, 말하기, 듣기, 쓰기, 읽기 등 네 가지 언어 영역에 대하여 기술하였다.

제2장은 글쓰기의 기초로서 좋은 글을 쓰기 위한 기본 지식에 대하여 기술하였다. 단어의 의미와 용법, 문법 요소의 쓰임과 문장 구성의 원리 등을 잘 모르면서 좋은 글을 쓸 수는 없다. 바람직한 언어 생활은 표준어로 말하고 그것을 정서법에 따라 바르게 표기할 때 가능하다. 이에 따라 좋은 글을 쓰기 위한 전제 조건을 충족시키기 위하여 한글 맞춤법, 표준어, 외래어 표기, 외래어의 순화, 컴퓨터 통신 언어에 대하여 기술하였다.

제3장은 언어에 대한 이해의 장으로 의미를 가진 가장 작은 단위인 형태소에서부터 단어, 구, 절, 문장에 이르기까지 문법 단위에 대하여 기술하였다. 그리고 정확하고 좋은 문장을 쓸 수 있도록 구체적이고 실제적인 글쓰기 훈련이 되도록 하였다.

제4장은 처지에 따른 기술의 양식에 대하여 기술하였다. 글은 처지에 따라 여러 가지로 나뉘는데 대체로 전달 동기에서 쓴 글과, 표현 동기에서 쓴 글로 나눌 수 있다. 전달 동기에 의해 쓰인 글은 주로 실용문이고, 표현 동기에 의해 쓰인 글은 주로 문예문이다. 이 장에서는 글을 쓰는 목적이나 대상에 따라 적절한 기술 양식을 골라 쓸 수 있는 훈련을 하도록 하였다.

제5장은 글쓰기의 절차에 대하여 기술하였다. 제2장부터 제4장까지 익힌 글쓰기의 이론과 지식을 바탕으로 하나의 글을 체계적으로 완성해 나가는 구체적인 과정에 대하여 기술하였다. 우리의 대표적인 의사 표현 수단인 ‘글’을 쓰는 데 필요한 ‘기본적인 절차’에 대하여 익히고, 그것을 바탕으로 각각의 절차를 처리하는 능력과 기술을 향상시키는 데 목표를 두었다.

제6장은 생활문 쓰기에 대하여 기술하였다. 제5장까지에서 익힌 글쓰기에 대한 기본 지식을 바탕으로 우리가 일상 생활에서 써야 할 생활문의 형식과 내용에 대한 작성 방법을 익히도록 함으로써 실제 생활에서 실용문인 쓰기에 활용할 수 있도록 하였다. 생활문은 뚜렷한 목적을 가지고 어떤 내용을 구체적이고 직접적으로 전달하는 데 목표가 있으므로 대학생들이 흔히 쓰게 되는 다양한 종류의 생활문을 쓰는 요령에 대하여 기술하였다.

제7장은 논문 작성법에 대하여 기술하였다. 대학의 기본적인 기능인 동시에 궁극적인 목표인 진리 탐구의 결과를 체계적으로 나타내기 위한 논문 작성의 절차와 방법에 대하여 기술하

였다. 논문의 의미와 종류에 대한 이해 및 그 형식과 체재를 이해하는 능력도 작문 교육을 통하여 달성할 수 있다고 보기 때문이다.

이 책은 언어에 대한 기초적인 이해에서부터 고도의 글쓰기 과정인 논문 작성법에 이르기까지 단계별로 구성하였다. 따라서 이 책의 순서에 따라 학습해 가다 보면 실용문을 작성하거나 문예문을 창작하는 데 직접적이고 실질적인 도움을 얻을 수 있을 것이다. 이것이 이 책에서 기대하는 일차적인 목표다. 그리고 필요하다면 전문적인 글을 작성하는 방법까지 익힐 수 있도록 하는 것이 이차적인 목표다. 이 책의 안내에 따라 꾸준히 훈련함으로써 누구나 자기의 생각을 효과적으로 표현할 수 있는 정보화 시대의 주역이 될 수 있기를 바라는 마음 간절하다.

끝으로 이 책의 출판을 기꺼이 맡아 주신 박이정 출판사의 박찬익 사장님과 교정에 애써준 아내와 이종애 선생에게 고마움을 전한다.


2002. 2.

용두산 자락에서

# 차례

# 제7장 논문 작성법 ▸ 213

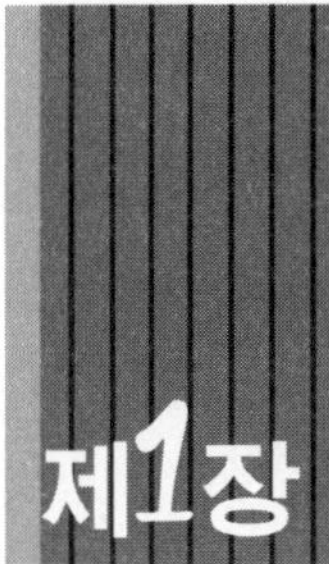

# 제1장

# 언어와 언어 생활

# 1. 인간과 언어

우리 인간이 동물과 구별되는 가장 뚜렷한 특징 가운데 하나가 '언어'라고 해도 과언이 아니다. 정상적으로 언어를 습득한 사람이라면 누구나 자유로이 이를 구사할 수 있고, 이를 대물림할 수도 있지만 동물은 그것이 불가능하기 때문이다.

우리가 어떤 언어를 자유로이 구사할 수 있다는 것은 그 언어의 구조나 작동 원리를 잘 알고 있기 때문에 가능하다. 그러나 어떤 언어의 구조나 작동 원리를 알고 있다는 것과 그것을 설명할 수 있다는 것은 별개의 문제다. 그렇다고 우리가 언어의 구조나 언어의 작동 원리를 설명할 수 있어야 한다는 것은 아니다. 이는 우리가 TV나 컴퓨터의 구조나 작동 원리를 알고 있든 모르고 있든 그것들을 잘 사용하고 있는 것과 같다. 그러나 우리가 TV나 컴퓨터의 구조와 작동원리를 잘 알고 있다면 사용하는 동안에 문제가 생겼을 때 그 원인을 찾아내고 문제를 해결하는 데 훨씬 도움이 될 것이다. 그런데 문제는 TV나 컴퓨터는 분해하고 다시 조립해 봄으로써 그 구조나 작동 원리를 이해할 수 있지만 언어는 기계가 아니기 때문에 그것이 쉽지 않다는 점이다. 이론적으로 보면 언어 사용은 두뇌의 작용이므로 뇌를 분해해 보아야 언어사용의 원리를 알 수 있겠지만 아직까지는 그것이 가능하지 않다.

그럼에도 불구하고 인간의 언어가 이 세상에서 가장 정교한 의사 전달 체계라는 점은 부정하기 어렵다. 수많은 상황에서 수천 수만 가지의 생각이나 느낌을 각각의 상황에 적합하게 전달하는 인간의 언어는 그야말로 인간만이 가진 천부적인 능력이라고 할 수 있다. 그러나 인간이 언어를 사용할 수 있는 천부적인 능력을 가지고 태어났다고 하더라도 알맞은 환경에서 제대로 훈련을 받지 않으면 진정한 의미에서 사람이 될 수 없다는 것을 말해 준다. 이는 인간이 태어날 때부터 잠재적으로 언어 사용 능력을 가지게 되지만 훈련 과정을 거쳐야 그 능력을 완전히 발휘할 수 있다는 것을 뜻한다. 이 때문에 훈련의 중요성에 대하여 관심을 가져야 한다.

우리 나라와 같이 소위 하나의 민족이 하나의 언어를 사용하면서 구성원 한 사람 한 사람이 모두 비슷한 수준의 말하기와 듣기 능력을 갖고 있다는 사실이 인간의 언어 생활에 얼마나 편리한가는 한국어를 모르는 외국인과 의사소통이 안 되어 쩔쩔매어 본 경험이 있는 사람이라면 알 수 있을 것이다. 그러나 하나의 언어 사회 내에서도 사람마다 교육의 정도가 다르고 관심의 대상이 다르면 말하기와 듣기의 능력에도 차이가 생긴다는 점을 상기할 필요가 있다. 가령, 어른들이 어린이들도 잘 아는 한국말로 이야기를 하고 있는데도 그 말이 무슨 뜻인지 알아듣지 못하여 물어 보는 경우도 있고, 같은 어른이라고 하더라도 의사들끼리 주고받는 이야기를 환자나 환자 가족들이 알아듣지 못하여 답답해 했던 기억이 있을 것이다. 이는 말을 하고 듣는 능력에서는 누구나 평등하게 태어났지만 공부를 많이 하면 할수록, 그리고 성격이 이질적인 분야에서 활동하면 할수록 우리의 생각도 무궁무진하게 발전해 간다는 것을 말해준다.

언어는 반복적인 학습을 통하여 습득되는 것이지만 일단 언어를 배우고 나면 책을 많이 읽고 세상 경험을 많이 한 사람일수록 추상적이고 복잡한 내용도 아주 자연스럽고 만족할 만하게 표현할 수 있게 된다. 아울러 자기가 새롭게 생각한 것을 처음으로 표현할 수 있는 능력도 가지게 된다. 이 점에서 볼 때 언어를 배운다는 것은 새로운 표현을 가능하게 하는 창조 능력도 함께 배운다는 것을 의미한다. 이 창조 능력이 새로운 세상을 만들어 가는 원동력이 되며, 우리 인간을 좀더 아름답고 훌륭한 세상으로 이끌어 가고 있다고 할 수 있다.

언어는 두뇌 활동의 산물이기 때문에, 하나의 생물체가 환경에 의하여 후천적으로 영향을 받기도 하고 선천적인 유전인자의 지배도 받듯이, 언어의 습득과 발달도 선천적인 요인과 후천적인 요인의 영향을 받는다.


## 2. 언어와 사고(思考)


우리는 우리가 생각하고 있는 것을 언어로 나타내어 다른 사람에게 전달하고, 또한 다른 사람이 표현한 언어를 통하여 그 사람이 무슨 생각을 하고 있는지 알아내게 된다. 여기에는 그 언어를 사용하는 집단의 구성원들 사이에 암묵적인 약속이 존재한다. 따라서 이 약속이 깨어지거나 약속이 어긋나게 되면 언어 생활에 커다란 혼란이 올 것이 자명하다.

말과 생각은 뗄래야 뗄 수 없는 밀접한 관계에 있다. 그 동안 말과 생각의 관계에 대한 견해는 두 가지가 있어 왔다. 하나는 말과 생각이 동전의 양면처럼 서로 하나인데 한 편으로는 말이 되어 겉으로 나타나 사람의 귀에 들리고 다른 한 편으로는 생각이 되어 속으로 감추어져 있다고 보는 견해이고, 다른 하나는 말이 생각이라는 큰 그릇 속에 담겨 있다고 보는 견해이다. 다시 말하면 생각 속에는 말 이외에도 다른 것이 더 들어 있다고 보는 것이다. 그런데 조금만 깊이 생각해 보면 이 두 가지 견해 가운데 뒤의 것이 옳고 앞의 것이 틀렸다는 것을 금방 알 수 있다. 예를 들면, 우리가 생각하는 것은 거의 대부분 말로 표현할 수 있지만 어떤 경우에는 말로 어떻게 표현해야 할지 몰라 고민한 경우가 그것이다. 이것이 말과 생각이 동전의 양면처럼 서로 안팎을 이루는 것이 아니라는 것을 알 수 있게 한다. 생각이 말과 일치하는 것이 아니라는 것은 다음과 같은 경우에도 알 수 있다. 한밤중에 혼자 길을 걸으면서 '누가 뒤 따라 오는 것은 아닐까?', '저기 앞에 검은 물체는 무엇일까?' 등 수많은 상상을 하지만 한마디 말도 입밖에 내지 않는 경우를 생각해 보면 생각이라는 것이 얼마나 넓고 크며 말이 생각의 일부분을 주워담는 작은 그릇에 지나지 않는다는 것을 알 수 있다.

사고(思考)는 언어라는 그릇에 반영되고 언어는 행동을 유도하게 된다. 행동이 반복되면 습관이 되는 것이므로 우리는 어떤 사람의 반복되는 행동이나 습관을 통하여 그 사람이 어떤 언어를 사용할 것인지 추측할 수 있고 나아가 어떤 생각을 하고 있는지도 추측할 수 있게 된다. 그러나 아무리 인간의 생각이 말보다 범위가 넓고 크다고 하여도 그 생각을 언어로 표현해 놓지 않으면 그 생각의 위대함이나 오묘함을 다른 사람에게 전달할 수 없게 된다.


## 3. 언어의 기능


흔히 인간을 사회적 동물이라고 한다. 이는 인간이 하나의 사회 집단 속에서 그 집단의 구성원으로서 사회 생활을 해 나간다는 의미일 것이다. 그렇다면 사회 생활에서 가장 중요한 의사소통 수단은 무엇인가. 그것은 두말할 필요도 없이 언어라고 할 수 있을 것이다. 얼굴 표정이나 손짓, 발짓 등으로도 의사소통이 가능하지만 언어만큼 완벽한 수단이 되지는 못한다. 이렇게 볼 때 '언어'의 기본 기능을 '사상과 감정의 전달'이라고 뭉뚱그려 표현할 수 있겠지만 자세히 살펴보면 그렇게 간단한 것만은 아니다.

그렇다면 언어의 기능에는 어떤 것들이 있는가? 언어의 기능을 알아보기 위하여는 말이 사용될 때 그 자리에 등장하는 요소를 먼저 검토해 보아야 할 것이다. 일반적으로 말 한마디가 사용되는 데 동원되는 요소는 적어도 다음의 여섯 가지가 있다.

첫째, 화자, 즉 말하는 사람이 있어야 한다.
둘째, 청자, 즉 그 말을 듣는 사람이 있어야 한다.
셋째, 화제, 즉 무엇에 대하여 말하느냐 하는 대상이 있어야 한다. 예컨대, 날씨에 관한 것인지 우정에 관한 것인지 등이 문제가 된다.

넷째, 메시지(message) 또는 전언(傳言)이라고 하는 것으로 화자가 입으로 소리를 낸 말 그 자체가 있어야 한다. 예컨대, "엄마, 비가 와요."라고 말했다면 그 말 자체가 있어야 한다.

다섯째, 하나의 말, 하나의 대화가 이루어질 때 그 대화를 가능하게 하는 환경과 조건이 필요하다. 어떤 시간, 어떤 장소, 어떤 분위기에서 하나의 말이나 대화가 이루어지는 환경이 이해되어야 말을 바르게 이해할 수 있기 때문이다. 예컨대, 밖에 나가려다가 들어와 "엄마, 비가 와요."라고 말했다면, '장화를 신어야 되겠다'든가 '우산을 달라'든가 '빨래를 걷어라'와 같은 의미가 내포되어 있을 수 있다.

여섯째, 사용되는 말이 어떤 종류였는지를 알아야 한다. 한국어인지 영어인지, 또는 경기도 방언인지 경상도 방언인지도 말이 사용되는 장면에서 고려해야 할 요소다.


이와 같이 언어가 사용될 때는 언어가 사용되는 장면에 등장하는 모든 요소에 골고루 충실한 역할을 해야만 그 언어가 바르게 사용된 것이라고 할 수 있다. 따라서 위의 여섯 가지 요소가 하는 기능이 무엇인가를 알아야 한다.

첫째, 화자의 처지에서 볼 때 말은 화자의 생각이나 느낌을 듣는 이에게 정확하게 전달하는 데 목적이 있다. 따라서 화자가 생각하기에 화자가 하는 말 속에 들어 있는 생각이나 느낌 또는 감정을 청자도 똑같이 생각하고 느낀다고 판단되면 별다른 신경을 쓰지 않고 청자에게 자기의 말을 할 것이다. 그러나 화자의 생각이나 느낌 또는 감정이 청자의 그것과 다르다고 판단되면 화자는 청자도 자기의 생각이나 느낌 또는 감정을 가지도록 하려고 특별한 주의를 기울일 것이다. 가령 화자의 정서를 나타내는 감탄사 "어머나, 어머머, 쯧쯧, 끌끌, 흥" 등은 문자로 표기되었을 때와 실제 소리와는 사뭇 다르다. 이와 같이 화자는 말 속에 자기의 생각이나 느낌이나 감정을 충실하게 반영하려고 노력하는데, 언어의 이러한 기능을 정서적 기능(情緖的 機能) 또는 표출적 기능(表出的 機能)이라고 한다. 그렇다고 이 정서적 기능이 사용된 말의 기본적이고 객관적인 의미를 바꾸지는 못한다.

둘째, 청자의 처지에서 볼 때 말은 청자에게 명령적 기능(命令的 機能)을 가진다. 화자는 자기가 한 말을 청자가 듣고 자기의 생각이나 느낌 또는 감정과 같아지고 그에 따라 새로운 행동을 하도록 기대하게 된다. 이러한 효과를 요구하는 것이 다름아닌 명령적 기능이다. 화자가 자기 자신에게 하는 독백도 일종의 명령적 기능을 수행한다고 볼 수 있다.

셋째, 화제(話題)를 고려하면 말의 가장 핵심적인 기능은 무엇인가를 전달하는 데 있다. 이 핵심적인 기능인 화제의 전달을 위하여 정서적인 기능이나 명령적인 기능이 부수적으로 수행되는 것이라고 할 수 있다. 가령 "여기가 내 고향이다"라든가 "이것이 내 책이다"와 같은 말은 모두 어떤 대상을 지시하거나 새로운 정보를 알려주는 역할을 한다는 점에서 지시적 기능(指示的 機能) 또는 정보적 기능(情報的 機能)이라고 한다. 언어의 지시적 기능은 이 세상에 존재하는 사물에 대하여 새로운 이름을 붙이고 거기에 그러한 사물이 있다는 것을 가리키는 기능을 말한다. 따라서 언어의 지시적 기능은 인간의 지능, 학문이 발전하고 새로운 명칭, 개념들이 늘어가는 것과 비례하여 점점 더 활발하게 작용하는 기능이라고 할 수 있다. '가다, 오다'나 '예쁘다, 노랗다'와 같은 동사나 형용사들도 동작이나 상태를 가리킨다는 점에서 역시 일종의 이름이라고 할 수 있다. 따라서 언어는 지시적 기능을 하는 낱말들의 조직적인 집합체라고 할 수 있다.

넷째, 메시지(message) 또는 전언(傳言)을 고려할 때 언어가 인간과 함께 생활한다는 점에서 언어의 생명력을 인정할 수 있다. 이 때문에 언어도 스스로 아름다워지려 한다고 할 수 있다. 언어의 이러한 노력을 언어의 미학적 기능(美學的 機能) 또는 시적 기능(詩的 機能)이라고 한다. 시나 소설 등은 그 나라 말로 이루어진 언어예술이라고 할 수 있기 때문에 이 미학적 기능을 시적 기능이라고도 하는 것이다. 가령 '해바라기와 장미'라는 어구와 '장미와 해바라기'라는 어구를 비교해 보면 아무래도 앞의 것보다는 뒤의 것이 자연스럽고 부드러워 보인다. 그것은 국어에서 명사를 나열할 때 음절수가 적은 것이 음절수가 많은 것보다 앞에 놓이는 것이 좋다는 한국인의 무의식적인 심리상태가 반영된 것이라고 할 수 있다. '좌우'나 '대소' 또는 '남녀노소' 등도 마찬가지여서 '우좌'나 '소대' 또는 '소노녀남'이라고 하면 어색해지는데 이것들도 심리적으로 안정되고 자연스러움을 취하기 때문이라고 볼 수 있다.

다섯째, 말이나 대화가 이루어지는 환경 조건을 고려할 때 말이 기계적으로 의미를 전달하기만 하는 것이 아니라 화자와 청자간의 의사소통과 의사소통의 가능성을 확인하기도 한다. 핵심 주제를 가지고 본격적인 대화를 할 수도 있지만 그 전에 서로 인사를 하거나 하여 이야기만 주고받는 경우에는 사용된 말 자체의 의미가 그리 중요하지가 않고 화자와 청자를 이어 주는 역할만 한다. 언어의 이러한 기능을 친교적 기능(親交的 機能)이라고 한다. 즉 언어의 친교적 기능은 화자가 표현한 말의 의미를 곧이곧대로 나타내는 것이 아니다.

여섯째, 말의 종류를 고려할 때 언어도 이 세상에 존재하는 하나의 사물이다. 따라서 어떤 언어가 다른 언어를 가리킬 수가 있다. 이 때의 두 언어가 서로 다른 외국어라는 뜻은 아니다. 이와 같이 하나의 말이 다른 말과 관계를 맺는 기능을 언어의 관어적 기능(關語的 機能)이라고 한다. 우리가 외국어를 배울 때 국어 단어를 외국어 단어와 대응시키거나, 새로운 사상이나 개념을 다른 사람들이 전혀 사용하지 않던 새로운 단어로 나타내려 한다면 언어의 관어적 기능이 매우 중요하다는 것을 알 수 있을 것이다. 우리가 영어를 배울 때 '보이(boy)'나 '걸(girl)'과 같은 단어를 '소년'이나 '소녀'라는 한국어 단어가 없이 배우기는 어려웠을 것이다. 이와 같이 우리가 외국어를 배울 때 우리의 모국어인 한국어가 길잡이 역할을 하는데 이 길잡이 역할이 관어적 기능이다. 새로운 지식을 체계화하거나 어떤 내용을 설명하기 위해 만들어진 개념어나 학술용어 등도 모두 언어의 관어적 기능이 있기 때문에 가능한 것이다.

이상에서 언급한 언어의 여섯 가지 기능을 올바로 이해하는 것은 국어 공부뿐만 아니라 참다운 인간이 되기 위한 점에서도 기본적인 전제 조건이 될 수도 있다. 훌륭한 인간이 되고자 한다는 것은 남을 올바르게 이해하고자 하는 것과 일맥상통하기 때문이다.


## 4. 언어 생활

언어 생활을 말할 때면 흔히 '말하기, 듣기, 쓰기, 읽기'의 네 가지 영역으로 나누어 말한다. 이 네 가지 영역은 다시 소리로 하는 언어 생활과 글로 하는 언어 생활로 나눌 수 있다. '말하기-듣기'와 '쓰기-읽기'가 그것이다. '말하기'와 '듣기'는 화자와 청자가 말소리를 매개로 하여 의사소통을 하는 것이고, '쓰기'와 '읽기'는 필자와 독자가 문자를 매개로 하여 의사소통을 하는 것이다. '말하기'는 말소리를 매개로 하여 사상이나 감정을 전달하는 데 비해 쓰기는 문자를 매개로 하여 전달한다는 점에서 차이가 있지만 화자와 필자 모두 메시지를 전달하는 메신저 역할을 한다는 점에서 공통점이 있다. 마찬가지로 '듣기' 역시 말소리를 매개로 하여 청자에게 전달된 사상이나 감정을 받아들이는 데 비해 '읽기'는 표기된 문자를 매개로 하여 필자의 생각을 독자가 받아들이고 이해한다는 점에서 차이가 있지만 청자와 독자 모두 메시지를 받아들이는 수신자 역할을 한다는 점에서 공통점이 있다.


## 4.1 말하기

우리 속담에 '에' 해 다르고 '애' 해 다르다는 말이 있다. 이 말은 말로써 인간의 섬세한 감정을 표현할 수 있다는 뜻으로 해석할 수 있다. 요즈음 젊은이들 가운데는 기본적인 의미만 통하면 그만이지 무엇 때문에 굳이 정확하고 올바른 표현을 찾으려 애써야 하느냐고 따지는 사람들이 있다. 이런 부류의 사람들은 말이 가진 맛과 묘미를 전혀 모르는 사람이라고 할 수 있다. 그렇게 따지는 사람에게 '네 대가리로는 그렇게 밖에 생각할 수 없느냐?'고 대답해 보라. 그러면 아마도 십중팔구는 교양이 없네, 무식하네 하면서 펄펄 뛸 것이다. 기본적인 의미만 통하면 된다고 생각한다면 펄펄 뛸 일이 아닌데 말이다. 기본적인 의미만 통하면 된다고 생각하면서도 이렇게 앞뒤가 안 맞는 행동을 하는 상황이 생기는 것은, 사람들이 미묘한 의미 차이(意味差異)까지도 구별하려 하고 섬세한 감정까지 말 속에 담아서 전달하려 하기 때문이다.

얼마 전에 나이가 지긋하신 어떤 어른에게서 우리말의 미묘한 쓰임에 대하여 이야기를 듣게 되었는데 그 이야기의 내용은 다음과 같다.

일제시대 때의 일인데, 어느 일본 사람이 한국을 통치하려면 한국말을 알아야 한다고 생각하고 한국말을 배우기로 했다고 한다. 그래서 그 일본 사람은 한국 사람들이 무슨 말을 어떻게 하는가를 알아보기 위하여 길에 누워서 죽은 시늉을 하고 있었다는 것이다. 그랬더니 첫 번째로 지나가던 한국 사람 하나가 "어떤 놈 하나가 뒈졌다" 하더라는 것이다. 그래서 그 일본 사람은 '죽은 것'을 한국말로 '뒈졌다'고 하는구나 하고 생각했다는 것이다. 그런데 조금 후에 두 번째 지나가던 사람이 보더니 "어떤 놈 하나가 뻗었다" 하더라는 것이다. 그래서 '죽은 것'을 한국말로 '뻗었다'고도 하는구나 하고 생각했다는 것이다. 그런데 세 번째 지나가던 사람은 "어떤 놈 하나가 밥숟가락 놓았다"라고 하더라는 것이다. 그리고 네 번째 사람은 "어떤 사람 하나가 사망했다"고 하더니 그 다음 사람은 "어떤 사람 하나가 죽었다"고 하더라는 것이다. 그 일본 사람은 '죽는다'는 말 하나가 이렇게 복잡해서야 어떻게 한국말을 배울 수 있겠느냐고 하면서 한국말 배우는 것을 포기했다는 것이다. 실은 '죽는다'는 말이 복잡한 것이 아니라 죽는 상황에 가장 적합한 단어를 골라 썼다고 해야 옳을 것이다. 길에서 죽었으니 '뒈졌다, 뻗었다'나 중립적인 의미인 '죽었다'가 가능했을 것이다. 이와는 대조적으로 세계적으로 존경을 받았던 테레사 수녀에게는 여러 언론에서 '타계, 서거, 운명, 영면'과 같은 단어를 골라 썼음을 우리는 알고 있다. 여기에서 우리는 말을 가려 씀으로써 단순한 의미 차이만이 아니라 말을 쓰는 사람의 세세한 감정까지도 나타내려 한다는 것을 알 수 있다. 실로 '에' 해 다르고 '애' 해 다르다고 하지 않을 수 없다.

텔레비젼 프로그램에서 보았던 예를 들어보자.

아침에 방송되는 생방송 프로그램에서 사회자가 "방송국에는 누가 데려다 주셨대요?" 하고 어느 주부에게 물으니

"'아빠'가 데려다 주셨어요. 지금 밖에서 기다리고 계셔요." 하고 대답하는 것이었다.

도대체 누구의 '아빠'일까? 친정 아버지일까? 아니면 시아버지일까? 대화를 계속 듣다보니

'남편'을 지칭하는 것이라는 것을 알 수 있었다. 방송 관계자들은 방송이 시작되기 전에 출연 자들을 상대로 남편은 '제 남편' 친정 아버지는 반드시 '친정 아버지'로 말하라고 단단히 주 의를 주지만 실제 방송에 들어가서는 평소에 입에 밴 말투대로 남편을 '아빠'라고 한다는 것 이다. 그래도 실수가 '아빠'로 끝나면 다행이다. 앞의 대화에서 보았듯이 '아빠가 …… 주셨어 요'라거나 '……계셔요'라고 하는 표현을 아무 거리낌없이 쓴다. 방송과 같이 불특정 다수를 상대로 하는 상황에서 남편을 높이는 표현이 잘못이라는 것을 모르고 있는 주부들이 대부분 이라는 것이 방송 관계자들의 말이다. 텔레비전을 시청하는 사람들 중에는 출연자는 물론이 고 출연자의 부모님보다 연세가 많은 분들도 많기 때문에 '주셨어요, 계셔요'와 같은 표현은 부적절한 것이다. 이런 경우 세련된 사회자는 '아빠가 … 주셨어요'라고 하면 곧바로 '남편이 … 주었다는 말이지요' 하고 정정해 준다.

다른 사람들 특히 어른들 앞에서는 남편을 낮추는 것을 압존법이라고 한다. 압존법은 화자 인 나보다 윗사람이라도 더 윗사람 앞에서는 낮추는 것을 말한다. 이것은 어른에 대한 공대 가 그보다 더 높은 어른 앞에서는 줄어드는 표현 방법이다. 그래서 할아버지에게 아버지를 가리켜 말할 때는 "애비 아직 안 들어왔습니다."나 "애비가 다녀오겠다고 했습니다"와 같은 표현을 하게 된다.

그러나 복잡한 현대 사회에 신분과 서열을 중시하는 압존의 원리가 투영되면서 매우 복잡 한 양상을 띠게 되고 미묘한 갈등을 빚게 되었다. 직장에서 사적으로는 선배이지만 공적으로 는 부하인 경우 상대방을 어떻게 대우할 것인가? 아내가 남편의 회사에 전화했을 때 남편의 상사가 받았을 때와 남편의 부하가 받았을 때 남편을 어떻게 지칭할 것인가? 아침에 이웃 사 람을 만났을 때 무어라고 인사할 것인가? 절친한 친구나 직장의 동료에게 문상하러 가서 무 어라고 인사할 것인가? 등 복잡하고 미묘한 상황에 부딪히게 된다. 가정에서의 호칭어와 지칭 어는 물론이고 직장과 사회에서의 호칭어와 지칭어, 일상 생활에서의 인사말, 생일 축하나 문 상과 같은 특정한 때의 인사말 등에 대한 표준 화법을 익히고, 잘못된 화법을 하나하나 바로 잡음으로써 바른 행동과 예절을 본받게 하고 건전 사회 풍토를 조성하는 계기로 삼아야 할 것이다. 간결하고 친절한 한 마디의 말이 우리의 마음을 평화롭게 한다.


## 4.2 듣기


말하기도 그렇지만 듣기도 두 가지 유형이 있다. 하나는 외국어 교육에 대하여 말할 때 하는 듣기와 말하기에서의 듣기다. 이 때의 듣기는 말소리를 음운론적으로 구별해서 들을 수 있는지와 나아가 그 말소리가 무엇을 뜻하는지를 파악하는 수준이라고 할 수 있다. 그러나 고등학생이나 대학생 정도에서의 듣기는 이와는 다른 차원에서 생각해야 한다. 즉 외국어 교육을 할 때의 듣기나 말하기 수준은 이미 오래 전에 넘어섰다고 보기 때문이다. 그렇다면 다시 무슨 듣기가 필요한 것인가?

미국에서 조사한 바에 의하면 일상 언어 생활의 네 가지 영역인 말하기, 듣기, 읽기, 쓰기 가운데 듣기가 차지하는 비중이 가장 높은 것으로 나타났다. 언어 활동 중 듣기에 보내는 시간이 학생들은 50% 내외인데 비해, 일반 시민들은 42%라는 것이다. 그만큼 듣기가 중요하다는 것을 의미한다.

앞의 말하기에서도 언급했듯이 말하는 것과 듣는 것은 의사 소통의 발신과 수신을 의미한다. 따라서 화자가 보내는 메시지를 청자가 정확하게 알아듣고 파악해야 한다. 이 일을 잘 수행하려면 다른 사람의 말을 잘 들어줄 줄 알아야 한다. 다른 사람의 말을 잘 들어준다는 것은 말소리 듣기가 아니라 내용의 듣기임은 두말할 필요도 없다. 듣기의 과정은 말하기의 과정과 마찬가지로 지식이나 정보를 다루는 정신 작용으로서 상당한 정도의 지식과 경험을 가진 사람도 제대로 조절하기 어려운 고등 수준의 지적 작용이다. 따라서 다른 사람의 말을 들어주려면 상당한 인내와 주의가 필요하다. 대화 상대방의 말이 어눌하거나 화제의 초점이나 주제가 불분명한 경우에는 더욱 그렇다.

작년 여름에 있었던 일화이다. 아내가 몸담고 있는 직장 상사의 해외 출장을 축하해 주기 위해 여직원들끼리 회식을 한 적이 있었다는 것이다. 그날은 아침 일찍 직원 신체검사가 있는 날이어서 여섯 명이 함께 신체검사를 하게 되었는데 거기에 있던 여직원 대표가 총무를 맡은 아내에게 '봉가네'라는 음식점에서 저녁 여섯 시부터 회식을 하기로 했으니 연락을 하라고 했다는 것이다. 아내는 아무 생각 없이 직장 가까이에 있는, 평소 알고 있던 한정식 전문 음식점 '본가'를 떠올리고는 다른 직원 일곱 명에게 연락을 했고 아내를 포함하여 여덟 명이 '본가'에서 여섯 시부터 기다렸는데 30분이 지나도록 그날의 주인공을 포함하여 여섯 명이 나타나지 않자 어떻게 된 영문인지 여직원 대표에게 휴대폰으로 연락을 하니 여섯 명은 '봉가네'에 와 있는데 어떻게 된 일이냐고 하면서 기다리다가 이미 식사를 하고 있는 중이라는 것이었다. 그래서 각자 있는 곳에서 식사를 하고 찻집에서 모두 모여 확인한 결과 음식점의 위치는 물어보지도 않고 불고기 전문 음식점인 '봉가네'를 한정식 전문 음식점인 '본가'라고 판단한 아내의 잘못으로 드러났다는 것이다.

아내가 그날 집에 돌아와서 직장 생활 이십 년 동안 그처럼 황당하기는 처음이라며 안절부절못하던 모습이 생생하다. 주의를 기울이지 않거나 선입견을 가지고 다른 사람의 말을 들으면 앞의 경우처럼 낭패를 보기 십상이다. 같은 자리에서 하나의 주제로 여러 사람에게 동시에 말한 내용도 선입견을 가지고 들은 사람은 다른 사람들과는 다른 내용으로 듣게 되는 경우가 종종 있음을 본다. 내가 다른 사람에게 내 생각을 전하고 싶으면 먼저 남의 말을 잘 들어줄 줄 알아야 한다. 아내는 그 회식 사건이 있은 후 지금도 회식 이야기만 나오면 긴장하는 눈치다.

## 4.3 쓰기

태어나면서부터 한국어를 듣고, 한국어를 말하며 살아온 우리들은 한국어가 가장 쉽고 가장 편리한 말이라고 생각할 것이다. 몇 년 동안이나 영어를 배우고도 외국인을 만났을 때 입이 잘 떨어지지 않아 쩔쩔매었거나, 편지를 쓰려고 해도 문법에 맞는 문장인지, 단어는 잘 골라 썼는지, 표현은 적절한 것인지 등 때문에 어쩔 줄 몰라 해본 사람이라면 더욱 그럴 것이다. 그러니 정상적으로 한국어를 배운 사람이 한국어로 말하고 한국어로 글을 쓰는 것이 얼마나 쉬운 일이겠는가? 그런데 우리의 현실은 꼭 그런 것 같지 않다. 대학생들도 글을 써 보라고 하면 머뭇거리면서 자신 없어 하는 경우가 대부분이기 때문이다.

글쓰기에 자신 없어 하는 이유를 들어보면 대부분의 학생들이 '좋은 생각이 잘 떠오르지 않아 무엇을 써야 할지 모르고, 생각한 것도 글로 옮기기가 쉽지 않은데다가 어떻게 써야 할지 잘 모른다'고 대답한다. 좋은 생각이 잘 떠오르지 않는다는 것은 글감을 찾지 못 해서 빚어지는 것인데 이는 '글의 소재(素材)'가 빈곤하다는 것을 의미한다. 글의 소재는 사물에 대한 면밀한 관찰과 풍부한 경험에서 얻어지는 것이다. 면밀한 관찰과 풍부한 경험 위에 쓰는 글은 자신감이 배어 있고 전체를 구체적이면서도 체계적으로 기술하게 되므로 독자의 흥미를 이끌어 내게 되고 감동을 줄 수 있게 된다.

그러나 글쓰기의 전제가 충족되어 있지 않으면 아무리 좋은 글을 쓰려고 해도 쓸 수가 없다. 좋은 건축물을 짓기 위하여는 무엇보다 훌륭한 설계도와, 좋은 원자재, 그리고 훌륭한 건축 기술이 다 갖추어져 있어야 하는 것과 마찬가지다. 글도 마찬가지다. 이와 관련하여 몇 년 전 1학년 강의 시간에 있었던 일을 한 가지 소개한다.

'좋은 글, 훌륭한 글은 좋은 문장에서부터 나오는 것이므로 좋은 문장을 쓰기 위하여는 국어 정서법과 표준어를 익히고 문장의 구성 원리에 대하여 알아야 한다'고 가르친 적이 있다.

그랬더니 어떤 학생이 질문을 했다. 질문의 요지는 '언어는 끊임없이 변화하는 것이 아니냐'는 것이었다. '그렇다'고 대답하면서 한편으로는 '1학년 학생으로서는 꽤 깊이 있는 질문을 하는구나' 하고 생각하였다. 그런데 그 다음의 말을 듣는 순간 실망하고 말았다. '말은 끊임없이 변하고 있으며 그에 따라 정서법이나 표준어도 끊임없이 변할 터인데 굳이 변화를 거부하고 표준어와 정서법을 배워야 하느냐'는 것이었다. 다시 말하면 말이 변함에 따라 표준어나 정서법도 변하게 될 것이고 그렇게 되면 표준어나 정서법을 다시 배워야 할텐데 무엇하러 앞으로 변할 정서법과 표준어를 지금 배워야 하느냐는 항변이었다. 언어적으로 설명하면 이야기가 길어질 것 같아 짤막한 비유로 대답을 대신하였다.

> "학생은 영원히 살수 있을 것 같은가?"
> "아니요."
> "언젠가는 죽는다는 말이지?"
> "예."
> "그러면 어차피 죽을 것인데 무엇하러 지금 살고 있지? 어차피 죽을 것이라면 왜 살지? 그리고 지금 이 세상에 존재하는 것은 거의 다 변화할텐데 무엇을 배우겠다고 앉아 있는 것이지?"
> "……"

무엇이 문제인지가 파악될 때 그 문제점의 해결책을 찾을 수 있듯이 글쓰기에서도 무엇이 부족한지를 찾아내어 그것을 보완하기 위해 노력하는 것이 좋은 글을 쓰는 지름길이라고 할 수 있다.


## 4.4 읽기


읽기는 문자를 매개로 하여 전달된 정보를 해독하는 과정이라고 할 수 있다. 따라서 문자로 표기된 단어 하나하나, 문장 하나하나에 내포된 의미를 정확하게 파악하는 것이 무엇보다 중요하다. 그러므로 필자나 화자가 전달하는 정보의 내용이 불분명하거나 표현이 부적절하면 의미 파악에 상당한 어려움을 겪게 된다.

정상적으로 한국어를 배운 대학생이라면 한국어로 표기된 글을 읽는 데 아무런 문제가 없을 것이다. 그러나 '읽기'는 두 가지로 이해해야 한다. 하나는 기능적인 측면에서의 읽기로 글씨를 읽을 줄 아느냐에 초점을 맞춘 읽기이고, 다른 하나는 글의 내용을 파악할 줄 아느냐에 초점을 맞춘 읽기이다. 물론 이들 두 가지는 완전히 분리되는 것이 아니어서 서로 보완적인 관계를 가진다고 할 수 있다. 대학생 정도의 읽기라면 기능적인 면보다는 글의 내용 파악 즉 독해력이 읽기의 핵심이 된다. 독해력은 독자가 필자의 의도를 파악하는 심리작용이라고 할 수 있다. 따라서 독자가 필자의 의도를 정확하게 파악하지 못하면 오해가 생기게 된다. 그러므로 독자는 글을 통하여 필자의 심리상태까지 파악할 수 있어야 비로소 성공적인 읽기를 했다고 할 수 있을 것이다.

　얼마 전에 한국과 미국의 대통령이 만나 회담한 내용에 대한 다음의 두 기사를 통하여 읽기가 얼마나 어려운 문제인가를 생각해 보기로 하자.

**〔한·미 정상회담 공동 발표문 전문〕**

　김대중 대통령과 조지 W 부시 대통령은 지난 50 여년 동안 한반도에서의 전쟁을 방지하고 안정·번영 및 민주주의를 증진해 온 한·미 안보동맹이 근본적으로 중요하고 강력하다는 점을 재확인하였다. 양 정상은 안보·정치·경제 및 문화 분야에서의 협력 강화를 통해 한·미간 포괄적 동반자 관계를 더욱 심화시켜 나갈 것을 다짐하였다.

　양 정상은 남북한간 화해·협력이 한반도의 평화와 동북아시아의 지속적인 안정에 기여하고 있다는 데 의견을 같이하였다. 부시 대통령은 한국 정부의 대북 포용정책에 대한 지지와 함께 남북 문제를 해결하는데 김 대통령의 주도적 역할에 대한 지지를 표명하였다. 양 정상은 제2차 남북 정상회담이 남북관계 및 동북아시아의 안보에 긍정적으로 기여하게 될 것이라고 기대하였다.

　양 정상은 1994년 미·북 제네바 합의를 계속 유지한다는 공약을 재확인하고, 동 합의의 성공적 이행을 위해 필요한 제반 조치를 취하는데 북한이 동참할 것을 촉구하였다.

　양 정상은 북한이 국제사회의 우려를 해소하기 위한 조치를 취하도록 권장하기로 하였으며, 대북정책에서 한·미 양국간, 그리고 한·미·일 3국간 긴밀한 협의와 공조 유지의 중요성에 동의하였다.

　김 대통령과 부시 대통령은 세계 안보환경이 냉전 시와는 근본적으로 달라졌다는 데 의견을 같이하였다. 대량살상 무기 및 운반 수단으로서의 미사일로부터 비롯되는 위협을 포함하는 새로운 형태의 위협이 대두됨에 따라 억지와 방어에 대한 새로운 접근이 요구되고 있다.

　양 정상은 이러한 위협에 대처하기 위해서는 적극적인 비확산 외교, 방어체계 및 여타 관련 조치 등 다양한 조치를 포함하는 광범위한 전략이 필요하다는 데 인식을 같이하였다. 양 정상은 세계 평화와 안보를 강화하기 위하여 미사일 방어를 포함한 이러한 조치들에 관하여 동맹국과 기타 이해 당사자들 간에 협의하는 것이 중요하다는 데 의견을 같이 하였다.

　김 대통령과 부시 대통령은 한·미간 경제·통상 관계가 보다 성숙하고 상호 유익하게 발전되고 있는 데 주목하였다. 양 정상은 한국의 경제 개혁 노력을 지지하고 양장 통상현안들을 협력해 나가기 위해 긴밀히 협력하기로 합의하였다. 또한 양 정상은 세계무역기구(WTO) 뉴라운드의 조기 출범을 지지하였다. <중앙일보 ; 2001. 3. 9. 금>

〔한 · 미 정상 5개항 합의〕

　　조지 W 부시 미국 대통령은 8일(한국시간) "북한의 지도자(김정일 국방위원장)에 대해 회의(懷疑 · skepticism)를 갖고 있다"고 말했다. 부시 대통령은 백악관에서 김대중(金大中) 대통령과 정상회담을 한 뒤 공동 기자회견을 통해 이같이 강조하고 "북한의 대량 살상무기 개발 및 수출은 중단돼야 하고 북한이 중단하더라도 검증해야 한다"고 지적했다.

　　부시 대통령은 "나는 북한이 세계에 각종 무기를 수출하고 있는 사실에 대해 우려한다"면서 "북한의 재래식 군사 위협 문제가 빨리 해소돼야 한다"고 말했다. 이에 대해 김 대통령은 "합의가 쉬운 긴장 완화부터 시작해 이 기반 위에서 군비 감축 문제를 점진적으로 해결해 나가는 것이 좋겠다"고 말했다.

　　이와 관련, 백악관 고위 관계자는 한 · 미간에 대북 정책과 관련해 "의견 차이가 없다"면서 "한 · 미 양국은 모두 '북한은 해결해야 할 상황을 안고 있다'고 본다"고 설명했다. 정상 회담에 두 대통령은 "대북 포용 정책에 대한 지지와 함께 남북 문제 해결에서 김 대통령의 주도적인 역할에 대한 지지를 표명했다"고 밝히는 등 5개항의 공동발표문을 내놓았다.

　　이어 김 대통령은 워싱턴 매디슨 호텔에서 열린 한반도 전문가들과의 간담회에서 "북한에 핵 · 미사일 문제 해결과 무력 도발 포기를 보장받고 그 반대 급부로 북한의 안전 보장과 경제 원조를 제공하는 '포괄적 상호주의'가 바람직하다"고 말했다. 김 대통령은 "김정일 위원장의 서울 답방 때 부시 대통령과의 회담 결과도 얘기하고 미사일 · 핵문제를 빨리 해결하는 것이 남북 관계 진전에 도움이 된다는 점을 강조할 것"이라고 말했다. 또 김 대통령은 "미국과 한국은 (대북정책) 속도의 차이는 있지만 근본 시각 차이는 없다"고 밝혔다.

　　이 날 김 대통령은 도널즈 럼즈펠드 국방 · 돈 에번스 상무 · 폴 오닐 재무장관과 로버트 조릭 무역대표부(USTR) 대표 · 호르스터 쾰러 국제통화기금(IMF) 총재 · 제임스 울퍼슨 세계은행 총재를 만났다.

<중앙일보 ; 2001. 3. 9. 금>


　　위의 두 기사에서 우리는 커다란 차이를 찾을 수 있다. 앞의 기사 [한 · 미 정상회담 공동 발표문 전문]에서는 서술부에 "다짐하였다, 동의하였다, 기대하였다, 요구되고 있다, 의견을 같이하였다, 협력하기로 합의하였다" 등이 쓰였는데 비해 똑같은 회담 내용에 대하여 두 번째 기사인 [한 · 미 정상 5개항 합의]에서는 서술부에 "회의를 갖고 있다, 검증해야 한다, 우려한다, 해소돼야 한다, 해결해 나가는 것이 좋겠다, 인식을 같이 했다, 지지를 표명했다, '포괄적 상호주의'가 바람직하다" 등이 쓰여 앞의 기사에서보다 좀더 구체적이고 적극적으로 표현되어 있음을 알 수 있다. 이러한 표현의 차이를 제대로 이해하지 못한다면 필자의 의도를 파악하는데 상당한 어려움을 겪게 된다. 문자로 표기된 단어나 조사 하나까지도 거기에 내포된 의미를 정확하게 파악하는 것이 무엇보다 중요하다. 필자의 의도를 정확하게 파악하여 오해가 생기지 않도록 주의하고 노력해야 할 것이다.

1. 인간의 언어능력에 대하여 토론해 보자.
2. 언어가 우리의 사고나 행동에 미치는 영향에 대하여 사례를 들어 설명해 보자.
3. 어떻게 하는 것이 말하기, 읽기, 듣기, 쓰기의 기능을 신장시키는 것인지에 대하여 구체적인 사례를 설명해 보자.

# 글쓰기의 기초

멋진 테니스 경기를 하려면 테니스의 기본기부터 익혀야 하듯이 좋은 글을 쓰려면 글을 쓰기 위한 전제 조건이 충족되어 있어야 한다. 운동의 기본인 달리기도 잘 하지 못하고, 스트로크나 발리, 서브 등 테니스의 기본 동작도 익히지 못한 사람이 테니스 경기를 잘 할 수 없다. 한글 맞춤법을 잘 모르거나 단어의 의미와 용법, 문법 요소의 쓰임과 문장 구성의 원리 등을 잘 모르면서 좋은 글을 쓸 수는 없다. 바람직한 언어 생활은 표준어로 말하고 그것을 정서법에 따라 바르게 표기할 때 가능하다.

## 1. 글쓰기의 자세

글을 쓰려면 먼저 글을 쓸 준비를 해야 한다. 글을 쓰기 위한 준비는 두 가지 관점에서 생각해 볼 수 있다. 하나는 글을 쓰기 위한 도구의 측면이고 다른 하나는 글을 쓰는 절차다.

글을 쓰기 위하여 책상 위에 놓은 원고지와 펜, 잉크 등을 글을 쓰기 위한 도구라고 할 수 있다. 글을 쓸 도구가 갖추어져 있다고 하여 바로 글을 쓸 수 있는 것은 아니다.

펜에 잉크를 묻히기 전에, '써야 할 글의 내용은 무엇으로 할 것인가? 이 글은 누구를 대상으로 쓰는 것인가? 이 글은 어떤 문체로 쓸 것인가?' 등을 확인하는 시간을 갖는다. 그런 다음 기도하는 마음으로 자세를 바로 하고 글 속에 자신을 투영하고자 할 것이다. 그리고 어떻게 하면 그 글을 읽는 사람에게 자신의 생각을 오해 없이 전달할 수 있을 것인가에 대하여 고민할 것이다. 요즈음과 같은 컴퓨터 시대에는 자판을 두드리기 전에 미리 생각을 정리해 볼 것이고, 입력해 놓은 글이 마음에 들지 않으면 즉시 수정할 만반의 준비를 갖추고 있을 것이다.

그러나 '글을 쓴다'는 것이 그렇게 만만한 일은 아니다. 그렇다고 전혀 도달하지 못할 목표도 아니다. 글을 잘 써보려고 생각했다고 해서 하루아침에 좋은 글을 쓸 수 있는 것이 아니다. 오직 많이 읽고, 많이 생각하고, 선악의 인생 전반을 많이 체험하여 온전한 인생관을 확립한 연후에야 좋은 글을 쓸 수 있다. 이 말은 이 네 가지 가운데 그 어느 하나라도 부족하면 좋은 글을 쓸 수 없다는 뜻이 된다. 따라서 '나는 왜 글을 잘 못 쓰는가?' 하고 고민할 것이 아니라 나는 위의 네 가지 가운데 어느 것이 부족한가를 살펴서 그것을 채우는 노력을 먼저 해야 할 것이다.

그러면 우리가 글을 쓸 때 가져야 할 자세는 어떠해야 하는가?

첫째는, 독자에 대한 사명감으로 글을 써야 한다는 것이다. 이것은 글을 쓰지 않고는 견딜 수 없는 강렬한 내적 충동에 의하여 글을 써야 한다는 것을 뜻한다. 쓰기 싫은데 억지로 떠밀려 쓰는 글에는 글쓴 이의 영혼이 들어 있지 않다. 정성을 다하여 혼신의 힘을 기울이지 않고서는 상대방에게 감동을 줄 수도 없고 상대방을 설득할 수도 없다. 취직을 하기 위하여 자기 소개의 글을 쓸 때나 한동안 만나지 못했던 애인에게 연정을 담은 글을 쓸 때 우리는 단어 하나하나와 글자 하나하나에 정성을 담아서 쓴다. 우리가 글을 쓸 때 가져야 하는 이러한 정성을 사명감이라고 바꾸어 부를 수 있다.

둘째는, 글이 진실해야 한다는 것이다. 글에는 글을 쓰는 사람의 인격이 드러나게 마련이다. 아무리 견딜 수 없는 충동에 의해 글을 쓴다고 하더라도 진실되고 참된 자기 모습을 나타내 보이는 것이 아니라면 처음부터 글쓰기를 시작하지 않는 것이 낫다. 이것이 진실성이다.

어떤 자세로 글을 써야 하는지를 깊이 생각해 보지 않은 사람들은 중국의 문필가 호적(胡適)이 주장한 글을 쓰는 여덟 가지 기본 자세를 참고할 필요가 있다. 호적은 『문학개량추의(文學改良芻議)』라는 글에서 '첫째, 말하고자 하는 내용이 뚜렷해야 한다(須言之有物). 둘째, 옛 사람들의 글을 흉내내지 말아야 한다(不模倣古人). 셋째, 문법에 맞지 않는 글을 쓰지 않도록 해야 한다(須講求文法). 넷째, 감상적인 글을 쓰지 말아야 한다(不作無病之呻吟). 다섯째, 화려하거나 상투적인 표현을 쓰지 말아야 한다(務去爛調套語). 여섯째, 문장의 외형적인 모습만 갖추려고 하지 말아야 한다(不講對句). 일곱째, 남의 글을 인용하려 하지 말고 개성 있는 자기 글을 써야 한다(不用典). 여덟째, 통속적인 말이나 통속적인 글자라고 하여 무조건 피하지 말아야 한다(不避俗語俗字)'고 주장하였는데 여기에서 일관되게 주장하고 있는 것이 바로 진실성(眞實性)이다.

셋째는, 글을 쓸 때는 관찰력과 상상력을 발휘해야 한다는 것이다. 사명감을 가지고 진실되게 글을 쓴다고 하더라도 표현하고자 하는 사물에 대하여 잘 알지 못하면 글을 쓸 수 없게 된다. 글을 쓰고자 하는 사물에 대하여 면밀하게 관찰하지 않고는 그 사물의 특성을 파악하기 어렵다. 사물에 대하여 주의 깊게, 그리고 끈질기게 인내심을 가지고 사물이 시시각각으로 변모하는 모습을 파악하지 않는 사람은 그 사물을 올바로 표현해 낼 수 없다. 이 세상에 존재하는 어떤 것도 만고 불변으로 고정되어 있다고 생각해서는 안 된다. 우리가 바라보는 대상이 변하고 무엇보다 그 대상을 바라보는 우리의 마음이 변하는데 그 변화를 추적하는 관찰이 뒤따르지 않는다면 우리는 결코 그 대상의 참모습을 파악할 수 없을 것이다. 글을 쓰는 자세가 어떠해야 하는지 다음의 글을 참고해 보라.

깊은 골짜기에 잔설이 녹으면 푸석해진 얼음 밑으로 눈물과 얼음물 흐르는 소리가 들린다. 때로는 생명의 소리 같기도 하고 때로는 슬픈 옛 이야기 같기도 하다. 이 때쯤 되면 계곡 아래에는 김유정의 단편소설 「동백꽃」에 나오는 그 「동백꽃」이 핀다. 대체로 충청북도 영동군 이북에 분포하는 것으로 보이는 이 동백나무를 표준어로 「생강나무」라고 한다. 잎이나 줄기에 상처를 내서 냄새를 맡으면 「동배꽃」의 마지막 장면에 묘사된 것 같이 '알싸한 그리고 향긋한' 생강 향기가 나기 때문에 붙여진 이름일 것이다. 그런데 이 나무와 꽃이 우리를 어리둥절하게 한다. 김유정의 소설 끝 부분에 보면 "굵은 바윗돌 틈에 노란 동백꽃이 소보록허니 깔리었다"는 표현도 있고 "한창 피어 퍼드러진 노란 동백꽃"이라는 표현이 나오는데 우리가 익히 알고 있는 동백꽃과는 뭔가 안 맞는다는 느낌이 들기 때문이다. 우리나라 남해안에서 자생하는 동백꽃이나 베란다 화분에 심어 기르는 동백꽃은 붉은 색인데 노랗다니 고개를 갸우뚱하지 않을 수 없고 산에서 핀다니 또 한번 갸우뚱하지 않을 수 없다. 게다가 이 나무의 꽃이 또 한번 헷갈리게 한다. 잔설과 얼음이 채 녹지 않았건만 산골짜기 아래 계류가 흐르는 양옆으로 노랗게 뒤덮인 꽃은 영락없는 산수유꽃 같기 때문이다. 꽃의 모양이나 색깔은 물론이고 꽃이 피는 시기까지 비슷하여 혼동되기 십상이다. 그러나 자세히 관찰해 보면 '동백꽃'이 '산수유 꽃'보다 먼저 피고 먼저 진다. 나무 줄기의 겉모습도 달라서 동백은 줄기 전체에 흰 반점이 있는 데 비해 산수유는 반점이 없고 세로로 껍질이 벗겨지는 흙갈색이다. 두 나무의 잎도 달라서 동백은 하트 모양의 넓은 잎인데 산수유는 달걀 모양의 갸름한 잎이다.

관찰의 중요성은 만물이 끊임없이 변화한다는데 기인한다. 초등학생이나 중학생들에게 일기를 쓰라고 하면 쓸 내용이 없다고 쩔쩔 매는 학생이 있는 반면, 하루도 빼놓지 않고 그리고 일기장 한쪽도 모자라 두 쪽 세 쪽씩 시간이 부족하여 쓰지 못할 만큼 많은 내용을 쓰는 학생이 있다. 이 두 유형의 학생들이 보이는 차이는 거의 매일 반복되는 듯한 일상을 누가 얼마만큼 더 정밀하게 관찰했는가에서 비롯되는 것이다. 정밀한 관찰은 상상력을 동반하게 된다. 상상력이 발동하면 더 많은 글을 쓸 수 있다. 정밀한 관찰의 마지막 단계에서 상상력이 발동하게 되며 상상력의 발동은 쓸 내용이 많아진다는 것을 의미한다. 이와 같이 관찰과 상상력은 인과 관계로 묶여 있는 연속적인 행위의 부분들이다.

마지막으로, 글을 쓰려면 부지런하고 근면해야 한다는 것이다. 무슨 일이나 다 마찬가지겠지만 글을 쓰는 일처럼 부지런해야 되는 일도 없을 것이다. 요즈음에는 전파매체가 발달하여 시골에 계신 부모님께도 전화 한통화로 인사를 대신하는 경우가 많다. 더욱이 핸드폰이 널리 보급되면서 시간과 장소의 구애를 받지 않고 하고 싶은 말을 할 수 있게 되어 글로 쓰는 편지 따위는 번거로운 일로 여기기 쉽다. 그러나 이 세상에 인간이 존재하는 한 언어가 존재하게 될 것이고 언어를 담는 그릇으로서의 문자, 즉 글은 영원하리라는 점을 잊어서는 안 된다. 문명의 이기(利器)가 발달할수록 손 안 대고 살아갈 수 있는 세상이 올 것이라고 착각하는 사람들이 많다. 이것은 그야말로 엄청난 착각이다. 문명이 발달하고 전파 매체가 발달하더라도 그 뿌리는 언어로서 더욱 건전하게 존재해야 한다. 따라서 우리가 세상을 살아가기 위하여 노력하는 만큼 글을 쓰는 데에도 노력을 기울어야 한다. 그 노력은 부지런함으로 나타나야 한다.

부지런함은 끊임없이 글쓰기를 행하는 부지런함과 그러한 행위가 지속적으로 가능하도록 자료를 수집하는 일에 부지런해야 한다는 것을 의미한다. 어떤 사물에 대하여 유심히 관찰하고 그 결과를 메모하는 습관을 가지고 있다면 그런 사람은 글쓰기의 기본 자세 가운데 하나인 부지런함을 갖추었다고 할 수 있을 것이다. 글쓰기가 어렵다고 생각하는 사람들은 사물을 면밀히 관찰하고 끊임없이 자료를 수집하는 습관을 먼저 길러야 할 것이다.

<『젊은 시절을 꿈 그리고』 -- 이상옥 「야생화 구경」에서>

# 2. 좋은 글의 요건

글쓰기는 폭넓고 깊은 사고를 요구하는 고도의 정신 작용이다. 우리의 사고와 정신을 어떻게 논리적으로 표현할 수 있으며 또 어떻게 효과적으로 표현하는가가 좋은 글의 기본이 된다. 그렇다면 좋은 글이란 어떤 글인가? 생각의 흐름이 자연스럽고 조리 있게 잘 짜여진 글은 논리적으로 잘 표현된 글과 적절한 변화를 주어 효과적으로 표현된 글을 좋은 글이라고 할 수 있다. 한마디로 말하여 문장이 맛깔스럽게 효과적으로 잘 표현되어 있으며, 생각의 흐름이 순조롭게 잘 표현된 글을 좋은 글이라고 할 수 있다. 문제는 이 두 가지를 어떻게 적절하게 조화시켜 글을 쓰느냐 하는 것이다. 이 문제는 평소에 끊임없이 글쓰는 작업을 해 나가면서 스스로 노력함으로써 해결해야 한다.

그렇다면 좋은 글은 구체적으로 어떤 요건을 갖추어야 하는가? W. 와트는 좋은 글의 요건으로 다음의 열 가지를 들고 있다.

첫째, 글의 내용이 충실하고 진실성이 있어야 한다. 글은 필자의 생각이나 느낌, 주장 따위를 문자를 매개체로 표현하는 것이기 때문에 자기의 생각이나 느낌, 주장 등이 충실하게 드러나야 한다. 현란한 수사(修辭)나 미사여구(美辭麗句)를 늘어놓는다고 하더라도 글의 내용에 알맹이가 빠져 있으면 좋은 글이라고 할 수 없다. 좋은 글은 내용과 기교가 적절히 조화를 이룬 것이라야 한다.

둘째, 글에 독창성이 있어야 한다. 글에 독창성이 있어야 한다는 말은 글의 주제, 제재, 소재, 표현 등이 창의적이며 참신해야 한다는 것을 의미한다. 그렇다고 기상천외(奇想天外)한 발상이나 특이하고 기이한 체험을 써야 한다는 것이 아니다. 우리 주변의 사물에 대하여 면밀하게 관찰하여 남들이 미쳐 깨닫지 못한 사실을 발견하고 그것을 개성 있게 표현할 줄 알아야 한다. 개성 있게 표현하려면 남의 글을 모방하거나 상투적인 표현은 삼가야 한다.

셋째, 글의 뜻을 명료하게 해야 한다. 아무리 읽어도 무슨 내용인지를 모르는 글을 써서는 안 된다. 유식해 보이려고 난해(難解)하고 현학적(衒學的)으로 표현하여 읽는 사람이 무슨 뜻인지 모른다면 이는 좋은 글이라고 할 수 없다. 설명문이나 논설문 등과 같이 지적인 글에서 명료성이 더욱 요구된다. 모든 글에 명료성이 요구되는 것도 아니다. 시와 같은 문예문에는 일차적인 의미(사전적인 의미) 외에 사람들의 느낌과 연상을 일으키는 함축적 의미와 문장에서 쓰이는 문맥적인 의미가 쓰이기 때문에 투명성과 명료성이 모든 글에 반드시 필요한 것은 아니다.

넷째, 글은 형식과 어법에 맞도록 정확하게 써야 한다. 맞춤법과 구두점은 물론이고 문맥에 맞는 정확하고 적절한 단어와 어구를 선택해서 써야 한다. 그리고 형식 단락을 구분하는 일과 인용한 통계나 사실에도 오류가 있어서는 안 된다. 모름지기 글에는 비문(非文)을 쓰지 말아야 한다.

다섯째, 글은 정직하게 써야 한다. 글쓰기에서의 정직성은 다른 어떤 요소보다 중요하다. 글쓰기에서의 정직성은 독창성과도 관련되는 것으로 다른 사람의 글에서 빌려온 것인지 자신의 것인지를 분명히 밝혀야 한다. 개념이나 아이디어, 견해, 이론 등을 다른 사람의 글에서 빌려왔으면 직접 인용한 경우이든 간접 인용한 경우이든 그것을 밝혀야 한다. 물론 다른 사람이 표현한 어구(語句)를 인용하거나 사실이나 통계를 인용하는 경우에도 그 출처를 밝혀 주어야 한다.

여섯째, 좋은 글이란 가장 적은 노력으로 가장 큰 효과를 거둘 수 있어야 한다. 따라서 간결하면서도 필요한 내용이 반드시 들어가도록 써야 한다. 불필요한 수식이나 나열은 글을 장황하게 만들기 쉽고 긴밀성이 떨어지기 쉬우므로 삼가야 한다. 무엇을 쓰고 무엇을 쓰지 말아야 할 것인가에 대하여 고민해야 경제적인 글을 쓸 수 있다.

일곱째, 글은 진지한 자세로 성실하게 써야 한다. 마지못해 쓴 글이나 자기의 유식함을 드러내 보이기 위하여 쓴 글에서는 성실함을 찾을 수 없다. 현학적인 표현이나 어려운 표현이 좋은 글을 만드는 것은 아니다. 솔직하고 진실한 글이 좋은 글이다.

여덟째, 좋은 글은 글을 쓰는 목적, 글을 쓰는 대상, 글을 쓰는 관점 등에 부합해야 한다. 글을 쓰는 목적이 설명을 위한 것인지 설득을 위한 것인지, 또는 반박을 위한 것인지 비판을 위한 것인지 등이 분명해야 하며, 그러한 목적이 글을 읽는 독자에게 타당해야 한다는 것이다.

아홉째, 글의 내용이나 서술이 처음부터 끝까지 한결같아야 한다. 글의 서술과 내용에 일관성과 통일성이 있어야 하고 단락들 간에는 긴밀성을 유지해야 한다.

열째, 서술과 내용이 일관된 글은 흐름이 자연스럽고 논리적이며 조리 있게 된다. 억지로 꾸미거나 견강부회(牽强附會)하여 읽는 이의 심사를 거슬리는 표현이 없어 자연스러워야 좋은 글이라고 할 수 있다. 이것이 글의 자연성이다. 이 외에도 내용이 충실해야 함은 물론이고 서술에 적절한 변화를 주어 효과적으로 잘 표현되어야 좋은 글이라고 할 수 있다.

송나라의 대문장가인 구양수(歐陽修, 1007~1072)는 좋은 글을 쓰려면 삼다(三多), 즉 '많이 읽고(多讀), 많이 생각하고(多思), 많이 써야 한다(多作)'고 하였다. 이는 좋은 글은 따로 있는 것이 아니라 좋은 글을 많이 읽고 폭넓고 깊은 사색을 바탕으로 많은 글을 써 보는 가운데 자연히 얻어지는 것이라는 뜻이다. 그러나 무엇보다 자기가 쓴 글을 읽어보고 고민하면서 올바르게 고쳐보는 과정을 수없이 거쳐야 논리적이고 효과적으로 잘 표현된 좋은 글을 쓸 수 있을 것이다.


## 3. 한글 맞춤법

### 3.1 한글 맞춤법 제정 약사


우리 문자인 한글은 세종 25년(1443년)에 [훈민정음]이라는 이름으로 창제되었고 세종 28년(1446년)에 반포되었다. [훈민정음]의 표기법은 『훈민정음 해례본』에 명백히 밝혀져 있다. 그 내용의 핵심은, 훈민정음은 자음(初聲)과 모음(中聲)으로 되어 있는 음소 문자이고 이들 자음과 모음을 결합하여 적는다는 것과 적을 때는 음절 단위로 적되 적는 방법은 모음의 위 아래에 자음을 적거나 모음의 왼쪽과 아래에 자음을 적도록 한다는 것이다. 그리고 받침에는 여덟 개를 쓸 수 있다(八終聲可足用)고 규정한 이래 이것이 20세기 초반까지 줄기차게 이어져 내려왔다. 그러다가 개화기 이후 이어져 온 국어 표기법에 대한 연구와 관심이 일제시대 때 조선어학회를 중심으로 조선어 맞춤법 통일안 제정작업을 거쳐 1933년 10월 『한글 맞춤법 통일안』을 공표함으로써 사회적 공인을 얻었고 해방 이후에는 국가적인 차원에서 이 맞춤법이 채택되어 오늘날의 국어 정서법으로 확립되었다. 『한글 맞춤법 통일안』은 그 후 세 차례의 부분적인 수정을 거쳐 사용되어 오다가 다시 전면적인 재조정을 거쳐 1983년 「맞춤법 개정안」을 마련하였다. 이 개정안은 또다시 국어연구소의 주관하에 면밀한 수정 보완 작업을 거쳐 1988년 1월 공표되어 1989년 3월1일부터는 모든 간행물에 이 표기법을 적용하도록 하여 오늘에 이르고 있다.


### 3.2 한글 맞춤법의 원리


현행 한글 맞춤법의 원리는 1933년에 마련된 『한글 맞춤법 통일안』 이래 일관되게 지켜져 오고 있다. 이 맞춤법의 원리는 형태음소적 표기 원리로 주시경 선생이 19세기 말엽에 세운 본음(本音) 이론에 근거를 둔 것이다. 이 원리는 본래 한글이 표음 문자이므로 소리나는 대로 적는 것이 이상적이지만 하나의 낱말이 여러 환경에서 이형태를 보일 때 일관된 표기 형식을 취하도록 한 것이 주시경의 본음 이론이다. 이 본음 이론은 훈민정음 해례본에도 나타나 있고 『용비어천가』와 『월인천강지곡』에도 반영되었던 것이나 표기의 편의에 따라 오랫동안 그 전통을 상실했다가 주시경 선생에 와서 다시 살아난 것이다.

한글 맞춤법 통일안의 기본 원칙은 한 형태소의 기본형을 하나로 고정시키는 것이지만 크게 세 가지 경우에는 예외로 처리하였다. 변칙 활용을 보여주는 용언의 어간은 어간의 이형태를 표기할 수 있도록 인정한 것과, 어미와 조사의 경우에는 모든 이형태를 그대로 표기하도록 한 것, 그리고 파생어에서 대개의 경우 어원을 밝혀 어근과 접미사를 구분하여 표기하기로 하였지만 접미사에 따라서는 용언의 어간을 밝혀 적지 않기로 한 것이 그것이다.

그러나 우리에게는 과제가 하나 남아 있다. 그것은 바로 통일이 되는 날 남북한이 함께 쓸 수 있는 『한글 맞춤법』을 마련하는 일이다.


## 3.3 한글 맞춤법의 주요 사항


**자모의 명칭** : ㄱ(기역)　ㄷ(디귿)　ㅅ(시옷)　ㅋ(키읔)

**된소리** : 거꾸로, 깍두기, 싹둑싹둑, 법석

**모음** : 계수(桂樹), 연메(連袂), 게송(偈頌), 게시판(揭示板), 휴게실(休憩室), 보늬, 오늬, 닁큼, 닐리리, 하늬바람, 띄어쓰기, 씌어/잔디

**두음 법칙** : 연도(年度), 회계연도, 설립연도, 신년도, 전년도, 작년도, 쌍룡(雙龍), 분열(分裂), 진열(陳列), 전율(戰慄), 백분율(百分率), 열역학(熱力學), 환율(換率), 할인율(割引率), 격렬(激烈), 작렬(炸裂)(cf.작열(灼熱)), 확률(確率), 성공률(成功率), 할증률(割增率), 합격률(合格率), 출석률(出席率), 보급률(普及率)

**겹쳐나는 소리** : 똑딱똑딱, 쓱싹쓱싹, 싹싹하다, 쌉쌀하다, 씁쓸하다, 짭짤하다

**어간과 어미** : 넘어지다, 드러나다, 사라지다, 쓰러지다, 이리 오십시오. 이것은 책이오./이것은 책이요, 저것은 연필이요, 또 저것은 지우개다.

노니/놉니다/×놀으니/×놀읍니다,　　부니/붑니다/×불으니/×불습니다,　　나는/×날으는, 파세요/×팔으세요

하지 말라고 했다. 한다고/×한다라고, 좋다고/×좋다라고, 간다고/×간다라고

**ㅂ 불규칙** : 가까워, 괴로워, 고마워, 차가워, 아름다워, 까다로워, 도와, 고와

러 불규칙 : 이르다/이른/이르러, 누르다/누른/누르러, 푸르다/푸른/푸르러

르 불규칙 : 가르다/갈라, 벼르다/별러, 지르다/질러, 끄르다/끌러, 머무르다/머물러, 문지르다/문질러, 가파르다/가팔라, 올바르다/올발라

접미사가 붙어서 된 말 : 벼훑이, 좋이, 짓궂이, 늦깎이, 앎, 만듦, 옮, 놂, 가늚, 둥긂, 내묾, 매닮, 베풂, 줄어듦, 굽도리, 목거리(목병 cf.목걸이), 거름(비료 cf.걸음), 노름(도박 cf.놀음), 갉작거리다, 뜯적거리다, 넓적하다/납작하다, 널따랗다, 널찍하다, 실큼하다, 얄따랗다, 얄팍하다, 짤따랗다, 도리다(칼로~), 드리다(용돈을~), 바치다(세금을~), 부치다(편지를~), 날라리, 딱따구리, 빈털터리, 얼루기, 칼싹두기, 먹을거리/×먹거리, 가만히, 고요히, 꼼꼼히, 도저히, 솔직히, 쓸쓸히, 조용히, 깊숙이, 끔찍이, 반듯이(直)(cf.반드시 ; 必), 촉촉이, 축축이, 곰곰이, 더욱이, 일찍이, 오뚝이

합성어 및 접두사가 붙는 말 : 홀아비/×홀애비, 홑몸/×홀몸, 겉늙다, 받내다, 벋놓다, 옻오르다, 며칠/×몇일, 업신여기다, 윗니/×웃니, 사흗날(사흘), 삼짇날(삼질), 푿소(풀~), 잔주름(잘~), 잗다듬다(잘~), 잗다랗다(잘~)

사이시옷 : 선짓국, 아랫집, 햇볕, 머릿방, 사잣밥, 아랫방, 자릿세, 전셋집, 곳간(庫間), 셋방(貰房), 숫자(數字), 찻간(車間), 툇간(退間), 횟수(回數), 개수(個數), 대가(代價), 대구(對句), 수적(數的), 시구(詩句), 시가(時價), 시점(時點, 視點), 이점(利點), 초점(焦點), 호수(號數)

본말과 준말 : 가지고/가지지/가지면/가져/가집니다, 갖고/갖지/×갖으면/×갖어/갖습니다

디디고/디디지/디디면/디뎌/디딥니다, 딛고/딛지/×딛으면/×딛어/딛습니다

뭣을/무얼/뭘, 뭣이/무에

차이다/채다, 차여/채어/채, 파이다/패다, 파여/패어/패

조이다/죄다, 조여/죄어/좨, 쪼이다/쬐다, 쪼여/쬐어/쫴

쓰이다/씌다, 쓰이어/씌어/쓰여, 트이다/틔다, 트이어/틔어/트여

되어/돼, 뵈어/봬, 쇠어/쇄, 쐬어/쐐

그렇지 않은/그렇잖은, 적지 않은/적잖은, 만만하지 않다/만만찮다, 변변하지 않다/변변찮다, 괜찮지 않다/괜찮찮다, 점잖지 않다/점잖찮다

그렇다/그러니/그러면/그래/그렇습니다(cf.그러다/그러니/그러면/그래/그럽니다)

빨갛다/빨가니/빨가면/빨개/빨갛습니다, 허옇다/허여니/허여면/허애/허옇습니다

한대(←하다 해)/한대서/한대도/한대요/한댔다

하래(←하라 해)/하래서/하래도/하래요/하랬다

하재(←하자 해)/하재서/하재도/하재요/하쟀다

하내(←하냐 해)/하내서/하내도/하내요/하냈다

한단다/×한댄다, 한다니까/×한대니까, 한다나 봐/×한대나 봐

하란다/×하랜다, 하라니까/×하래니까, 하라나 봐/×하래나 봐

하잔다/×하잰다, 하자니까/×하재니까, 하자나 봐/×하재나 봐

하냔다/×하낸다, 하냐니까/×하내니까, 하냐나 봐/×하내나 봐

내일 간대. 벌써 갔대요. 내일 떠난대도. 내일 떠나랬어.

본음으로도 나고 속음으로도 나는 한자어 : 곤란(困難), 논란(論難), 안녕(安寧), 의령(宜寧), 회령(會寧), 오륙십(五六十), 오뉴월/유월(六月), 십일(十日), 시방정토(十方淨土), 시왕(十王), 시월(十月), 팔일(八日), 초파일(初八日)

어미 : -(으)ㄹ걸/×-(으)ㄹ껄, -(으)ㄹ게/×-(으)ㄹ께, -(으)ㄹ지/×-(으)ㄹ찌, -(으)ㄹ지언정/×-(으)ㄹ찌언정, -(으)ㄹ까? -(으)ㄹ꼬? -(으)ㄹ쏘냐?

접미사 : 지게꾼, 판자때기, 곱빼기, 언덕빼기, 이마빼기, 코빼기

-더/-던과 -든지 :

지난 겨울은 어찌나 춥던지 혼났어.　남이야 춥든 안 춥든 무슨 상관이야.

깊던 물이 얕아졌다.　　　　　　　　물이 깊든 안 깊든 건너야 한다.

cf.×배던지 사과던지 마음대로 먹어라./×가던지 오던지 마음대로 해라.

안 / 않 : 안 한다, 안 간다, 안 먹는다 ; 하지 않는다, 가지 않는다, 먹지 않는다

기타 : 맞추다(입을~/양복을~/기계를~), 뻗치다(다리를~/멀리~/화가~)

바다입니다/바답니다, 바다일까요/바달까요, 바다이었다/바다였다

바다이어요/바다이에요/바다여요/바다예요, 아니어요/아니에요/아녜요

갔음/×갔슴, 없음/×없슴, 있음/×있슴, 했음/×했슴, 동그람/×동그랗슴

같아/×같애, 같아도/×같애도, 같아요/×같애요

아까 가데. 아까 갔데요.


## 2) 구별하여 적는 말

-느니보다(어미)　너를 찾아가느니보다 네가 오는 것이 낫겠다.

-는 이보다(의존 명사)　노는 이가 일하는 이보다 많다.

-(으)러(목적)　공부하러 간다. 일하러 간다.

-(으)려(의도)　공부하려 한다. 일하려 한다. 학교에 가려 한다.

-(으)므로(어미)　그가 가므로 나도 따라갔다.

-(ㅁ, 음)으로(써)(조사)　그는 힘으로써 모든 일을 해결하려 하였다.

걷잡다 : 걷잡을 수 없는 사태가 벌어졌다.

겉잡다 : 모인 사람이 겉잡아서 오만 명은 되겠다.

그러므로(그러니까) : 그는 열심히 공부한다. 그러므로 성적이 향상되었다.

그럼으로(써)(그렇게 하는 것으로) : 그는 열심히 공부한다. 그럼으로(써) 부모님 은혜에
보답한다.

늘이다 : 고무줄을 늘이다(길이).

늘리다 : 학생 수를 늘리다./집을 더 늘리다(양/면적).

하노라고 : 나름대로 하노라고 한 것이 이 꼴이다.

하느라고 : 공부하느라고 밤을 새웠다.

부수다 : 낡은 다리를 부수고 새 다리를 놓는다.

부시다 : 깨끗한 물로 그릇을 부시다.

들르다 : 지나가는 길에 친구 집에 잠깐 들렀다.

들리다 : 소리가 잘 들렸다.

드러내다 : 흰 이를 드러내고 웃는다.

들어내다 : 헌 가구를 들어내고 새 가구를 들이다.

햇볕 : 햇볕에 그을리다.

햇빛 : 햇빛이 창을 비치다.

위 : 위쪽, 위층, 위채, 위칸, 위턱

윗 : 윗니, 윗도리, 윗마을, 윗머리, 윗목, 윗몸, 윗물, 윗배, 윗사람, 윗입술, 윗집

웃 : 웃어른, 웃돈, 웃옷, 웃돌다, 웃자라다

왠 : 왠지 모르게

웬 : 웬일, 웬걸, 웬만큼, 웬만하다

만은 : 이번만은 약속을 꼭 지켜라. 날씨가 좋지만은 않다.

마는 : 가기는 가지마는/갔지만 또 오겠다. 가라니까 간다마는/가기는 간다만 내키지 않는다.

구 : 구절(句節), 대구(對句), 문구(文句), 성구(成句), 시구(詩句), 어구(語句), 인용구(引用句)

귀 : 글귀, 귀글


## 3.4. 틀리기 쉬운 말과 표준어


한 나라의 언어는 개개인이 사용하는 개인 방언과 그 개인 방언들이 일정한 지역 안에서 공통적으로 사용하는 지역 방언의 집합으로 이루어진다. 대부분의 나라는 이 지역 방언 가운데 하나를 기초로 하여 그 나라 전체가 공용으로 쓰도록 표준어를 정하여 사용한다. 우리 나라도 예외가 아니다. 우리 나라에서는 "표준어는 교양 있는 사람들이 두루 쓰는 현대 서울말로 정함을 원칙으로 한다"고 규정함으로써 지역적으로는 서울, 시대적으로는 현대, 계급적으로는 교양 있는 사람들의 말을 표준어의 기반으로 하였다. "교양 있는 사람들이 두루 쓰는 현대 서울말"은 사회 지도층에 있는 사람의 서울말이라고 할 수 있다. 서울 방언이 고려시대 이후 언어 문화권의 중심지 역할을 해 온 경기 방언으로 보면 서울 방언은 실질적으로 대략 일천 년 동안 중앙어로서의 자격을 누려왔다. 지역적으로 우리 나라의 중심에 자리잡고 있으며 고려 시대 이후 중앙어의 역할을 해 온 서울말을 표준어로 삼은 것은 당연한 것이라 하겠다.

표준어를 익혀야 할 타당성은 다음과 같은 표준어의 기능이 있기 때문이다. 표준어는 음운·어휘·문법의 모든 면에서 모범적이고 규범적인 것을 설정하여 제한한 것이다. 따라서 표준어를 완벽하게 사용하는 사람은 아무도 없다. 문제는 언어 문자 생활에서 표준어를 사용하기 위하여 얼마나 그리고 어떻게 노력하느냐에 달려 있다. 틀리기 쉬운 표준어는 잘 익혀서 문자 생활에 적절하게 활용하도록 해야 할 것이다([부록 3] 틀리기 쉬운 표준어 참조).


## 3.5 외래어 표기


외래어는 외국어에 기원을 둔 말 중에서 일상의 언어 생활에 자주 쓰이는 말이면서 국어 단어로 확고하게 정착된 말이다. 국어의 ≪외래어 표기법≫은 1958년에 제정된 ≪로마자의 한글화 표기법≫에 근간을 두고, 표기상의 문제점과 미비점을 보완하여 1986년 문교부 고시로 시행하게 되었다. 이 ≪외래어 표기법≫도 기본적으로는 ≪한글 맞춤법≫이나 ≪표준어 규정≫과 마찬가지로 조선어 학회 곧 한글 학회의 ≪외래어 표기법 통일안≫의 표기 원칙을 이어받은 것이다. 국어의 외래어 표기법은 ≪한글 맞춤법 통일안≫(1933년)에 규정한 한글 자모만으로 표기하도록 한 표음주의 원칙에 따라 현용 한글 24자모만으로 적도록 하였다.

해방 이후 가속화된 국제화의 추세에 따라 외래어가 폭발적으로 증가하여 왔다. 1980년대 이후 동구권과의 교류가 활발해짐에 따라 1992년에는 동구권의 5개 언어에 대한 한글 표기법을 추가하여 시행하고 있다.

맞춤법이나 표준어에 대한 규정과는 달리 외래어 표기 규정은 의견을 달리하는 사람들이 있다. 그러나 언어 생활의 능률을 위하여는 국가적인 사업으로 시행하여 공표된 ≪외래어 표기법≫에 따라 외래어를 표기하도록 해야 할 것이다.

외국 인명이나 지명도 외래어 표기법에 따라 표기해야 한다. 다만 매체 언어를 통하여 들어온 외래어는 그 언어의 발음에 따라 표기하도록 하였고, 관용으로 이미 굳어진 경우에는 그대로 인정하여 혼동을 줄이도록 하였다. 특히 일본이나 중국의 인명이나 지명은 관용을 존중하였다. 다만, 중국의 인명에 대하여는 1911년의 신해혁명을 기준으로 과거의 인명은 우리의 한자음으로 읽고 그 이후의 인명에 대하여는 중국어의 발음에 충실하게 표기하도록 하였다.

잘못 쓰기 쉬운 외래어들을 잘 익혀서 올바른 언어 생활에 도움이 되도록 해야 할 것이다([부록 4] 틀리기 쉬운 외래어 표기 용례 참조).


## 3.6 외래어 순화


흔히 현 시대를 인적·물적·문화적 교류가 활발한 국제화 시대라고 한다. 과학과 정보통신의 발달로 우리의 삶의 질이 향상되고 물질적인 풍요로움을 가져다주었지만 동시에 우리가 극복해야 할 과제도 안겨 주었다. 그것은 다름 아닌 아름다운 우리말이 오염되고 혼란되는 현실을 어떻게 슬기롭게 극복하느냐 하는 것이다.

미래학자들의 예측에 의하면 21세기에는 세계 언어의 90%가 소멸할 것이라고 한다. 문화를 계승 발전시키는 원동력이 되는 언어가 소멸한다는 것은 그 민족의 얼과 문화가 소멸된다는 것을 의미한다. 여기에 우리말을 지키고 다듬고 가꾸어 나가야 할 당위성이 있다.

광복 후 지금까지 정부 기관과 단체에서 우리말 속에 남아 있는 일본어의 찌꺼기, 어려운 한자어, 비속어, 무분별하게 들어온 외국어 등을 알맞은 우리말로 바꾸려는 운동을 꾸준히 전개해 왔다. 그 결과 많은 말들이 바르고 고운 우리말로 바뀌었지만 우리가 매일 보는 신문과 방송은 물론이고 흔히 지성의 전당이라고 하는 대학에서조차 외래어와 외국어의 오용과 남용이 심각한 지경에 이르러 무분별하게 사용되는 경우가 많이 있다. 최근에는 서양 외국어 특히 영어의 유입이 더욱 늘어나 국민들의 언어 생활이 혼란스럽게 되고 우리말의 순수성마저 위협받게 되었다.

이와 같은 사정은 일상어와 전문 용어에 이르기까지 다양하게 나타난다. 일상생활에서 외래어를 지나치게 쓰거나 외국어를 습관적으로 사용하는 일이 크게 늘어나 미처 우리말로 바꾸어 볼 겨를도 없는 실정이다. 이러한 말들은 가능하면 쉽고 아름다운 우리말로 순화하여 쓸 필요가 있다. 한 나라의 언어는 그 나라의 문화를 비추는 거울이라고 할 수 있기 때문이다. 역사는, 말을 잃어버린 민족은 역사 속에서 사라진다는 사실을 보여주고 있음을 명심해야 할 것이다. 우리가 일상 생활에서 자주 쓰고 있는 말들 가운데 아름다운 우리말로 순화할 수 있는 단어들은 반드시 순화하여 쓰도록 해야 할 것이다([부록 5]외래어 순화 용례 참조).


## 3.7 컴퓨터 통신 언어


현대를 흔히 사이버 시대라고 한다. 우리 나라는 1990년대부터 컴퓨터가 급속하게 보급되기 시작하여 현재는 거의 집집마다 컴퓨터를 보유하게 되었으며 초고속 인터넷 보급률은 세계 최고의 수준이 되었다. 이는 그만큼 우리 일상 생활에서 컴퓨터가 차지하는 비율이 높아졌다는 것을 의미한다. 요즈음은 컴퓨터 통신과 인터넷이 발달하면서 인터넷을 통한 정보의 전달과 공유의 중요성이 날로 강조되고 있다. 그러나 컴퓨터와 인터넷 보급률이 높아지면서 그로 인하여 우리의 생활도 많은 영향을 받고 있다. 소위 사이버 세계가 우리에게 주는 영향은 순기능 외에도 무시할 수 없는 역기능도 있다.

사이버 세계에서 일어나는 부정적인 영향 가운데 하나가 우리말에 대한 왜곡 내지 파괴 현상이다. 정보화 사회에서 정확하고 효과적인 국어 생활을 영위하고 국어의 발전과 문화의 창달에 이바지하는 것이 국어 교육의 한 목표라고 할 때 사이버 세계에서의 국어 파괴 현상은 우려할 만한 수준에 와 있다고 하겠다. 이러한 현상의 근저에는 두 가지의 원인이 자리잡고 있다고 할 수 있다. 하나는 기존의 질서나 가치에 대하여 보이지 않는 저항 내지 반항 심리의 간접 표출이고, 다른 하나는 당대의 문화 세계가 요구하는 개성 표현과 무관하지 않다는 것이다.

처음에 만든 사이버 언어는 통신 기술이 발달하지 않았기 때문에 짧은 시간 내에 많은 정보를 전달하려는 지극히 순수하고 경제적인 목적에서 기존의 어형을 새로운 형태로 축약시키는 것으로 시작되었다. 하지만 초고속 인터넷이 일반화 된 요즈음에는 좀더 새로운 형태의 언어 표현, 자기만의 독특한 표현 등 개성을 추구하면서 언어 형식을 파괴하는 현상이 네티즌들 사이에 유행처럼 번지기 시작하였다.

|  |  |  |  |
|---|---|---|---|
| 셤(시험), | 안냐세여(안녕하세요?), | 어솨요(어서 와요), | 방가요(반가워요) |
| 짐(지금), | 글구(그리고), | 어케(어떻게), | 샹훼(사랑해) |
| 겜(게임), | 먄해(미안해), | 핸펀(핸드폰), | 몰겠어(모르겠어) |

컴퓨터 통신상에서 일어나는 이러한 언어 변용이 소위 사이버 문화의 한 양상으로 나타나면서 인터넷 말투, 혹은 사이버 은어의 사용을 자랑스럽게 여기는 풍조까지 나타났다. 그 결과 다음의 예에서와 같이 국적도 없는 이상한 신조어를 만들어 내거나 외계인 언어라고 일컬어지는 암호와 같은 표현이나 이모티콘(emoticon)을 사용하기까지 하고 있다.

중딩(중학생),　　　　고딩(고등학생),　　　　직딩(직장인)
T.T(눈물날 정도로 슬프다),　11(잠시 컴퓨터 앞을 떠난다 ; 일어선 모습)
22(다시 자리에 돌아와 앉았다 ; 무릎 꿇고 앉은 모습)
서울뤄 면학乙 家훅! ㅠ.ㅠ 어릭 탸콰금 뎌웅 췽九들乙 ⒩드금 섧릎 家훅...
(서울로 전학을 가요. 슬퍼요. 우리 착하고 좋은 친구들을 놔두고 서울로 가요)

일각에서는 이러한 현상을 창의적인 발상의 표현이므로 꼭 부정적인 현상만은 아니라고 강변하기도 한다. 이러한 표현이 제한된 공간에서 제한된 사람들끼리 이용하는 은어라면 특별히 문제될 것이 없을 수도 있다. 그러나 이러한 표현이 인터넷상의 열린 공간에서 인터넷 사용자 모두에게 노출되어 있고 문장의 문법적 구조마저 파괴되어 사용된다는 점에서 문제가 된다. 더구나 이러한 언어 표현이 청소년들 사이에서 의도적이고 적극적으로 조장되고 있으며 나아가 일상 언어에까지 등장하여 어느 것이 사이버 언어이고 어느 것이 일상 언어인지 구별하지 못함으로써 실생활에서도 심각한 갈등을 초래한다는 점에서 문제가 된다.

언어가 인간의 사고 체계에 지대한 영향을 주고 그러한 사고 체계가 행동으로 나타나며 행동의 반복이 관습이나 습관화한다는 점을 고려한다면 올바른 언어사용의 중요성은 강조할수록 좋다. 이 점에서 우리가 아무 생각 없이 사용하는 인터넷 언어를 순화하는 것도 자기 수양의 한 방법이 된다.

1. 「한글 맞춤법」 내용 가운데 오류나 문제가 있다고 생각하는 점이 있다면 찾아보고 그 근거와 해결책을 제시하시오.
2. 우리 주변에서 잘못 쓰이는 외래어를 열 개 이상 조사해 보고 그에 대당하는 올바른 우리말을 찾아보시오.
3. 올바른 우리말을 써야 하는 이유를 다섯 가지 이상 들고 그 근거를 제시해 보시오.
4. 「한자」나 「한문」을 배울 필요성이 있는지의 여부에 대하여 구체적인 사례를 들어 논증의 글을 써 보시오.



1. 컴퓨터 통신 언어가 우리 생활에 미치는 영향에 대하여 토론해 보자.
2. 컴퓨터 통신 언어 가운데 비정상적인 국어 표현을 조사하여 유형별로 분류해 보자.
3. 위 2번의 결과를 토대로 컴퓨터 통신 언어의 특징을 정리해 보자.
4. 컴퓨터 통신에서 국어를 올바로 사용하기 위한 방안에 대하여 기술해 보자.

# 제3장

## 언어의 이해

# 1. 언어에 대한 기본 이해

우리의 언어는 말소리와 의미로 이루어져 있다. 그런데 말소리와 그 소리가 상징(象徵)하는 개념(概念) 사이에는 필연적인 관계가 있는 것이 아니다. 언어의 소리와 의미 사이의 이와 같은 관계를 언어의 자의성(恣意性; arbitrariness)이라고 한다. 따라서 아버지를 꼭 '아버지'라고 하고 어머니를 꼭 '어머니'라고 해야 할 필연적인 이유가 없다는 것이다. 그렇기 때문에 '아버지'를 '지바니'라고 해서 안 될 것이 없다. 그래서 영어에서는 '화더(father)'라고 하고 독일어에서는 '파터(parter)'라고 하며 중국어에서는 '파파(爸爸)'라고 할 수 있는 것이다.

말소리와 의미 사이의 관계가 처음 정해질 때는 자의적(恣意的)으로 정해지더라도 그것이 정해지고 나면 사회적으로 약속이 이루어져야 생명을 갖는다. 이 점에서 언어는 사회적인 약속(約束)이요, 계약(契約)이라고 할 수 있다. 물론 이 때의 약속은 암묵적(暗默的)이다. 이렇게 우리의 언어는 청각적 기호인 말소리와 의미로 이루어지는 것뿐만 아니라, 시각적 기호인 문자와 의미로도 이루어져 있다. 문자와 의미에 의해 이루어진 것이 글이다.

글은 어떤 사람이 자기의 생각이나 의견 등을 다른 사람에게 전달하는 데 목적이 있다. 그리고 그 생각이나 의견을 나타내는 단위들을 문법 단위라고 하며, 이 문법 단위들은 모두 의미를 가지고 있다. 글은 필연적으로 의미를 가지게 된다. 따라서 우리가 다른 사람의 글을 읽고 내용을 이해하려면 글을 이루고 있는 문법 단위와 그 문법 단위가 가진 의미를 알아야 한다.

의미를 가지는 문법 단위에는 형태소(形態素), 단어, 구 문장 등이 있다. 이들 문법 단위 가운데 의미를 가지는 가장 작은 문법 단위는 형태소다. 하나 이상의 형태소가 모여 단어를 이루고 하나 이상의 단어가 모여 구(句)나 문장(文章)을 이루며, 하나의 문장은 하나 이상의 단어로 이루어져 있다. 따라서 하나의 사고 단위(思考單位)인 문장을 이해하려면 그 문장 속에 쓰인 단어를 이해하여야 한다. 우리가 말을 하거나 글을 쓸 때 필연적으로 사용하는 것이 단어다. 따라서 단어를 모르고서는 한마디의 말도 할 수 없고 한 줄의 글도 쓰기 어렵다. 단어가 우리의 언어 생활에서 이렇게 중요한 기능을 하고 있는데도 우리는 단어에 대하여 너무 무관심하게 대하고 있는 느낌이다. 이 장에서는 의미를 가진 가장 작은 단위인 형태소에서부터 문장에 이르기까지의 문법 단위에 대하여 기술하게 된다.

## 2. 형태소와 단어

### 2.1 형태소

  앞에서 의미를 가지는 문법 단위 가운데 가장 작은 단위를 형태소(形態素)라고 하였다. 가장 작은 단위라는 말은 더 이상 쪼갤 수 없다는 뜻이다. 이 기준에 의하면 '나무, 메뚜기, 코, 사람, 하늘'등은 형태소가 된다. 이들을 더 쪼개면 의미를 상실하며 형태소가 될 수 없다. 가령 '나무'를 '나'와 '무' 또는 'ㄴ'과 'ㅏ무' 등으로 쪼갠다면 그 각각은 의미가 없어지고 단순한 소리 내지 소리의 덩어리가 되거나 적어도 '나무'와는 무관한 조각들이 된다. 그런가 하면 '책을, 밥을, 떡을' 이나 '나를, 너를, 나무를'의 '을'과 '를'이 목적어를 만들어 주는 의미를 가지고 있고, '사람이, 책이'나 '내가, 그가'의 '이'와 '가'는 주어를 만들어 주는 의미를 가지고 있다. 그리고 '뛰어라, 먹어라'와 '잡아라, 막아라'의 '-어라'와 '-아라'는 명령을 나타내는 의미를 가지고 있다. 이러한 의미는 어떤 문법적인 일을 하느냐 하는 문법적인 의미까지 포함하는 것이다. 이들은 모두 각각 하나하나의 형태소가 된다. 이와 같이 의미를 지닌 가장 작은 단위를 형태소라고 한다.

  형태소에는 자립 형태소(自立形態素)와 의존 형태소(依存形態素)가 있다. 앞에서 예로 든 '나무, 메뚜기, 코, 사람, 하늘' 등은 혼자 독립해서도 단어가 될 수 있다. 이와 같이 혼자 독립해서 단어로 쓰일 수 있는 형태소들을 자립형태소라 한다. 이와는 달리 '먹어라'의 '먹-'은 '먹는, 먹고, 먹어서, 먹으니, 먹었다, 먹는다'와 같이 반드시 다른 어떤 형태소와 결합하여야만 문장에 쓰일 수 있고 단어 행세도 할 수 있다. 이와 같이 다른 형태소에 의존해야만 제 역할을 다하는 형태소를 의존 형태소라고 한다. 국어의 동사나 형용사의 어간과 어미는 모두 의존 형태소들이다. 접두사나 접미사는 물론이고 조사도 모두 의존 형태소들이다.


### 2.2 단어

  일반적으로 단어는 형태소보다 더 널리 알려진 문법 단위로서 문법론에서 중요한 위치를 차지한다. 앞에서 우리는 '나무, 메뚜기, 코, 사람, 하늘' 등을 형태소라고 하였다. 이들은 그대로 단어가 된다. 그러나 모든 형태소가 그 자체로 단어는 아니다. 단어는 의미를 가지는 가장 작은 단위가 아니기 때문이다. 예를 들면 '돌다리, 닭장, 밤송이' 등은 둘 이상의 형태소가 모여 하나의 단어를 이루고 있다. 또한 의미를 가지고 있기는 하지만 가장 작은 단위가 아니기 때문에 형태소가 아니다.

단어는 대체로 자립형식(自立形式)이어야 한다는 제약이 있다. 자립형식은 다른 요소와 결합하지 않고도 문장에 나타날 수 있는 언어형식인 자립 형태소와 비슷하지만 '최소'라는 제약이 없다. 따라서 '나무, 메뚜기, 코, 사람, 하늘' 등과 같은 자립 형태소는 자립형식이므로 그대로 단어가 되지만 '먹-'이나 '흐르-', 또는 '-어라'나 '-고' 등의 의존형태소는 단어가 될 수 없다.

그렇다면 단어가 가지는 특성은 무엇인가.

첫째, 단어는 자립형식 중에서는 가장 작은 즉, 최소의 자립형식이라고 할 수 있다. 예를 들면 '밥을 먹는다'나 '좋은 책'은 둘 다 자립형식이며 '밥을'과 '먹는다'도 각각 자립형식이고, '좋은'과 '책'도 각각 자립형식이다. 이와 같이 몇 개의 자립형식으로 이루어진 큰 자립형식들은 일반적으로 단어가 아니다.

그렇다고 최소의 자립형식이 모두 다 단어는 아니다. '돌-다리, 나팔-꽃, 밤-송이' 등은 각각 '돌'과 '다리', '나팔'과 '꽃', '밤'과 '송이' 등으로 쪼개어도 각각 자립형식이다. 그렇다고 '돌다리, 나팔꽃, 밤송이'가 단어가 아니라고는 할 수 없다.

둘째, 단어는 그 내부에 휴지(休止; pause)를 둘 수 없다는 특성이 있다.

예를 들면 '사람'을 읽을 때 '사'를 발음하고 한동안 쉬었다가 '람'을 발음하지 않는다는 것이다. '돌다리'의 '돌'과 '다리' 사이에서도 마찬가지고, '밤송이'의 '밤'과 '송이' 사이에서도 휴지를 넣어 발음하지는 않는다. 이 때문에 '돌다리'나 '밤송이'가 비록 최소자립형식은 아니지만 단어로 인정된다.

셋째, 단어는 그 내부에 휴지를 둘 수 없기 때문에 대개 분리성(分離性 ; isolability)도 없다. 즉 다른 단어가 단어 내부에 끼어들 수 없다. 가령 '빛나는 전통'에서 '빛나는'과 '전통' 사이에 '우리의'를 넣어 '빛나는 우리의 전통'과 같이 '우리의'가 들어갈 수 있으면 '빛나는 전통'은 분리성이 있다고 한다. 그러나 '돌다리'나 '밤송이' 등은 그렇지 못하다.

이와 같이 단어는 그 내부에 휴지를 둘 수도 없고 분리성도 없는 것이라고 할 수 있다. 이는 단어와 단어 사이에는 휴지도 둘 수 있고 분리성도 있다는 뜻이 된다.

이상의 세 가지 기준이 단어를 판별하는 중요한 기준이기는 하지만 애매한 언어 형식들이 있어 단어인가 아닌가를 가려내는 일이 그리 간단하지 않다. 예를 들면 국어의 형식 명사인 '것, 수, 줄' 등은 자립 형식이라고 하기도 어렵고, '알 수 없다, 갈 것이다'의 '알'과 '수', '갈'과 '것' 사이에 휴지를 두거나 다른 단어를 두기도 어렵다. 그러나 이들은 그 문법적 성질이 일반 명사와 매우 비슷하여 각각을 단어로 인정하지 않을 수 없다.

　국어의 조사 '이/가, 을/를, 에, 처럼' 등도 단어로 인정하기도 어렵고 인정하지 않기도 어려운 점이 있다. 이들 조사를 단어가 아니라고 하려면 어미라고 해야 하는데 어미보다는 독립성이 커서 대체로 단어로 처리하고 있으나 단어라고 하면 다소 불완전한 단어가 된다.

　이렇게 정의된 단어들은 다음과 같이 분류할 수 있다.

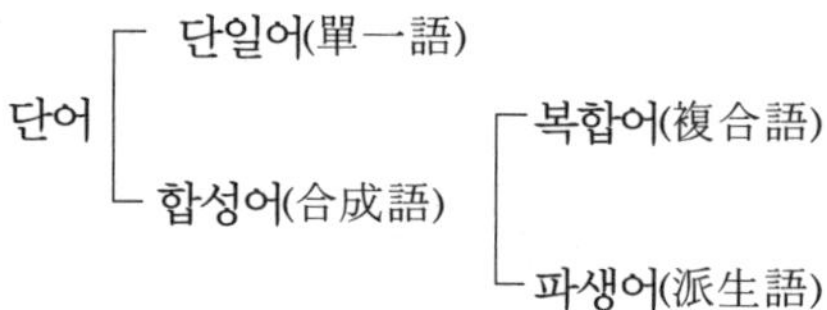

　단일어(單一語)는 다음과 같이 형태소 하나로 이루어진 단어를 말한다. 다음의 ① a,b가 대표적인 단어들이다. ① c와 같이 어간이 하나의 형태소로 이루어진 용언들도 단일어가 된다.

　　① a. 눈, 코, 입, 귀, 하늘, 밥, 솔, 나귀, 말, 보리, 벼, 마고자, 저고리
　　　 b. 온, 어느, 무슨, 매우, 아주, 비로소, 아직
　　　 c. 가다, 오다, 살다, 잡다, 죽다, 다리다, 차갑다, 뛰다, 때리다, 후리다

　합성어(合成語)는 둘 또는 그 이상의 형태소로 이루어진 단어로서 여기에는 복합어(複合語)와 파생어(派生語)가 있다. 복합어는 ②와 같이 단어의 중심부를 형성하는 형태소인 어기(語基)나 단어끼리 만나 이루어진, 다시 말하면 그 구성 요소의 어느 한 쪽도 접사가 아닌 합성어이며, 파생어는 ③과 같이 반드시 어기와 결합하여야만 문장에 나타날 수 있는 의존 형태소인 접사가 그 구성 요소(構成要素)의 한 쪽이 되는 합성어를 말한다. 파생어는 접사(接辭)의 위치에 따라 접두사(接頭辭)에 의한 것과 접미사(接尾辭)에 의한 것으로 나뉜다.

　　② a. 돌다리, 나팔꽃, 손목, 콧물, 밤나무
　　　 b. 날뛰다, 검붉다, 손쉽다, 자리잡다, 돌아가시다
　　③ a. 풋사랑, 군살, 맨손, 맨주먹, 새파랗다
　　　 b. 잠보, 덮개, 높이, 넓이, 자랑스럽다, 정답다

　이렇게 단어의 개념이나 성격을 이해하는 것도 중요하지만 우리가 글을 쓸 때는 단어의 의미와 용법이 더 중요하다. 어느 정치인이 '몽니를 부린다'는 말을 써서 한동안 화제가 된 일

이 있다. '몽니'라는 단어가 언론에 소개되고 나서 새삼 우리말의 맛과 멋에 대하여 생각해 보게 한다.

단어는 저마다 고유한 의미를 가지며 문장 속에서의 쓰임에 따라 각각 독특한 기능과 역할을 한다. 단어의 의미는 사전에 풀이해 놓은 기본적 의미(일차적 의미)와 실제 문장 속에서 쓰이는 문맥적 의미, 그리고 단어 속에 내포하고 있어 사람들의 느낌과 연상을 일으키는 함축적 의미(내포적 의미)가 있다. 다음에 '이슬'이라는 단어의 사전적 의미를 보자.

> 이슬囻 ①[기상] 공기 중의 수증기가 기온이 내려가거나 찬 물체에 부딪힐 때 엉기어 생긴 물방울. ②'덧없는 것'의 비유. ③'눈물'의 비유.

위의 사전적 의미를 고려하여 '이슬'이라는 단어를 넣어 다음과 같은 문장을 만들 수 있다.

① 풀잎에 이슬이 맺혔다.(기본적 의미)
② 그 사형수는 마침내 형장의 이슬로 사라졌다.(문맥적 의미)
③ 어머니의 눈가에는 어느새 이슬이 맺혔다.(함축적 의미)

이와 같이 단어의 의미와 용법이 다양하기 때문에 단어를 골라 쓸 때 주의를 기울여야 한다. 무엇보다 단어의 뜻을 정확히 알고 문맥에 맞는 쉬운 단어를 골라 쓰도록 노력해야 한다. 단어 하나에 의해 문장의 맛과 품격이 달라질 수 있기 때문이다.


## 3. 국어의 문장

### 3.1 사고와 표현

우리가 흔히 말하는 '좋은 글'이란 생각의 흐름이 순조롭게 잘 표현된 글을 말한다. 다르게 말하면 생각이 조리 있고 논리적으로 잘 표현된 글이 좋은 글이라고 할 수 있다. 그렇다고 논리적인 글만이 좋은 글이라고 할 수는 없다. 때로는 시(詩)와 같이 적절한 변화를 주어 멋을 부릴 때 효과적으로 표현되기도 한다. 논리적인 표현과 효과적인 표현 능력은 글을 쓰는 사람이 평소에 끊임없이 노력을 기울여 가는 중에 획득된다. 자기가 쓴 글에 대하여 늘 고민하면서 꾸준히 올바르게 고쳐나가는 과정을 통해서 논리적이고 효과적으로 표현된 글을 쓸 수 있다. 결국 논리적이고도 효과적으로 표현된 글이 가장 좋은 글이라고 할 수 있다.

글을 논리적으로 잘 표현하려면 문맥에 맞는 어휘를 적절하게 골라 쓸 수 있어야 하며, 문법에 맞는 정확한 문장을 구사할 줄 알아야 한다. 그리고 더 나아가 조그만 중심 생각을 문장들에 담아 적절히 단락짓고 이들 단락을 알맞게 배열할 줄 알아야 한다. 이 세 가지도 강의를 통한 이론 학습으로 쉽게 해결될 수 있는 것이 아니고 학생들이 자기가 쓴 글에 대하여 끊임없이 관심을 가지고 스스로 고쳐 나갈 때 가능한 것이다. 이 절에서는 국어의 문장이 문법적으로 어떤 구성을 가지는가를 개관해 보고 실제 문장을 써 보는 시간을 가짐으로써 좋은 문장과 올바른 문장이 어떤 것인가를 학습한다. 나아가 이를 바탕으로 부적절한 단어와 부적절한 문장을 정확한 단어와 올바른 문장으로 고쳐보고, 단락을 적절하고 매끄럽게 조절하여 자연스런 흐름의 글이 되도록 훈련하는 데 목표가 있다.


## 3.2 문장과 문법


모든 글은 문장으로 이루어진다. 즉 문장 하나 하나가 모여서 글이 된다. 따라서 좋은 글은 하나하나의 문장이 올바로 만들어져 있어야 가능하다. 올바른 문장이란 두말할 것도 없이 문법에 맞는 문장이다. 문법은 하나의 언어 사회가 올바른 표현이라고 받아들이는 모든 문장을 빠짐없이 설명할 수 있는 원리인 동시에 우리 머리 속에 마련되어 있는 어떤 장치라고 할 수 있다. 우리는 이 장치에 의해 다른 사람의 말을 바르게 이해하기도 하고 다른 사람에게 바르게 말을 하기도 한다. 단어 하나하나를 바로 쓰고 그것을 국어 문법 규칙에 맞도록 배열하는 것이 바른 문장을 쓰는 가장 기본적인 일이 되는 것이다. 우리가 우리말을 잘 못하거나 우리말로 글을 잘 못 쓴다면 그것은 바로 이 문법이라는 장치를 제대로 익히고 있지 못하기 때문이다. 우리가 우리말을 유창하게 구사한다는 것은 우리의 국어 문법 장치가 가진 고도의 정밀성을 잘 알고 있다는 것을 의미한다. 그런데 이 가장 기본적인 것을 소홀히 하는 경우가 많다.

시문에서는 우리가 쓰는 일상 문법과는 다른 표현을 쓰는 수가 있으나 그것도 결국은 문법의 테두리 안에 있는 것이며 어떤 문장도 문법이라는 장치를 통하여 생성된 산물이다. 따라서 문법에 어긋난 문장은 비문이며 글 속에 비문이 들어 있다면 좋은 글이라고 할 수 없다. 이 절에서는 우리가 주로 빠지는 문법에서의 함정은 무엇이며 그것을 어떻게 극복할 것인가에 대하여 학습하고 이를 통하여 좀더 정확하고 좋은 문장을 만드는 방법을 모색해 보고자 한다.

## 3.3 문장 성분과 기본 문형

### 3.3.1 문장 성분

문장(文章)은 단어들이 문법 규칙에 의해 나열된 의미(意味)의 통일체(統一體)다. 대체로 문장은 주어, 목적어, 서술어, 관형어, 부사어, 독립어 등의 문장 성분(文章成分)들로 이루어 진다. 문장 성분은 문장을 구성하면서 일정한 범주의 성질을 가진 단어와 단어의 연결체(連結 體)다. 문장 성분을 이룰 수 있는 단위는 단어, 어절, 구, 절 등이다. 이러한 문장 성분 가운데 는 문장을 이루는데 반드시 필요한 필수적(必須的)인 성분(成分)이 있고 그렇지 않은 수의적 (隨意的)인 성분(成分)이 있다. 흔히 주어, 목적어, 서술어, 보어 등을 필수적 성분으로 보아 근간 성분(根幹成分) 또는 주성분(主成分)이라고 하고, 관형어나 부사어는 주성분에 딸린 수 의적인 성분으로 보아 지엽 성분(枝葉成分) 또는 부속성분(附屬成分)이라고 한다. 주성분은 그것이 빠지면 불완전한 문장이 된다. 독립어(獨立語)는 독립 성분이 된다.

전통적으로 주어(主語)는 서술어(敍述語)에 의해 서술되는 대상(對象)이라고 정의하였다. 이 주어는 체언 상당 구성과 조사의 결합으로 이루어지며 일반적으로 주어를 표시하는 조사 는 '이/가'가 담당한다. 목적어(目的語)는 타동사의 서술 대상이 되며 목적격조사 '을/를'과 체 언 상당 구성으로 이루어진다. 보어(補語)는 서술어가 필수적으로 요구하는 성분으로서 '되 다, 아니다' 앞에 나타난다. 서술어는 용언과 어미로 이루어진다. 용언에는 동사, 형용사가 있 고 어미에는 어말어미와 선어말어미가 있다. 어간과 어말어미가 반드시 있어야 서술어가 되 며, 명사에 서술격 조사 '-이다'가 결합되어도 서술어가 된다.

관형어(冠形語)는 체언으로 된 주어, 목적어 같은 문장 성분 앞에 놓여 그것을 수식하는 기 능을 한다. 관형어는 관형사가 명사를 수식하는 구성(1a), 용언의 관형사형(또는 관형절)이 명 사를 수식하는 구성(1b), 명사 자체로 다른 명사를 수식하는 구성(1c)이 있다. 부사어(副詞語) 는 서술의 뜻을 한정하여 수식하는 것과 문장 전체를 수식하는 것으로 나뉜다. 부사어는 부 사(2a) 또는 체언에 부사격 조사가 붙은 말(2b)로 구성되거나 부사성 의존명사가 그에 딸린 관 형어와 함께 부사어(2c)가 되기도 한다.

독립어(獨立語)는 3과 같이 문장 중의 어느 성분과도 직접적인 관련이 없는 독립된 성분이다.

1) a. 새 옷
   b. 작은 키
   c. 우리의 사명

2) a. 옷이 아주 싸다.

   b. 동생이 방에서 논다.

   c. 그가 신을 신은 채 방으로 들어왔다.


3) a. 아이구, 다리 아파 죽겠다.

   b. 현미야, 도착하거든 전화해라.

   c. 사랑, 세상에서 이처럼 강렬한 것이 또 있을까?


## 3.3.2 국어의 기본 문형

문형(sentence pattern)은 주성분(主成分)에 의해 개별적이고 구체적인 표현으로부터 얻어지는 문장(文章)의 일반적인 유형(類型)을 가리킨다. 대체로 한 언어에서 자주 쓰이는 문장이나, 한 언어를 처음 배울 때 습득해야 할 전형적(典型的)인 문장을 기본 문형(基本文型)으로 설정한다. 국어에서 이러한 기본 문형을 설정한다면 다음 예문 4)~7)의 네 가지가 될 것이다.

4) 무엇이 어찌한다.　　　　　예) 바람이 분다.

5) 무엇이 어떠하다.　　　　　예) 달이 밝다.

6) 무엇이 무엇이다.　　　　　예) 철수가 학생이다.

7) 무엇이 무엇을 어찌한다.　예) 아이들이 밥을 먹는다.

8) a. 무엇이 무엇이 된다.　　예) 물이 얼음이 된다.

   b. 무엇이 무엇이 아니다.　예) 이 사람이 주인이 아니다.

9) a. 우리 집이 여기서 멀지 않다.

   b. 무엇이 바빠서 그리 빨리 가느냐?

   c. 그 포도송이가 무척 탐스럽다.

   d. 그 사람이 아주 새 차 한 대를 도난당했다.

   e. 우리가 탄 기차가 무척 빨리 달렸다.

10) 아차, 내가 깜빡 잊었구나.


문장은 주성분과 부속 성분(附屬成分)으로 이루어진다. 문장의 골격을 이루는 성분을 주성분이라 하고 주성분에 딸려서 주성분을 도와주는 역할을 하는 성분을 부속 성분이라고 한다. 주성분으로만 이루어진 문장을 기본 문장이라고 한다. 주성분(主成分)에는 주어, 서술어, 목적어, 보어가 있다. 위의 예문 4)~8)에서 '무엇이'에 해당하는 '바람이, 달이, 철수가, 아이들이, 물이, 사람이'는 주어이고 '어찌한다, 어떠하다, 무엇이다'에 해당하는 '분다, 밝다, 학생이다, 먹는다, 된다, 아니다'는 서술어이며 '무엇을'에 해당하는 '밥을'은 목적어다. 그리고 '되다, 아니다' 앞에 오는 '얼음이, 주인이'는 보어가 된다.

문장의 골격을 이루는 데는 기여하지 못하고 다른 성분에 딸려 있는 부속 성분에는 관형어와 부사어가 있다. 위의 예문 9)d에서 '새'는 관형어이고 '몽땅'은 부사어이다. 그리고 위의 예문 10)에서 '아차'는 뒷말에 부속되지 않은 독립성분이다.

문장 성분(文章成分)은 한 단어로만 구성되는 것은 아니고 예문 9)의 밑줄친 부분은 두 단어 이상으로 이루어진 문장 성분이다.

위의 문장들은 모두 하나의 주어(主語)와 하나의 서술어(敍述語)로 이루어져 있고 예문 7)에만 목적어(目的語)가 들어 있다. 여기에서 우리는 국어에서 하나의 완전한 문장이 되려면 적어도 하나의 주어와 하나의 서술어가 필요하다는 것을 알 수 있다. 그리고 서술어의 품사가 무엇이냐에 따라 그 앞에 목적어나 그 외의 문장 요소가 들어간다는 것도 알 수 있다.

즉, 위에서 예문 4)의 서술어는 자동사이고, 예문 5)의 서술어는 형용사이며, 예문 6)의 서술어는 명사이고, 예문 7)의 서술어는 타동사다. 따라서 이들 문장은 각각 자동사문, 형용사문, 명사문, 타동사문이라고 명명할 수 있다. 이들 네 가지의 문장은 간단한 듯하지만 모든 국어 문장의 기초가 된다는 점에서 잘 익혀 두어야 한다.

그러면 간단하지만 위의 문장들과는 좀 다른 다음의 문장은 어떻게 처리해야 할까?

11) 토끼는 꾀가 많다.
11)'토끼가 꾀가 많다.
12) 언니는 셈이 빠르다.
12)'언니가 셈이 빠르다.

위의 문장은 모두 하나의 서술어에 주어로 생각할 수 있는 것이 두 개가 연이어 있어서 우리의 이해를 이렵게 한다. 어떤 학자는 예문 11)~12)에서 '-은/는'이 붙은 '토끼는', '언니는'과 같은 위치에 놓여 있는 11)'~12)'의 '토끼가'와 '언니가'를 주제어(主題語) 또는 큰 주어라고 하고, '-이/가'가 붙은 '꾀가'와 '셈이'를 주어 혹은 작은 주어라고 하여 이중주어문(二重主語文)으로 해석하기도 한다. 그러나 한 문장에는 하나의 주어만이 올 수 있다고 하여 앞에 있는 '토끼는'과 '언니는'만이 주어이고 '꾀가'와 '셈이'는 서술어 속에 있는 형식상(形式上)의 주어(主語)라고 하여 서술주어 또는 가주어를 가진 특수한 유형의 문장으로 취급하는 경향이 강하다. 이러한 차이는 문법 자체가 다른 것이 아니라 문법을 체계화하는 방법상의 차이에서 오는 것이다. 이러한 유형의 문장은 명사문이나 자동사문으로도 나타난다.

13) 할아버지는 바둑이 취미다.
14) 나는 가슴이 뛴다.

위의 예문 13)은 서술어로 명사 '취미'가 쓰인 명사문이고, 예문 14)는 서술어로 '뛴다'가 쓰인 자동사문이다. 다음과 같은 문장도 기본 문형(基本文型)에 들어 있지 않다.

15) 물이 얼음이 된다.
16) 물이 얼음과 같다.
17) 나는 학생이 아니다.

이들 문장도 앞에서 예로 든 예문 5)와 같은 형용사문의 범주에 넣어야 할 것이다. 이 때 '얼음이, 얼음과, 학생이'는 보어라는 성분으로 처리해 왔다. 특히 위의 예문 17)은 앞의 예문 6)을 부정문으로 바꾼 형태다. 다시 말하면 예문 17)을 부정문으로 바꾸면 예문 6)이 되는 것이다.

다음으로 문제되는 것이 타동사문에서 목적어 외에 다른 것이 더 필요한 다음과 같은 문장이다.

18) 우리는 성철 스님을 생불(生佛)로 생각한다.
19) 나는 철수에게 책을 준다.

이들 문장은 타동사 서술어인 '생각한다'와 '준다'의 목적어 '스님을'과 '책을' 하나만으로는 완전하지 않다는 것을 보여 준다. 이럴 경우 타동사문(他動詞文)을 더 세분하여 '생불로'를 목적 보어라고 하고 '철수에게'를 간접 목적어라고 할 수 있다.

이상에 제시한 문장들을 통하여 하나의 문장에는 적어도 하나의 주어와 하나의 서술어가 필요하다는 것을 알 수 있다. 이와 같이 문장 성분 가운데 근간이 되는 성분을 근간 요소(根幹要素)라고 한다. 그런데 실제 문장이나 대화(對話)에서는 특수한 경우 이들 주어와 서술어가 생략되어 나타나기도 한다. 다음의 예를 보자.

20) a. "다녀 왔습니다."
    b. "그래, 재미있었니?"
21) a. "잘 있었니?"
    b. "예, 잘 지냈습니다."

위의 대화에서 예문 20)a는 아랫사람이고 예문 20)b는 윗사람이다. 20)a가 학교에서 돌아온 학생이라면 20)b는 그 학생의 부모나 다른 집안 어른일 것이다. 이 문장에 주어를 넣는다면 얼마나 부자연스럽겠는가? 예문 21)도 마찬가지다. 21)a는 윗사람이고 21)b는 아랫사람인데 이런 인사말에 주어를 넣는다면 아주 어색한 문장이 되고 만다. 대화문(對話文)에서 주어(主語)를 생략(省略)할 수 있는 것은 생략된 주어를 쉽게 상정할 수 있기 때문이다. 즉 대화문에서는 말을 하는 사람과 말을 듣는 사람이 정해져 있기 때문에 주어를 쉽게 생략할 수 있는 것이다. 그렇다고 대화문에서만 주어가 생략될 수 있느냐 하면 그렇지는 않다. 다음의 시(詩)를 보자.

> 나 보기가 역겨워
> 가실 때에는
> 말없이 고이 보내 드리오리다
>
> 영변에 약산
> 진달래꽃
> 아름따다 가실 길에 뿌리오리다
>
> 가시는 걸음걸음
> 놓인 그 꽃을
> 사뿐히 즈려밟고 가시옵소서
>
> 나 보기가 역겨워
> 가실 때에는
> 죽어도 아니 눈물 흘리오리다

우리가 잘 아는 김소월(金素月)의 「진달래꽃」 전문이다. 이 시에 주어를 넣었다고 가정해 보자. 시로서의 운치가 싹 가시고 말 것이다. 이와 같이 글로 적는 문장도 상황에 따라 주어를 생략하는 것이 더 자연스러울 때가 있다. 대화문의 경우 현장성(現場性) 때문에 주어를 특별히 밝히지 않아도 생략된 주어를 쉽게 상정할 수 있기 때문에 주어의 생략이 가능하다.

국어 문장에서 어쩌면 주어보다 비중이 높은 것이 서술어다. 앞의 예에서 보았듯이 주어의 생략은 상당히 광범위하게 일어날 수 있으나 서술어의 생략은 쉽지 않다. 그렇다고 서술어의 생략이 전혀 불가능한 것은 아니다. 다음의 예문을 보자.

22) a. "뭘 먹었니?"
    b. "밥."

23) a. 인생도 처유청산(處遊靑山)이라고 하나 반백 년이 가깝도록 정겨운 피붙이 한 사람 없이 낯선
사할린에서 독신(獨身)으로 여지껏 살아온 박서방. 그가 비로소 여란이를 만난 것이다.
　　 b. 어렸을 때, 팽이끈을 모아 놓으셨다가 항상 나에게 아무 말 없이 내어 주시던 할머니. 그런 할머
니 산소 앞에서도 나는 냉정하고 덤덤하였다.

　예문 22)b에는 주어는 물론이고 서술어도 나타나 있지 않다. 여기에 주어를 넣는다면 얼마
나 어색하게 되겠는가? 이 대화문에서 서술어(敍述語)가 생략(省略)된 것은 생략된 서술어를
쉽게 상정할 수 있기 때문이다. 즉 앞 문장에 나타난 서술어와 동일한 서술어가 반복(反復)되
기 때문에 생략할 수 있는 것이다.

　예문 23)a, b는 각각 '박서방'과 '할머니'라는 단어에서, 문장이 완결되지 않은 채 끝났다.
그러면서도 이상하게 느껴지지 않는 것은 23)a에서 박서방 앞에 놓인 '살아온'이라는 관형어
가 의미상의 서술어가 되기 때문에 형식상(形式上)의 서술어가 없어도 자연스러운 것이다.
이에 비해 23)b에서는 할머니의 존재를 확인시키는 상태에서 문장이 끝났다. 우리말에서 지시
대상이 되는 명사는 그 존재를 환기시켜 준다. 따라서 '기차, 고구려'와 같은 명사는 각각 '기
차가 있다, 고구려가 있었다'와 같이 존재 사실(存在事實)을 알려 준다. 이와 같이 어떤 명사
가 단순히 존재 사실을 증명하기 위해 사용될 때는 다음에 존재를 나타내는 서술어를 생략해
도 자연스럽게 된다.

　문장 성분의 생략은 주어와 서술어만 가능한 것이 아니다. 다음의 예를 보자.

24) a. "밥 먹었니?"
　　 b. "아니."

　위의 예문 24)a는 주어 또는 주제어 '네가' 또는 '너는' 정도가 생략된 문장이며 24)b는 주
어와 서술어 및 목적어가 다 생략된 문장이다. 24)b의 주어는 '나는'이고 목적어는 '밥'이며
서술어는 '먹었다'가 될 것이다. 이와 같이 예문에서 문장의 근간 요소인 주어와 서술어는 물
론이고 목적어도 생략할 수 있는 것은 대화 상황에서 이미 전제되어 있거나 언급되어 있어
생략해도 그 생략된 성분 내용(成分內容)을 쉽게 상정할 수 있기 때문이다.


## 3.3.3 문장의 변형과 확장

### 3.3.3.1 문장의 변형

　문장은 사용하는 사람의 목적(目的)과 사용할 때의 상황(狀況)에 따라 형식을 달리한다. 목적에 따라 바꾸는 것을 문체법(文體法)이라고 하고 상황에 따라 바꾸는 것을 존비법(尊卑法) 또는 대우법(待遇法)이라고 한다.

　문체는 개인의 취향에 따른 문장 표현과 관련되므로 가능한 무한한 문장을 포괄적으로 가리킬 때 쓰이는 말이다. 여기에서는 하나의 문장이 용도(用途)에 따라 기본적으로 다른 형식을 취하는 세 가지, 또는 일곱 가지를 뜻하는 것으로 제한한다. 명사문이나 형용사문은 다음의 예문 1)~3)과 같이 세 가지 문체가 가능하고 자동사문과 타동사문의 경우에는 예문 4)~10)과 같이 설명, 의문, 명령, 청유, 약속, 허락, 감탄 등 일곱 가지 문체가 가능하다.

　　1) 우리가 이 나라의 주인이다.
　　2) 우리가 이 나라의 주인이냐?
　　3) 우리가 이 나라의 주인이구나.
　　4) 용희가 책을 읽는다.　　（설명）
　　5) 용희가 책을 읽느냐?　　（의문）
　　6) 용희야 책을 읽어라.　　（명령）
　　7) 용희야 책을 읽자.　　（청유）
　　8) 용희야 책을 읽을게.　　（약속）
　　9) 용희야 책을 읽으마.　　（허락）
　　10) 용희가 책을 읽는구나.　（감탄）

　위의 예문 1)은 일반적인 설명에 사용되는 설명문이고, 예문 2)는 물음을 나타내는 의문문이며 예문 3)은 감동이나 감격의 경우에 사용되는 감탄문이다. 위의 문장에서 명령, 청유, 약속, 허락문은 대화 상황에서만 가능하다. 또한 '용희가 책을 읽더라'나 '용희가 책을 읽었을 것이다'와 같은 회상법의 문장이나 추측법의 문장을 추가할 수 있다. 이들 문체는 다시 화자와 청자의 나이, 성별, 직위 등에 따라 높임말과 낮춤말로 나뉘어지고 높임말은 다시 아주 높임과 보통 높임으로, 낮춤말은 아주 낮춤과 보통 낮춤으로 나뉘어져 의문문 2)는 다음과 같은 네 가지의 대우 체계를 나타낸다.

　　2)' a. 우리가 이 나라의 주인이냐?　　（아주 낮춤）
　　　　b. 우리가 이 나라의 주인인가?　　（보통 낮춤）
　　　　c. 우리가 이 나라의 주인이오?　　（보통 높임）
　　　　d. 우리가 이 나라의 주인입니까? （아주 높임）

위의 예문은 주로 문어체(文語體)에 나타나고 구어체(口語體)에서는 '해, 해요, 하지, 하지요' 등이 일반적이어서 설명문, 의문문, 감탄문은 대우등분에 따라 이론상으로는 여덟 가지의 문체가 가능하다. 여기에 개인적인 취향이나 기교에 따라 변화를 준다면 실로 엄청난 수의 문장을 생성할 수 있다.


### 3.3.3.2 문장의 확장

**가. 수식어에 의한 문장 확장**

우리는 앞에서 문장을 만들려면 주어, 목적어, 서술어 등 주성분(主成分)이 반드시 있어야 한다는 것을 알았다. 그러나 문장은 이런 주성분으로만 이루어지는 것이 아니다. 주성분이 명사, 대명사, 수사 등 체언(體言)일 때는 그 앞에 관형어를 놓아서 그 체언을 좀더 구체적으로 표현할 수 있으며 주성분이 동사나 형용사 등 용언(用言)일 때는 그 앞에 부사어를 놓아서 그 용언을 좀더 자세히 표현할 수 있다. 다시 말하면 주성분을 구체적으로 표현해주는 수식어를 첨가함으로써 문장을 확장할 수 있다.

다음의 예문들을 보자.


> 11) 주인이 친절하다.
>     a. 저 주인이 매우 친절하다.
>     b. 저 예쁜 주인이 누구보다도 친절하다.
> 12) 이야기가 재미있었다.
>     a. 옛날 이야기가 기막히게 재미있었다.
>     b. 어제 들은 옛날 이야기가 아주 기막히게 재미있었다.
> 13) 학생들이 떠든다.
>     a. 학생들이 떠들어 댄다.
>     b. 학생들이 떠들고 싶어 한다.
> 14) 나도 그 과자를 먹었다.
>     a. 나도 그 과자를 먹어 보았다.
>     b. 나도 그 과자를 먹고 싶다.


위의 예문 11), 12)는 모두 기본 문장인데 명사 앞에는 관형어, 동사 앞에는 부사어를 첨가하여 문장을 더 길게 만들었다. 이와 같이 체언이나 용언을 좀더 자세하고 구체적으로 표현하기 위하여 덧붙이는 관형어와 부사어를 수식 성분이라고 한다. 수식 성분은 언제나 수식을 받는 말 앞에 놓인다. 이와 같이 수식 성분을 첨가하는 것이 가장 간단한 문장 확장 방법이다. 이와는 달리 조동사나 의존 형용사는 서술 동사의 양상을 좀더 자세하고 구체적으로 부연하는 역할을 한다. 따라서 서술동사 뒤에 놓이는 것이 국어 문장의 특성이다.

### 나. 접속에 의한 문장 확장

하나의 문장으로 좀더 복잡한 생각을 더 자세하게 표현하기 위하여 문장을 늘이는 경우 수식 성분의 첨가만으로는 어려운 경우가 있다. 이 경우 몇 개의 단문을 묶어 길고 복잡한 문장을 만들게 된다. 단문을 묶어 길고 복잡한 문장으로 만드는 방법에는 대개 두 가지가 있다. 하나는 열거격(또는 공동격)조사를 사용하거나 연결 어미를 사용하는 접속의 방식이고 다른 하나는 하나의 문장에 다른 문장을 내포시키는 방법이다. 접속의 방식은 두 문장이 문장 대 문장으로 결합하는 방식이고 내포는 하나의 문장이 마치 하나의 단어처럼 바뀌어 다른 문장의 한 성분으로 결합하는 방식이다. 다음은 접속에 의해 새로운 문장을 만든 예들이다.

15) 너와 나는 학생이다.
16) 나는 돼지고기와 닭고기를 싫어한다.
17) 그는 껌을 씹으면서 말했다.
18) 겨울이 가고, 봄이 왔다.
19) 열 길 물 속은 알아도 한 길 사람 속은 모른다.

위의 예문들은 모두 접속에 의하여 길게 늘어난 문장이다. 이들 문장은 두 개의 단문이 결합된 문장이다. 따라서 위의 예문들은 다음과 같이 두 개의 단문으로 나누어 볼 수 있다.

15)' a. 나는 학생이다.
    b. 너는 학생이다.
16)' a. 나는 돼지고기를 싫어한다.
    b. 나는 닭고기를 싫어한다.
17)' a. 그는 껌을 씹었다.
    b. 그는 말했다.
18)' a. 겨울이 갔다.
    b. 봄이 왔다.
19)' a. (우리는)열 길 물 속은 안다.
    b. (우리는)한 길 사람 속은 모른다.

단문이 모여서 위와 같이 새 문장을 만들 때에는 일정한 규칙이 있다. 이 규칙은 두 문장이 접속될 때 공통되는 요소는 생략한다는 것이다. 예문 15)에서 '학생이다'는 공통되는 요소이기 때문에 '(나+너)는 학생이다'와 같이 만들어 '학생이다'가 '나'와 '너'에 다 걸리게 한 것이다. 마찬가지로 예문 16)도 마찬가지로 '나는'과 '싫어한다'가 공통되므로 하나씩을 생략하고 공통되지 않는 '돼지고기'와 '닭고기'에 다 걸리게 만든 것이다. 예문 17)은 공통되는 요소 '그는'을 생략하고 이질적인 요소인 '씹었다'의 종결 어미를 연결 어미 '-으면서'로 바꾸어 '그는'이 두 개의 동사에 걸리게 한 것이다. 예문 18)과 19)도 마찬가지로 각각 '갔다'와 '안다'의 종결 어미를 연결 어미 '-고'로 바꾼 것이다. 예문 17)~19)에서 알 수 있는 또 하나의 규칙은 두 문장의 시제가 같으면 마지막에 오는 서술어가 시제를 담당한다는 것이다. 이러한 규칙을 어기면 문법에 어긋나는 문장이 된다. 문법에 어긋난 문장을 비문이라고 한다. 우리 주변에서는 이런 규칙을 어긴 비문법적인 문장들이 상당히 많이 있어 평소 문장을 쓸 때 주의를 요한다.

### 다. 내포에 의한 문장 확장

두 개 이상의 문장이 대등한 자격을 가지고 결합하는 것을 접속이라고 하는데 반하여 하나의 문장이 다른 문장의 한 단어처럼 성분으로 결합하는 것을 내포라 한다. 하나의 문장 속에서 주어, 목적어, 관형어, 부사어, 서술어 등이 '주어+서술어'의 구조 즉 문장 구조를 이루면 소위 내포문(복문)이 된다. 다음 예문을 보자.

20) 아빠가 용희를 사랑하였음이 밝혀졌다.
21) 아름다운 장미꽃이 많이 피었다.
22) 아빠는 종규에게 '종규가 우리 나라를 위해 무엇을 할 것인가'를 생각하라고 말했다.
23) 하늘이 무너져도 솟아날 구멍이 있다.
24) 그는 내가 그 사건의 주인공이라고 믿는 것 같았다.

위의 예문들은 모두 하나의 주문장 속에 또 하나의 다른 문장이 하나의 성분으로 쓰였다. 따라서 예문 20)~24)는 다음과 같이 두 개의 문장으로 나누어 볼 수 있다.

20)' a. 그 사실이 밝혀졌다.
    b. 아빠가 용희를 사랑하였다.
21)' a. 장미꽃이 아름답다.
    b. 장미꽃이 많이 피었다.

22)’ a. 아빠는 종규에게 그것을 생각하라고 말했다.

    b. 종규가 우리 나라를 위해 무엇을 할 것인가?

23)’ a. 하늘이 무너진다.

    b. 솟아날 구멍이 있다.

24)’ a. 그는 그 사실을 믿는 것 같았다.

    b. 내가 그 사건의 주인공이다.

예문 20)’은 종속절 ‘아빠가 용희를 사랑하였다’의 종결 어미 ‘-다’를 명사형 어미 ‘-음’을 이용하여 명사처럼 만들고 여기에 주격 조사 ‘-이’를 결합하여 주어 성분으로 쓴 것이다. 이에 반해 예문 21)’은 ‘장미꽃이’를 주어로 공유하는 두 문장을 내포문으로 확장한 것인데 종속절의 서술어를 관형형으로 바꾸어 주어 위치의 ‘장미꽃’을 수식하는 구조로 만든 것이다. 반면에 예문 22)는 하나의 완전한 단문이 그대로 명사구의 역할을 하도록 하여 목적어 위치의 체언처럼 쓰이게 함으로써 내포문을 이루는 것이다. 예문 23)과 24)는 부사절에 의한 내포문이다. 예문 23)은 예문 23)’a의 종결 어미를 연결 어미 ‘-어도’로 부사화하여 종속절로 만든 다음 예문 23)’b를 주절로 연결시킨 것이다. 이에 비해 예문 24)는 예문 24)’b를 인용절로 하여 모문 24)’a에 내포시킨 것이다. 예문 23)이나 24)는 종속절을 어미에 의해 부사화한 것이다.

위에서 살펴본 접속과 내포는 무의식적이지만 우리가 글을 쓸 때 흔히 사용하는 방법인데 실제 글에서는 많은 오류를 보인다. 이는 글쓰기에 대한 수련 부족과 주의 부족이 겹쳐 나타난 결과라고 할 수 있다. 우리가 지금까지 살펴본 문형과 기본 문형을 변환, 확장하는 방법을 잘 익힌다면 글의 기본인 문장의 오류를 현저히 줄일 수 있을 것이다. 물론 여기에는 단어나, 조사, 어미 등의 의미와 용법을 정확하게 익히고 있어야 한다는 전제가 깔려 있다.

### 3.3.4 정확하고 좋은 문장

우리는 앞에서 형태소에서부터 문장에 이르기까지 문법 요소들에 대하여 알아보았다. 무엇보다 먼저 문장을 이루는 단위인 단어와 문법 형태소들의 의미와 용법을 정확하게 알고 있어야 이들을 바탕으로 정확하고 올바른 문장을 표현할 수 있음을 보았다. 그러나 하나의 문장 속에서 여러 가지 이야기를 하고 싶어 이말 저말 집어넣다 보면 모호하거나 이상한 문장을 만들 수가 있다. 여기에서는 우리가 주변에서 자주 접하는 실용문에서 문법 단위의 사용 오류와 국어 문장이 갖추어야 할 문법적인 규칙들을 어겨서 문법적으로 결함이 있는 문장들을 유형별로 살펴보고자 한다.

### 3.3.4.1 단어 사용의 오류

단어는 문장 중의 어떤 다른 요소와 어울릴 때 선택상의 제약을 받는다. 자동사가 목적어를 취할 수 없다든가 관형어가 용언을 수식할 수 없는 것도 선택 제약의 하나다. 이외에도 단어가 가진 의미 영역 때문에 생기는 선택 제약도 있다. 가령 타동사 '마시다'가 서술어에 쓰이면 목적어 위치에 놓이는 대상은 기체나 액체여야 한다는 것 등이다. 그런데 이러한 선택 조건을 어기고 단어를 잘못 선택하여 써서 문장을 이상하게 만드는 경우가 흔하다. 다음은 모두 단어를 잘못 선택하여 어색해진 예들이다.

1) 그러나 그의 꿈은 너무 야멸차서 섬찍한 느낌이 든다.
2) 그는 친구 사이에서 착한 녀석이라는 평을 자주 받는다.
3) 한 학기를 마무리하시느라고 구슬땀을 흘리고 계실 교수님께 당부의 말씀을 드립니다.
4) 솔직히 말해서 그는 문학에 관심이 없다. 이것이 그가 자연계에 지망을 하게 된 원인 중 하나다.
5) '애정'이라는 말의 의미가 옛날하고는 많이 틀려졌겠지만, 그래도 제자들이 '애정'이라는 말을 쓰면 싫지는 않지요?
6) 잠수함 침투 이후 강릉 시민들은 김밥을 만드느라고 여념이 없었습니다.
7) 주민이 지방자치의 주인으로 행세할 수 있는 길은 정치행정적 의사결정에 참여하는 것일 것입니다.
8) 주가가 하락세로 치닫자 객장에는 시위하는 고객들이 생기기 시작하였다.
9) 폭설과 함께 강추위가 몰아닥쳤다.
10) 내 동생은 나보다 몇 발자국 앞서서 걸어가고 있었다.

단어의 선택 제약을 어기고 문맥에 어울리지 않는 단어를 씀으로써 이상하게 되었거나 어색하게 된 문장들이다. 예문 1)의 '꿈'에는 부정적인 의미의 '야멸차다'보다는 긍정적인 의미의 '야무지다'가 잘 어울린다. 물론 '섬찍한'도 표준어 '섬뜩한'으로 바꾸어야 한다. 예문 2)의 '평'은 하거나 듣는 것인데 '받는다'를 써서 어색해졌고, 예문 3)에 쓰인 '당부'는 '어찌할 것을 말로써 단단히 부탁하는 것'을 뜻하는 말로 흔히 아랫사람에게 하는 말에 사용된다. 예문의 경우 '무슨 일을 청하거나 말로써 단단히 부탁하는' 뜻을 가지므로 '무슨 일을 청하거나 맡기는' 뜻을 가진 '부탁'으로 바꾸어야 동료나 윗사람에게도 자연스럽게 쓸 수 있다. 예문 4)에서 자연계를 지망하게 된 근거나 까닭을 나타낼 때는 '원인'보다 '이유'를 써야 하며, 예문 5)에서 의미의 변화는 맞고 틀리는 것이 아니라 달라지는 것이므로 '달라졌겠지만'이라야 자연스럽고, 예문 6)에서 김밥은 '만든다'보다는 '싼다'고 해야 제격이다. 예문 7)의 '행세'도 '세도를 부리는 것'을 의미하므로 문맥으로 볼 때 주민이 지방자치의 주인으로서 세도를 부린다는 뜻이 되어 문맥상 자연스럽지 못하다. 예문 8)에서 '치닫다'의 '치-'는 '치받다, 치켜 세우다, 치솟다' 등에서와 같이 위로 올라가는 움직임을 나타내는 접두사이므로 내려온다는 뜻의 '하락세'와는 함께 쓸 수 없다. 예문 9)의 '폭설'과 '강추위'도 마찬가지다. '강추위'는 추위만 대단히 심한 것이므로 눈도 내리지 않고 혹독하게 추운 것을 뜻한다. 따라서 폭설이 내렸다면 이미 강추위는 아니다. '추위' 앞에 적절한 느낌의 수식어를 넣든지 '강'을 빼고 '추위'만 쓰든지 해야 할 것이다. 예문 10)의 '발자국'은 앞에 '몇'이 쓰인 것으로 보아 '거리'를 나타내는 단위로 쓰인 것이 분명한데 이 '발자국'은 거리의 단위로 쓰이지 않는다. 이는 일상 생활에서 흔히 범하는 잘못인데 '걸음'이라고 써야 문맥에 맞는 표현이 된다. 이외에 '다리'와 자연스럽게 호응하는 단어는 '놓는다'인데 방송에서조차 '다리를 짓는다'고 써서 우리말을 흐리는 경우가 있다. 문맥에 알맞은 단어를 골라 쓰도록 부단히 노력해야 할 것이다. 앞에서 보았듯이 어휘의 선택은 앞뒤에 연결된 다른 낱말과의 관계를 만족시켜야 한다.

　어떤 단어는 특정한 분류의 어휘와만 호응한다. 이것을 의미의 선택제약이라고 하는데 좋지 않은 문장에서 이러한 제약을 무시하고 있다. 조심성 없는 문장은 그 글의 값어치를 떨어뜨릴 뿐만 아니라 문장에 대한 이해가 부족한 사람에게 '한국어는 이렇게 함부로 써도 괜찮은 것이구나' 하는 잘못된 인식을 주기까지 한다. 또한 글에 사용된 낱말이 그 글을 쓴 사람의 인품이나 지식 정도를 반영한다는 점에서 적절한 낱말을 골라 써야 할 당위성이 있다. 그런데 상당한 지식 수준을 갖고 있는 사람도 외래어나 외국어 단어를 남용하여 부질없이 겉멋을 부리려고 하다가 문장을 그르치는 경우도 종종 있어 주의를 요한다.

　이러한 선택 제약을 어겨서 이상하게 된 예와 함께 같거나 유사한 단어를 반복으로써 어색하게 된 예들도 있다.

11) 임실 장은 1일과 6일에 장이 열립니다.
12) 이번에 수상하신 수상자들분께 진심으로 특별히 축하를 드립니다.
13) 전야제 및 이벤트 행사에 사회를 보실 사회자를 공개모집합니다.
14) 그는 세상을 밝게 쳐다보며 자기 미래를 낙관한다.
15) 기네스북 경기를 행사하려 하는데 미진한 참가로 인해 어려움을 겪고 있사오니 아래를 보시고 참가 신청을 해 주십시요.
16) 몇몇 의원들은 근거 없는 낭설에 시달려야 했다.
17) 우리 모두 다 함께 이 IMF의 위기를 극복합시다.
18) 해마다 비 피해를 입고 있는 이 지역 주민들은 홍수에 대한 대책을 근본적으로 마련해 줄 것을 바라고 있다.

예문 11)에서 장은 열리고 닫히는 것이 아니라 '선다'고 해야 제격일뿐더러 '장은 장이 열리다'의 구성이 되므로 뒤의 장은 없애는 것이 자연스럽다. 예문 12)에서도 '축하'는 '한다'고 해야 의미상 자연스러우므로 '드립니다'보다는 '합니다'가 제격이고, '수상자'도 '수상한 자'이므로 '수상하신 분들'이나 '수상자분들'이 자연스럽다. 예문 13)의 '이벤트'도 문맥으로 보아 '특별' 정도의 단어가 어울리며, '사회를 보는 사람'은 당연히 '사회자'이므로 '사회를 보실 분'이나 그냥 '사회자'라고 해야 자연스럽다. 또한 예문 14)에서 세상을 쳐다보는 것도 어색하며, 낙관하는 것과 밝게 보는 것도 일종의 의미상 반복이어서 부자연스럽다. 예문 15)의 '경기'도 '하는' 것이지 '행사하는' 것은 아니며, '참가'와 '미진'은 문맥과 의미상으로 볼 때 어울리지 않는다. 예문 16)의 '근거 없는 낭설'에서 '낭설'만으로도 이미 '근거 없는'이라는 뜻을 충분히 나타내고 있으므로 '근거 없는'이 군더더기로 들어가 있다. 예문 17)의 '모두'와 '다 함께'도 중복되어 있다. 일상 회화나 어린이를 대상으로 하는 노랫말에서는 혹 용납될 수도 있겠으나 글에서는 불필요한 중복을 피해야 할 것이다. 예문 18)의 '홍수에 대한 대책'도 그냥 '홍수 대책'이라고 해도 충분하다. 굳이 '에 대한'이라는 표현을 쓰려면 '대책'을 '방책' 같은 단어로 바꾸어 '대(對)'가 중복되지 않도록 해야 자연스런 문장이 된다.

정의문에서 피정의항은 정의항의 일부분이어서는 안 되는데 이를 어겨서 오류를 범한 예들도 있다. 다음의 예들이 그런 경우에 속한다.

19) 소극이란 극형식은 익살스런 상황과 위엄을 차리지 않고 활기찬 행동을 보고 재미를 느끼고 싶어하는 보편적인 인간의 충동을 만족시키는데 희극과 비교하면 지적인 내용이 비교적 적은 극형식이다.
20) 이 부분은 이 글의 서두로서 필자의 개성이 가장 잘 압축되어 있는 부분이다.

위의 예문은 피정의항의 술어나 관념이 정의항에서 되풀이 되어 여전히 정의할 피정의항으로 남아 순환 오류를 범하고 있다. 예문 19)와 20)을 기본 문형으로 분석하면 각각 '소극이란 극형식은 극형식이다'와 '이 부분은 부분이다'가 되어 이상한 문장이 된다. 끝 부분을 각각 '비교적 적다'와 '압축되어 있다' 정도로 고치는 것이 온당해 보인다.

이 외에도 선택 제약을 어기고 단어를 잘못 골라 써서 부자연스런 문장을 만드는 일도 많다. 국어에서 순 우리말로 된 단위성 의존명사 '살, 되, 말, 벌, 죽, 채, 쾌' 등이 쓰일 때 흔히 관찰된다. 다음의 예들이 그러한 경우다. 예문의 숫자 '16, 4, 2, 1' 등은 '열 여섯, 너, 두, 한' 등과 같은 고유어 계통의 수사로 바꾸어야 올바른 문장이 될 수 있다. '육 살, 사 말, 이 되, 일 벌, 일 죽, 일 쾌' 등으로 읽을 수는 없기 때문이다.

21) 나는 16살의 소녀다.

22) 쌀 4말과 보리쌀 2되를 들여 놓았다.

23) 어머니는 나에게 버선 1죽과 한복 1벌을 사 주셨다.

24) 집 1채/명태 1쾌

　

　이들과는 달리 국어 단어를 엉뚱하게 끌어다 쓰거나 국어에는 없는 단어를 억지로 만들어 쓴 것조차 있다. 다음의 예들이 그러한 경우에 속한다.

　

25) 미리보기

26) 우리들의 결속을 다지기 위해 오는 19일 늦은 6시에 가리비에서 모임을 갖기로 하였습니다.

27) 최근에 높아지기 시작한 환경문제로 여성들이 환경운동을 자리매김하고 있습니다.

28) 그는 내성적이면서도 상당히 외성적인 면을 지향하는 학생같이 보였다.

29) 토종마을 시골여행

　

　예문 25)의 '미리보기'와 예문 26)의 '늦은 6시'에서 '늦은'은 각각 한자어 '목차'와 '오후'를 순우리말로 바꾸어 쓰려 한 것인데 단어의 의미나 문법적인 고려 없이 무리하게 우리말로 바꾸어 문맥상 의미가 이상하게 된 경우고, 예문 27)과 28)의 '자리매김하다'와 '외성적인'은 우리말에 없는 단어를 억지로 만들어 써서 이상하게 된 경우다. '높아지다'와 '환경 문제'와는 의미상 호응하기 어렵다. 또한 예문 29)의 '마을'은 토종인지 잡종인지를 가릴 수 있는 성질이 아니다. '토종'을 '전통'으로 바꾸고 '시골'을 수식어로 하여 '시골의 전통 마을 여행' 정도로 바꾸는 것이 더 자연스럽다.

　글의 속성 가운데 하나가 글을 쓴 사람을 볼 수 없다는 점이다. 따라서 우리는 글을 통하여 글을 쓴 사람과 간접적으로 만날 수밖에 없다. 독자들은 자기가 읽는 글이 세련되었다면 글을 쓴 사람도 세련된 사람으로 여길 것이고 글이 거칠다면 글을 쓴 사람도 거친 사람으로 여길 것이다. 이런 점을 고려하여 글에 거친 표현이나 비속어 은어, 또는 유치한 단어를 쓰지 않도록 노력해야 할 것이다. 다음의 예들은 이것을 지키지 않아 글의 품격을 떨어뜨린 예들이다.

　

30) 그 때 우리는 정말 골때리는 일만 하는 애들로 낙인찍혔다.

31) 그가 태어나면 연년생이라 키우기 힘들다고 하마터면 그는 세상 빛도 못 보고 엄마 뱃속에서 골까닥할뻔 했습니다.

32) 그 후로 아무 일 없이 평범히 자라다가 6살이 되던 때에 당시에는 치료 불가능한 뇌막념에 걸려 병원에서 오늘내일 하였다.

33) 해쓱한 안색과 비쩍 마른 체구에다 안경까지 끼고 있다.

올바르고 적절한 단어 선택과 관련하여 '것'과 '같다'를 사용하여 문장이 어색하게 되기도 한다. 국어의 의존명사 '것'은 그 쓰이는 범위가 넓어서 여러 종류의 실질명사 대신 쓸 수 있다. 그렇다고 구체적인 단어를 써야 할 자리에 그 단어를 찾아내는 일이 귀찮다고 '것'을 남용해서는 안 될 것이다. 이 '것'과 흔히 함께 쓰는 단어가 '같다'다. 이 단어는 의존명사 '것' 뒤에 붙어 추측이나 불확실한 단정을 나타낼 때 쓰인다. 그런데 확실한 사실에 대한 판단이나 명확한 결과를 나타낼 때에도 '것 같다'를 써서 부자연스럽게 되는 경우가 많다. 다음의 예들에서 '것'을 실질명사로 바꾸거나 다른 표현으로 바꿀 수는 없는지 생각해 보라.

34) 우리가 지방자치 시대의 주인 역할을 할 수 있는 길은 자치단체에 우리의 의사를 반영하는 것일 것입니다.
35) 내가 태어난 것은 1972년 유난히도 더워 사람이 지쳐버린 8월이었다.
36) 우리의 미래는 어떻게 될까? 이것은 누구나 한번쯤 생각해 보는 흔한 것이다.
37) 요즈음 '이벤트 행사'라고 하는 말을 자주 쓰는데 영어의 'event'라는 단어는 우리말로 별로 적당한 것이 없는 것 같다.
38) "이 요리 맛있지?/예, 맛있는 것 같아요"

'것'과 관련된 문제로 '것'을 구어체인 '거'나 '꺼'로 쓰는 것도 글에서는 경계해야 한다. 비슷한 예로 '게'를 '께'로 쓰는 경우도 있는데 주의할 일이다. '동생도 좋아할 거야'의 '거'는 구어체(口語體)에서는 어울리지만 글에서는 그 품격을 떨어뜨리므로 삼가는 것이 좋다. 더욱이 맞춤법에 어긋나는 '꺼'나 '께' 등은 글에 나타나지 않도록 해야 한다. 최근에는 컴퓨터를 이용한 통신글이나 편지글에서 '안뇽~(안녕~), 짐(지금) 뭐하는 중이야, 넘넘(너무너무) 재밌어(재미있어), 글고(그리고)' 등을 쓰는 일이 흔한데 우리말의 질서를 흐트려 놓는다는 점에서 삼가야 한다.

이상에서 살펴본 단어들의 어색함과 오류(誤謬)는 우리말의 어휘력(語彙力)이 빈약한 데 연유하는 것이다. 탄탄한 어휘력이 좋은 글을 쓸 수 있는 기본과 기초라는 점을 명심하고 하나하나의 단어(單語)가 가진 의미(意味)나 용법(用法)을 잘 익혀 두어야 한다.

적절한 단어 하나하나가 결국 좋은 문장을 만들고 좋은 글을 만든다. 좋은 단어를 찾아 쓰기 위해 시간을 충분히 투자할 자세가 필요하며, 평소에 사전(辭典)을 가까이 하는 습관을 길러 착실히 어휘력을 높여야 할 것이다. 한 사람 한 사람이 어휘력(語彙力)을 기르면 국어도 그만큼 어휘가 풍부한 언어, 표현력(表現力)이 풍부한 언어가 될 것이다.

### 3.3.4.2 조사와 어미 사용의 오류

국어는 영어와 달리 교착어(膠着語)이기 때문에 조사나 어미가 발달되어 있다. 그만큼 이들이 국어에서 차지하는 비중이 크고 많은 문법 사항(文法事項)들이 이 조사(助詞)나 어미(語尾)에 의해 결정된다. 이에 따라 조사나 어미 하나를 잘못 써도 문장 전체가 불완전하게 되거나 어색하게 되는 경우가 많다. 여기에서는 흔히 혼동하는 조사와 어미에 대하여 살펴보고자 한다.


가. 조사 사용의 오류

국어에서 가장 애매한 조사는 특수조사(特殊助詞) '은/는'일 것이다. 이 '은/는'이 주격조사 '이/가'가 쓰일 수 있는 자리에 오면 주격조사(主格助詞)와 그 의미 차이가 분명하게 드러나지 않기 때문이다. 다음의 두 문장을 보자.


    39) a. 우리반이 이겼다.
        b. 우리반은 이겼다.


특수조사 '은/는'과 주격조사 이/가의 차이는 위의 예문 39)와 같이 대답하도록 의문문(疑問文)으로 바꾸어 보면 어느 정도 알 수 있다. '은/는'과 '이/가'의 이러한 미묘한 차이 때문에 조사를 잘못 쓰는 일이 종종 있지만 이들 간에는 분명히 구별되는 용법(用法)이 있다. '누구네 반이 이겼니?'에 대한 대답으로서의 '우리 반은 이겼어'는 부적절하지만 '너희 반은 어떻게 되었니?'에 대한 대답으로는 자연스럽다. 다음의 예문들에서 잘못 쓰인 '이/가'와 '은/는'을 고쳐 보라.


    40) 고속버스를 타고 우리는 날씨 걱정을 해야 했다. 장마철의 중반에 우리는 여행을 떠났으니 당연하였다.
    41) 개성(個性)은 문화(文化)를 흡수하여 자기의 숨은 제능력(諸能力)을 개발하고 발달시키는 데서 교양은 형성된다.
    42) 원시시대부터 인간은 끊임없는 발전을 거듭해 온 것은 우리가 인정해야 하는 사실이다.
    43) 가을은 병마처럼 깊어져 캠퍼스의 변색이 눈에 비치면 허다한 잡상 가운데서도 먼저 가슴을 차지하는 것이 나의 고향이다.


위의 예문을 보면 '은/는'은 분명히 '이/가'와 구별되며 대개 내포문 안에서의 주어에는 '은/

는’이 부적절하다는 사실을 알 수 있다. 그리고 ‘아주 옛날에 마음씨 착한 나무꾼은 살았습니다’에서와 같이 이야기의 첫머리에도 ‘은/는’이 오면 어색하다.

‘은/는’ 외에 ‘에게’도 ‘에’와 혼동되어 잘못 쓰이는 경우가 종종 있다. ‘에게’는 ‘에’와 달리 ‘사람, 개, 돼지, 소’ 등의 유정물(有情物)을 나타내는 명사에만 쓰이고, ‘에’는 ‘화초, 당국, 집’ 등의 무정명사(無情名詞) 다음에 붙는다. 그런데 무정명사에 ‘에게’를 써서 오류를 범한 예들이 종종 발견된다. 다음 예문을 비교해 보라.

44) a. 이번 사태의 책임을 장관에게 물었다.
　　b. 이번 사태의 책임은 정부에게 있다. → 정부에 있다
45) a. 일요일에는 우리가 돼지에게 먹이를 준다.
　　b. 일요일에는 우리가 화초에게 물을 준다. → 화초에 물을 준다.

위에서 살펴본 ‘은/는’이나 ‘에게’ 외에도 조사를 잘못 쓰는 일이 종종 있다. 다음 예문들의 조사를 유의하여 검토해 보라.

46) 우리 학교는 금년으로서 개교 네 돌을 맞습니다.
47) 이 때문에 오송 신도시 건설도 차질이 빚어지고 있습니다.
48) 위에 살펴본 바와 같이……
49) 그렇다고 해서 내게서 불만이 아주 없는 것은 아니다.
50) a. 인간은 자연을 지배하기도 하고 복종하기도 한다.
　　b. 우리는 흰 구름과 맑은 물이 감도는 금강산 봉우리를 뒤로 한 채 장전항을 떠났다.
51) 그가 버섯 재배법을 착안하게 된 것은 실직을 해 고향에 돌아온 다음 해부터였다.

위의 예문 46)에서 ‘개교 네 돌을 맞는’ 것은 ‘금년’을 매개로 하는 것이므로 ‘어떤 지위. 신분. 자격을 가지고’의 뜻을 가진 ‘으로서’보다는 ‘을 가지고’의 뜻을 가진 ‘으로써’로 바꾸는 것이 올바르고 자연스럽다. 예문 47)의 ‘빚다’는 타동사로서 주로 부정적인 결과를 만들어낼 때 쓰이는 말이므로 ‘차질이’는 목적격 형태인 ‘차질을’로 바꾸어야 자연스럽고 ‘건설도’는 ‘건설에’로 바꾸어야 자연스럽게 된다. 자연히 피동형 빚어지고는 능동형 ‘빚고’로 바꿔야 바람직한 문장이 된다. 예문 48)에서 위는 ‘살펴본’ 장소이므로 처소만을 나타낼 때 쓰이는 조사 ‘에’보다는 살펴보는 행동이 일어나는 처소를 나타낼 때 쓰이는 ‘에서’를 쓰는 것이 자연스럽다. 예문 49)는 문맥으로 볼 때 불만이 미치는 대상이 ‘나’이므로 활동하는 대상에 쓰여 어떤 행위의 출발점을 나타내는 ‘에게서’ 보다는 ‘에게로’로 바꾸어야 올바른 문장이 된다. 예문

50)a의 문장은 형식상으로 '자연을'이 '지배하다'와 '복종하다'에 모두 관계되어 있다. 이 경우 '자연을 지배하다'는 자연스럽지만 '자연을 복종하다'는 불가능하므로 '복종하다'와 호응하는 조사 '에'를 써서 '자연에 복종하기도 하다'와 같이 고쳐야 완전한 문장이 된다. 예문 50)b에서도 '감도는'이 '흰 구름과 맑은 물'에 관계되어 있고 이것이 '금강산 봉우리'를 수식하는 구조로 되어 있다. 의미상으로 볼 때 '흰 구름'은 봉우리를 감돌 수 있지만 '맑은 물'은 불가능하므로 '흰 구름이 감도는 봉우리와 맑은 물은 물이 흐르는 금강산의 비경을 뒤로 한 채……'와 같이 고쳐야 어색하지 않다. 예문 51)의 '착안하다'는 통사적으로 '에'와 결합하는 동사이므로 '재배법을'은 '재배법에'로 고쳐야 올바른 문장이 된다.

### 나. 어미 사용 오류

용언(用言)의 어미는 문장의 의미상 논리(論理)와 밀접한 관계(關係)를 가지고 있으며, 그 종류(種類)도 많고 용법(用法)도 다양하므로 형태뿐만 아니라 의미에 대하여도 잘 익혀 두어야 한다. 여기에서는 흔히 혼동하는 어미 한두 가지에 대하여 살펴보고자 한다.

언어 생활(言語生活)에서 흔히 혼동하는 어미로 '-려(고)'와 '-러'가 있다. '-려'는 의도나 장차 하고자 하는 뜻을 나타내는 데 비해 '-러'는 가거나 오는 동작의 직접 목적을 나타낸다는 점이 다르다. 그런데 다음의 예들에서와 같이 이 두 어미를 구별하지 않고 '-(ㄹ)려(고)'로 쓰는 일이 종종 있다.

52) 우리 셋이 선생님을 만난 것은 저수지로 고기 잡을려고 가는 길에서였다.
53) 점심을 먹고 나서 우리가 지게를 지고 나무 할려고 산을 오르고 있을 때였다. 우리는 저만큼에서 굶주린 듯한 노루 한 마리가 비틀거리면서 이쪽으로 다가오는 것을 발견하였다.

'-라'는 '아니다'의 어간에 붙어 단순한 병렬을 나타낼 때 쓰이는데 어간의 의미 때문에 앞에 오는 내용을 부정하는 기능을 한다.

54) 아는 것만이 힘이 아니라 실천하는 것이 힘이다.
55) a 아는 것도 힘이지만 실천하는 것이 더 큰 힘이다.
   b 아는 것도 힘이고 실천하는 것도 힘이다.
   c 아는 것이 힘이라면 실천하는 것은 더 큰 힘이다.

위의 예문 54)는 실천을 강조하는 일종의 표어(標語)인데 '아니라' 때문에 '아는 것'의 힘을 부정하는 듯한 느낌을 준다. 문맥으로 볼 때 기본적으로 '아는 것도 힘이고 실천하는 것도 힘'이라는 뜻을 가지므로 예문 55)와 같이 둘 다 긍정하는 표현으로 고치는 것이 훨씬 자연스럽다.

'-나'도 다음 예문에서 보듯이 '아니다'에 붙는 '-라'와 비슷하게 뒷말의 내용이 앞말의 내용에 따르지 아니함을 나타낼 때 쓰인다.

56) 지난 한 세기 동안 과학은 눈부신 발전을 이룩했으나 우리의 자연관 역시 변화했다.
57) a 지난 한 세기 동안 과학이 눈부신 발전을 이룩한 것에 비례하여 우리의 자연관도 놀랄만큼 변화하였다.
　　b 지난 한 세기 동안 과학이 눈부신 발전을 이룩한 것처럼 우리의 자연관도 눈부신 변화를 하였다.

위의 예문 56)에서는 '했으나'에 의해 앞의 내용과 뒤의 내용 사이에 의미(意味)의 반전(反轉)이 있어야 하는데 그 뒤에도 대등(對等)한 내용이 잇달아 나타나고 있어 어색하게 되었다. 따라서 예문 57)에서와 같이 앞의 내용과 뒤의 내용을 대등하게 이어주는 표현으로 고치는 것이 훨씬 좋다.

명사형어미 '-(으)ㅁ'은 용언의 어간에 붙어 그 말이 명사의 구실을 하게 하는 어미인데 근래에 이것을 남용하는 사례가 많아졌다. 영어의 영향이 아닌가 한다. 다음의 예들을 보자.

58) 96년/하나됨을/위하여
59) 갓길 없슴.
60) 연약한 우리에게 많은 은혜 베풀어 주심을 진심으로 감사합니다.
61) a 연약한 우리에게 많은 은혜를 베풀어 주셔서 진심으로 감사합니다.
　　b 연약한 우리에게 많은 은혜를 베풀어 주신 데 대하여 진심으로 감사합니다.

58)의 '위하다'는 통사적으로 명사형 어미 '-기'와 통사적 결합을 하는 동사이므로 '하나됨을'은 '하나가 되기'로 바꾸는 것이 바람직하다. 이와 비슷한 오류가 59)의 예다. 자음으로 끝난 어간에 붙는 명사형 어미는 '-음'인데 '있다, 없다'의 받침 'ㅅ'에 이끌려 '-슴'으로 적어 오류를 범했다. 예문 60)도 마찬가지다. '감사하다'는 자동사이고 감사하는 이유나 근거가 '은혜를 베풀어 주신 것'이므로 목적격 형태인 '은혜를 베풀어 주심을'은 어색하다. '감사하다'와 통사적 결합을 하는 '에 대하여'나 '-(시)어서'를 써서 예문 61)과 같이 바꾸는 것이 자연스럽고 올바른 문장이 된다.

### 3.3.4.3 피동문의 과용

근래에 대화에서뿐만 아니라 글에서도 피동문(被動文)으로 쓰는 경향이 늘어나고 이러한
경향이 지나쳐 억지 피동문을 만들어 쓰거나 이중 피동문(二重 被動文)을 만들어 써서 어색
해지거나 오류를 범하는 일이 많아졌다. 다음의 예들을 보자.

62) a 열차가 곧 도착됩니다.

　　b 고도로 진화된 인류의 지능.

　　c 그동안 생긴 균열로 대학교는 이 건물을 폐쇄한 채 방치되고 있습니다.

　　d 근래 유무형의 각종 문학 세미나르나 심포지엄 같은 데서는 으례이 이 문제가 토론의 주제 또는
　　　소주제로 채택되고 있음을 보게 된다.

63) 우리 나라에는 그 동안 많은 다목적 댐들이 만들어지고 한강뿐만 아니라 전국의 홍수 통제 시스템
　　들이 마련되어 가고 있다.

64) a 현대는 과학이 매우 발달해져있다.

　　b 내가 대학에 갈 때쯤이면 입시제도가 또 변해지겠지.

　　c 입상자들에게는 상금이 주어집니다.

　　d 포항제철의 라데가 최우수선수에게 주어지는 골든볼 상을 받았습니다.

　　e 우리 학교의 큰 행사인 대동제가 임박해졌습니다.

　　f 삼보 컴퓨터의 한 여직원이 인터넷을 통해 보내진 업무정보를 받고 있습니다.

65) a 이 문제는 끝내 해결되어지지 않았다.

　　b 미시족으로 불려지는 요즘 젊은 여성들은 과거의 여성들에 비해 훨씬 세련된 것으로 생각되어집
　　　니다.

　　c 앞으로 더 많은 수출이 기대되어집니다.

66) a 요스음 가장 많이 읽혀지는 채책이라고 하였다.

　　b 만일 ○○○○피처가 일찍 무너진다면 쌍방울로서는 투수 로테이션에 문제가 생길 것으로 보아
　　　집니다.

　　c 그것은 작가의 어린 시절 추억과 관련이 있는 것으로 보여집니다.


　예문 62)에서 피동형의 '도착되다, 진화되다, 방치되다, 채택되다'를 못 쓸 것도 없으나 '도
착하다, 진화하다, 방치하다, 채택하다'가 더 적극적이고 좋은 말이다. 피동문으로 쓴다고 특
별히 새로운 의미가 생기지 않기 때문이다. 예문 64)의 '발달해지다, 변해지다, 주어지다, 임박
해지다, 보내지다'도 피동 표현인데 이는 우리 국어가 아니다. 국어에는 '발달하다, 변하다,
주다, 임박하다, 보내다'가 있을 뿐이다. 예문 65)의 '해결되어지다, 생각되어지다'나 예문 66)
의 '읽혀지다, 보아지다'는 근래에 부쩍 많이 쓰이는 표현으로 피동의 '해결되다, 생각되다,

기대되다'나 '잃다, 보이다'로도 충분한데 여기에 다시 '-어지다'를 붙여 이중 피동형을 만들어 써서 이상하게 된 예들이다. 특히 '읽혀지다, 보아지다'는 각각 '읽다, 보다'의 어간에 피동 접사 '-히-, -이-,'를 넣어 피동사 '읽히다, 보이다'가 된 것인데 여기에 다시 '-어지다'를 붙여 어색하게 되었다. 국어에도 없는 피동형이나 이중 피동형은 쓰지 않도록 해야 할 것이다.

### 3.3.4.4 인용문의 오류

인용법에는 직접 인용법과 간접 인용법이 있다. 간접 인용법은 다른 사람의 말을 자신의 표현으로 바꾸어 인용하는 것이며 흔히 작은따옴표(' ')안에 넣고 직접 인용법은 다른 사람의 말을 그대로 옮겨오는 흔히 큰따옴표(" ")안에 넣는다. 그런데 말을 할 때나 글을 쓸 때 간접 인용인데도 직접 인용하듯이 하여 오류를 범하는 예가 흔하다. 이러한 오류를 범하는 사람들이 식자층에서도 의외로 많다.

> 67) 만일 출발 당일날 아침에 비가 온다라면 여행 계획이 연기될 것입니다.
> 68) 많은 축구 팬들은 우리 나라 축구의 고질적인 병폐인 패거리 문화가 문제다라고 지적하고 있다.
> 69) 아마 이○○투수도 강판될 수 있다라는 점을 고려해야 할겁니다.

위의 예들은 인용 어미 '-라고, -라면'과 '-고, -면, -는'의 용법을 혼동해서 썼기 때문에 범한 오류다. 직접 인용일 때는 인용어미 '-라고, -라면, -라는'이 쓰이고 간접 인용일 때는 '-고, -면'이 쓰인다. 위의 예문들에서는 모두 간접 인용의 '-고, -면'을 써야 할 곳에 직접 인용의 '-라고, -라면, -라는'을 써서 오류를 범하고 있다. 위의 예들은 각각 '온다면, 문제라고, 있다는'과 같이 고쳐야 올바른 표현이 된다.

### 3.3.4.5 맞춤법의 오류

글을 쓸 때 맞춤법에 맞게 써야 함은 지극히 기본적이고 당연한 일이다. '내 전공이 아니니까, 맞춤법이 어려워서' 등의 핑계를 대면서 맞춤법 틀리는 일을 합리화하는 사람들이 종종 있다. 평소 사전(辭典) 한 번 찾아보지 않으면서 한글 맞춤법이 너무 까다롭다고 투덜거리면서 틀린 영어 철자는 잘도 지적하는 사람들이 있는데 교양인의 태도는 아니라고 할 것이다. 여기에서는 자주 틀리는 맞춤법에 대하여 실제 예문을 통하여 살펴보기로 한다.

가. 모음 '에, 애'와 '외, 왜, 웨'

현대 국어에서 '에'와 '애'의 발음 차이가 점차 작아져서 이 두 소리를 혼동하여 표기하는 것을 자주 보게 된다. '채점'을 '체점'이라고 하거나 '그런데'를 '그런대'로 표기하는 따위가 그것이다. '잘난 체한다'의 '체'를 '채'로 적거나 '의자에 앉은 채 졸았다'의 '채'를 '체'로 잘못 적는 것도 그렇다. '도대체'를 '도데채' 또는 '도대채'로 적고 '세계 제일'을 '세계 재일'이라고 적는 것도 마찬가지다. '왠지'를 '웬지'로 적고 '웬 일이니, 웬 사람들이 저렇게 많지'의 '웬'을 '왠'으로 적는 것도 다 '에'와 '애'를 혼동하기 때문에 잘못 적는 것이다.

'외'를 단모음으로 발음하지 못하는 사람들은 '외'와 '왜'를 구별하지 못하기가 쉬운데 이 때문에 '되다'의 활용형 '되어, 되면'을 '돼어, 돼면'으로 잘못 적고, '돼, 됐다'를 '되, 됬다'의 과정을 거친 형태이므로 어간 '되-'에 어미 '-어'가 결합된 형태인지 아닌지를 따져보면 어느 쪽이 맞는 표기인지 쉽게 구별할 수 있고, '꾀가 많다'의 '꾀'를 '꽤'로 잘못 표기하는 수도 있는데 이런 예들은 외는 수밖에 없다.

맞춤법은 실제 발음과 관계없이 무조건 외야 한다. 이는 영어 단어 know, numb, knife, knight 등을 욀 때 철자에 따라 외지 발음에 따라 외지 않으며, 국어에서 '많으니, 좋아서'의 'ㅎ'을 살려 적는 것도 외어서 그렇게 적는 것이지 'ㅎ'발음이 나기 때문이 아니다. '에, 애, 외, 왜, 웨'가 발음상으로는 구별이 어렵더라도 각 단어의 철자를 하나씩 외어 두면 평소 이들에 대한 맞춤법 때문에 절절매는 일은 적을 것이다.


나. '는지'와 '런지(른지)'

현대 한국어에 '-런지'나 '-른지'는 없고 '-는지'만 있다. '-는지'는 뒤 절이 나타내는 일과 상관이 있는 어떤 일의 실현 가능성에 대한 의문을 나타내거나 또는 어떤 불확실한 사실의 실현 가능성에 대한 의문을 나타내거나 또는 앎이나 판단·추측 등의 대상이 되는 명사절에서 어떤 불확실한 사실의 실현 가능성에 대한 의문을 나타내는 종결 어미로 쓰인다.

70) a 그 때는 올는지 모르겠다.
   b 그 때는 올른지 모르겠다.
71) a 잘 될런지 모르지만 한 번 해 보겠다.
   b 잘 될른지 모르지만 한 번 해 보겠다.


위의 예문에서 '-런지'나 '-른지'는 틀린 표기로서 모두 '-는지'로 바꾸어 써야 맞는다. '있는지 없는지, 갔는지 안 갔는지, 먹었는지 안 먹었는지, 잘 되었는지' 등의 '-는지'와 통일하도록 되어 있기 때문이다. '올른지, 될른지'는 '-는지'가 '올, 될'의 'ㄹ' 때문에 '-른지'로 발음되기 때문에 생긴 오류이고, '올는지, 될런지'는 '-른지'가 다시 '가던지 말던지'의 '-던지'에 유추되어 '-런지'로 잘못 표기된 것이라고 할 수 있다. 요컨대, '-른지'나 '-런지'는 국어에 없으므로 언제나 '-는지'로 적어야 한다.

## 다. 함으로써와 하므로써

이 둘의 혼동은 기본적으로 조사 '-으로'와 어미 '-므로'를 구별하지 못하는 데 연유하는 것 같다. '-써'가 연결되어 있으면 이는 조사다. 따라서 어미 '-므로'에 '-써'가 붙은 '-므로써'라는 표기는 있을 수 없다. '-써'는 조사 '로/으로' 다음에만 올 수 있어 '죽음으로써 보답하겠다'와 같이 쓰인다. 따라서 동사 '하다'의 어간 '하-'에 '-므로'는 올 수 있어도 '-므로써'는 올 수 없다. 이에 비해 '-으로써'는 조사이기 때문에 앞에 명사나 명사형이 와야 하므로 '함으로써, 됨으로써, 먹음으로써, 읽음으로써, 맞섬으로써'와 같이 표기해야 맞지 '하므로써, 되므로써, 먹으므로써, 읽으므로써, 맞서므로써'는 틀리는 것이다. 국어에 '므로써'라는 표기는 없기 때문이다.

> 72) 학업 성적이 우수하고 품행이 방정하므로 이에 상장을 줌.
> 73) 성원이 되었으므로 지금부터 37차 연례 회의를 시작하겠습니다.
> 74) 그의 출생지가 확인됨으로써 많은 의문이 풀리기 시작하였다.
> 75) 모든 국민이 합리적인 소비 생활을 함으로써만이 우리의 경제를 되살릴 수 있다.

## 라. 으로서와 으로써

앞에서 본 조사 '로써/으로써'는 '로서/으로서'와 혼동되는 경우도 많다. '서'와 '써'의 발음이 유사하기 때문으로 보인다. 그러나 이 두 조사는 의미와 용법이 전혀 다르다. 위의 예문 74), 75)에서 보듯이 '으로써'는 수단과 방법 또는 도구를 나타내는 데 쓰이는 반면 '으로서'는 다음의 예문에서 보듯이 자격이나 신분을 나타내는 데 쓰인다는 차이가 있다.

> 76) 국문인으로서의 새로운 각오를 다졌다.
> 78) 이 글은 우리 회원들에게 보내는 알림글로서 모임의 성격을 잘 드러내주고 있다.
> 79) 죽음의 문제는 인류가 끊임없이 해답을 얻으려 애써 온 물음으로서 앞으로도 계속 무엇보다 큰 숙제가 될 것이다.

그런데 '으로서'와 '으로써'의 '서'와 '써'는 대부분 생략될 수 있다. 이 때문에, 이 두 조사를 구별할 자신이 없으면 '서'나 '써'를 빼고 쓰는 것도 한 방법이 될 것이다. 그러나 위의 예문 76)에서와 같이 '의'를 취할 수 있는 조사는 '으로서'인데 이 때의 '서'는 생략하기 어렵다. 이것도 두 조사 '으로서'와 '으로써'의 한 차이라고 할 수 있다. 위의 내용을 참조하여 다음 밑줄친 부분이 틀린 이유를 지적해 보라.

> 80) 우리는 끝까지 학생으로써의 본분을 지키기로 하였다.
> 81) 우리 학교는 금년으로서 개교 서른 돌을 맞습니다.

## 마. 안과 않

부정을 나타내는 부사 '안'을 '않'과 혼동하여 쓰는 일도 종종 있다. '안 먹는다, 안 온다, 안 한다'에서의 부사 '안'은 '아니'의 준말로서 'ㅎ' 받침을 할 이유가 전혀 없다. 이에 비해 '않-'은 동사 '아니하-'의 준말이기 때문에 '하-'의 'ㅏ'를 줄이고 'ㅎ'을 취한다. 발음상으로도 '않겠다. 않다, 않고, 않지'에는 'ㅎ'이 있다는 사실을 금방 알 수 있다. '안'과 '않-'의 차이는 다음의 예에서 보듯이 줄기 전의 표기를 해 보면 쉽게 드러난다.

> 82) a. 우리 반은 M.T.를 안 가기로 하였다.
>     b. 우리 반은 M.T를 아니 가기로 하였다.
> 83) a. 우리 반은 M.T를 가지 않기로 하였다.
>     b. 우리 반은 M.T를 가지 아니하기로 하였다.

## 바. '오'와 '요'

'-오'와 '-요'는 놓이는 위치에 따라 쉽게 구별된다. '-오'는 종결형(終結形)에 사용되는 어미이고, '-요'는 연결형(連結形)에 사용되는 어미다. 따라서 '오' 다음에는 마침표를 찍고, '-요' 다음에는 쉼표를 찍는다. 그런데 종결형으로 쓰인 '-오'가 모음'-이-' 다음에 와서 '-요'로 소리나는데 이끌려 '-요'로 잘못 적는 경우가 있다. 다음의 '-요'는 '-오'로 적고 '-오'는 '-요'로 적어야 올바른 표기가 된다.

> 84) 이 쪽으로 오시요.
> 85) 참가자가 적어 어려움을 겪고 있사오니 아래를 보시고 참가 신청을 해 주십시요.
> 86) 이것은 책이오, 저것은 붓이오, 또 저것은 먹이다.

이 외에도 맞춤법이나 외래어 표기법 등을 지키지 않아서 틀리는 예들을 주위에서 자주 발견할 수 있다. 다음 그러한 예들이다.

87) 각종 세미나르나 심포지엄 같은 데서 으레이 이 문제가 토론의 주제 또는 소주제로 채택되고 있음을 보게 된다.

88) 문학의 위기라는 말이 요즘처럼 자주 거론되었던 적은 일찌기 없지 않았나 싶다.

89) 그는 그대의 행동을 왜곡되지 않은 시각으로 받아드리길 바랐었다.


## 3.3.4.6 문장 성분의 오류 - 주어, 목적어, 서술어

우리는 앞장에서 하나의 문장에서 없어서는 안 될 주성분(主成分)에 주어와 서술어가 있음을 보았다. 문장은 원칙적으로 이 두 요소가 있어야 함은 물론이고 서로 호응 관계를 유지해야 한다. 그러므로 둘 중에 하나가 없거나 서로 호응을 이루지 못하면 제대로 된 문장이 되기 어렵다. 또한 서술어가 타동사일 때는 목적어와도 호응 관계를 유지해야 한다. 그런데 실제 글에서는 주어나 서술어를 부당하게 빠뜨리거나 주어와 서술어, 목적어와 서술어가 호응되지 않아 온전하지 못한 문장을 이룬 경우가 많이 발견된다. 다음 예문들을 보자.

90) 몸이 아파 어머니와 침을 맞으러 다녔는데 아주 잘 낫는 어머니 교회의 집사님이셨다.

91) 하지만 어린 나이에 할머니의 생활들을 이해한다는 것은 거의 불가능한 일이었다. 그럼에도 불구하고 돌아보건대 나의 지금의 모습을 형성하는데 많은 영향을 미쳤다.

92) 충분한 준비도 없이 의욕과 열정만으로 시작하였던 영어연극이 벌써 3회 공연을 맞이하게 되니 남다른 감회가 생깁니다.

93) 문법을 맡으신 선생들께 올릴 말씀은, 이 책의 체계를 따를진대 비교문법적 교수의 필요가 없으며, 종래의 의구를 버리고 안심할 수 있을 것이라고 저자는 단언하는 바이다.

94) 한 가지 더 첨가하고자 하는 것은 용비어천가와 같은 귀중한 책이 세종 27년에 이미 완성되었음을 보아서도 가히 알 수가 있다.

95) 이번 청룡체전은 지금까지의 체전이라는 일정한 틀에서 벗어나 세명인이 하나되어 새내기에게는 지금까지 접하지 못했던 대학문화의 참모습을, 재학생에게는 남은 대학생활을 더욱 풍요롭게 하는 계기가 되어야 하겠습니다.

96) 지금까지 많이 그 불만을 해소하고 극복했으나 완전히 그랬다고는 볼 수 없다.


국어의 특징이 아무리 주어를 쉽게 생략할 수 있다고는 하지만 아무 때나 생략할 수 있는 것은 아니다. 위의 예문 89)와 90)은 필요한 주어를 빠뜨렸기 때문에 생긴 오류를 보여준다, 이 두 예문에 서술어에 대한 주어를 빠뜨려서 공허하고 허전하게 되었다. 각각 '침을 놓는 분은'과 '할머니의 생활이' 정도를 넣으면 부드러워진다. 예문 91)도 이와 비슷한 경우이나 더욱 복잡하다. 문면에 나타난 주어로 '영어연극이'가 있고, 문면에 나타난 서술어로 '시작하였던'

과 '맞이하게 되니' 및 '생깁니다'가 있다. 문장 구성으로 볼 때 전체 문장의 서술어는 '생깁니다'일 것이고 이에 호응하는 주어는 문면에 안 나타난 '우리' 또는 '필자'(또는 '나') 정도가 될 것이다. 이렇게 보면 '시작하였던'의 주어가 불분명하다. 전체 주어가 '우리'나 '필자'(또는 '나')도 될 수 있고 '영어연극이' 될 수도 있기 때문이다. 물론 '맞이하게 되니'의 실제 주어 역시 '우리'나 '필자'(또는 '나')가 되겠지만 문면만으로 보면 내포문 '영어연극이 공연을 맞이하게 되다'의 서술어이므로 '영어연극이'가 주어가 되어 아주 이상한 문장이 되고 말았다. 이 문장을 '충분한 준비도 없이 오직 의욕과 열정만으로 시작한 영어연극 공연을 세 번째 하게 되니 감회가 새롭습니다' 정도로 고치면 어떨까.

예문 92), 93)은 주어와 서술어의 호응 관계(呼應關係)가 제대로 갖추어져 있지 않아서 어색하게 된 문장이다. 둘 다 서술어를 잘못 마무리하여 이상하게 된 문장인데 예문 92)는 서술부 끝에 불필요한 군더더기가 덧붙어 있고, 예문 93)은 반대로 주어부에 불필요한 군더더기가 덧붙어서 호응을 깨뜨리고 있다.

예문 94)도 기본 문장 구조로 보면 '이번 청룡체전은 새내기에게는 대학 문화의 참모습을, 재학생에게는 남은 대학 생활을 더욱 풍요롭게 하는 계기가 되어야 한다' 정도로 요약되는데 하나의 서술어에 이질적인 두 개의 목적어가 와서 이상하게 되었다. 전체 문장을 분석해 보면 ㉠이번 청룡 체전은 지금까지의 체전 방식에서 벗어난다 ㉡(이번 청룡 체전에서는) 세명인이 하나되자 ㉢이번 청룡 체전이 새내기에게 대학 문화의 참모습을 더욱 풍요롭게 한다 ㉣이번 청룡 체전이 재학생에게 남은 대학 생활을 더욱 풍요롭게 한다 등 네 개의 문장으로 나뉜다. 이 네 개의 문장을 하나의 문장으로 만드는 과정에서 부적절한 조사 선택이라든가, 서술어와 목적어의 불일치 등으로 비문법적인 문장이 된 것이다.

예문 95)도 목적어 하나에 이질적인 서술어 두 개가 연결되어 어색하게 되었다. 목적어 '불만을'이 서술어 '해소하고'와 '극복했으나'에 호응하도록 되어 있는데 '극복하다'는 의미상 호응이 어려우므로 빼버리거나 다른 어휘로 바꾸어야 자연스럽게 된다.


### 3.3.4.7 모호한 문장

여러 가지 내용을 하나의 문장에 담다 보면 문장 구조가 복잡하게 되고 모호해지는 경우가 있다. 그러나 아무리 복잡한 문장이라고 하더라도 면밀하게 분석하면 그 구조를 바로 분석할 수 있는 문장이라야 흠이 되지 않는다. 문제는 아무리 분석해도 그 구조를 알 수 없거나 도대체 분석조차 불가능할 정도로 얽혀 있는 문장들이다.

문장 중에는 이렇게도 해석되고 저렇게도 해석되는 모호한 문장이 있다. 이러한 문장은 중의성(重義性)을 가졌다고 하고 그런 문장을 중의적(重義的) 이라고 한다. 다음의 예문들을 보자.

> 97) 사람들이 많은 도시를 다녀 보면 재미 있는 일이 많을 것이다.
> 98) 소극(farce)은 밝고 활기찬 행동을 보고 재미를 느끼고 싶어하는 보편적인 인간의 충동을 만족시키는 극형식이다.
> 99) 나는 그 때부터 하늘색 안경을 낀 여학생의 친구를 좋아하게 되었다.

예문 96)은 '사람들이 많이 사는, 즉 인구가 많은 도시를 우리가 다녀 보면'의 뜻으로도 해석되고 '사람들이 여러 도시를 다녀보면'의 뜻으로도 해석되는 중의적인 문장이다. 예문 97)도 '인간이 보편적'이라는 뜻인지 '인간의 충동이 보편적'이라는 뜻인지가 불분명하다. 예문 98)도 '여학생이 안경을 낀' 것인지 '여학생의 친구가 안경을 낀' 것인지 불분명하다. 그러나 이런 경우 실제 상황에서는 하나의 의미만을 나타낼 것이므로 선명하게 표현해야 오해가 생기지 않을 것이다. 중의적인 문장이 반드시 나쁜 것은 아니지만 문장의 뜻을 선명하게 표현할 수 있다면 그 길을 택하는 것이 좋은 글을 쓰는데 유익한 것임에 틀림없다. 다음 예문에서 쉼표의 역할을 생각하면서 이 문제를 생각해 보라.

> 100) 사람들이, 많은 도시를 다녀 보면 재미 있는 일이 많을 것이다.
> 101) 소극(farce)은 밝고 활기찬 행동을 보고 재미를 느끼고 싶어하는 보편적인, 인간의 충동을 만족시키는 극형식이다.
> 102) 나는 그 때부터 하늘색 안경을 낀, 여학생의 친구를 좋아하게 되었다.
> 103) 바다는, 불이 켜져 있으면 고독을 알지 못하는 어린애의 양등(洋燈)과도 흡사하다.
> 104) 천사는, 처음 출근한다는 기쁨 때문에 역시 네 시에 잠이 깨어 있는 나를 아직 자고 있는 줄로 알고, 김치가 있는 장독대로 가기 위해서 내 방 앞을 지날 때 발소리를 죽여 조심조심 걷는다.

위의 예문들과는 달리 아무리 분석해도 그 구조를 알기 어려운 문장도 있다. 문장을 길게 쓰다 보면 어떤 단어가 주어고 어떤 단어가 서술어인지 분간이 안 가거나 어떤 주어에 어떤 서술어가 호응하는지 파악이 안 되는 경우도 많다. 다음의 문장들이 그러한 예가 된다.

> 105) 성실한 마음과 튼튼한 몸으로, 학문과 기술을 배우고 익히며, 타고난 저마다의 소질을 계발하고, 우리의 처지를 약진의 발판으로 삼아, 창조의 힘과 개척의 정신을 기른다.
> 106) 내가 생각하는, 즉 나의 의견만으로의 진리 추구의 좋은 점은 모르던 것을 아는 -학교에서 뿐만이 아니라 주위에서 듣고 보고 느낀 것, 즉 현상상태를 앎으로써 본질을 캐내어 그 본질로써 다시 현

상상태를 설명하는 그러한 과학을 배우고 앎으로써 기쁨을 느낀다.
107) 이와 같이 마을 건강원이 마을 수준에서 지역 주민의 건강 문제를 즉시 발견하여 이에 대한 적절한 치료를 받을 수 있도록 교량 역할을 해 주는 것은 일차 건강관리를 담당하고 있는 보건진료원이 자기 업무를 효과적으로 수행하는데 많은 도움을 받게 될 뿐만 아니라, 지역 사회에서 생기는 건강 문제를 마을 건강원 스스로 해결할 수 있는 능력을 가지게 하고 더 나아가 지역 주민 모두에게 전파하여 이들로 하여금 적극적인 참여를 유도함으로써 주민 건강 향상에 기여하게 하는 데에 마을 건강원 제도가 필요한 이유라 할 것이다.(보건복지부, 마을 건강원 활동 지침 중에서)

위의 예문 105)는 우리가 알 아는 「국민교육헌장」의 일부다. 언뜻 보면 한 절 한 절이 선명하여 그 구조가 분명한 문장 같지만 어디가 어디에 걸리고 어디에서 끊어야 할지 분석이 쉽지 않은 문장이다. 예컨대 '익히며'는 '삼아'와 동격이어서 '익혀서'의 뜻을 가지는지, '기른다'와 동격이어서 '익힌다. 그리고'의 뜻인지를 판정하기가 어렵다. '계발하고'도 마찬가지다. 이 문장에 쓰인 단어들은 다 그럴 듯하지만 전체적인 문장 구조가 모호해서 그 의미 파악이 어렵게 되어 있다. 예문 106)은 주어와 서술어의 호응도 안 되어 있고 전체적으로도 무슨 말을 하려는지 도무지 이해하기 어려운 글이다. 사실 우리말을 잘 모르는 외국인이 쓴 것처럼 복잡하게 얽혀 있어 글이라고 하기도 어렵다. 이와 같은 현상은 복잡한 생각을 무리하게 하나의 문장에 담으려 한 데서 비롯된 것이라고 할 수 있다. 예문 107)은 보건복지부에서 발행한 '마을 건강원 활동 지침 중에서'의 일부인데 하나의 긴 문장으로 되어 있다. 이 문장의 핵심 내용은 마지막 부분인 '마을 건강원 제도가 필요한 이유'라고 할 수 있다. 그러나 이 문장역시 어디가 어디에 걸리는지 어디에서 끊어 읽어야 하는지 그리고 어떤 주어와 어떤 서술어가 호응하는지를 파악하기 어렵다. 예문의 처음에 나오는 '마을 건강원이'에 호응하는 서술부가 '건강 문제를 즉시 발견하여'처럼 보이지만 실은 '교량 역할을 해 주는'인데 이것은 다시 바로 뒤에 오는 '것은'에 걸리는 것으로 파악된다. 이렇게 보면 '건강 문제를 발견하는' 주체가 불분명하고, '것은'에 호응하는 서술어가 모호하게 된다. 마찬가지로 누가 누구에게 '도움을 받게 되는' 것인지 알기 어렵고, '능력을 가지게 하는' 주체도 알기 어려울 뿐만 아니라 무엇을 '전파하는' 것인지도 불분명하다. 이 문장 역시 하나의 문장 안에 많은 내용을 무리하게 담으려 한 데서 비롯된 것이라고 할 수 있다. 긴 문장에 자신이 없으면 짧고 선명한 여러 개의 단문(短文)으로 나누어 쓰는 것이 이러한 문제에서 벗어나는 한 방법이 될 것이다. 아무튼 자신의 생각을 올바로 전달하지 못하는 모호한 문장은 쓰지 말아야 할 것이다.

[연구문제 1]

1. 다음에 제시한 조사를 넣어 세 개 이상의 문장을 만들어 보라.
   ① -한테  ② -하고  ③ -도  ④ -조차  ⑤ -에서부터

2. 다음의 단어를 넣어 각각 다섯 개 이상의 문장을 만들되 문장의 호응 관계에 유념하라.
   1) 마시다
   2) 걷다(步), 걷다(收)
   3) 말다(捲)
   4) 김밥, 소풍

3. 다음에 제시된 단어를 모두 이용하여 하나의 온전한 문장을 완성해 보라.
   1) 병아리, 알, 까다
   2) 꿩, 새끼, 토끼, 낳다
   3) 밥, 마시다, 음료수, 먹다
   4) 포유류, 독수리, 멋있다

4. 위의 3번 문제에서 작성한 문장 1)과 2), 3)과 4)를 각각 하나의 문장으로 통합해 보라. 통합이 어려우면 그 이유가 무엇인지 설명하고 통합할 수 있는 문장으로 고쳐 보라.

5. 다음 문장을 읽고 밑줄친 부분을 중심으로 단어가 적절하게 선택되었는지를 검토해 보고 부적절하다면 좋은 대안을 제시해 보라.
   1) 얼음 덩어리가 떠 다니는 강에 청둥오리가 놀고 있습니다.
       →
   2) 고추 꼭지를 제거하고, 고추 씨와 껍질을 분리하는 것이 자동 처리됩니다.
       →
   3) 밤새도록 끓인 사골 국물에 정성껏 손으로 빚은 칼국수를 넣으면 됩니다.
       →
   4) 지나는 길에 잠깐 들렸습니다.
       →
   5) 김 실장은 이 대표의 집무실에서 만나 이 대표와 악수를 나누었습니다.
       →
   6) 갓 태어난 병아리의 노란 솜털에서 따사로움을 느낄 수 있습니다.
       →
   7) 투표 마감 시간이 끝났기 때문에 여론조사 결과를 발표할 수 있습니다.
       →
   8) 지금부터 이사장님의 말씀이 계시겠습니다.
       →

9) 우리가 바닷가로 피서를 떠난 것은 <u>더위가 한참 때인</u> 7월 말이었다.
　　→

10) 그 때부터 내 <u>성적은 추락하기 시작하였다.</u>
　　→

11 )올해는 <u>장을 담는</u> 가정이 줄었다고 한다.
　　→

6. 다음의 문장이나 표현 중 맞춤법에 어긋나는 것을 찾아 밑줄을 긋고 바르게 고쳐 보라.
　1) 오늘이 몇일인데 아직도 그러고 있니?
　　→

　2) 그 때는 웃어른 앞에서 아랫사람에게 챙피를 당했다.
　　→

　3) 교실 안은 소근거리는 아이, 소꿉장난 하는 아이, 친구에게 햇님과 달님 이야기 해 주는
　　아이들 때문에 매우 산만해 보였다.
　　→

　4) '문학의 위기'라는 말이 요즘처럼 자주 거론되었던 적은 일찌기 없지 않았나 싶다.
　　→

　5) 나는 그 때서야 비로서 할머니가 메밀국수를 싫어하시게 된 동기를 알았다.
　　→

　6) 철호는 오늘 날자로 신규 발령을 받았다고 으시대고 다녔다.
　　→

　7) 우리가 먹고 마신 짜장면 값과 술 값을 통털어 만원도 안 되었다.
　　→

　8) 널판지로 둘러 친 울타리가 거치장스러워 보였다.
　　→

　9) 날씨가 차가와지면 혈압이 높은 노인들은 외출을 삼가는 것이 좋다.
　　→

　10) 형은 그 친구에게 넌즈시 부붓돈을 건네 주었다.
　　→

　11) 그는 그 때의 행동을 왜곡되지 않은 시각으로 받아드리길 바랐었다.
　　→

　12) 넓다란 운동장에는 개구쟁이 아이들이 눈싸움을 하고 있다.
　　→

7. 다음 문장에서 잘못 쓰인 조사나 어미를 바르게 고쳐 보라.
　1) 한국 정부는 일본에게 이 문제에 대하여 강력히 항의하였다.
　　→

2) 정 감독은 신기록 제조기라는 평을 받고 있습니다.
　　→

3) 만일 비가 온다라면 어떻게 할 것인가를 생각해 보아야 할 것이다.
　　→

4) 이번 사건에 대하여는 어떻게 처리할는지 아무도 알 수 없다.
　　→

5) 고민으로부터 벗어날려고 노력하는 모습이 보기 좋았다.
　　→

6) 많은 훌륭한 선배들을 많이 배출한 유서 깊은 ○○고등학교를 들어갔다.
　　→

7) 나의 지향하는 바를 위해 나아갈 것이다.
　　→

8) 내가 존경하는 인물은 이순신 장군이나 동의보감의 주인공인 허준 선생이다.
　　→

9) 우리 학교는 금년으로서 개교 열네 돐을 맞습니다.
　　→

8. 다음 문장들이 안고 있는 결함들이 무엇인가를 찾아 결함이 있는 곳에 밑줄을 긋고 그것들을
　올바르게 고쳐 온전한 문장이 되게 하라.

　1) 이 학과를 선택하게 된 또 다른 이유는 내가 공부하고 싶어하던 의학분야라는 것이다.
　　→

　2) 그러나 한 가지 소득이 있다면 반년 만에 만나는 친구들이 너무나 변해 있다는 점이었다.
　　→

　3) 지금 내가 살고 있는 개신동은 예전에는 농촌이었던 곳으로 태어난 곳은 아니다.
　　→

　4) 비록 그는 가난하면서 이 세상에 사는 보람을 느꼈다.
　　→

　5) 아무리 글을 길게 쓰고, 글씨를 깨끗이 쓰려고 하다보니 내용이 떠오르지 않았다.
　　→

　6) 민주정치는 국민 주권 또는 주권이 국민에게 있는 의미로서의 국민의 정치요, 국민에 의
　　한 정치요, 국민을 위한 정치이다.
　　→

　7) 청소년들의 정서 함양을 위한 최선의 방안은 동서 고금을 통하여 위대한 문필가들이 공
　　들여 집필해 놓은 고전을 많이 읽는 일이다.
　　→

　8) 현재 여가 활동에 필요한 시설 공간이 충분한 것은 아니지만 이것 또한 부족 부분은 멀지
　　않은 장래에 해결되어 갈 것입니다.

→

   9) 대학을 꼭 가야만 성공한 사람이라고는 할 수 없는, 그런데도 불구하고 대학을 갈려고 하는 이유는 무엇일까요?

→

9. 다음 문장들을 분석하여 모호한 점을 지적하고 해결 방법을 찾아 보라.
   1) 신록의 계절, 6월 종강을 앞두고 설레는 마음보다는 한학기를 마무리하시느라고 구슬땀을 흘리고 계실 교수님께 당부의 말씀을 드립니다.

→

   2) 하지만 서로가 서로를 격려하며 타인이 다 잠든 시간에 찬 이슬을 맞이며 영롱한 한송이 꽃으로 피어나기 위해 노력했습니다.

→

   3) '96년/하나됨을/위하여

→

   4) 사실 바쁜 공부 가운데 수면도 제대로 취하지 못하면서 귀중한 시간을 쪼개어 서로 마음을 합해 연습을 한다는 것은 쉬운 일이 아닙니다.

→

   5) 일시 : 자주 · 민주 · 통일진군 5월 15일～17일

→

   6) 신발산업 불황 이겨냈다(조선일보 1996.9.9일자 19면 제목)

→

10. 다음의 각 문장에 세 개 이상의 수식어나 수식구를 넣어 문장을 확장해 보라.
   1) 겨울은 좋은 계절이다.

→

   2) 만화는 우리의 정서 발달에 도움을 준다.

→

   3) 사람은 일을 해야 한다.

→

   4) 배는 다른 어떤 과일보다 물이 많다.

→

   5) 매일매일 일기를 쓰면 좋은 글을 쓸 수 있다.

→

11. 다음 예문 뒤에 제시된 접속어를 이용하여 자연스럽게 이어질 문장을 완성시키되 문장의 호응에 유의하라.
   1) 요즈음에는 이성교제의 폭이 넓어졌다.
     ①그래서
     ②말하자면

③하지만
④그리고
⑤결과적으로
⑥그런데

2) 종규는 우리 반에서 공부를 제일 잘 한다.
①그래서
②그러나
③더욱이
④그리고
⑤그런데
⑥왜냐하면

12. 다음에 제시된 두 문장을 하나의 문장으로 접속시켜 보라.
1) a. 대가족 제도에는 장점이 있다.
b. 대가족 제도에는 단점이 있다.
2) a. 담배는 인간에게 해로운 점이 많다.
b. 담배는 인간에게 좋은 점이 많다.
3) a. 봄이 왔다.
b. 꽃이 피지 않는다.
4) a. 신호등은 생명을 지켜준다.
b. 사람들이 신호등을 무시한다.
5) a. 철수는 롤러브레이드를 아주 잘 탄다.
b. 영식이는 수영을 아주 잘 한다.
6) a. 은정이는 버스를 타고 서울에 갔다.
b. 민지는 기차를 타고 서울에 갔다.

13. 다음에 제시된 둘 또는 세 개의 문장을 하나의 문장으로 만들되 하나 또는 두 개의 문장이 다른 한 문장의 일부가 되게 하라.
1) a. 동생은 마음이 착하다.
b. 동생이 라면을 끓여 주었다.
2) a. 물이 따뜻하다.
b. 나는 수영을 하였다.
3) a. 여학생이 길에 넘어졌다.
b. 여학생이 빨간 구두를 신었다.
4) a. 토끼의 앞다리가 짧다.
b. 토끼는 귀가 길다.
c. 토끼의 눈이 빨갛다.
5) a. 삼촌은 나에게 많은 영향을 주었다.
b. 삼촌이 어제 귀국하였다.
c. 열심히 노력하면 훌륭한 사람이 될 수 있다.

14. 다음에 제시된 사물 가운데 하나를 선택하여 자세히 관찰한 다음 관찰 결과를 열 다섯 개 이상
의 단문으로 기술해 보라.
　① 시계　② 수박　③ 참외　④ 교실　⑤ 느티나무　⑥ 강아지

15. 위의 14에서 작성한 문장들을 유사한 내용끼리 분류한 같은 내용의 문장들을 둘 또는 세 문장
씩 묶어 하나의 문장으로 통합해 보라.


## 4. 단락


우리는 앞장에서 하나의 온전한 문장을 쓰는데 필요한 여러 가지 내용에 대하여 살펴보았다. 온전한 문장이 되기 위해서는 올바르고 적절한 단어를 찾아 써야 할뿐만 아니라 맞춤법에 맞아야 하며 문법에도 맞아야 한다는 것을 알 수 있었다. 이러한 내용은 좋은 글을 쓰기 위한 전제 조건에 해당한다고 볼 수 있다. 글은 하나의 문장만으로 이루어지는 경우는 드물다. 대개는 여러 개의 문장이 어우러져 좀더 큰 단위를 형성하는데 이것을 단락이라고 한다. 하나의 글은 대개 여러 개의 사고 단락으로 이루어진다.

글에서 단락을 구별하는 가장 큰 이유는 글의 요지 파악을 쉽게 한다는 데 있다. 일반적으로 하나의 글은 여러 개의 일정한 의미 단위로 나뉘어질 수 있다. 이와 같이 글 전체의 내용이 부분적인 의미 단위의 집합이나 종합이라고 할 때 읽기를 위해서도 단락을 구분하는 일은 필수적이다.

글을 쓸 때도 단락짓기를 효과적으로 함으로써 그만큼 표현의 효과를 높일 수도 있고 생각을 정리하거나 글 전체의 논리적인 연결을 조감하는 데도 도움을 준다. 한 편의 글이 처음부터 끝까지 하나의 문장으로 계속된다면 어떻게 되겠는가? 우선 보기부터 답답하고 지루하게 느껴질 것이다. 이 답답함과 지루함을 없애기 위한 것이 단락을 구분하는 또 다른 이유 가운데 하나가 된다.

그렇다면 단락짓기는 어떻게 해야 하는가?

단락은 하나 이상의 문장으로 이루어지는 것이 원칙이다. 단 하나의 문장으로 이루어지는 단락이 없는 것은 아니나 일반적으로 몇 개의 문장이 하나의 단락을 이루는 것이 일반적이다. 단락은 문장보다는 길고 복잡한 단위로서 핵심 관념을 가지고 있어야 한다. 이 때의 핵심 관념은 새로운 생각이나 사태여야 하며 하나의 단락에는 하나의 핵심 관념을 가지는 것이 일반적이다.

또한 단락에는 핵심 관념을 포함한 소주제문을 가지는 것이 일반적이다. 하나의 단락에 필수적인 핵심 관념을 완결된 문장으로 표현한 것이 소주제문이다. 이렇게 몇 개의 문장으로 구성되면서 최종적인 소주제문이 하나의 핵심 관념을 담고 있는 형식이 단락이다.

본 장에서는 문장과 문장을 어떻게 잘 조합하여 적절한 단락을 만들 것인가와 단락과 단락을 잘 연관지어 하나의 글을 엮어갈 것인가 하는데 중점을 두어 다루게 된다.


## 4.1 단락의 종류와 기능


좋은 문장은 좋은 글의 필요 조건이 된다. 그러나 좋은 문장이 좋은 글의 충분 조건은 될 수 없다. 마찬가지로 좋은 단락의 필요 요건은 좋은 문장이 된다. 따라서 좋은 단락은 하나 이상의 온전하고 좋은 문장의 집합으로 이루어진다고 할 수 있다. 또한 온전하고 좋은 문장이 모였다고 해서 다 좋은 단락이라고는 할 수 없다. 온전한 문장들이 모여 하나의 완결된 사고 단위를 나타낼 때 비로소 좋은 단락이라고 할 수 있다. 하나의 완결된 사고는 새로운 생각이나 사실이어야 한다. 새로운 생각이나 사실이 아니라면 단락을 나눌 필요가 없기 때문이다.

말에도 내용상의 단락이 있기는 하지만, 말과 글이 구별되는 형식상의 차이 가운데 두드러진 하나가 단락짓기다. 글에서 '한 칸 들여쓰기'로 시작하여 다음의 한 칸 들여쓰기까지를 하나의 단락 또는 문단이라고 한다. 하나의 단락 내에서는 독립된 인용문이 끼어드는 것을 제외하고는 어떠한 경우에도 행의 첫 칸을 비우지 않는다. 이것이 형식 단락의 절대적인 요건이다.

하나의 형식 단락에는 하나의 핵심 관념을 담고 있는 소주제문이 있다. 이 소주제문의 핵심 관념을 뒷받침하는 몇 개의 문장들로 이루어지는 단락을 단순 단락이라고 한다. 이에 비해 두 개 이상의 단순 단락들이 서로 연관되어 복수의 관념을 나타내는 경우가 있는데 이것을 복합 단락이라고 한다. 복합 단락에도 전체를 포괄하는 중심 관념이 있게 마련인데 이것을 소주제문에 대하여 주제문(主題文)이라고 할 수 있다. 이런 점에서 소주제문들은 주제문에 도달하기 위한 기초 단위라고 할 수 있다.

글의 내용으로 볼 때 단락을 크게 기본 단락과 보조 단락으로 나눌 수 있다. 기본 단락은 글을 이루는 골격이 되는 단락으로서 글 전체의 주제와 긴밀한 관계를 맺고 있으며 주제를 전개하는 중추적인 역할을 하는 단락이다. 따라서 기본 단락에는 소주제나 제제가 명시되는 경우가 많다. 일반적으로 주제 전개의 중심이 되는 도입 단락과 결말 단락이 기본 단락에 해당한다.

‘도입 단락’에는 필자가 말하고자 하는 논점이나 글의 전개 방향이 언급되는 것이 일반적이다. 도입 단락은 글의 첫머리에 놓이므로 너무 거창하거나 산만하면 글의 전체적인 균형을 잃어버릴 염려가 있으므로 독자들의 흥미를 유발할 수 있으면서 간략하게 기술하는 것이 바람직하다.

‘결말 단락’은 도입 단락에서 제기한 문제에 대하여 응답하는 단락이라고 할 수 있다. 따라서 글 전체의 주제를 뚜렷하게 드러내고 이제까지 기술하거나 언급한 내용에 대하여 종합하거나 요약하게 된다.

‘보조 단락’은 기본 단락을 도와주는 역할을 하는 것으로 그 내용이나 성격에 따라 보충 단락, 전환 단락, 강조 단락, 요약 단락, 예시 단락, 부연 단락, 연결 단락, 인용 단락, 대화 단락 등으로 나눌 수 있다.

‘보충 단락’은 기본 단락에서 충분하게 기술하지 못한 내용을 좀더 구체적으로 기술하여 보충하는 성격을 가진 단락이다. ‘다시 말하면, 말하자면’ 등의 접속 표현을 사용하여 앞의 단락에서 부족한 내용을 보완해 줄 때 이용되는 단락이다.

‘강조 단락’은 어떤 내용이나 관점을 특별히 강조하기 위하여 따로 분리하여 마련하는 단락으로 기본 단락의 성격을 가지는 경우가 많다.

‘요약 단락’은 앞의 여러 단락에서 이미 기술한 내용을 요약하여 제시하는 단락으로서 보조 단락 가운데 기본 단락의 성격이 강한 단락이다. 여러 단락에서 다양하게 논의하고 언급한 내용을 미리 요약해 둠으로써 나중에 결말 단락을 편리하게 기술할 수 있게 한다.

‘예시 단락’은 이미 주장한 내용에 대하여 구체적인 예를 들어 제시함으로써 설명을 돕거나 설득력을 높이는 단락으로서 ‘가령, 예컨대, 예를 들면’ 등과 같은 접속 표현을 많이 사용한다.

‘연결 단락’은 화제가 갑자기 바뀔 때 단락과 단락 사이를 매끄럽게 연결해 주기 위하여 마련하는 단락으로 ‘한편, 그런데’와 같은 접속 표현이 많이 사용된다.

이에 비해 ‘전환 단락’은 계속되는 이야기의 내용을 반전시켜 화제를 바꿀 때 흔히 사용되는 단락으로 ‘다른 한편으로는, 한편, 이와는 달리’ 등과 같은 접속 표현이 많이 사용된다.

‘인용 단락’은 다른 사람의 말이나 글을 끌어다가 씀으로써 자기의 주장을 입증하거나 강조하려 할 때 흔히 이용된다. 남의 말이나 글, 속담, 격언 등을 인용하여 믿음을 주고 내용을 강조하고자 할 때 흔히 쓰인다.

‘대화 단락’은 인용 단락 가운데 서로간의 대화 내용을 그대로 소개할 필요가 있을 때 이용하는 단락이다.

'비교 단락'은 글의 기본 흐름과 비교되는 내용을 기술함으로써 기본 관념을 부각시켜 강조하고자 할 때 이용되는 단락이다.

이에 비해 '비유 단락'은 어떤 사물에 대하여 설명하거나 설득할 때 쉬운 비유를 끌어들이거나 속담, 격언 등을 적절하게 활용하여 효과를 높이고자 할 때 이용하는 단락이다.


## 4.2 소주제와 소주제문


한 편의 글은 하나 이상의 단락들로 이루어진다. 그리고 글을 이루는 각 단락에는 전달하고자 하는 중심 내용이 있게 마련이다. 이 중심 내용을 화제(話題) 또는 소주제(小主題)라고 하며 이것을 문장으로 나타낸 것을 소주제문(小主題文)이라고 한다. 각 단락은 이 소주제문을 가지는 것이 보통이다. 소주제문은 하나의 단락에 필수적인 핵심 관념을 완결된 문장으로 나타나게 되므로 소주제문이 뚜렷하지 않으면 그 단락의 핵심 관념이 불분명하게 되어 중심이 없는 글이 되기 쉽다.

소주제는 글 전체 주제의 일부를 이루는 요소가 되며, 동시에 단락의 중심 생각이 된다. 따라서 소주제는 글 전체의 주제와 관련된 것이 선택되어야 하며 간결하고 확실하게 표현하는 것이 좋다. 소주제를 하나의 문장으로 기술해 놓은 것이 소주제문이다. 소주제문은 소주제를 효과적으로 전달해주는 뒷받침 문장들과 함께 하나의 단락을 이룬다. 소주제를 뒷받침하는 뒷받침 문장들도 소주제와 관련되어야 하며 소주제를 충분히 발전시킬 수 있어야 한다. 소주제문은 하나의 단락에 필수적인 핵심 관념을 완결된 문장으로 나타낸 것이다. 각 단락마다 소주제문이 뚜렷하지 않으면 그 단락의 핵심 관념이 불분명하게 되어 중심이 없는 글이 되기 쉬우므로 소주제문을 잘 부각시킬 수 있도록 노력해야 한다.

소주제는 한 단락 안에서 다루기에 알맞은 단일한 범주의 개념일수록 좋다. 소주제가 너무 포괄적이어서 한 단락 안에서 다루기가 어렵게 되면 단락이 늘어지고 지루해지기 쉽기 때문이다. 그렇다고 소주제가 너무 구체적인 것도 적절하지 않다. 글의 종류와 성격에 따라 다소 차이가 있을 수 있지만 한 편의 글이 '도입 - 전개 - 결말' 부분으로 이루어진다고 볼 때 이들이 적당한 비율로 배분되어야 하듯이 하나의 단락 안에서도 적당한 비율로 다루어져야 한다. 도입과 결말 부분을 합쳐도 전개 부분보다 길지 않은 것이 좋다. 대체로 도입과 결말 부분을 합친 것과 전개 부분의 비율이 3:7 정도를 이루는 것이 좋다.

단락을 전개할 때는 내용을 좀더 깊고 자세하게 파고 들어가는 것이 좋다. 단락을 단순히 길게 늘이는 것이 아니라 한 가지의 내용을 정확하고, 꼼꼼하고, 상세하게 기술하는 것이 좋다. 하나의 단락 내에서 내용을 너무 포괄적이거나 너무 구체적으로 전개하는 것은 좋은 방법이 아니다. 포괄적이고 일반적인 진술에서 점차 구체적인 진술로 이끌어 가는 것이 좋은 단락 전개 방법이다.

## 4.3 소주제문의 요건

소주제문은 소주제를 하나의 문장으로 기술해 놓은 중심 문장이다. 따라서 소주제문은 다음과 같은 요건을 갖추어야 한다. 첫째, 소주제문은 글의 주제와 관련된 것이어야 한다. 글은 주제를 부각시키기 위한 것이므로 아무리 좋은 내용이라고 하더라도 주제와 관련이 없으면 소용이 없다. 둘째, 소주제문은 한 단락 내에서 다룰 수 있는 범위의 것이어야 한다. 서술 대상을 개괄하는 글인지 자세히 설명하는 글인지에 따라 달라지겠지만 소주제문이 너무 일반화되어 있어 폭이 넓으면 피상적이고 막연해지기 쉽고 너무 특수화되어 있어 폭이 좁으면 지나치게 구체적이고 세부적이어서 서술 내용이 부실해지기 쉽다. 셋째, 소주제문은 단일하면서도 선명해야 한다. 소주제문에 포함되는 내용과 그렇지 않은 내용이 선명하게 구별되도록 하여 그 단락에서 서술해야 할 내용과 다른 단락에서 서술해야 할 내용이 뒤섞이는 것을 방지한다. 소주제문은 한 단락의 핵심적인 관념을 나타내주는 문장이므로 이 핵심 관념과 관련된 여러 구체적인 대상들의 세부 내용까지 서술할 필요는 없다. 넷째, 소주제문은 단락이 소주제에 의해 통일될 수 있도록 해야 한다. 단락을 구성하는 하위 범주들의 내용이 서로 유기적인 관련을 맺으면서 소주제문으로 압축되어 통일성을 이루어야 한다. 단락의 내용이 소주제문과 연관이 없으면 논지(論旨)가 흐려지게 되고 통일성을 잃어버리기 때문이다.

## 4.4 소주제문과 단락

하나의 단락 안에서 소주제문이 어디에 놓이느냐에 따라 단락의 유형이 결정된다.

많은 경우에 단락의 첫머리에 소주제문을 배치하게 되는데 이러한 방식을 두괄식 단락이라고 한다. 다음의 예문에서 보는 것처럼 두괄식으로 단락을 작성하게 되면 처음부터 문제의 핵심을 분명히 제시하게 되므로 독자들의 관심을 집중시키고 지배적인 인상을 줄 수 있어 효과적이다.

개 훈련의 기본 수단은 시상과 처벌이다. 시상은 개가 바라는 동작을 했을 때 먹이 따위를 줌으로써 격려하는 것이다. 처벌은 개로 하여금 어떤 동작을 하지 못하도록 혼을 내주는 것이다. 개는 사람처럼 말을 알아들을 수가 없으므로 이런 원시적인 수단을 써서 가르칠 수밖에 없다. 이를테면 한 동작을 길들이려면 정해진 동작과 함께 먹이를 주어서 그 동작과 먹이를 관련시킨다. 이런 일을 여러 번 되풀이하면 개는 그 신호가 날 때마다 먹이 생각이 떠오르면서 반사적으로 동작을 하기에 이른다. 한편으로, 개가 채소밭에 들어가는 것을 막으려면 개를 그곳에 일부러 들여놓고는 벌을 주는 일을 거듭한다. 그렇게 되면 드디어 개는 그곳에 들어가기를 기피하는 습관을 갖기에 이른다.

위와는 달리 소주제문을 단락의 끝에 두는 구성 방식을 미괄식이라고 한다. 주제를 강조하고자 하거나 주제를 요약하는 효과를 거두고자 할 때, 그리고 특별히 강조하고 싶은 내용을 다시 한 번 강조하고자 할 때는 두괄식 구성에 비해 미괄식 구성이 효과적이다.

속담은 전통적으로 진리로서의 권위를 지니고 있으므로 천만 마디의 긴 설명보다도 훨씬 효과적으로 상대방을 설복하는 무기가 되며 사리(事理)에 철(徹)한 단구(短句)이므로 가정이나 마을에서 어른들이 젊은이에게 주는 중요한 교훈이 되며 오랜 생활 경험에서 얻는 지혜이므로 항상 마음에 새겨 둘 수양과 처세의 격언(格言)이 되며 재치 있는 표현이므로 여럿이 모인 자리에 한바탕의 웃음을 터뜨리게 한다. 그리하여 속담은 우리들을 원만한 세계관, 인생관, 사회관으로 이끌며 관용(寬容)과 달관(達觀)의 경지에 도달하게 한다.(이기문『속담사전』서문)

소주제문을 단락의 처음부분과 마지막 부분에 위치시키는 구성 방식이 있다. 이는 두괄식과 미괄식의 장점을 모두 살릴 수 있는 것으로 흔히 쌍괄식(또는 양괄식) 구성이라고 한다. 문제의 핵심을 강조하는 장점이 있는 반면 주제가 중복되는 흠이 있다. 주제가 반복됨으로써 간결성은 떨어지지만 주제를 변형시켜 표현한다면 내용이 보충되어 확실해지는 장점이 있다. 대체로 앞부분의 주제가 구체적이면 뒷부분의 주제가 추상적이고, 앞부분의 주제가 추상적이면 뒷부분의 주제가 구체적으로 표현되므로 같은 주제가 단순 반복되는 쌍괄식(또는 양괄식) 구성은 잘 사용되지 않는다.

표준어의 기능 중 가장 대표적인 기능은 통일의 기능이다. 한 나라 안에서의 방언차는 심하면 의사소통이 안 될 정도로 클 수도 있지만, 그렇지는 않더라도 서로 자기들의 방언을 쓴다면 의사소통에 불편을 겪게 되는 것이 일반적이다. 표준어 제정의 일차적 목표는 이러한 불편을 해소하기 위한 것임은 널리 알려진 일이다. 즉 표준어는 한 나라 국민으로 하여금 공통된 의사소통의 수단을 갖게 해 주는 공통어의 구실을 한다. 달리 말하면 한 나라 국민을 원활한 의사소통에 의해 하나로 묶어주는 일을 하는 것이다. 이것이 앞에서 말한 이른바 표준어의 통일의 기능이다.(이익섭 「표준어의 기능」)

　　시인은 자기 상황 속에서 '절대화(絕對化)'되고 있는 세계에 도전한다. 그것이 절대화되고 있기에 거기에 도전과 비판을 허용하지 않는데도 그것에 도전한다. 그리고 그것을 상대화시키려 한다. 상대화시켜버리면, 절대화된 것을 포장하고 있는 신비의 베일을 벗기게 된다. 더욱이 절대화된 것은 그것이 무엇이든지 간에 인간 위에서 민중을 억누르기 때문에 시인은 민중의 인간 존엄성을 지키기 위해서도 더욱 용기 있게 절대화된 세계를 상대화시키려고 한다. 시인은 직관과 양심을 가지고 그것을 상대화시켜 절대화된 우상의 폭력으로부터 민중을 해방시키려 한다.(한완상 「지식인·시인·민중」)

위의 두 예 가운데 앞의 예는 같은 주제가 반복되는 쌍괄식 구성의 예이고 두 번째 예는 앞부분의 주제가 추상적이고 뒷부분의 주제가 구체적으로 표현된 쌍괄식 구성의 예에 해당된다.


## 4.5 단락 구성의 원리와 방법


하나의 소주제문에 뒷받침 문장을 배치하여 하나의 단락을 완성하는 절차를 단락의 구성이라 한다. 단락을 구성할 때는 단락의 내용이 소주제문의 내용과 연관되어야 한다. 이는 단락이 하나의 내용 단위로 완결되어야 하며 또한 통일성을 가져야 한다는 것을 의미한다. 앞에서 두괄식 단락의 예로 든 개의 훈련 과정을 통하여 단락의 통일성에 대하여 설명해 보자.

　　① 시상은 개를 격려하는 것이다.
　　② 처벌은 개를 혼내주는 것이다.
　　③ 개는 원시적인 수단으로 가르친다.
　　④ 하나의 동작을 길들이려면 정해진 동작과 먹이를 관련시킨다.
　　⑤ 개는 신호에 따라 먹이를 연상하며 반사적으로 동작을 하게 된다.
　　⑥ 개를 채소밭에 들여놓고 거듭하여 벌을 주면 그곳에 들어가는 것을 기피하는 습관이 생긴다.

위의 소주제는 모두 개를 길들이는 수단이라는 점에서 통일성이 있다. 그리하여 이 소주제들이 포함된 뒷받침 문장들의 내용은 단락의 맨 앞에 제시된 소주제문 '개 훈련의 기본 수단은 시상과 처벌이다'로 요약될 수 있는 것이다.

단락을 구성할 때의 통일성은 하나의 단락 내에서뿐만 아니라 단락들 사이에서도 요구된다. 하나 하나의 소재들이 글 전체의 주제를 향하여 통일성을 가질 때 내용상 일관성을 가지기 때문이다. 따라서 글의 소재들이 주제를 향하여 통일성과 일관성을 가지지 못하면 글의 내용이 곁가지로 흐르게 되는 것이다.

　단락을 구성할 때 중요한 점 가운데 또 하나는 긴밀성이 유지되어야 한다는 것이다. '구슬이 서말이라도 꿰어야 보배'라고 하듯이 하나의 단락이 완결성과 통일성을 가지고 있다고 하더라도 단락을 이루는 소재들이 단락 전체를 관통하는 주제와 유기적인 관련을 맺고 있어야 한다. 앞에서 예로 든 개 훈련에 대한 단락의 예를 다시 보자. 이 단락은 '개 훈련의 기본 수단은 시상과 처벌이다'를 중심으로 개를 훈련하는 수단이 잘 정리되어 있다. 정해진 동작과 먹이를 관련시켜 반복 훈련함으로써 소기의 성과를 달성하는 것이지만, 동작을 잘 했을 때는 상으로 먹이를 주고 원하지 않는 행동을 했을 때는 벌을 줌으로써 개가 훈련된다는 내용이 긴밀한 인과 관계로 연결되어 있다.

　단락을 구성할 때 고려해야 할 점 가운데 또 하나가 내용이다. 단락을 구성할 때 내용을 확장하는 가장 좋은 방법은 구체화시키는 것이다. 일반적인 진술을 더 일반적인 진술로 계속 전개한 단락은 좋은 단락이 아니다. 따라서 주제를 이루는 핵심 관념이 확정되면 그 관념을 다시 분석하게 된다. 또한 단락들 가운데 어느 하나라도 글 전체의 주제와 관련이 없는 단락이 있으면 글을 매끄럽고 자연스럽게 하는데 방해가 될 뿐더러 주제를 부각시키는 데에도 도움을 주지 못한다. 다음의 예를 보자.

① 표준어의 기능 중 가장 대표적인 기능은 통일의 기능이다. 한 나라 안에서의 방언차(方言差)는 심하면 의사소통이 안 될 정도로 클 수도 있지만, 그렇지는 않더라도 서로 자기들의 방언을 쓴다면 의사소통에 불편을 겪게 되는 것이 일반적이다. 표준어 제정의 일차적 목표는 이러한 불편을 해소하기 위한 것임은 널리 알려진 일이다. 즉 표준어는 한 나라 국민으로 하여금 공통된 의사소통의 수단을 갖게 해 주는 공통어(共通語)의 구실을 한다. 달리 말하면 한 나라 국민을 원활한 의사소통에 의해 하나로 묶어주는 일을 하는 것이다. 이것이 앞에서 말한 이른바 표준어의 통일의 기능이다.

② 우리는 한 나라가 통일된 언어를 가지지 못함으로써 겪는 어려움을 익히 알고 있다. 캐나다의 불어 사용권(佛語 使用圈)에서 일어나는 분란(紛亂)은 그 좋은 예일 것이다. 물론 우리나라는 이른바 단일 언어를 쓰는 나라이므로 언어의 통일 문제가 그리 심각한 처지는 아니다. 그러나 각 지역 사람들이 순수한 제 고장 사투리로 말한다고 상상해 보라. 지금보다 한 나라 국민이라는 일체감(一切感)을 훨씬 덜 느끼게 될 것이다. 이는 우리가 북한의 방송이나 연예인단의 말투를 들으면 얼마나 큰 이화감(異化感)을 느끼게 되는가를 상기(想起)해 보면 쉽게 이해될 것이다. 표준어의 기능은 무엇보다 공통된 언어를 사용케 함으로써 상호간의 의사를 원활하게 할 뿐만 아니라 한 나라 국민으로서의 일체감을 높여 주는 기능이다. 한 나라 국민을 한 덩어리로 묶어 주는 일, 이것이 곧 표준어의 주된 기능 - 통일의 기능인 것이다.

③ 표준어의 이러한 기능과 관련하여 몇 마디만 더 부연하였으면 한다. 우리는 동향(同鄕) 사람들을 만나 고향말을 들으면 낯모르는 사람일지라도 반가움을 느낀다. 그것은 공통되는 말이 우리를 한데 묶는 중요한 끈임을 뜻하는 것이다. 마찬가지 이야기이지만 우리는 다른 지방의 말을 들으면 고향 말에서와 같은 정다움을 느낄 수 없고 심하면 거부감까지 느낀다. 모든 사람들이 정도의 차이는 있지만 비슷한 느낌을 가지고 있을 것이다. 이럴 때 국가가 할 수 있는 일은 무엇이겠는가? 표준어를 정하는 일일 것이다. 같은 말을 쓰는 동포라는 유대감을 주면서도 거부감을 일으키지 않을 말이란 표준어뿐일 것이기 때문이다.

④ 그리고 이와 관련하여 방송에서나 공직자(公職者)의 비표준어 사용이 왜 비난의 대상이 되지 않을 수 없는가에 대해서 잠시 생각해 보는 것이 좋겠다. 방송에서 표준어를 쓴다고 하여 비난할 사람은 없을 것이다. 그런데 어떤 특정지역의 사투리를 쓰면 비록 그것이 그 사투리 사용 지역 사람들에게는 표준어보다 더 정답게 들리고 그로써 그 지역 사람들에게는 박수를 받을지 몰라도 나머지 지역 사람들에게는 거부감을 일으키고 비난을 받게 된다. 결국 그 방송에서의 사투리 사용은 국민을 하나로 묶는 일에 실패하고 오히려 국민들을 분열시키는 일을 조장(助長)하고 만 결과가 되는 것이다. 공직자(公職者)의 말도 마찬가지다. 이들의 말은 방송과 마찬가지로 전국민을 대상으로 하는 말이다. 따라서 이들이 어떤 특정 지역의 사투리를 사용하면 국민을 분열시키는 해독(害毒)을 끼치게 된다.

⑤ 흔히 표준어는 원활한 의사소통을 위해서만 필요한 존재로 인식한다. 즉 서로 사투리를 쓰면 말이 잘 통하지 않으니까 표준어를 제정하여 쓴다고만 알고 있다. 학교 교과서에서도 이렇게만 가르치고 있다. 그러나 표준어는 한 나라 국민을 하나로 묶기 위해 있는 존재이기도 하며 그것이 더 큰 존재 이유라는 인식을 바로 하여야 한다. 표준어 사용을 소홀히 함으로써 국민의 단합을 얼마나 크게 해치는가에 대한 인식이 너무도 부족한 것이 필자로서는 여간 안타깝지 않다.

(이익섭 「표준어의 기능」 중에서)

위의 예는 「표준어의 기능」이라는 글의 일부이다. 표준어의 기능 가운데 '통일의 기능'에 대한 내용이다. 위의 글은 표준어의 대표적인 기능인 '통일의 기능'을 다섯 개의 단락으로 나누어 기술하고 있다. 위의 단락들은 모두 표준어가 '통일의 기능'을 가지고 있다는 소주제를 가지고 있다는 점에서 내용상 통일성이 있다. 즉 단락 ①은 표준어가 공통어 구실을 함으로써 한 나라 국민을 원활한 의사 소통에 의해 하나로 묶어주는 통일의 기능이 있으며, 단락 ② 역시 표준어가 한 나라 국민으로서의 일체감을 높여줌으로써 국민을 한 덩어리로 묶어 주는 통일의 기능이 있으며, 단락 ③도 표준어가 동포라는 유대감을 주면서도 거부감을 일으키지 않고 우리를 한데 묶어주는 통일의 기능이 있다는 것을 기술하고 있다. 이에 비해 단락 ④와 ⑤는 비표준어를 사용하거나 표준어 사용을 소홀히 하면 국민을 분열시키고 국민의 단합을 해칠 수 있음을 역설함으로써 표준어가 가진 통일의 기능을 설명하고 있다. 이와 같이 하나 하나의 단락들은 위 글의 주제인 '표준어의 통일의 기능'을 향하여 통일성과 일관성을 유지하고 있음을 알 수 있다.

그리고 위의 단락들은 단락을 이루는 소재들은 다르지만 위의 글 전체를 관통하는 주제인 '통일의 기능'과 유기적인 관련을 맺고 있다. 단락 ①, ②, ③은 표준어를 사용함으로써 의사 소통을 원활히 할 수 있고 국민으로서의 일체감과 동포로서의 유대감을 가지게 되는 통일의 기능이 있고, 단락 ④, ⑤는 비표준어를 쓰거나 표준어 사용을 소홀히 함으로써 국민을 분열 시키고 국민의 단합을 해칠 수 있음을 강조함으로써 역시 표준어가 통일의 기능을 가진다는 내용이 긴밀한 인과 관계로 연결되어 있다.


## 4.6 단락 구성의 요건

하나의 단락이 갖추어야 할 가장 기본적인 요건은 단락을 이루고 있는 문장들이 긴밀하게 이어져야 한다는 점이다. 문장과 문장이 서로 긴밀하고 자연스럽게 연결되려면 적절한 접속 어(接續語)나 지시어(指示語)를 골라 써야 한다. 적절하지 못한 접속어나 지시어는 문장들 사이의 긴밀감을 떨어뜨리고 자연스런 논리 전개를 방해하므로 주의해야 한다.

하나의 단락 내에서 문장들간의 긴밀한 연결은 단락 전체를 통일성 있게 하는 요건이 된다. 하나의 단락을 이루는 문장들이 통일성을 유지하려면 하나의 단락에 하나의 소주제만을 다루어야 하며 소주제를 뒷받침하는 문장들이 소주제를 충분히 발전시키고 전개시킬 수 있어야 한다. 하나하나의 문장들이 소주제와 긴밀하게 연결되어 있을수록 단락의 통일성이 확고하게 된다. 반면에 뒷받침 문장이 소주제와 동떨어지면 동떨어질수록 그만큼 단락의 통일성이 깨지고 만다.


## 4.7 단락의 배열

이러한 긴밀성과 통일성은 단락 내에서뿐만 아니라 단락과 단락의 연결에서도 필수적이다. 하나의 글은 긴밀성과 통일성을 이룬 단락들이 모여 이루어진다. 이 때 단락과 단락의 연결 은 시간적인 순서, 공간적인 순서, 논리적인 순서 등에 의해서 이루어질 수도 있다. 시간적인 순서에 의한 연결은 다시 사건이 일어난 순서대로 배열하는 방법과 사건이 일어난 역순에 의 하여 배열하는 방법이 있다. 때에 따라서는 현재와 과거를 넘나들면서 배열하는 방법도 있는

데 이런 경우는 대개 현재의 시점에서 과거를 회상하거나 현재와 과거를 비교하는 단락들에서 많이 이용된다. 공간적인 순서에 의해 단락을 배열하는 경우도 가까운 곳에서부터 먼 곳으로 이동하면서 단락을 배열하는 방법과 그 역순에 의하여 배열하는 방법도 있고, 사건이 일어난 순서나 그 역순에 따른 공간적인 이동에 의해 연결되는 방법도 있다. 논리적인 순서에 의해 단락을 배열한다면 본질적이고 이론적인 문제에서부터 구체적이고 생활 주변의 문제로 진행할 수도 있고, 쉬운 문제에서부터 어려운 문제로 진행할 수도 있으며 원인적인 현상에서부터 결과적인 현상으로 진행할 수도 있다. 또한 작고 지엽적인 문제에서 크고 본질적인 문제로 진행할 수도 있고 현재의 문제에서 과거의 문제로 할 수도 있으며 독자에게 친숙한 문제에서부터 독자에게 생소한 문제로 진행할 수도 있다. 논리적인 순서에 의한 단락 배열은 인과(因果) 관계나 유추(類推)에 의해 이루어지는 경우가 많다.

단락을 인과 관계에 의해 배열할 때는 인과 관계가 타당해야 한다는 점을 명심해야 한다. 가령 '아이가 밥을 먹지 않는 것(결과)'은 '배가 아파서(원인)'이거나 '입맛이 없어서(원인)'일 수 있다. 그런데 이 결과(아이가 밥을 먹지 않는 것)가 다른 현상이나 사건('건강이 나쁘다'거나 '키가 작다' 등)에서는 원인이 될 수도 있기 때문이다. 이와 같이 똑같은 사실이 어떤 경우에는 원인이 되지만 또 다른 경우에는 결과가 될 수도 있으므로 무엇이 원인이고 무엇이 결과인지가 확실해야 한다.

단락을 유추에 의해 배열할 때는 유추하고자 하는 사항이 유추의 대상이 되는 사항보다 그 범위가 비슷하거나 넓어야 한다. 유추는 이미 알려진 사실을 통하여 아직 알려지지 않은 사실을 설명하는 것이므로 특수한 사실에서 일반적인 현상을 이끌어 내는 것은 유추가 아니라 비약이다.

논리적인 연결은 문장 표면에 논리 관계가 드러나느냐 드러나지 않느냐에 따라 두 가지로 나뉜다. 연결되는 두 단락의 문장 표면에 논리적인 관계가 나타나 있는 경우를 문법적 전이(轉移)라 하고 표면에는 나타나 있지 않지만 의미상 논리적으로 연결된 경우를 의미적 전이라고 한다.

문법적 전이는 다시 세 가지 방법에 의해 이루어진다. 첫째는 앞 단락에서 언급된 내용을 뒤 단락에서 다시 반복하는 방법으로 연결시키는 방법이다. 즉 앞 단락에서 언급된 단어나 구 또는 문장을 뒤 단락에서 반복함으로써 단락간의 연계가 긴밀성을 유지하도록 하는 방법이다. 둘째는 단락과 단락이 꼬리에 꼬리를 물고 연쇄적으로 연결되는 방법으로 이러한 연결은 논점을 단계적이고 계층적으로 발전시키는 효과가 있어 유기체를 분석적으로 기술하거나 그 역의 방법으로 기술할 때 유용하게 이용될 수 있다. 셋째는 단락과 단락 사이에 연결 문장이나 연결 단락을 두어 이어가는 방법이 있다. 이는 단락과 단락 사이의 내용이 자연스럽게 연결되지 않거나 비약이 심하여 이것을 해소하기 위하여 마련된다. 의미적 전이는 단락간에 인과 관계나 유추 관계를 설정하여 단락을 연계하는 방법이어서 이 관계를 외형적으로 파악하기가 쉽지 않다. 그러나 기계적인 반복이나 중복 표현이 문면에 나타나지 않기 때문에 지루한 느낌을 주지 않고 생동감 있게 표현할 수 있다는 장점이 있다.

예컨대, '도자기를 굽는 과정'에 대하여 글을 쓴다면 시간적인 순서에 따라 단락을 배열하게 될 것이고, '수학 여행이나 배낭 여행'과 같은 기행문을 쓴다면 여정에 따라 공간적인 이동 과정에 의해 단락의 배열이 이루어질 것이나 여행의 처음부터 끝까지 시간적인 순서에 의해 단락을 배열하는 것도 가능하다. 또 '교통난 해결을 위한 방안'에 대한 글이라면 중요성의 정도에 따라 본질적이고 중요한 것부터 지엽적이고 덜 중요한 것의 순서로 단락을 배열할 수도 있고 그 역순을 취할 수도 있을 것이다. '도덕과 법의 한계'에 대하여 글을 쓴다면 논리적인 순서에 따라 단락을 배열하게 될 것이다.

이 외에도 한 단락의 이미지가 다음 단락의 이미지를 불러일으키게 하여 단락을 연계시키는 방법이 있다. 이러한 단락 배열 방법을 연상적 배열이라고 하는데 흔히 시나 정서적인 수필 등에서 이용된다.

이상에서 살펴본 단락 배열 방식 가운데 어느 것이 가장 바람직하고 효과적인가는 주제나 문제의 성격에 따라 달라지겠지만 단락 연결의 가장 기본적인 요건은 하나의 단락을 전개하는 원리와 마찬가지로 단락과 단락이 긴밀하게 연결되어야 한다는 점이다. 그런데 단락의 긴밀성이 적절한 접속 표현 '그리고, 그러나, 그래서, 그런데, 그렇지만, 반면에, 그렇다고 하더라도, 그뿐만 아니라, 하지만, 그 결과, 요컨대' 등에 의해 이루어질 수도 있지만 모든 단락이 이러한 접속 표현으로 가능한 것은 아니다. 또 모든 단락이 이러한 접속 표현에 의해 이루어진다면 글이 꺽꺽해질 것이므로 단락간의 연결이 논리적이고 자연스럽게 되도록 고려해야 한다. 단락이 자연스럽고 논리적으로 연결되도록 하려면 하나의 단락이 그 자체로 완결되지 않도록 하는 예비 조처가 필요하다. 다만 결말 단락은 여기에서 제외된다.

단락과 단락의 긴밀한 연결은 글 전체를 관통하는 하나의 주제를 향하여 통일성 있게 하는 요건이 된다. 글의 통일성은 글 전체의 내용과 하나하나의 단락이 유기적인 관련을 가질 때 가능한 것이다. 따라서 엉뚱한 내용의 단락을 끼워 넣으면 그 단락이 글 전체의 통일성을 깨뜨리게 될 것임은 자명하다. 단락과 단락이 시간적인 순서나 공간적인 순서 또는 논리적인 순서에 따라 의미상 밀접하게 연결될 때 긴밀성이 확보되고 이 긴밀성이 글의 통일성을 확보해 주기 때문이다.

지금까지 우리는 글쓰기의 기초가 되는 국어 정서법에 대하여 익혔고 이어 문장의 기초가 되는 단어에 대하여 학습하였다. 그리고 단어가 일정한 법칙에 의해 나열되는 문장에 대하여 학습하였고, 문장이 어떻게 변형되고 확대되어 가는지에 대하여 학습하였다. 그리고 실제 글에서 발견되는 오류들을 유형별로 살펴보고 그 오류들을 바로잡는 훈련을 함으로써 올바른 문장을 구성할 수 있는 능력을 키웠다. 나아가 하나의 소주제문과 이를 뒷받침하는 문장들이 모여 하나의 단락을 구성하는 방식에 대하여 학습함으로써 명실상부한 글쓰기의 준비를 마쳤다. 물론 하나하나의 단락이 글 전체의 주제를 중심으로 긴밀성과 통일성을 유지하면서 이어질 때 하나의 완성된 글이 된다는 것도 학습하였다. 이제 여러분은 좋은 글을 쓸 수 있는 준비를 충분히 한 셈이다. 실제로 글을 써 보는 일이 여러분에게 남아 있는 과제다. 많이 읽고, 많이 생각하고, 많이 써 보자. 그리고 자기가 쓴 글을 스스로 고쳐보자. 그 길만이 좋은 글을 쓸 수 있는 지름길이다.


### [연구문제 2]

1. 다음 글을 읽고 주제문을 찾아 쓰고, 주제문을 뒷받침하는 문장이 몇 개인지 알아 보라.
   우리의 한복은 세계에 없는 아름다운 옷이다. 오늘날 우리가 명절 때나 입는 한복은 그 편리함도 편리함이지만 우리네 체형에 꼭 맞는 멋을 간직한 옷이다. 어린아이는 더욱 어린아이답게 보이게 하고 어른은 더욱 어른스럽게 한다. 아가씨가 입으면 그 화사함과 우아함에 뭇 남정네가 설레게 되고, 장정이 입으면 든든함과 사내다운 기상이 멋스럽게 배어난다. 지긋한 나이를 먹은 어르신네가 입은 한복은 그들의 연륜을 더욱 깊게 만든다. 이런 우리의 '멋'은 단순히 외형적인 아름다움뿐만 아니라 그 내면의 것까지 그윽하게 풍겨나도록 만든다는 데 더욱 가치가 있다.

   →

2. 다음의 소주제문을 뒷받침하는 구체적인 문장을 세 개 이상 보강하여 하나의 단락을 작성해 보라.
   1) 우리말을 바로 쓰는 것이 애국하는 길이다.

      →
   2) 우리의 대학 문화에는 고쳐야 할 점이 많다.

      →
   3) 진정한 지식인이란 지식을 올바르게 사용할 줄 아는 사람이다.

      →
   4) 우리 나라의 가을 하늘은 매우 아름답다.

      →

5) 나는 마음이 열린 사람을 존경한다.
   →

3. 다음 단락의 밑줄친 부분을 적절한 문장으로 채워 하나의 문단을 완성해 보라.
   1) 옛날에는 인간 교육이 거의 가정에서 이루어졌다. 딸은 어머니에게서 길쌈을 배우고, 아들은 아버지에게서 생활에 필요한 여러 가지 기술을 배웠다. 오늘날에는 가정이 담당했던 교육 기능의 대부분이 사회로 옮겨졌다. 그러나 옛날이나 오늘날이나 가정의 기본적인 역할에는 변함이 없다. 즉,
   2) 첫째는 어른들의 상업주의와 연결된 글짓기 교육이다. 둘째는 지나치게 기교만 부린 세련된 문장 만들기에만 치우쳐 있다. 셋째는 아이들은 어른 중심의 이데올로기와 관념에 아부하는 글을 쓰도록 강요당하고 있다. 이외에도 글짓기 교육의 문제점은 수없이 많이 있다.
   3) 요즈음에는 맞벌이를 원하는 부부들이 많아지고 있다. 국가 경제가 어려워진 이후 남편들의 장래가 불안하게 되면서 나타난 현상이다. 맞벌이를 하면서 가정 경제에 보탬을 주는 동시에 여성들은 자신의 정체성을 찾거나 자아를 실현할 수 있다는 점에서 긍정적인 평가를 받는다. 그러나 맞벌이가 긍정적인 측면만 있는 것이 아니다.
   4) 우리는 남을 협박하거나 때릴 때 주먹을 쥔다. 그러나 달래거나 쓰다듬을 때에는 손바닥을 편다. 겉보기에 주먹이 힘세 보이고 남을 다스리기에 효과적인 것처럼 보이지만 궁극적으로는 힘없이 보이는 손바닥이 그보다 몇 배나 더 강한 힘을 지니고 있다는 것을 알게 된다. 예를 들면,

4. 다음의 내용을 줄거리로 짤막한 글을 쓰려 한다. 몇 개의 단락으로 하는 것이 좋은지 나누어 보고 각 단락의 주제문을 작성해 보라.
   어느 농촌마을에 사는 젊은 여인이 안개가 자욱한 보름날 밤에 윗동네에 사는 친구를 만나러 집을 나섰다. 먼 곳에서 자동차 불빛이 보이는가 싶더니 갑자기 여인이 논두렁으로 굴러 떨어졌다. 운전자는 안개 때문에 아무도 본 사람이 없을 것이라고 생각하고 현장을 빠져 나갔다. 다음날 아침 그 여인은 얼굴을 알아 볼 수 없는 시체로 발견되었다. 경찰이 와서 조사를 해 갔다. 그 마을에는 죽은 사람이 한 사람도 없었고 이상하게도 이웃마을에 사는 여자가 살인죄로 체포되었다.
   →

5. 다음과 같은 네 개의 소주제를 가진 단락을 구성하려 한다. 단락간의 통일성과 긴밀성을 고려하여 각 단락을 작성해 보라. 그리고 그 단락들을 적절히 배열하여 하나의 큰 주제를 가진 한 편의 글이 되게 하라. 완성된 글의 전체 주제와 제목은 무엇으로 하면 좋을지 생각해 보라.
   1) 주부는 요리를 잘 해야 한다.
   2) 주부는 청소나 빨래를 잘 해야 한다.
   3) 주부는 바느질을 잘 해야 한다.
   4) 주부는 이웃과의 관계를 잘 유지해야 한다.
      →

6. 다음 글을 다섯 단락으로 나누고 각 단락의 핵심 관념을 정리해 보라.

　　바통을 든 오케스트라의 지휘자는 찬란한 존재다. 토스카니니 같은 지휘자 밑에서 플루트를 분다는 것은 또 얼마나 영광스러운 일인가. 그러나 다 지휘자가 될 수는 없는 것이다. 다 콘서트 마스터가 될 수도 없는 것이다. 오케스트라와 같이 하모니를 목적으로 하는 조직체에 있어서는 멤버가 된다는 것만도 참으로 행복한 일이다. 그리고 각자의 맡은 바 기능이 전체 효과에 종합적으로 기여된다는 것은 의의 깊은 일이다. 서로 없어서는 안 된다는 신뢰감이 거기에 있고 칭찬이거나 혹평이거나 ‘내’가 아니요 ‘우리’가 받는다는 것은 마음 든든한 일이다. 자기의 악기가 연주하는 부분이 얼마 아니 된다 하더라도, 그리고 독주하는 부분이 없다 하더라도 그리 서운할 것은 없다. 남의 파트가 연주되는 동안 기다리고 있는 것도 무언의 연주를 하고 있는 것이다. 베이스볼 팀의 외야수와 같이 무대 뒤에 서 있는 콘트라베이스를 나는 좋아한다. 베토벤 교향곡 제 5 번 ‘스켈소’의 악장 속의 트리오 섹션에는 둔한 콘트라베이스를 쩔쩔매게 하는 빠른 대목이 있다. 나는 이런 유모어를 즐길 수 있는 베이스 플레이어를 부러워한다. 전원교향곡 제 3 악장에는 농부의 춤과 아마추어 오케스트라가 나오는 장면이 묘사되어 있다. 서투른 베이스가 제때 나오지를 못하고 뒤늦게야 따라나오는 대목이 몇 번 있다. 이 우스운 음절을 연주할 때의 베이스 플레어의 기쁨을 나는 안다. 팀파니스트가 되는 것도 좋다. 하이든 교향곡 94번의 서두가 연주되는 동안 카운터 뒤에 있는 약방 주인같이 서 있다가 청중이 경악하도록 갑자기 북을 두들기는 순간이 오면 그 얼마나 신이 나겠는가? 자기를 향하여 힘차게 손을 흔드는 지휘자를 쳐다볼 때, 그는 자못 무상의 환희를 느낄 것이다. 어렸을 때 나는 공책에 줄치는 작은 자로 교향악단을 지휘한 일이 있었다. 그러나 그 후 지휘자가 되겠다는 생각을 해 본 적은 없다. 토스카니니가 아니라도 어떤 존경받는 지휘자 밑에서 무명의 플루트 플레어가 되고 싶은 때는 가끔 있었다.(피천득, 『산호와 진주』, 1969)

7. 다음 글에서 보조 단락을 찾아보고 그 종류를 설명해 보라.

　　‘웃음’의 능력 — 또 그 양과 질에 있어서 나는 선천적으로, 또는 여간한 ‘수양’의 덕으로, 남보다 좀더 은혜를 받았음을 고맙게 생각한다. 우리 겨레가 워낙 옛날부터 하늘만 쳐다보는 낙천적인 농업국민으로서 좋은 일에나 궂은 일에나 노상 ‘웃음’을 띄우는 갸룩한 민족성을 가졌거니와, 나는 그러한 겨레의 후예로서도 특히 풍요한 ‘웃음’을 더 많이 물려받아, 내 자신 웃기를 무척 좋아하고, 또한 남이 웃는 것을 사뭇 즐기고 축복하는 자이다. 그것도 결코 ‘돈소(頓笑)’나 ‘조소(嘲笑)’나 ‘고소(苦笑)’가 아닌 — 작으면 ‘미소(微笑)’, 크면 ‘가가대소(呵呵大笑)’, 어디까지나 ‘해해·호호’류가 아닌, 당당한 ‘하하·허허’식의 무릇 남성적인 쾌활·명랑한 솔직한 웃음인 것이다.

　　이러한 나의 ‘웃음’이고 보매, 결코 남에게 비웃음, 빈정 웃음, 또는 부자연·불성실한 웃음으로 오해 혹은 간주되어 비난받을 까닭은 없다. 하기는 극단의 독재국가에서는 ‘웃음’의 종류 여하를 무론하고 애초부터 그것을 악의로 해석하여 형법 제 몇 조에 ‘웃음의 죄’를 규정할는지도 모르며, 고사를 정밀히 조사한다면, 동·서의 폭군으로서 신하의 ‘무허가 웃음’을 일체 금지하여 무단히 이(齒)를 드러내어 웃는 자를 극형에 처한 예가 적지 않게 발견되리라. 말이 났으니 말이지, 내가 아는 ‘웃음의 죄’로서는 독재 국가나 폭군 치하의 그것 외에 시골 천진한 색시에게도 없는 것은 아니다. 어느 민요시인의 단시에 바로 ‘웃은 죄’라 제(題)한 편

(篇)이 있지 않은가.

　　지름길 묻길래
　　웃고 대답하고,
　　물 한 모금 달라기 웃고 떠 주었지요.

　　평양성에 해 안 뜬대도
　　난 몰라요,
　　웃은 죄 밖에.

　　산촌의 어느 집 며느리가 시냇가 버드나무 밑에서 빨래를 하고 있는데, 마침 하이킹 온 젊은 대학생이 지나다가 길을 물었겠다. 쳐다보니, 제 어린 남편인 '노랑 대가리, 범법 상투'와는 아주 딴판인 '핸섬 나이스 보이'. 얼굴을 잠깐 붉혔다가 살며시 웃으며 여린 손끝으로 묻는 길을 가르쳐주고, 조그만 바가지에 정성스레 물을 떠서 두 손으로 받들어 드렸다. 이야기는 이뿐이었는데, 그 장면을 누가 어디서 본 사람이 있었던지, 색시가 젊은이와 남몰래 정을 주었다는 소문이 동리에 퍼져서 시어머니가 불러다 문초하니, 그녀가 공술(供述)하는 말….
　　이러한 정도의 '웃은 죄'라면 참으로 달가운 '오해'요 '간주'이겠지마는, 나는 전술한 바와 같은 쾌활·솔직·자연스러운 당당한 남성적 '웃음'임에도 불구하고 생애에 여러 번 남에게 '죄'를 당한 적이 있으니, 억울하기 짝이 없다. 그런 얄궂은 경험은, 내 기억에 의하면, 무릇 다음과 같은 세 번의 '케이스'가 있다.
　　첫 번 일은 어려서 시골서. 안, 상가에 갔더니, 상주가 '스틱'을 양손에 맞쥐고 서서 소위 '곡(哭)'을 하는데, 그 '아이고, 아이고' 소리가 울음이 아니라 단조로운 '베이스'의 유장(悠長)한 '노래'였다. 그러면서 한편으로 여러 사람에게 조상을 받으며, 한편으로 부의금(賻儀金) 수입 상황을 집사자(執事者)에게 물어보며, 또 가인(家人)들에게 잔일 기타 무엇을 지휘하며, 그러다가 문득 생각이 나면 또 '아이고, 아이고', 끝날 줄 모르고 경음악(輕音樂)이다. 내가 그것이 하도 우스워서 그야말로 나도 모르게, 만당(滿堂)의 조객(弔客)이 모두 침통한 얼굴로 묵묵히 앉아 있는 중에, 돌연히 '하하하하' — 한자로 번역하자면 '가가대소(呵呵大笑)'를 그대로 발한 것이다. 그래 동리 늙은이에게 단단히 꾸중을 듣고 자리를 쫓겨 나와 뒷산에 올라 또 한바탕 남은 웃음을 실컷 웃은 기억이 있다. 뒤에 문학서를 보다가 중국에 진대(晉代)에도 완적(阮籍)·혜강(嵇康) 등 이른바 청담자류(淸談者流)들이 이 비슷한 언동을 한 것을 알았고, 그 사상이 멀리 노·장(老莊)에 연원됨과 그들과 내가 모두 공자(孔子)의 이른바 '광연(狂狷)의 무리'에 속함을 알았다. (심재기·윤용식, 『문장실습』, 1992)

8. 다음 글을 읽고 어떤 방법으로 단락을 전개하였는지를 설명해 보라. 그리고 제시된 글 전체의 주제문을 찾아 보라.
　　김해명 씨 소유의 너와집은 리의 중심지에서 문의골로 넘어가는 도로의 좌측에 정동향으로 앉아 있다.
　　이 가옥은 현소유자인 김해명 씨가 지은 것으로 지붕은 팔각지붕 형식으로 되었으며 기둥은 모두 방주를 사용하였다. 마룻대를 받치고 있는 대공은 가옥 내부의 기둥과 기둥 사이마다 걸쳐놓은 각목의 가운데에 세워져 있다. 그런데 대공은 그 길이가 2.5m 되는 매우 긴 것이다. 지붕은 서까래 위에 널빤지를 촘촘하게 가로 얹은 다음 그 위에 너와를 깔았다. 또 대공을 얹은 각목 사이사이에는 통나무를 건너지르고 이 위에 물건을 얹어 놓기도 한다.

평면 구성을 살펴보면 남북의 정지를 세로축, 동서의 마루를 가로축으로 하여 사랑 아래·윗방과 뒷방이, 그리고 안방, 건넌방 및 마구가 서로 대칭으로 배치되어 있다.

변소는 마구의 남벽에 붙여 지었으며 두엄장 남측에 돼지우리가 있다. 초가인 흙간(동서 7.5m, 남북 2.5m)은 앞마당 북측에 위치하며 흙간 서벽에 담장을 이어 달았다.

동서 3m, 남북 2.4m의 사랑 윗방에서는 이 집의 최연로자인 김해명 씨가 기거한다. 천장은 평천장으로 비교적 좁은 간격으로 각목을 길이로 놓고 그 사이사이에 널을 짜 넣었다. 바닥에는 자리를 깔았으며 벽은 흙벽이다. 이 방과 사랑 아랫방의 전면에는 너비 90cm의 툇마루를 놓았는데 그 높이는 25cm이다. 그리고 사랑 윗방과 툇마루 사이에는 너비 60cm, 높이 65cm의 세살문 외여닫이를 달아서 통간이 되게 하였다. 사랑 아랫방과의 사이에는 미닫이로 칸막이가 되어 있으나, 이 문은 언제나 열려 있어서 사랑 아래·윗방은 사실상 한 공간을 이루고 있는 셈이다.

(김광언,『강원도 산간가옥 네 동(棟)』의 일부)

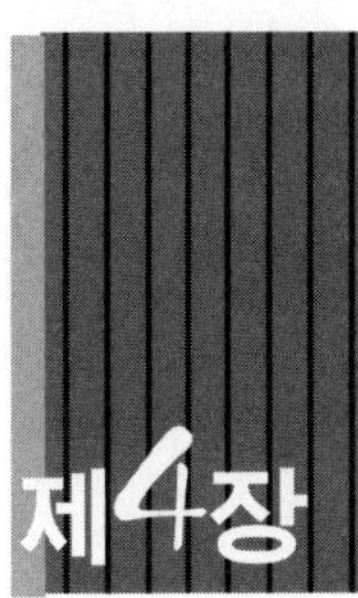

# 제4장

# 기술(記述)의 방식(方式)

# 1. 처지와 글의 종류

모든 글은 다양한 독자를 대상으로 쓰게 된다. 독자가 한 사람이든 다수이든, 특정한 소수이든 특정한 다수이든, 불특정한 소수이든 불특정한 다수이든, 필자에게 호의적이든 아니든 독자를 상대로 쓰게 된다. 이 때 필자가 어떤 동기를 가지고 어떤 성격의 독자를 대상으로 어떤 관계를 설정하고 글을 쓰느냐에 따라 글의 성격이 달라진다. 글을 쓰는 동기, 독자의 성격, 필자와 독자와의 관계 등을 총칭해서 처지(處地)라고 한다. 따라서 처지가 달라지면 글의 종류도 달라지므로 이에 대하여 명확하게 인식하고서 글을 써야 한다.

필자가 글을 쓰는 동기는 전달 동기와 표현 동기로 나눌 수 있다. 전자는 객관적인 사실을 글로 써서 독자가 이에 동의하도록 하기 위해 쓰는 글이고, 후자는 주관적인 느낌을 글로 써서 독자가 함께 느껴 주기를 기대하면서 쓰는 글이다. 필자의 감정을 나타내는 편지나 시와 같은 문학 작품은 대부분 표현동기에 의해 쓰인 글이고, 정부의 행정 부서에서 알리는 정책 내용이나 신문의 기사문 등은 대부분 전달동기에 의해 쓰인 글이다. 따라서 전달 동기를 가지고 글을 쓸 때는 타당한 내용을 쓰되 불필요한 수식이나 군더더기는 빼고 전달하려는 내용을 명확하게 기술해서 오해가 없도록 해야 한다. 반면에 표현 동기를 가지고 글을 쓸 때는 표현하려는 내용이 독자의 성격이나 태도에 따라 다르게 이해될 수 있는 복합적인 의미를 가지므로 효과적인 형식이나 문체를 만들어 쓰도록 노력해야 한다.

독자의 성격은 불특정 독자와 특정 독자로 나눌 수 있다. 불특정 독자를 상대로 한 글은 누구나 읽을 수 있도록 개방되어 있어 누구에게나 같은 정도의 관심거리가 된다. 반면에 특정 독자를 상대로 한 글은 독자가 제한되어 있어 독자의 범주에 들지 못하는 사람에게는 공개되지 않거나 공개되더라도 관심거리가 될 수 없다. 예컨대, 신문 기사문 등은 불특정 독자를 대상으로 쓴 글이고 연애 편지나 규탄 성명서 등은 특정한 독자를 대상으로 쓴 글이다. 따라서 일반적으로 특정 독자는 제한된 소수이기 쉽고 불특정 독자는 개방된 다수이기 쉬우나 항상 그런 것은 아니다.

필자와 독자의 관계는 감정적인가 아닌가의 여부에 따라 구분될 수도 있다. 양자간의 관계가 감정적일 경우 우호적일 수도 있고 적대적일 수도 있어 필자는 그 반응을 고려하여 글을 쓴다. 가령 오염 물질을 배출하는 기업주에게 시민 단체가 규탄하는 글이라면 필자와 독자의 관계는 적대적일 것이며, 연인에게 사랑을 고백하는 편지글이라면 필자와 독자와의 관계는 우호적일 것이다. 그러나 지하수에 대한 수질검사 결과를 알리는 글과 같이 필자와 독

자의 관계가 감정적이지 않을 때는 글의 내용이나 표현만이 문제가 될 뿐 양자간의 친소관계
는 변화가 없다. 또 필자와 독자의 관계에서 필자가 독자보다 우위에 서는가 아니면 독자가
필자보다 우위에 서는가에 따라 구분된다. 독자보다 우위에선 필자는 독자의 행동을 통제하
거나 제약하게 되는 반면, 독자가 우위에 서 있을 때는 필자가 독자에게 호소하거나 청원하
게 된다. 가령, 잔디가 자랄 때까지 잔디밭 출입을 금하는 글이라면 필자가 독자보다 우위에
서 명령조로 쓰게 될 것이고, 교통 사고를 내고 달아난 차량을 알려달라는 글이라면 필자가
독자보다 열등한 위치에서 호소조로 쓰게 될 것이다. 대학에서 학문 활동을 위해 쓰는 대표
적인 글인 논문은 전달 동기에 의해 불특정 독자를 대상으로 쓰는 글로서 필자와 독자 사이
에 감정적인 관계나 우열 관계가 없다는 특징이 있다.

  이와 같이 글은 처지에 따라 여러 가지 종류로 나뉜다. 대체로 전달 동기에서 쓴 글은 실용
문이고, 표현 동기에서 쓴 글은 문예문이다. 또한 대부분의 실용문과 문예문은 불특정 독자를
상대로 하지만 실용문 가운데 법률이나 정치 행정과 관련된 글은 특정 독자를 상대로 한다.
동창회나 향우회의 회칙도 그 구성원을 독자로 하여 그들의 행동을 제약한다는 점에서 특정
독자를 대상으로 한 글이다. 편지나 일기도 특정 독자를 대상으로 쓰는 글이다. 편지는 받는
사람이 독자이고 일기는 기본적으로 필자 자신이 독자가 된다. 그러나 모든 글에서 항상 처
지가 분명히 나타나는 것은 아니다. 담화문이나 진정서, 탄원서, 성명서, 결의문 등 정치와 관
련된 글은 사실을 전달하면서도 감정을 표현하고 필자와 독자 사이에 우열 관계가 나타나는
복합적인 성격을 지니고 있다.


## 2. 기술의 양식


  필자의 생각을 독자에게 전달할 때 어떤 형식으로 할 것인가를 결정해야 한다. 이 때 전달
하고자 하는 내용을 구체적으로 표현하여 독자에게 전달하는 방법을 기술방식이라고 한다.
기술방식에는 묘사(描寫), 서사(敍事), 설명(說明), 논증(論證)의 방법이 있다. 이들 기술방식
가운데 어느 것을 사용하여 글을 쓰느냐는 글의 내용과 성격에 따라 달라진다. 기술방식 가
운데 묘사와 서사는 주로 문예문과 실용문에서 공통적으로 사용되고 설명과 논증은 실용문에
서 더 많이 사용된다. 논증은 논문과 같이 학문을 위한 글에서 긴요하게 사용된다.

## 2.1 묘사

　기술하고자 하는 대상을 문자 언어로 그려내는 기술 방식을 묘사라고 한다. 묘사(描寫)는 글자의 뜻이 말해 주듯이 사물을 있는 그대로 그리고 베끼는 것이므로 구체적이고 감각적이며 가급적이면 추상적인 개념을 배제해야 한다. 그러기 위해서는 스냅 사진을 찍듯이 대상에 대하여 그 모양이나 색깔, 촉감이나 향기, 소리와 맛 등을 있는 그대로 생생하고 사실적으로 그려내도록 해야 한다.

　묘사는 설명적 묘사와 암시적 묘사 그리고 주관적 묘사와 객관적 묘사로 나눌 수 있다. 설명적 묘사는 기술하는 사물에 대한 정보를 요구하는 글에 쓰이고, 암시적 묘사는 기술하는 사물의 인상(印象)을 요구하는 글에 쓰인다. 또한 주관적 묘사는 대상의 객관적 상태가 준 관찰자의 심리적인 반응을 서술하는 글에 쓰이는데 비해 객관적 묘사는 대상의 객관적 상태를 서술하는 글에 쓰인다. 설명적 묘사와 객관적 묘사는 주로 전달 동기를 가진 글에 이용되고 암시적 묘사와 주관적 묘사는 주로 표현 동기를 가진 글에 이용된다.

　묘사문을 잘 쓰려면 다음의 몇 가지 사항에 유의해야 한다. 우선, 잘 알려지지 않은 대상을 묘사하려면 먼저 그 대상을 정의(定義)해야 한다. 다음으로는, 대상이 어떻게 배치되었는지 그 공간적인 위치를 밝히고 대상을 몇 부분으로 나누어 전체와 부분의 관계를 잘 알 수 있게 한다. 셋째는, 사물을 기술할 때 일정한 원칙에 따라 관점을 이동하여 혼란이 없도록 해야 한다. 넷째는, 사물의 크기, 색깔, 무게, 모양, 거리 등 가시적이고 감각적인 특성을 구체적인 단어로 나타내야 한다. 다섯째는, 사물의 중심과 핵심이 되는 부분은 자세하고 정밀하게 기술하고 주변적이고 부수적인 부분은 간략하게 기술한다.

① 사리병(높이 6.45cm, 입 지름 1.5cm, 몸 지름 5cm, 목 지름 1.8cm)은 심록색(深綠色) 파리제(玻璃製)로서 가장 큰 것이며 병 안에 사리 46과가 들어 있었다. 거의 원에 가까울 정도로 둥근 몸 위에 약간 짧은 목이 달렸고 입술은 두껍게 외반(外反)되었다. 반투명의 전면에는 곳곳에 반점이 나타나 있고 바닥 면은 약간 안으로 들어갔다. 이 사리병은 일시 불국사 극락전에서 다른 장엄구(莊嚴具)와 함께 전시중 사찰측의 부주의로 파손되어 지금은 완형(完形)을 볼 수 없다.

② 돌무지 무덤의 짜임새는 대체로 비슷하다. 먼저 땅을 고른 다음 그 위에 강돌을 몇 벌 깔아서 기단을 마련하였다. …곽실 바닥은 둥글납작한 강돌을 한두 벌 깔고 그 위에 잔 자갈을 펴 놓았다. 관실 한 옆에는 주검을 놓았는데 널(관)을 쓰기도 하고 주검을 칠성판 같은데 그냥 놓기도 하였다. 무덤은 홀로 묻기를 기본으로 하였으며 함께 묻기를 하는 경우에는 곽실을 나란히 붙여서 마련하였다.

③ 영월대를 찾았다. 이 산의 가장 높은 곳이다. 좋은 전망대다. 이 산을 강으로 두르고 봉으로 둘렀다. 그 봉들은 천연 꽃봉오리다. 현란한 꽃밭 속이다.

④ 이놈이 썩 묘하게 생겼습니다. 우선 부룩 송아지 대가리같이 머리가 곱슬곱슬하고 노랗기까지 한게 장관이요, 그런 대가리가 어쩌면 그렇게도 큰지 남의 것 같습니다. 눈은 사팔뜨기여서 얼굴을 모로 돌려야 똑바로 보이고 코는 비가 오면 고개를 숙여야 합니다.

⑤ 이지러는 졌으나 보름을 갓 지난 달은 부드러운 빛을 흐뭇이 흘리고 있다. 대화까지는 팔십 리의 밤길, 고개를 둘이나 넘고 개울을 하나 건너고 벌판과 산길을 걸어야 한다. 길은 지금 산허리에 걸려 있다. 밤중을 지난 무렵인지 죽은 듯이 고요한 속에 짐승 같은 달의 숨소리가 손에 잡힐 듯이 들리며, 콩 포기와 옥수수 잎새가 한층 달에 푸르게 젖었다. 붉은 대궁이 향기같이 애잔하고 나귀들의 걸음도 시원하다. 길이 좁은 까닭에 세 사람은 나귀를 타고 외줄로 늘어섰다. 방울소리가 시원스럽게 모밀밭께로 흘러간다.


위의 글들은 모두 묘사의 예다. ①과 ②는 유홍준의 『나의 문화유산 답사기』에서 인용하였고 ③은 부소산 영월대에 대하여 가람 이병기 선생이 쓴 글을 인용하였다. ④와 ⑤는 각각 채만식의 소설 『태평천하』와 이효석의 『메밀꽃 필 무렵』에서 인용하였다. ①, ②, ③은 모두 우리의 문화재에 대하여 묘사한 것이다. ①은 불국사의 사리병을 묘사한 것이고, ②는 돌무지 무덤의 구조를 묘사한 것이며, ③은 부소산 영월대의 자연 환경을 묘사한 것이다. 그리고 ④는 상노 아이 삼남이의 얼굴 모습을 묘사한 것이고 ⑤는 대화까지 가는 밤길을 묘사한 것이다. ①은 사리병의 모양을 알려주는 설명적 묘사이고, ②는 돌무지 무덤의 짜임새를 있는 사실대로 전해주는 객관적 묘사다. ③은 부소산 영월대의 모습을 인상적으로 그린 암시적 묘사이고, ④는 삼남이의 얼굴 모습이 비정상적이라는 뜻을 나타낸 주관적 묘사라고 할 수 있다. ⑤는 대화까지 가는 길의 모습을 객관적으로 묘사한 것이다.


## 2.2 서사(敍事)


서사는 어떤 대상의 움직임을 하나의 사건으로 서술하는 기술 방식이다. 서사에서 가장 기본적인 요건은 시간의 경과를 나타내는 것이다. 사건이란 시간의 흐름에 따라 변화하는 의미 있는 행동이고 움직임은 시간의 흐름에 따라 나타나는 변화다. 서사는 어떤 사건의 발단과 전개와 결말이 있고, 그러한 사건의 진행과 변화의 인과 관계가 인정되어야 한다. 따라서 묘사를 한 장의 스냅사진에 비유할 수 있다면 서사는 일정한 시간 동안 여러 장의 연속 사진이 돌아가는 영화에 비유할 수 있을 것이다.

묘사의 본질이 공간 인식에 있는 것이라면 서사는 시간 인식을 본질로 한다. 묘사가 전체와 부분, 부분과 부분의 공간적 관계가 충분히 감각화 되어야 하는데 비해, 서사는 사건의 전체와 부분, 먼저 발생한 일과 나중에 발생한 일의 시간적인 관계가 충분히 구체화 되어야 한다. 따라서 묘사에는 일반적으로 현재시제를 쓰는 데 비해 서사에는 과거시제를 쓰는 것이 보통이다.

서사문을 잘 쓰려면 다음의 몇 가시 사항에 유의하여야 한다.

첫째, 상황이 복잡하거나 일반적으로 이해될 수 없을 경우에는 설명하려는 '과정, 시기' 또는 '실험'을 정의한다. 즉 다루는 사건에 대한 기본적인 이해가 필요하면 그것이 어떤 특성을 가지고 있으며 어느 위치에 있는지를 정의해야 한다. 예컨대, "군사독재 시대란 박정희가 정권을 잡은 이래 노태우 정권에 이르기까지 군인 출신이 우리나라를 통치하던 시기를 말한다"라고 정의한다.

둘째, 서사 내용이 길거나 복잡하면 전체를 몇 개의 기능단락이나 몇 개의 양상으로 나누어 기술한다. 예컨대, "군사독재 시대는 편의상 세 시기로 구분할 수 있다. 제1기는 박정희 정권 시기이고, 제2기는 전두환 정권 시기이며, 제3기는 노태우 정권 시기다"와 같이 나눈다.

셋째, 서술은 한 번에 한 단계(양상)씩 한다. 어떤 단계에서 다음 단계로 이동하거나 한 단계의 하위 단계에서 다음 하위 단계로 이동할 때는 독자들이 분명히 알아차릴 수 있게 서술한다.

넷째, 사건을 구성하는 여러 가지 요소들을 되도록 자세하고 구체적으로 들고 그들간의 유기적인 관계를 밝힌다.

다섯째, 사건의 중심과 핵심이 되는 부분은 자세하고 정밀하게 기술하고 주변적이고 부수적인 부분은 간략하게 기술한다.

여섯째, 시간 관계를 명확하게 하기 위하여 "~하는 동안에, ~한 뒤에, ~하기 전에, 다음에, 그리고 나서" 등과 같은 시간 표시 부사어구를 자주 사용한다.

일곱째, 특별한 이유가 없으면 시제를 바꾸지 않는다. 일반적으로 과정은 현재 시제로 쓰고, 실험이나 연구나 역사는 과거 시제로 쓴다. 다음의 예를 보자.

을지문덕(乙支文德)은 수(隋)나라 군사들에게 굶주린 기색이 있는 것을 보고 더 피로하게 만들려고 매양 싸우다가는 문득 패하고 하니, 우문술(宇文述) 등이 하루에 일곱 번 싸워서 모두 승리하고는 이기는 데 도취되어 또 진격할 것을 의논하고 드디어 살수(薩水)를 건너 평양성(平壤城)에서 30 리 되는 곳에 이르러 산을 의지하고 병영을 치고 있었다.

이 때 을지문덕은 우중문(于仲文)에게 시(詩)를 지어 보내기를 "귀신과 같은 재주는 천문을 구명하였고 기묘한 계산은 지리를 통달하였도다. 싸움마다 이겨 공이 이미 높았으니 만족함을 알았으면 그만 그치는 것이 어떻겠는가?"하였다. 우중문이 답서를 보내오므로, 을지문덕은 또 사자를 파견하여 거짓으로 항복하는 체하여 우문술에게 청하기를, 만약 군사를 돌리면 곧 왕과 함께 양제(煬帝) 행재소(行在所)를 찾아뵙겠다고 하였다.

이 때 우문술이 군사를 돌아보니 군사들이 피폐하여 다시 싸울 것 같지 않고 또 평양성은 험고(險固)하여 함락시키기 어려우므로, 드디어 거짓 항복한 것을 기회로 군사를 돌려 방진(方陣)을 만들어 달아났다. 이를 본 을지문덕은 곧 군사를 내어 사면으로 공격하니 우문술 등은 싸우다가는 또 도망하고 하여 살수(薩水)에 이르러 군사들이 반쯤 건넜을 때, 을지문덕은 군사를 내어 그 후군을 맹격하여 우둔위장군(右屯衛將軍) 신세웅(辛世雄)을 쳐죽이고 많은 적군을 격파했다. 적군이 크게 패하여 거의 궤멸(潰滅)되고 다시 싸울 마음도 먹지 못하고 구군(九軍) 장병들이 서로 다투어 도망하였는데 하루 낮 하루 밤에 450리를 달아나 압록수(鴨綠水)를 건너 요동(遼東)에 이르렀다. 수군(隋軍)은 처음에 요동(遼東)을 떠나 구군(九軍) 30만 5천 명이 쳐들어 왔는데, 패귀(敗歸)하여 요동성(遼東城)에 돌아간 군사는 겨우 2천 7백여 명에 불과하였다.


## 2.3 설명(說明)


설명은 이미 알려진 사실에 대한 지식(知識)을 아직 모르는 사람에게 전달하는 기술방식으로 네 가지 기술방식 가운데 가장 널리 사용된다. 설명은 필자가 독자에게 말하려고 하는 것이 무엇인가를 알리는 것을 중요시하는 기술양식이다. 즉 필자가 어떤 생각을 가지고 있는가? 필자의 주된 의도는 무엇인가? 문제의 성격은 어떤 것인가? 용어나 술어 등은 어떻게 정의되어야 하는가? 등에 대하여 이해하고 분석하며 지침을 주는 것이 설명이다. 그런데 대부분의 글은 네 가지 기술 방식 가운데 어느 하나만을 단독으로 사용하기보다 설명과 함께 쓰이는 것이 보통이다.

묘사나 서사가 다루는 대상에 대한 직감적인 정보를 제공한다면 설명은 다루는 대상에 대한 개념화된 정보를 제공한다. 설명을 위해 쓰이는 묘사를 설명적 묘사(또는 묘사적 설명)라 하고 설명을 위해 쓰이는 서사를 설명적 서사(또는 서사적 설명)라 한다.

설명의 방법으로는 지정, 정의, 예시, 비교와 대조, 유추, 분류와 구분 등이 사용된다.


㉮ 지정(指定)

지정은 몇 가지 후보가 되는 사실 가운데 해당되는 사실을 찾아내어 알려주는 것으로 설명 방법 가운데 가장 단순하다. 지정은 "무엇이냐?"라고 묻는 말에 "이것이다" 하고 대답하는 형식이다. 가령 "여기가 어디냐?, 네 이름이 무엇이냐?, 지금이 몇 시냐?"와 같이 물었을 때 대답하는 "여기는 제천이다, 내 이름은 문장론이다, 지금은 열 한시다" 등이 지정이다.

　㉯ 정의(定義)

　정의는 글에 쓰는 술어(단어나 구)에 대하여 필자가 의도하고 있는 뜻이 무엇인지를 밝히는 설명 방법이다. 정의는 정의항과 피정의항으로 이루어진다. 피정의항은 밝히려고 하는 단어나 구 등 술어로서 '정의되는 항'이라고도 한다. 정의항은 '단어나 구의 뜻' 즉 술어의 뜻에 대한 설명으로 '정의하는 항'이라고도 한다. 따라서 정의항은 피정의항의 어사나 어구에 대한 설명이어야지 어사나 어구에 의해 지시된 사물과는 무관해야 한다. 어사나 어구의 정확한 용법을 일러주고자 하는데 정의의 기능이 있기 때문이다.

　정의항은 다시 '종차(種差)'와 '유개념(類槪念)'으로 이루어진다. 종차는 피정의항을 그 유(類)나 범주 속의 다른 구성원(또는 구성 요소)을 구별시키는 특징이나 성질이고, 유개념은 피정의항이 속하는 유(類)나 범주다. 가령, "소설이란 상상력과 사실의 통일적 표현으로서 인생과 미를 산문체로 나타낸 예술이다"라고 했을 때 "소설"이 피정의항이고 "상상력과 사실의 통일적 표현으로서 인생과 미를 산문체로 나타낸 예술이다"가 정의항이다. 이 때 소설을 다른 예술과 구별시켜주는 종차나 하위 개념이 "상상력과 사실의 통일적 표현으로서 인생과 미를 산문체로 나타낸"이고 "예술"은 "소설"이라는 종개념 또는 하위 개념이 속하는 유개념 또는 상위 개념이다.

　그런데 정의할 때 몇 가지 주의할 점이 있다.

　첫째, 피정의항은 정의항과 대등해야 한다는 것이다. 이 말은 정의항의 범주가 피정의항보다 커서도 안 되고 작아서도 안 된다는 뜻이다.

　둘째, 피정의항은 정의항의 부분이어서는 안 된다는 것이다. 이는 피정의항의 술어나 관념이 정의항에서 반복되어서는 안 된다는 것을 의미한다. 예를 들어, "교육자는 교육을 하는 사람이다"라고 정의했다면 '교육'이라는 말은 다시 정의해야 하는 피정의항으로 남기 때문이다. 피정의항의 술어가 정의항에 반복되는 것을 논리학에서 순환 정의(循環定義)의 오류라고 한다.

　셋째, 피정의항이 부정적이지 않은 한, 정의항도 부정적이어서는 안 된다는 것이다. 부정에 대한 오해로 말미암아 부정확한 정의가 될 위험성이 있다. 예를 들어, "박쥐는 날아다니는 조류가 아니다"라고 정의했을 때 '조류가 아니다'는 잘못 해석하면 '파충류다'나 '양서류다'와 같이 해석될 수 있기 때문이다.

　넷째, 정의항이 의문문이어서는 안 된다는 것이다. 의문문은 정의되어야 할 대상이 명확하지 않아 의심이 갈 때 쓰인다. 예를 들어, "박쥐는 포유류인가?"라고 했다면 포유류인지 아닌지 확실하지 않아 의심이 간다는 뜻이다. 이는 아직 더 설명해야할 부분이 남아 있다는 뜻이므로 정의가 끝난 것이 아니다.

다섯째, 정의항이 명령문이어서는 안 된다는 것이다. 정의는 술어(단어나 구)에 대하여 필자가 의도하고 있는 뜻이 무엇인지를 설명하는 것이지 행동의 변화를 요구하는 것이 아니기 때문이다.

한편 모든 술어가 위의 공식으로 다 정의되는 것은 아니다. 그런 경우에는 설명의 다른 방법 즉 '예시, 비교, 대조' 등을 이용하기도 하고 전형적인 행위, 습관, 용도에 대하여는 묘사나 서사를 이용하기도 한다. 이와 같이 새로운 견해나 새로운 개념을 동원하여 새로 정의해야 할 때 가 있는데 이러한 정의를 '확대된 정의' 또는 '설명적 정의'라고 한다.


㉰ 예시(例示)

예시는 이해할 수 없었던 내용을 쉽게 이해하고 추상적인 대상을 구체화할 수 있도록 독자에게도 잘 알려진 사실을 예로 들어 설명하는 기술방법이다. 유형(類型), 계층(階層), 부류(部類) 같은 것을 설명할 때 이용되며 예시는 예를 통해서 일반적인 설명을 하려는 데 목적이 있기 때문에 든 예가 일반적인 의의를 가져야 한다. 그러나 아무리 예를 들어도 설명의 결과가 모든 경우를 다 일반화할 수 없는 한계가 있다.

앞에서 든 묘사의 예는 묘사의 여러 가지 양상을 다 알려주지는 못하지만 새롭게 보고들은 내용을 전할 때 유용하다는 것을 알 수 있다. 또한 대상에 따라 묘사의 방법이 달라질 수 있다는 것을 살펴보는 데도 좋은 자료라는 것을 알 수 있다.

예시하는 예는 풍부할수록 좋다. 동질적인 예와 이질적인 예들이 설명을 풍부하게 해 주고, 전달하려는 내용이 타당하다는 것을 다방면으로 뒷받침해 주어야 한다. 다음의 예를 보자.

> 무릇 역사적 사실의 가치 비판은 우리의 현실 생활에 기준해서 행해질 것이요. 사실(史實) 그 자체에 객관적 가치가 있는 것은 아니다. 이를테면 고구려 말년의 연개소문 같은 자를 민족 생활과 떠나서 생각할 때는 일종의 호웅(豪雄)이라 할 수도 있고 사실상 일부 사가에 의하여 영웅적 선전을 받고도 있다. 그러나 민족 생활에서 역사를 관찰할 때에는 그는 고구려 국가의 망인(亡因)을 지은 자여서 한 국의 민족과 국토를 남북으로 분열시켜 그 북반을 상실케 한 원인(原因)을 지은 민족적 범죄인이다. 귀족 국가에서는 성삼문의 충절을 최고로 평가하고 신숙주의 태도를 타기(唾棄)하였다. 그러나 금일에 만일 이 왕(李 王)을 위하여 부벽(復辟)을 꾀하는 자가 있다면 민족 반역자로 몰릴 것이다. 신숙주는 민족을 위하여 국문 창제의 위공(偉功)을 남겼다. 양자의 가치는 지금에 있어 전도(顚倒)되었다.

위 글은 손진태의 『국사교육의 제 문제』의 일부다. 이 글은 **역사적 인물을 평가할 때** 인물의 개인적인 됨됨이에 기준을 두는 관점과 민족사에 기여한 정도에 기준을 두는 관점의 차이를 설명하고, 연개소문과 신숙주의 예를 들어 역사적인 인물을 평가할 때는 민족 생활에 기여한 정도에 따라야 한다는 것을 입증한 적절한 예다.

㉢ 비교와 대조

비교와 대조는 다같이 둘 이상의 대상들 사이에 존재하는 공통점과 차이점을 드러내어 서로 관계를 맺게 함으로써 그 대상들의 특성을 알려주는 설명 방법이다. 비교는 둘 이상의 대상들 간에 나타나는 공통점 내지 유사점을 강조하는 데 비해, 대조는 둘 이상의 대상들 간에 나타나는 차이점을 강조한다. 그러나 대조라는 용어를 사용하지 않고 공통점과 차이점이 다 비교의 영역에 속한다고 보는 것이 일반적인 견해다.

대상을 비교하는 방법은 두 가지가 있다. 하나는 대상들을 하나하나 비교하는 것이고, 다른 하나는 기준을 하나하나 비교하는 방법이다. 대상들을 비교하는 방법은 선정된 기준에 따라 대상을 하나하나 차례로 기술하는 것이고 기준을 비교하는 방법에서는 선정된 기준 하나하나를 각 대상에 적용하여 기술하는 것이다.

비교의 대상이 되는 둘 이상의 사항은 알려진 정도에서 서로 대등하여야 균형 잡힌 비교가 가능하다. 이 상태에서 공통점과 차이점을 발견한다면 알려진 사실은 더욱 확실히 할 수 있고 알려지지 않은 사실도 알 수 있게 된다. 또한 비교되는 대상에 대하여 총체적으로 이해할 수도 있고 개별적인 이해도 가능하게 된다.

비교와 대조를 체계적으로 분석해 보면 다음과 같은 세 가지 방법에 의하고 있다.

첫째는 하나의 사항을 설명하려 할 때 그것을 이미 독자들에게 알려진 사항과 관련시킨다.

둘째는 두 사항을 설명하고자 할 때 그것들을 먼저 그들 자체에도 적용시킬 수가 있고 동시에 독자들에게 널리 알려진 일반 원리에 관련시킨다.

셋째는 일반적인 원리나 관념을 설명하기 위해서는 이미 알려진 여러 사항들을 비교하고 대조한다.

비교문을 쓸 때 몇 가지 지켜야 할 사항이 있다.

첫째는 비교 대상들은 서로 비교 가능한 것이어야 한다. 가령, ‘고양이’와 ‘호랑이’는 비교 가능하지만 ‘우주선’과 ‘고양이’는 비교할 수 없다. 둘째는 비교의 기준이 필자가 의도하는 목적에 합당해야 한다. 가령 초등학교 학생들에게 가르치기 위해 ‘고양이’와 ‘호랑이’를 비교할 때 두 동물의 크기, 빛깔, 무늬, 전형적인 습성 등은 필자의 의도에 합당할 수 있지만 두 동물의 체온, 호흡 체계, 시력 등은 부적당하다고 할 수 있다. 셋째, 비교의 기준이 시간이나 공간이나 가치의 연속성에서 배열되어야 한다. 곤충을 비교할 때 대개 머리, 가슴, 배의 순서로 배열하지만 그것이 가치가 없다면 다른 순서로 배열할 수 있다. 다음의 예를 보자.

[비교] 이 도시에는 호텔이 세 개 있다. 각각 A호텔, B호텔, C호텔이라고 부른다. 2인용 침대에 욕실이 딸린 양식 방 하나의 하루 사용료는 A호텔에서는 3만5천 원, B호텔에서는 3만 원, C호텔에서는 2만5천 원이다. 한끼 식사료는 세 호텔이 비슷하다. 한 가지 예로 돈까스는 A호텔에서 6천 원, B호텔에서 5천5백 원. C호텔에서 5천 원이다. 덧붙여 말하고 싶은 것은 A호텔과 B호텔의 돈까스의 양이 C호텔의 것보다 많다는 사실이다.

방은 A호텔이 제일 안락하다. 빛이 잘 들고 통풍이 잘 되는 남향이며 최고급 가구가 설치되어 있다. C호텔은 가구나 설비가 A호텔이나 B호텔의 것보다 훨씬 좋지 않지만 방은 빛이 잘 들고 통풍이 잘 되는 남향이다. B호텔의 경우 설치된 가구는 고급이나 방은 통풍이 잘 되지 않고 큰 길가에 있다.

서비스는 A호텔이 가장 좋고 그 다음이 B호텔, 그 다음이 C호텔 순이다. C호텔에서는 물품 배달이 아주 늦다.

[대조] 여자는 남자와 사고 유형이 퍽 다르다. 여자는 대개 현재의 상태를 생각하는 경향이 있다. 남자가 미래에 눈을 두고 있는 것과는 다르다. 여자는 보통 가정, 사랑 그리고 안전성을 주로 생각한다. 이는 남자들이 모험과 성(sex) 문제를 중심으로 생각하는 것과는 대조적이다. 여자들은 조그만 성취에도 퍽 기뻐한다. 남자들이 큰 성공을 거두지 않고는 만족하지 않는 것과는 또 다른 점이다.　　　　　　　　　(후론 윌리스, 「단락 전개의 방법」, 서정수(1996)에서 재인용)

㉮ 유추

유추는 잘 알려져 있는 것을 통하여 잘 알려지지 않은 것을 설명하는 것이다. 즉 둘 이상의 대상에 대하여 알고 모르는 정도가 현저하게 달라 한쪽은 잘 알고 있고 다른 쪽은 거의 모르는 경우, 이미 잘 알려진 사실을 바탕으로 아직 알려지지 않은 사실에 대하여 이해할 수 있도록 설명하는 특별한 방법의 비교라고 할 수 있다. 따라서 잘 알려져 있는 어느 하나와 그것과는 전혀 다른 범주에 속하는 잘 알려지지 않은 것이 비교된다.

유추가 성립하려면 둘 이상의 사항 사이에 반드시 공통점이 있어야 한다. 두 대상 사이에 공통점이 인정되므로 이미 알고 있는 대상의 특성이 아직 알려지지 않은 대상에도 해당된다고 보는 것이다. 공통점이 사실이 아니라 비유로 인정되면 유추가 수사법의 하나가 된다. 다음의 예를 보자.

소설이 무엇인가에 계속 집착하고 이 문제를 스스로 해결하고자 하는 경우에 이 문제는 이기철학

(理氣哲學)과 관련된다. 이기철학자 중에 누가 소설을 논했단 말인가? 그러한 관련을 말하는 것은 아니다. 관련은 오히려 문제의 출발에 관한 것이다.

이기철학은 언제나 일반적인 문제를 제기하여 중심적인 과제로 삼는다. 이런 이(理)와 저런 기(氣), 이(理)의 이런 면과 기(氣)의 저런 면을 다루기보다 이일반(理一般), 기일반(氣一般)의 문제라고 생각하는 것이 이기철학의 일관된 입장이다. 그러므로, 이런 소설과 저런 소설, 소설의 이런 면과 저런 면은 이기철학적인 문제가 아니나, 소설 일반이 무엇인가 하는 문제는 이기철학적인 것이다. 최한기(崔漢綺)는 "만물은 일원(一元)으로 논하면 기(氣)가 하나이고 이(理) 역시 하나이며, 만물은 분수(分殊)로 논하면 기(氣가) 만(萬)이고 이(理) 역시 만(萬)이다"라고 했다. 소설은 무수히 많다. 무수히 많은 소설을 무수히 많은 것으로 볼 수도 있고 무수히 많은 소설을 하나로 볼 수도 있다. 시조(時調)가 하나이고 가사(歌辭)가 하나이듯이 소설도 하나다. 시조, 가사, 소설 등이 있으나 문학은 하나다. 소설이 하나이고 문학이 하나라고 할 때 소설이 무엇인가 또는 문학이 무엇인가 하는 문제가 진지하게 제기될 수 있다.

이기철학은 일반적인 문제를 명확하게 다루는 입장을 취한다. 모호하고 신비적인 언사는 배격한다. 주기론(主氣論)이든 일원론(一元論)이든 이원론(二元論)이든 이 점에 관해서는 일치한다. 소설이 무엇인가 하는 문제는 모호하게 생각하면 끝이 없다. 논할 근거가 없는 것 같으면서, 그렇기에 아무렇게나 말해도 좋을 것 같다. 차라리 비유적이거나 상징적인 암시에 그치는 것이 현명하리라는 생각도 든다. 그러나 이기철학의 전통은 이런 처리를 배격하고 확실한 이해를 촉구한다.

소설이란 무엇인가? 이 문제를 이기철학적인 방식으로 제기할 때, 두 가지 접근이 가능하다. 하나는 소설을 이(理)로 보는 것이고 또 하나는 소설을 기(氣)로 보는 것이다. 소설을 가능하게 하는 원리가 먼저 있어서 무수히 많은 소설이 존재할 수 있게 된다는 것은 태극(太極)의 이(理)가 음양을 낳고 음양이 만물로 실현된다고 말하는 입장이다. 이와는 달리, 원리가 따로 존재하는 것이 아니고 소설 자체가 하나로서 존재하고 대립과 다양성을 스스로 내포하고 있으며, 소설은 바로 현실의 표현이라고 한다면, 이는 기(氣)가 스스로 하나이면서 둘이며, "기(氣) 밖에 이(理)가 있는 것은 아니다. 이(理)는 기(氣)의 재(宰)이되 소위 재(宰)라는 것은 밖에서 기(氣)를 주재한다는 말이 아니고, 기(氣)의 용사(用事)를 지칭한다"는 입장이다. 원리가 먼저 있어서 무수한 소설이 존재할 수 있게 되었다는 말은 원리는 전체의 것이고 언제나 동일한 것이며 개별적인 사실은 사실일 뿐이라고 하는 이원성을 내포하는데, 이러한 이원성은 "이일분수(理一分殊)"라는 개념으로 설명되는 것이다. 즉 이(理)는 하나이고 기(氣)는 부수(分殊)로 존재한다는 것이다. "이일분수(理一分殊)의 입장에서는 하나이지만 한 이(理)는 소설 일반의 것이기 전에 문학 일반의 것이고 문학 일반의 원리와 소설 일반의 원리와 소설 각 작품의 원리는 동일한 것으로만 이해된다.

(조동일(1977), 한국소설의 이론, 지식산업사)

㉡ 분류와 구분

분류와 구분은 둘 다 여러 대상을 일정한 원리에 따라 나누어 대상들 상호간의 관계나 각 대상이 전체에서 차지하는 위치를 나타내는 기술 방법이다. 분류는 계층적인 부류 조직의 하위에서 상위로 이행하면서 기술하는 방식, 즉 종개념에서 유개념을 찾아내는 방법이다. 이에 반해 구분은 계층적인 부류 조직의 상위에서 하위로 이행하면서 기술하는 빙식, 즉 유개념에서 종개념으로 나누는 방식이다. 구분이 전체를 나누기만 하면 되는 작업이라면 분류는 전체와 부분간의 관계가 체계적으로 잘 드러나도록 하는 작업이다.

분류는 실상에 따른 분류와 편의상 분류로 나뉜다. 실상에 따른 분류는 동식물의 분류와 같이 대상의 실제 양상에서 존재하는 차이점을 드러내어 정리하는 방법이다. 실상에 따른 분류에서는 같은 단위의 항목에 속하는 것들이 심한 불균형을 보일 수 있기 때문에 같은 단위의 항목에 속하는 것들의 분량이 대등할 수 없다. 편의상의 분류는 도서 분류와 같이 대상의 실상은 고려하지 않고 이용하기 편리하도록 같은 단위의 항목에 속하는 것들을 되도록 비슷하게 만들어 체계화하는 것이다. 현재 도서관에서 사용하고 있는 도서분류법은 듀이의 십진 분류표를 이용한 것인데 8이 문학이고 9가 역사학인데 지리학도 9에 포함시켰다. 이것은 역사학과 지리학이 동질성이 있기 때문이 아니라 단지 책의 수량에서 8과 9가 비슷해지도록 한 것이다.

분류문이나 구분문을 작성하려면 몇 가지 유의해야 할 사항이 있다.

첫째, 분류나 구분하려는 대상의 구성 부분들이 전체를 위한 유기체인지 아니면 둘 이상의 개체로 이루어진 혼합체인가, 그것도 아니면 하나 이상의 전체에 속하는 개체인가를 먼저 결정해야 한다.

둘째, 유기체는 구성 부분으로 구분되어야 한다. 가령 사립 학교는 재단, 교수, 직원, 학생과 같은 기능 부분을 가지고 있고, 생물학적 유기체는 머리, 목, 팔다리, 가슴, 배, 위, 허파, 간과 같은 기능 부분을 가지고 있다. 역사의 경우에는 중요한 변화가 일어나는 시기를 기점으로 구분해야 한다. 집과 같은 무생물은 안방, 건넌방, 사랑방, 마루, 부엌과 같은 구조를 기준으로 구분할 수 있다. 우리나라를 지리적으로 동해안, 서해안, 남해안, 태백산맥, 소백산맥, 나주평야, 호남평야와 같이 구조적 지형으로 구분할 수도 있다.

셋째, 혼합체는 한 번에 하나의 기준에 따라 상호 배타적인 유(類)로 구분되어야 한다. "우리반 학생들은 A 고등학교 출신, B 고등학교 출신, D 고등학교 출신으로 구분된다."라고 할 때는 '출신 고등학교'가 구분의 기준이 되고, "우리반 학생들은 불교 신자, 기독교 신자, 천주교 신자로 구분된다."라고 할 때는 '종교'가 구분의 기준이 된다. 그러나 이것을 "우리반은 불교 신자, 천주교 신자, A 고등학교 출신으로 구분된다."라고 하면 한 번에 두 가지 이상의 기준이 적용되므로 옳지 않은 구분이 된다.

넷째, 한 개체가 속하는 류(또는 총일체)를 목록화할 때 완전히 포함되지 않는 한 중복되는 류(또는 통일체)가 모두 나열될 수 있다. 예컨대, "김세명은 광산 김씨이고 충청도 출신이며 불교도이다."라고 분류하는 것은 가능하나 "그는 충청도 출신이며 한국 사람이다."라고 분류하는 것은 '충청도 출신'이라는 유(類)가 '한국 사람'이라는 유(類)에 완전히 포함되므로 이렇게 두 부류를 다 쓰는 것은 낭비다.

다섯째, 모든 부류의 분석은 언제나 필자의 마음 속에서 완전해야 한다. 이는 전체가 그것을 구성하고 있는 모든 부분이나 그 전체의 모든 유(類)로 구분되어야 하며, 각 개체는 그 전체의 모든 유(類)에 포함되어야 한다는 것을 의미한다. 가령 어떤 학급의 실상을 보여주려면 "이 학급의 학생들은 A 중학교 출신 36%, B 중학교 출신 43%, H 중학교 출신 12%, K 중학교 출신이 5%, 기타 4%이다"와 같이 설명되어야 한다. 그러나 이것을 독자를 위해서 분석할 때 "이 학급의 학생들은 대체로 A 중학교 출신과 B 중학교 출신으로 구성되어 있다."와 같이 구성 부분 가운데 어떤 것을 생략하거나 단순화할 수 있다. 이런 경우 필자는 왜 자기의 분석이 불완전한가를 알려주어야 한다.

> <예 1> [민요의 종류] 민요는 지역적 특성에 따라 경기민요, 남도민요, 서도민요, 동부민요, 제주민요 등으로 나눌 수 있다. 경기민요는 대체로 맑고 깨끗하며 경쾌하고 분명한 것이 특징인데 부드럽고 유창하며 서정적으로 노래한다. 경기도와 충청도의 일부 지방의 민요가 포함되는데 노래가락, 창부타령, 아리랑, 도라지타령, 사발가, 베틀가, 태평가, 한강수타령, 방아타령, 경복궁타령 등이 있다. 남도민요는 전라도와 경상도 지방이 중심이 되는데 극적이고 굵은 목을 눌러 내는 소리다. 육자배기, 자진육자배기, 쾌지나칭칭, 보리타작노래, 진도아리랑, 까투리타령, 강강수월래 등이 있다. 서도소리는 평안도와 황해도가 중심이 되는데 큰 소리로 길게 쭉 뽑다가 갑자기 속소리로 콧소리를 섞어서 가만히 떨면서 소리를 내는 것이 특징이다. 평안도의 수심가, 긴아리, 자진아리, 배따라기, 자진배따라기와 황해도의 산염불, 자진염불, 긴난봉가, 자진난봉가, 몽금포타령 등이 있다. 동부민요는 태백산맥 동쪽의 경상도, 강원도, 함경도 지방의 민요인데 경상도 민요는 대개 빠른 한배의 장단이 쓰이며 밀양아리랑, 쾌지나칭칭나네, 골패타령, 보리타작소리 등이 있고, 강원도 민요는 규칙적인 장단을 가진 한오백년, 강원도 아리랑 등과 일정한 장단이 없는 정선아리랑 등이 있다. 함경도 민요는 그 형태가 강원도 민요와 비슷하고 장단은 비교적 빠른 편으로 신고산타령, 애원성, 궁초댕기 등이 있다. 제주도민요는 매우 독특하나 아직 연구가 덜 이루어져 있으며 이야홍타령, 어부노래, 상여노래, 오돌독, 멸치잡이노래, 해녀 뱃노래, 멧돌노래 등이 있다.
>
> <예 2> 규조 식물, 접합조 식물, 녹조 식물, 갈조 식물, 홍조 식물, 차축조 식물은 조류 식물을 형성하며, 조균 식물, 진균 식물은 균류 식물을 형성한다. 조류와 균류는 엽상 식물이라고 하고 경엽 식물에 속하는 선태 식물을 더 포함하여 비관다발 식물로 묶인다. 선택 식물, 고사리 식물, 종자 식물은 모두 경엽 식물인데 그 중 고사리 식물과 종자 식물이 관다발 식물이다.

㉛ 분석

분석은 사물의 구조를 그것을 구성하고 있는 단순한 성분에 따라 나누어 살핌으로써 그 원리를 밝히는 것이다. 예컨대, '시계'는 구조, 즉 부속품들의 유기적인 결합체라고 볼 수 있으므로 분석의 대상이 된다. 이 때의 구조는 그 구성 성분들의 단순한 집합체가 아니라 그것들이 유기적으로 짜여서 정해진 기능을 발휘하는 것을 말한다. 또한 분석은 그 구조가 어떤 것이고 그것이 어떤 원리에 따라 이루어지고 있는가를 밝히는 데 목적이 있다. 즉 구조를 성분으로 나누되 그 부분들이 서로 어떤 연관을 가지고 기능하는가를 설명하는 것이다. 다음의 예를 보자.

> 언어는 말소리와 의미로 이루어진다. 말소리는 허파에서 나온 공기가 우리의 발음 기관 어딘가에서 조음된다. 이 말소리는 공기를 통하여 듣는 이의 귀에 전파된다. 이 때 말소리는 뜻을 담아서 운반하는 그릇의 구실을 한다. 이런 구실을 하는 말소리가 없으면 말의 형식이 존재하지 않는다. 의미는 말소리를 통하여 전달되는 내용이다. 우리가 전달하고자 하는 생각이나 느낌이 말소리의 내용이라고 할 수 있다.

## 2.4 논증(論證)

논증은 아직 알려지지 않았거나 확실한 판단이 서지 않은 사실이나 원칙에 대하여 그 진실 여부를 증명하는 기술 방법이다. 나아가 독자로 하여금 필자가 증명한 것을 옳다고 믿게 하고 믿는 바에 따라 행동하도록 기도(企圖)하는 기술 방법이다. 쉽게 말하면 말싸움을 논리적으로 해결하는 것이 논증이다. 타당하다고 인정된 지식은 다른 사람에게 전달하고, 반대 의견을 가진 상대방으로 하여금 자기 주장의 타당성에 동의하고 자기를 따르도록 하는 방식이라고 할 수 있다.

논증에서 다루는 대상은 의견과 주장과 쟁점이다. 이것을 논증의 세 요소라고 한다. '의견'은 논증의 가장 작은 단위로 필자가 옳다고 믿지만 사실 여부가 불확실한 생각이며, 사실에 대하여 서로 다른 의견을 제기하지만 이것이 지지를 받으면 '주장'이 된다. 그리고 주장 가운데 서로 엇갈려서 의견 충돌을 일으킬 수 있는 명제나 생각 또는 사실이 '쟁점'이다. 논증은 쟁점을 검토하여 상대방의 잘못된 주장을 부정하고 자기의 타당한 주장을 입증하는 과정이다. 따라서 필자는 자기가 입증하려 하거나 반박하고자 하는 것이 무엇인가를 정확하게 알아야 효과적인 논증을 할 수 있다.

전면적인 논증은 하나의 주쟁점에 딸린 부수 논증으로 이루어진다. 논증 과정은 다음과 같이 진행된다. 먼저 거짓되거나 사소한 쟁점은 버리고 주쟁점을 분명하게 규정한 다음, 그 쟁점에 관한 필자의 주장과 상대편의 주장에 대한 목록을 작성한다. 작성된 목록에서 대립된 주장에 대하여 질문 형식으로 된 또 하나의 목록을 작성한다. 이것이 부수 쟁점이다.

적절한 논증을 하기 위하여는 다음과 같은 사항에 유의하면서 진행하여야 한다.

첫째, 논리를 벗어나지 않아야 한다. 같은 말을 되풀이하면서 우기거나 독설, 말재주, 호언 장담 등으로 상대를 압도하려 하기보다는 정확한 논리를 펼쳐야 제대로 된 논증을 할 수 있다. 큰소리만 친다고 상대를 이기는 것은 아니다.

둘째, 쟁점을 이탈하지 말아야 한다. 주쟁점을 분명하게 하고 여러 단계에 걸쳐 치밀하게 거론하면서 부수 쟁점은 꼭 필요한 경우만 다루어 초점이 흐려지지 않도록 한다. 쟁점은 한 번에 하나씩 해결한다. 무리한 주장이나 쟁점으로부터의 이탈은 논증의 정도에서 벗어나는 것이고 그것은 곧 패배를 의미한다.

셋째, 용어를 정확하게 사용해야 한다. 논증에서 사용하는 용어는 고정되어 있어야 하고 그 의미의 한계가 분명해야 한다. 같은 용어를 서로 다르게 쓰거나 다른 용어를 같은 뜻으로 써 서 생기는 혼란과 마찰을 없애야 한다. 필요하면 용어의 정의를 다시 내리고 정의된 범위 안 에서 논의함으로써 용어를 다르게 쓰는 데서 오는 문제가 없도록 한다.

넷째, 배제된 쟁점이 부당한 쟁점이라는 것을 정당화한다. 배제한 쟁점이나 주장에 대하여 배제한 이유를 간단히 설명해야 상대편의 견해나 판단을 현저하게 약화시킬 수 있기 때문이다.

다섯째, 부수 논증을 유형별로 적절하게 배열해야 한다. 부수 논증의 유형은 한 가지의 원 칙에 의해 정해져 있는 것이 아니다. 대부분의 부수 논증은 '상대편의 의견 - 반대 의견의 배 제 - 필자의 의견에 대한 지지'나 '한 번에 한 기준씩 비교'하거나 '필요 - 결과 - 대안'의 유 형으로 배열한다.

여섯째, 타당한 논거를 제시해야 한다. 논거는 논증의 증거가 되는 자료로서 자기 주장이 타당하다는 것을 입증할 만한 증거력을 가지고 있어야 한다. 논거는 사실 논거와 의견 논거로 나누어진다. 사실 논거는 직접 경험, 현장 조사, 통계 자료, 문헌 조사, 실험 등을 통하여 얻어 지는 것으로 필자의 의견을 강력하게 뒷받침해 준다. 이 사실 논거는 인위적으로 조작되거나 변조되어서는 안 된다. 의견 논거는 타당하다고 입증된 기존의 견해로서 이것이 가지는 신뢰 도는 그 의견을 가진 사람의 권위에 비례한다. 입증되지 않은 논거는 설득력을 잃게 된다.

일곱째, 추론은 제시한 논거를 이용하여 자기의 주장이 타당하다는 것을 입증하는 과정이 다. 논증은 논거를 단순히 나열하는 것으로 이루어지는 것이 아니라 추론의 과정을 통해서 이루어진다. 추론은 전제를 바탕으로 해서 타당한 결론을 이끌어 내는 과정이다. 추론을 잘 하기 위해서는 논거로서의 사실과 의견을 타당화하기 위한 가설을 비판하고 일반화와 인과적

추리 및 연역적 추리를 타당하게 해야 한다. 추론은 상대방의 가치 있는 주장은 인정하지만 주쟁점과 관련된 상대방의 주장이 부당하다는 것도 입증하게 된다. 따라서 필자의 주장에서 오류가 발생하지 않도록 노력하고 상대방의 주장에서 오류를 찾아내게 된다.

① 논거로서의 사실과 의견 비판

필자는 자기와 상대방의 모든 사실 논거에 대하여 "그 사실은 틀림없이 옳은가? 그 사실은 논증과 합당하게 관련되는가? 그 사실은 주장과 밀접한 관계를 가지는가?"와 같은 질문을 함으로써 그 사실을 적절하게 비판할 수 있다. 사실 자체는 옳지만 쟁점과는 무관할 수도 있고, 사실이 쟁점과는 관계가 있지만 그 쟁점의 의미와는 무관할 수 있기 때문이다. 또한 필자는 자기와 상대방이 제시하는 모든 의견 논거의 의견이나 자료에 대하여 "그 의견이나 자료의 출처는 신뢰할 만한가? 그 의견이나 자료는 선입관이나 개인적인 이익 또는 불공평한 선정으로 왜곡되지는 않았는가?"와 같은 질문을 함으로써 그 의견이나 자료를 적절하게 비판할 수 있다. 만일 선입관이나 개인적인 이익 또는 불공평한 선정으로 왜곡되었다고 의심받을 가능성이 있으면 다른 출처에서 찾아 보강해야 한다.

비교의 경우, 절대적인 비교는 잘못된 결과를 가져올 수 있으므로 객관적이고 공정한 기준을 설정함으로써 결과에 대한 가치와 정당성을 부여받을 수 있다. 예컨대, A 국가의 휘발유 값은 리터당 1000원인데 B 국가의 휘발유 값은 리터당 900원이므로 싸다고 하는 것은 의미가 없다. 두 나라의 국민소득을 비교하지 않았기 때문이다. 만약 A 국가의 1인당 국민소득이 B 국가의 그것에 두 배가 된다면 상대적으로 A 국가의 휘발유 값이 싸다고 할 수 있기 때문이다.

② 일반화

일반화는 어떤 부류를 구성하고 있는 하나 이상의 구성 요소가 옳으면 그 부류 전체가 옳다고 가정하는 것이다. 일반화의 타당성 정도는 그 부류의 복잡성과 관찰된 구성 요소의 수에 좌우된다. 그러나 시간과 기회의 제약 때문에 필자는 비교적 작은 비율의 관찰로 일반화한다. 이 경우 일반화가 타당하려면 관찰을 위한 사례의 수가 조사 대상의 각 부분의 크기에 비례하여야 한다. 예컨대, 우리나라 성인 남녀 200명을 대상으로 한 달 평균 독서량을 조사한다면 지역별 인구비례는 물론이고 남자와 여자의 표본 수, 그리고 연령층, 직업, 학력 등을 고려해야 할 것이다. 필자가 자기의 통계를 제시하고 상대방의 통계를 비판할 때는 이러한 사실을 명심해야 한다.

우리의 생활에서 적용되는 대부분의 법률, 관습, 습관, 신념, 제도 등은 타당한 일반화에 의해 만들어졌고 또 만들어지고 있다. 그리고 대부분의 불화나 잘못은 타당하지 않은 일은 일반화를 적용하는 데서 발생한다. 문제는 타당한 일반화와 타당하지 않은 일반화를 구별하기 어렵다는 데 있다.


③ 귀납적 추리(인과 관계)

귀납적 추리는 존 스튜어트 밀(John Stuart Mill)이 제안한 결과에서 원인을 찾고 현상에서 원리를 찾는 다음과 같은 귀납 규칙에 의해 설명할 수 있다.

첫째, 모든 경우가 알려져 있고 어떤 현상이 한 가지 경우에 한하여 공통적으로 발생한다면 그 공통되는 경우가 원인(原因)이다. 예컨대, 열 명의 학생이 같은 식당에서 점심 식사를 한 후 그 가운데 다섯 명만이 식중독 증세를 보였는데 이 다섯 명은 공통적으로 돼지고기를 먹었다면 돼지고기가 식중독의 원인이다.

둘째, 모든 경우가 알려져 있고 어떤 현상이 나타나고 나타나지 않는 차이가 한 가지 경우의 유무에 있다면 그것이 원인이거나 결과다. 예컨대, 사과 농사를 짓는 농부가 한 쪽 밭에는 퇴비를 주고 다른 밭에는 아무 것도 주지 않았는데 사과를 수확하고 보니 모양과 색깔은 같은데 퇴비를 준 밭의 사과가 당도도 높고 수확량도 많았다면 수확량이 많고 당도가 높은 것이 퇴비를 준 결과라고 볼 수 있다. 또 다른 예로, 버섯을 재배하는 농민 '갑, 을, 병, 정' 넷이 있는데 두 사람은 비료를 주고 두 사람은 아무 것도 주지 않았는데 비료를 준 농장에서만 버섯이 모두 죽었다면 비료가 버섯이 죽은 원인이라고 볼 수 있다.

셋째, 모든 조건이 알려져 있는데 한 가지를 제외한 나머지는 원인이 아니라면 그 한 가지가 원인이다. 예컨대, 내 전화 번호를 아는 '갑, 을, 병, 정' 네 명 가운데 누군가가 나에게 전화를 했는데 '갑'과 '을'과 '병'이 전화를 하지 않은 것이 확실하다면 '정'이 한 것이다.

넷째, 다른 모든 요인이 일정하고 한 가지 현상이 변할 때마다 또 하나의 현상이 변한다면 그 두 현상은 서로 원인이 된다. 그러나 다른 모든 요인이 일정하지 않다면 다른 원인이 있을 수도 있다. 예컨대, 어떤 나라의 수출이 증가함에 따라 경상수지 흑자 폭이 증가한다면 그것은 수출과 경상수지간에 그럴 만한 인과 관계가 있다는 것을 의미한다. 그러나 그것은 수입의 감소나 환율의 상승과 같은 다른 요인에 의한 결과일 수도 있다.


④ 연역적 추리

전체에 속하는 몇 개의 구성 요소에 대하여 옳으면 그 전체 부류에 대하여도 옳다고 보는 귀납법과는 달리, 연역법에서는 한 부류에 대하여 옳으면 그 부류의 모든 구성 요소에 대해서도 옳다고 가정한다. 연역법은 대전제, 소전제, 결론의 삼단 논법으로 표시되는데 이 세 단계가 모두 타당해야 한다. 이 때 대전제와 소전제가 참이고 결론이 두 개의 전제로부터 논리적으로 도출된 결과라면 그 결론은 참이다.

대전제 : 모든 사람은 죽는다.
소전제 : 너는 사람이다.
결　론 : 그러므로 너는 죽는다.

그런데 연역적 추리가 항상 삼단 논법에 의해 이루어지는 것만은 아니다. "네가 나라면 절대로 그 일을 하지 못했을 것이다."나 "국민은 나라를 지킬 의무가 있다. 그러므로 나는 나라를 지킬 의무가 있다."와 같이 소전제가 생략되거나 "인간은 영리하다. 그러므로 너는 영리하다."나 "그 사람은 말이 많다. 그래서 그 사람은 실수하기가 쉽다."와 같이 대전제가 생략되어도 하나의 전제에 의해서 연역적 추리가 가능하다. 이런 경우 필자는 상대방의 추론은 비판하고 자기의 추론을 정당화하기 위해 생략된 전제를 찾아내야 한다. 또 삼단논법의 결론은 두 개의 전제로부터 도출되는데 "김 양은 얼굴도 예쁘고 키도 크다. 그러므로 틀림없이 미스 코리아가 될 것이다."와 같이 전제는 타당하지만 결론이 논리적으로 유도된 것이 아닐 때가 있다. 이런 오류를 '불합리한 추론'이라고 한다. 얼굴이 예쁘고 키가 큰 사람 중에는 스튜어디스가 되거나 영화배우가 될 수도 있으므로 그 결론은 옳지 않다. 필자는 이러한 '불합리한 추론'을 없애고 상대방의 '불합리한 추론'을 밝혀 내야 한다.

⑤ 공정한 반대

논증은 자기의 주장을 입증하고 상대방의 주장을 비판하는 것을 전제로 하지만 상대방이 제시한 명백한 사실이나 올바른 제안까지 부정해서는 안 된다. 필자는 상대방의 제안이 타당하면 거기에 동의하고 그 대신 자기의 제안이 더 타당하다는 것을 제시해야 한다. 또한 상대방이 제시한 명백한 사실은 인정하는 대신 그 사실을 어떻게 잘못 이해했는지를 밝히려고 노력해야 한다.

⑥ 오류의 방지와 오류의 구명

자기의 오류를 방지하고 상대방의 오류를 구명하는 것이 논증에서 이기는 길이다. 논증에서 자기의 오류를 방지하고 상대방의 오류를 구명하기 위해서는 다음 사항에 주의해야 한다.

첫째, 잘못된 통계나 비표준적인 통계는 물론이고 옳지 않은 사실이나 의견, 편중되고 불공정하게 왜곡된 사실이나 의견에 의한 오류를 범하지 않아야 한다.

둘째, 너무 적은 예나 균형을 잃은 표본으로부터 일반화하는 오류를 범하지 않아야 한다.

셋째, 완전한 지식이나 인과 관계에 대한 철저한 지식이 없이 이루어진 인과적 추리에 의한 오류를 범하지 않아야 한다.

넷째, 잘못된 전제에서 유도된 연역적 추리나 전제로부터 논리적으로 유도되지 않은 연역적 추리에 의한 오류를 범하지 않아야 한다.

다섯째, 수용하기 어려운 숨겨진 동기에 대하여 그럴 듯한 이유를 제시하는 '합리화'에 의한 오류를 범하지 않아야 한다.

여섯째, 증명되지 않은 것을 사실로 가정하고 그것을 증명의 일부로 사용하는 오류를 범하지 않아야 한다.

일곱째, 불완전한 양자 택일(兩者擇一)의 방법이나 양도 논법(兩刀論法)에 의한 오류를 범하지 않아야 한다.

여덟째, 쟁점을 흐리게 하거나 주의를 산만하게 하는 엉뚱한 질문이나 비판을 하는 오류를 범하지 않아야 한다.


⑦ 결론

논문과 같이 논증이 길고 복잡할 경우에는 필자의 견해를 간단히 요약하고 그 견해를 주장하는 가장 큰 이유를 제시하는 것으로 논증을 끝내는 것이 효과적이다.


## 2.5 글의 종류


위에서 살펴본 네 가지의 기술 방식, 즉 묘사, 서사, 설명, 논증을 사용하여 작성된 글을 각각 묘사문, 서사문, 설명문, 논증문이라고 할 수 있다. 그러나 실제로는 논증문 대신 논문이라는 말로 쓰이는데 이 때의 논문은 학술논문과 논설문을 아우르는 개념으로 쓰인다. 그런데 논문을 제외하면 어느 하나의 기술 양식으로 글 전체를 쓰기는 어렵다.

한문으로 쓴 글을 종류별로 나누던 시절에는 위와 같은 네 가지 기술 방법의 명칭이 없었고 그런 개념이 문제되지도 않았지만 기(記), 전(傳), 설(說), 논(論)을 뚜렷이 구분하였다. 그것은 기(記)는 묘사문, 전(傳)은 서사문, 설(說)은 설명문, 논(論)은 논문이기 때문이다. 그러나 이들은 오늘날의 기준에서 보면 모두 문예문이면서 실용문에 해당한다.

　그런데 오늘날은 문예문과 실용문을 구분한다. 문예문의 경우 시, 소설, 수필, 평론, 희곡을 구분할 때 기술 방법의 차이도 고려되어 있다. 요즈음의 서정시는 대부분 묘사로 이루어진다. 서정시를 짓는 기법으로 특히 암시적 묘사와 주관적 묘사가 이용된다. 소설은 줄거리를 가진 이야기이므로 서사문인데 여기에 묘사가 동원되기도 한다. 소설에서의 묘사는 서사를 더욱 실감있게 하고 다채롭게 하기 위한 것이다. 서사라는 점에서는 희곡도 마찬가지지만 소설에서보다 묘사가 더 많이 동원되며, 소설의 서사는 설명을 곁들이지만 희곡의 서사는 그럴 수 없다는 점에서 차이가 있다. 이에 비해 수필은 설명을 주로 하면서 묘사나 서사도 사용한다.

　실용문에서는 묘사문, 서사문, 설명문, 논문에 해당하는 글들이 구분된다. 조사 보고서나 답사 보고서, 관찰 보고서 등은 흔히 묘사문으로 작성된다. 기행문도 마찬가지다. 이력서는 서사문의 개요라고 할 수 있다. 묘사문이나 서사문에 비해 설명문의 종류는 매우 많다. 교과서, (제품)사용 설명서, 안내서, 편람, 광고는 물론이고 법규, 공문, 약관 등의 공문서나 사문서가 모두 설명문이다. 논문에는 일반 논설(문)과 학술논문이 있다.

　글의 네 가지 기술 양식을 가장 잘 보여주는 것은 신문이라고 할 수 있다. 신문에는 묘사문과 서서문, 설명문과 논문이 고루 실려 있고 잘 구분되어 있기 때문이다. 예컨대, 탐방 기사는 묘사문이고, 사건 기사는 서사문이며, 해설 기사는 설명문이다. 그리고 사설은 논문이다.

　또한 기행문이나 참관기, 시 등은 묘사문인데 다른 기사와 달리 필자 이름을 밝힌다. 칼럼에는 묘사를 사용하기도 한다. 소설과 기고문에도 이름을 밝히는데 소설은 서사문이며 기고는 설명문이다. 광고는 전형적인 설명문이며 시론은 논문으로서 외부 사람이 쓰는 글이다.


### [연구문제]

1. 다음 글을 읽고 설명적 묘사, 암시적 묘사, 주관적 묘사, 객관적 묘사 가운데 어느 것에 해당되는지 구별해 보라.
   ① 저녁 노을이 황홀할 만큼 아름답다.
   ② 가을 하늘이 푸르다.
   ③ 수소는 원소이며 원자의 무게는 1.00797이고, 원자번호 1인 무색, 무취, 무미한 기체다. 가장 가벼운 물질로 가연성이며 산소와 결합하여 물이 된다. 물, 유기합성물, 그리고 모든 생물에서 발생한다.
   ④ 늪 가의 잔디밭은 이미 붉게 물들어 있었다. 늪의 물도 새빨간 핏빛이었다. 잔디를 붉게 물들인 것은 기독교도의 피는 아니었다. 흑인 쥬잔니가 번듯이 나가떨어져 있었다. 결투

로 백작의 창이 가슴에 꽂힌 채 부러진 것이었다. 전신의 피가 차츰 줄어들었다.(정비석,
소설작법)

⑤ 그 여자의 얼굴은 매우 아름답고 매력적이었다. 더구나 그 아름다움과 매력이 전형적인
동양미의 극치를 이룬다고 할 만하였다. 산발로 길게 늘어뜨린 검고 윤이 자르르한 머리,
비둘기 알을 세워놓은 듯한 하얗고 갸름한 얼굴은 동양적 아름다움과 매혹을 자아내게
한다. 숱이 적지도 않고 많지도 않은, 그려 붙인 듯한 눈썹과 그 아래 은은히 반짝이는 검
은 눈동자도 동양미의 요소임은 말할 것도 없다. 핑크 빛을 띤 앵두 같은 입술하며 그 사
이로 드러나는 하얀 이들도 그런 멋을 한층 더하였다.

⑥ 밤이 깊어 뜰에 나서니, 날씨는 흐려 달은 구름 속에 잠겼고 음풍이 몸에 신선하다. 어디
서 쌀쌀 소란히 들려오는 소리가 있기에 바람소린가 했으나, 가만히 들어 보면 바람 소리
만도 아니요, 물소리인가 했더니 물소리만도 아니요, 나뭇잎 갈리는 소린가 했더니 나뭇
잎 갈리는 소리만은 더구나 아니다. 아마 필시 바람 소리와 물소리와 나뭇잎 갈리는 소리
가 함께 어울린 교향악인 듯싶거니와 어쩌면 곤히 잠든 산의 호흡인지도 모를 일이다.(정
비석, 산정무한)

2. 지금 창밖으로 보이는 풍경을 세 단락의 묘사문으로 작성해 보라.

3. 서사문을 쓸 때의 주의사항을 참고하여 자기가 지금까지 성장해 온 과정을 쓰되 자기를 객관
화시켜 기술하라.

4. 설명의 몇 가지 방법에 따라 '우리 학교'라는 제목으로 글을 써 보라.

5. 다음을 정의하라.
   ① 비키니
   ② 여자
   ③ 시간
   ④ 가족

6. 다음 예들의 종차와 유개념을 말하라.
   ① 알루미늄은 보크사이트에서 생산되는 금속이다.
   ② 최면은 인위적으로 유도된 잠의 일종이다.
   ③ 등고선은 같은 고도를 가지는 지점들을 이은 지도상의 선이다.

7. 다음 글을 읽고 적용된 비교 방법과 비교의 기준에 대하여 말하라.
   우선 휴머니즘은 값싼 인도주의와는 구별되어야겠다. 물론 휴머니즘이 인도주의를 배제하는
   것은 아니지만 그보다 훨씬 깊고 포괄적인 개념이기 때문이다. 인도주의는 적십자 정신에
   딱 들어맞는 말이며 영어로 휴머니테리아니즘(humanitarianism)이다. 백의의 천사 나이팅게
   일이 크리미아 전쟁에서 피아(彼我)를 가리지 않고 부상자들을 헌신적으로 돌본 것은 인도
   주의의 발로라 할 수 있다. 그러나 휴머니즘은 좀더 근본적인 문제에 눈을 돌린다. 그것은
   전쟁 자체에 반대하는 평화주의로 나타나기도 하며, 때로는 더 큰 참화를 막기 위해 전쟁에

적극 참여하기도 한다.

8. 다음 예문들의 분류나 구분의 대상이 유기체, 혼합체, 개체 가운데 어느 것인지 말하고 구분의 경우는 무엇이 기준인지 말하라.
   ① 국군의 계급은 대장, 중장, 소장, 준장, 대령, 중령, 소령, 대위, 중위, 소위 등으로 구분된다.
   ② 보은군은 충청북도에 속하는 군(郡)이다. 주민의 대부분은 농민이며 이 군의 언어는 충청도 방언의 하위 방언이다.
   ③ 우리 회사의 직원은 경기도 출신, 충청도 출신, 강원도 출신, 경상도 출신, 전라도 출신 등으로 나누어진다.
   ④ 김 대리는 충청도 출신의 불교 신자이며 사내 서도회 대표다.

9. 다음과 같은 주장에 대하여 반박해 보라.
   "시내 버스의 요금 선불제는 장점이 많다. 승하차 질서를 바로잡는 데는 물론 버스 안내원의 인건비를 줄일 수가 있다. 또한 이른바 삥땅에 대한 시비를 없앨 수가 있다. 외국에서도 이미 시행하고 있다."

10. 다음 글을 읽고 명철이가 영권이의 논증을 어떻게 반증하여 배영이를 도서관에 가게 할 수 있을지 말해 보라.
   명철이와 배영이 그리고 영권이가 도서관에서 취직 시험 공부를 하다가 머리를 식히려고 벤치로 나갔다. 벤치에 앉아 갓피어난 꽃들을 바라보며 과자도 먹고 커피도 마시며 한참을 이야기하였다. 머리가 맑아지자 배영이가 다시 도서관에 공부하러 가려고 하였다. 그러나 영권이는 배영이에게 공부할 필요가 없다고  주장하였다. 그 이유로 다음과 같은 요지의 논증을 제시하였다.
   "배영이는 시험에 붙든지 떨어지든지 할 것이다. 만일 배영이가 떨어질 것이라면 도서관에 갈 필요가 없다. 어차피 떨어질 것인데 무엇하러 시간과 정력을 낭비하며 고생하느냐? 또 배영이가 합격할 것이라면 역시 도서관에 갈 필요가 없다. 어차피 합격할 것이라면 무엇하러 시간과 정력을 낭비하며 고생하느냐? 그러니 배영이는 도서관에 갈 필요가 전혀 없다." 명철이는 이 논증이 논증 자체는 그럴 듯하지만 결론이 황당무계하여 궤변이라고 생각하였다. 그래서 명철이는 영권이의 말을 무시하고 배영이를 도서관으로 들여 보내려 하였다. 그러나 영권이의 완력 때문에 그럴 수도 없었다. 명철이가 배영이를 도서관에 들여보낼 궁리를 하는데 영권이가 하나의 제안을 하였다. "만일 내 논증이 잘못되었다는 것을 나에게 분명히 설명할 수 있다면 나는 배영이가 도서관에 가도록 돕겠다."

11. 다음의 추론이 가진 오류를 밝혀내고 그것이 어떤 종류의 오류인지를 말하라.
   ① 여자가 남자보다 오래 산다. 약한 자여 그대는 여자로다. 그러므로 약한 자는 오래 산다.
   ② 모든 사람은 죽는다. 그러므로 인류가 모두 없어질 날이 올 것이다.
   ③ 3과 5는 홀수다. 8은 3과 5로 되어 있다. 그러므로 8은 홀수다.
   ④ 성서의 내용은 모두 하나님의 말씀이다. 성서의 내용이 하나님의 말씀인 것은 성서에 쓰여

있기 때문이다. 그러므로 성서의 내용이 하나님의 말씀이라는 것은 의심의 여지가 없다.

⑤ 김 군은 대학원생이거나 조교다. 김 군은 대학원생이다. 그러므로 김 군은 조교가 아니다.

⑥ 내가 이 일을 한다고 하여 나에게 이익이 되는 것은 아니다. 다만, 저 불쌍한 사람을 돕고자 하는 데 근본 목적이 있다.

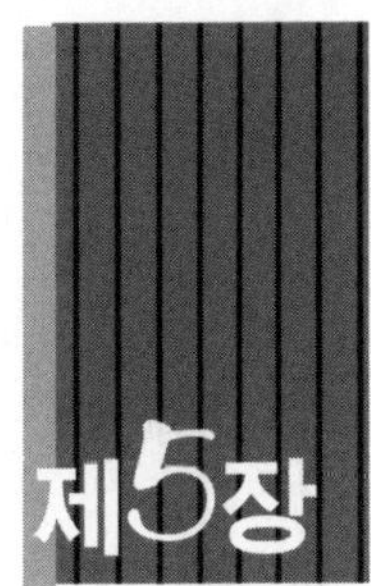



# 글쓰기의 절차

우리가 생각한 것은 여러 가지 수단으로 표현된다. 화가는 '그림'으로 나타내고 음악가는 '악보'나 '연주'를 통하여 나타내며, 무용가는 '춤'으로 나타낸다. 그러나 무엇보다 가장 일반적인 의사 표현 수단은 '말'과 '글'이라고 할 수 있다. 다른 사람이 표현한 '말'과 '글'을 통하여 그 사람이 무슨 생각을 하고 있는지에 대해 짐작하기도 한다. 이 장에서는 우리의 대표적인 의사 표현 수단인 '글'을 쓰는 데 필요한 '기본적인 절차'에 대하여 익히고, 그것을 바탕으로 각각의 절차를 처리하는 능력과 기술을 향상시키는 데 목표를 둔다.

글을 쓰는 절차는 글을 쓰는 사람의 의도와 성격에 따라 달라질 수 있다. 그러나 한 편의 글을 쓰는 과정은 대체로 '계획 단계 → 글쓰는 단계 → 다듬는 단계'를 거쳐 이루어진다. 글을 쓰기 위하여는 먼저 무엇에 대하여 쓸 것인가부터 생각하게 되는데 '계획 단계'에서 제일 먼저 해야 할 일이 이 '무엇'을 결정하는 일이다. 이 '무엇'을 '주제'라고 하는데 글을 쓰려면 먼저 이 '주제'가 확정되어야 한다. 쓸 것이 결정되면 다음으로 그와 관련된 자료를 수집하고 그 자료들을 바탕으로 전체적인 골격, 즉 개요를 작성하게 된다. 골격이 정해지면 그 골격의 순서에 맞게 글을 쓴 다음 수정하고 보완하는 과정을 거침으로써 한 편의 글이 완성된다.

글쓰기의 과정을 흔히 건축에 비유한다. 집을 짓기 전에 무슨 집을 어떻게 지을 것인가에 대하여 생각하듯이, 글을 쓸 때도 무엇을 어떻게 쓸 것인가에 대하여 생각하게 된다. '무슨 집'은 '주제'에 해당하고 '무엇으로'는 '제재'에 해당한다. 그리고 '어떻게' 지을 것인지는 '개요'에 해당하고, '집을 짓는 과정'은 '글을 쓰는 과정'에 해당하며 가구나 장식 등을 배치하는 것은 퇴고에 해당한다고 할 수 있다. 글의 종류에 따라 글쓰기의 과정이 다소 달라지기는 하겠지만 일반적으로 한 편의 글은 위와 같은 절차를 거쳐 이루어진다고 할 수 있다.

수필이나 일기, 편지 등 자기의 일상에서 보고, 듣고, 느낀 것을 글로 쓸 때는 글의 재료(제재)를 모으는 과정을 생략하는 것이 보통이지만 이런 글에도 주제는 있게 마련이고 주제를 드러내기 위하여 작은 제재들을 적절하게 배열한다는 것을 알 수 있다. 수필이나 일기와 같이 작은 글을 쓸 때도 글쓰기의 단계를 고려하는 것은 글이 처음부터 끝까지 일관성과 통일성을 유지하도록 하기 위한 배려라고 할 수 있다.


## 1. 글쓰기의 단계


정상적으로 우리말과 글자를 배운 사람이라면 누구나 글을 쓸 수 있다. 같은 내용을 누가 더 세련되고 매끄럽게 표현하는가, 또는 누가 더 논리적이고 체계적으로 표현하는가, 또는 새로운 지식과 정보를 누가 더 효과적으로 전달하는가의 차이는 있을지언정 처음부터 글을 쓰는 사람이 정해져 있는 것이 아니다. 글은 문자를 수단으로 하여 우리의 사고를 표현한 결과이기 때문이다. 글을 잘 쓰기 위해서는 천부적인 재능을 타고나야 한다고 말하는 사람이 있다. 그러나 아무리 천부적인 재능을 가졌다고 하더라도 그것을 개발하지 않으면 아무 소용이 없다. 재능 자체가 문제가 아니라 그 재능을 어떻게 연마할 것인가가 문제라고 할 수 있다. 뛰어난 재능은 하늘에서 떨어지는 것이 아니라 훈련에 의해 연마되는 것이다. 글을 쓰는 일도 훈련에 의하여 그 능력을 향상시킬 수 있다. 그렇다고 글을 쓰는 능력이 단순한 훈련을 통하여 기능적으로 신장될 수 있는 것은 아니다. 글은 총체적인 인지 활동이고 온갖 체험과 경험을 바탕으로 이루어지는 것이기 때문이다. 직접 경험이든 간접 경험이든 풍부한 경험과 폭넓은 사고를 통해서만이 글을 쓰는 능력도 향상될 수 있는 것이다.

좋은 글을 쓰려면 무엇보다 언어에 대한 관심을 가져야 한다. 특히 많은 어휘를 정확히 알고 있어야 한다. 모국어에 익숙한 사람이라도 글을 쓸 때는 항상 국어 사전을 곁에 두고 참고로 하는 자세를 갖도록 해야 한다. 사전은 어휘의 의미뿐만 아니라 표기법까지 보여주기 때문이다. 좋은 글은 좋은 문장을 전제로 하며 좋은 문장은 문법에 맞으며 정확하고 올바른 단어의 사용과 표기법을 전제로 한다. 문법에 맞지 않으며 표기법이 엉망인 문장들은 결코 좋은 글이 되게 하지는 않는다.

좋은 글을 쓰려면 하나의 사고를 논리적으로 이끌어서 결론을 맺도록 하는 훈련이 필요하다. 작은 사건이라도 인과 관계를 따져 논리적으로 생각해 보는 태도를 가져야 한다. 그러기 위해서는 하나의 사물이나 사건에 대한 면밀한 관찰을 바탕으로 생각을 한 줄기로 모으는 습관을 길러야 한다. 글의 제목은 정해 놓고도 한 줄도 쓰지 못하고 쩔쩔매는 사람은 평소에 관찰이 부족하기 때문이라고 할 수 있다.

그러나 풍부한 경험과 폭넓은 사고를 하고, 많은 어휘를 알고 있으며 사고를 논리적으로 이끌어 결론을 맺는 능력이 있다고 해서 그것이 바로 좋은 글을 보장하는 것은 아니다. 이러한 요건들을 바탕으로 하고, 여기에 적합한 제재들을 수집하고 선택하여 주제를 효과적으로 드러낼 수 있는 능력을 갖추었을 때 비로소 좋은 글을 쓸 수 있는 요건을 갖추었다고 할 수 있다. 모든 글은 주제와 제재가 있기 마련이다. 주제와 제재의 성격을 파악하고 주제 설정의 방법과 주제문을 작성하는 요령을 익히는 것도 좋은 글을 쓰는 지름길이 될 수 있다.

## 2. 주제와 주제 설정

### 2.1 가주제와 참주제

주제(主題;thesis)는 글에서 주장하고 나타내는 중심 내용이나 근본적인 서술 의도, 즉 글을 쓰는 사람이 독자에게 전달하려는 중심 내용이나 대상을 말한다. 따라서 주제를 정해 놓지 않고 쓰는 글은 좋은 글이라고 할 수 없다. 더욱이 주제가 없는 글은 생각할 수 없다. 주제는 "무엇에 대하여 쓴 글인가?"라는 질문에 대한 대답이라고 할 수 있다.

주제는 크게 넓은 주제와 좁은 주제로 나뉜다. 한 편의 글에 나타나 있는 중심 내용일 뿐만 아니라 글을 쓰는 사람의 근본적인 주장이나 사상이기는 한데 그 범위가 넓고 막연하여 뚜렷하지 않은 주제를 가주제 또는 막연한 주제 또는 잠정적인 주제라고 한다. 우리가 흔히 말하는 제목이나 화제는 가주제라고 할 수 있다.

이에 반해 그 범위가 좁혀지고 구체화 되어 어떤 대상에 대하여 하나의 주장이나 관점으로 집약된 주제를 한정된 주제 또는 참주제라고 한다. 참주제를 중심 사상(main idea) 또는 근본이 되는 진술(parent statement)이라고도 한다. 그러나 가주제와 참주제를 가르는 기준이 엄격하며 절대적인 것이 아니라 상대적인 것이다. 즉 참주제와 가주제가 항상 일정하게 고정되어 있는 것이 아니라 때에 따라서는 참주제가 가주제가 될 수도 있고 가주제가 참주제가 될 수도 있는 것이다. 가령 '술'을 가주제로 삼았을 때 '술이 인간에 미치는 영향', '술의 종류와 기후', '술의 재료', '술을 담그는 요령' 등이 참주제가 될 수 있다. 그런데 '술을 담그는 요령'에는 다시 '포도주를 담그는 요령', '매실주를 담그는 요령', '솔술을 담그는 요령' 등이 있을 수 있으므로, 이 때는 '술을 담그는 요령'이 가주제가 되고 '포도주를 담그는 요령', '매실주를 담그는 요령', '솔술을 담그는 요령' 등이 참주제가 된다.

모든 글에는 주제가 있게 마련인데 가주제와 참주제를 구분하는 것은 글을 쓸 때 참주제를 설정할 수 있어야 하며, 글을 읽을 때도 참주제를 파악할 수 있어야 한다는 것을 강조하기 위한 것이다.

### 2.2 주제 설정의 방법

체험이나 경험 또는 생각을 바탕으로 '무엇'에 대하여 글을 쓰고 싶다는 욕구가 생기면 그

'무엇'의 범위를 한정시키고 고정시켜야 글이 될 수 있다. 이 때 필자가 의도하는 '무엇'이 주제인데 이 주제를 설정하는 방법은 먼저 가주제를 정한 다음 좀더 구체적이고 제한적인 범위의 참주제로 확정하는 것이 일반적이다.

글의 종류에 따라 차이가 있겠지만 주제 설정에서 중요한 것은 필자가 감당할 수 있는 주제여야 한다는 점이다. 필자가 감당할 수 있어야 한다는 것은 '글의 크기, 글쓰는 기간, 글의 내용, 글의 형식' 등에 대하여 자신이 있어야 한다는 것을 의미한다. 즉 필자가 감당할 수 있을 만큼 한정적이고 구체적인 것이어야 한다. 가령 글을 쓸 수 있는 기간은 하루인데 책 한권 분량의 글을 써야 한다든가, 자기도 잘 알지 못하는 인류의 미래라든가, 인간 염색체에서의 유전자 역할에 대하여 써야 한다면 필자가 글을 쓸 수 있는 한계를 벗어나게 될 것이다.

따라서 주제는 가능하면 '한정적이고 구체적이며 작은 주제, 필자가 관심을 가지고 있으며 잘 알고 있어 스스로 쉽게 글을 완성시킬 수 있는 주제, 필자뿐만 아니라 독자들의 관심과 흥미를 유발할 수 있는 재미있는 주제'를 설정해야 한다. 가령 '사랑'에 대하여 글을 쓰고 싶거나 쓰라는 요구를 받았다면 다음과 같은 주제 설정의 단계를 생각해 볼 수 있을 것이다.

(가) 막연한 주제의 설정

앞으로 써야 할 글의 중심 내용을 처음으로 생각하는 단계다. 이 단계에서는 막연한 주제로서의 '사랑'이 존재할 뿐이다.

(나) 문제의 정리

'사랑'에 관련된 여러 가지 문제를 생각해 보고 정리하는 단계다. 이 단계에서는 '사랑'의 본질적인 문제에서부터 주변적인 문제에 이르기까지 생각나는 문제들을 간단하게 메모하는 것이 좋다. 예를 들면, "사랑이란 무엇인가?, 사랑은 인생에서 어느 정도로 중요한가?, 사랑은 이성간에만 가능한 것인가?, 사랑에는 어떤 종류가 있는가?" 등이다.

(다) 범위의 한정

이 단계에서는 앞에서 생각해 본 여러 문제점 가운데 글을 쓰는 사람이 가장 많은 관심을 가지고 있을 뿐만 아니라 스스로의 능력으로 자신 있게 쓸 수 있는 문제를 선택한다. 제재를 충분히 수집할 수 있는 시간과 여건이 충족되지 않았을 때는 정해진 분량을 정해진 시간 안에 처리할 수 있을 만큼의 범위에서 문제를 선택해야 한다. 사실 "사랑이란 무엇인가"와 같은 근본적인 문제에 대한 대답을 글로 쓰기란 쉬운 일이 아니기 때문이다.

(라) 한정된 주제의 설정

이 단계에서는 한정된 범위의 문제를 좀더 구체화하고 쓰고자 하는 핵심 내용을 응축하여 표현할 수 있는 어구를 생각한다. 가급적이면 단일 개념으로 명확하게 나타내고, 새롭고 독창적인 것을 선택하는 것이 좋다. 예를 들면, "사랑은 이성간에만 가능한 것인가"하는 문제를 선택했다면, '이성간의 사랑, 동성간의 사랑, 부모와 자식간의 사랑, 스승과 제자간의 사랑' 등과 같은 한정된 주제를 설정할 수 있을 것이다.

## 2.3 주제 설정의 요령

주제는 글을 쓰는 사람이 적극적으로 찾아 선택하고 설정하는 것이 가장 바람직스럽다. 그러나 글을 쓰게 되는 계기가 항상 마음속의 충동과 욕구에 의한 것만은 아니다. 주제에 대한 제약도 없고 시간에 대한 제약도 없는 경우에는 여유를 가지고 편안한 마음으로 글을 쓸 수 있지만 어떤 경우에는 정해진 시간 안에 제시된 주제에 대하여 글을 쓰게 되는 경우도 있고, 글을 쓸 준비도 하지 않은 상태에서 글의 형식이나 분량에 대하여 제한을 받으면서 글을 써야 하는 경우도 있다. 때문에 평소에 주제에 대하여 생각해 놓지 않으면 이런 경우 심한 스트레스를 받기 쉽다. 이럴 경우를 대비하는 방법의 하나가 평소에 주제 목록을 작성해 보는 습관을 기르는 것이다. 자기가 쓸 수 있는 주제를 평소에 정리하여 저장해 두거나 내가 쓰고 싶은 주제를 적극적으로 발견하여 정리해 두는 방법의 하나가 주제 목록의 작성이다. 평소에 주제 목록을 작성해 두면 갑자기 어떤 주제를 선정하여 글을 쓸 깃인가에 대하여 고민하거나 어떤 주제를 과제로 받을 것인가에 대한 고민이나 걱정을 줄일 수 있다.

주제 목록을 작성하는 방법은 우선 자기가 평소에 관심을 가지고 있는 분야에서부터 다른 사람들이 관심을 가지고 있는 분야에 이르기까지 다양한 주제 목록을 작성해 두는 것이 좋다. 또 하나는 내용 영역별로 구분하여 다양한 주제 목록을 작성해 두는 것이 좋다. 이렇게 함으로써 자기의 사고력과 판단력을 향상시킬 수 있고, 나아가 나를 둘러싼 많은 문제를 해결하는 능력을 기르는 계기가 될 수 있다.

참고로 주제 목록의 한 예를 보이면 다음과 같다.

① 나 : 가장 감명 깊게 읽었던 책, 가장 감명 깊게 본 영화(연극), 내가 좋아하는 운동(꽃, 나무, 동물), 내가 좋아하는 이성상, 나의 친구, 나의 취미, 나의 특기, 나의 희망, 나의

직업관, 나의 인생관.

② 학교 : 사제 관계, 학문과 직업, 학자의 길, 학문에 대하여, 학문과 도덕, 학교 생활과 우정, 의무 교육, 대학의 사명, 가르친다는 것과 배운다는 것, 학생의 본분.

③ 가정 : 가정의 개념, 가정과 사회, 가정에서의 아버지(어머니)의 역할, 어머니의 사랑, 가정 교육, 가정의 윤리, 가정 교육과 사회 교육, 가정 교육과 학교 교육, 나와 이웃, 부부와 자녀, 장남과 차남, 장녀와 차녀, 가족 구성원의 성격, 대가족 제도와 소가족 제도, 대가족 제도 속에서의 가정 교육, 소가족 제도 속에서의 가정 교육.

④ 자연 : 자연과 인생, 물과 인류의 삶, 해마다 무더워지는 여름, 자연의 변화와 기상, 자연 보호의 방안, 한강의 오염, 자연보호와 동강, 국토 개발과 자연 훼손, 공해 문제에 대하여, 음식물 쓰레기와 지하수, 산림 보호와 임도, 자연과 천연기념물, 수리부엉이의 일년, 개구리와 생태계.

⑤ 사회 : 교통 질서와 교통 사고, 교통 도덕과 사회 질서, 자동차와 인간, 인구의 도시 집중, 인구증가와 고령화 대책, 가족 제도와 여성, 직업과 여성, 여성의 정치 참여, 여성의 사회 참여, 지역 사회 개발과 농촌(어촌), 사회 교육과 직업관, 매스컴의 사회적 기능, 기업과 윤리, 상속과 기업주, 경제 자립과 기술 혁신, 산업 사회와 물질 문화, 컴퓨터와 범죄, 정보화 사회와 컴퓨터, 인터넷과 인간 관계.

⑥ 사상과 종교 : 한국의 전통 사상, 서양사상의 유입 과정, 새로운 인간상의 모색, 한국인의 민족성, 유교적 인생관, 불교적 인생관, 카톨리시즘과 프로테스탄티즘, 자유민주주의의 본질, 민주주의와 사회주의, 자본주의와 공산주의, 자본주의의 한계, 공산주의의 문제점, 수정 자본주의, 수정 공산주의, 한계와 책임, 법과 자유, 사상의 자유와 정체, 종교의 자유와 정체.

⑦ 정치와 외교 : 남북 통일과 남북 교류, 남북 통일의 방안, 남북 통일과 대외 협력, 국제 무대에서의 한국, 국회와 국회의원, 국민과 국회의원, 민주주의와 법의 지배, 민주주의와 권력, 민주국가에서의 경찰의 역할, 민주국가에서의 공무원, 유엔과 한국, 한국과 미국, 한국과 동북아시아, 한국과 중국, 한국과 러시아, 한국과 일본, 역사 교과서와 일본, 민족 감정과 일본. 한국과 수출시장, 중국과의 무역마찰에 대한 해소 방안, 한국에서의 미군의 역할, 미군의 지위와 한국 헌법.

⑧ 문화 : 근대화와 전통 문화, 기술의 발달과 문화의 변화, 지식과 교양의 차이점, 올림픽 정신에 대하여, 컴퓨터와 통신 문화, 휴대전화 문화에 대하여, 한국의 전통 음악, 한국화, 한국 무용, 정악과 민요, 서양 음악, 서양화, 서양 무용, 한국의 전통 음악과 서양 음

악, 한국화와 서양화, 한국 무용과 서양 무용, 판소리와 오페라, 외래문화의 전래와 수
용, 문학과 인생, 음악과 인생, 미술과 인생, 외국어와 외국 문학, 한국 속에서의 외국문
화, 한글 전용에 대하여, 한글 전용과 국한문 혼용에 대하여, 영어를 공용어로 하자는
주장에 대하여, 국어와 한국 문화, 영어와 한국 문화.
⑨ 인간과 삶의 본질 : 존재, 지식, 사고, 사랑, 욕망, 기억, 신앙, 고독, 고민, 공포, 증오심,
이기심, 모순, 창조, 변혁, 욕심, 시기, 질투, 배반.

이와 같은 주제 목록을 작성해 두면 주제를 선정하지 못하여 쩔쩔매는 일은 없을 것이다.
여기에 꾸준한 독서와 토론, 친구들과의 대화, 신문 기사, 신문 사설, 방송 평론, 강의 내용 등
에서 새로운 주제를 계속 발굴하여 주제 목록에 포함시켜 나간다면 어떠한 주제가 제시되어
도 당황하거나 고민하는 일은 없을 것이다.


## 2.4 주제문과 주제문 작성


설정된 주제에 대하여 글을 쓰는 사람의 의견이나 태도를 하나의 완전한 문장으로 나타낸
것을 주제문이라고 한다. 가주제로부터 참주제를 설정하게 되면 주제문을 작성해야 한다. 주
제문을 작성하는 이유는, 주제문이 글 전체의 방향을 구체적이고 분명하게 지시하는 기능을
하기 때문에, 글을 쓰다가 옆길로 빠지지 않도록 길잡이 역할을 하도록 하는 데 있다.

예를 들면, '이성간의 사랑'과 같이 짧은 어구의 주제는 글 전체의 범위는 알 수 있지만 아
직은 긍정적으로 쓸 것인지 부정적으로 쓸 것인지가 드러나지 않는다. 이에 비해 "이성간의
사랑은 우정의 변형이다" 또는 "이성간의 사랑은 본능의 한 표현이다"와 같이 주제문을 작성
했다면 글이 나아갈 방향이 훨씬 명백해진다.

주제문이 글 전체의 방향을 지시할 뿐만 아니라 글 전체의 방향이나 논지의 전개, 제재의
선택이나 글 전체의 통일성 및 긴밀성을 유지하는 데 중요한 역할을 한다. 따라서 주제문을
잘 작성하면 할수록 좋은 글을 쓸 가능성이 커진다. 주제문을 작성할 때 지켜야 할 일반적인
원칙을 제시하면 다음과 같다.

① 주제문은 하나의 완전한 문장이어야 한다.
② 주제문에는 글을 쓰는 사람의 관점이나 의견이 명확하게 드러나야 한다.

③ 주제문은 그 표현이 정확하고 구체적이어야 하며 간명해야 한다.

④ 주제문의 내용은 확실한 근거에 의해 증명될 수 있는 것이어야 한다.

⑤ 주제문은 글의 분량과 성격, 독자의 성격을 염두에 두고 작성되어야 한다.

위의 원칙 ①은 문장이 하나이어야 하며 주어와 술어를 갖춘 완전한 문장이어야 할 것을 요구한다. 의문문은 하나의 문장이기는 하지만 완결된 생각을 진술하는 문장이 아니고 확신할 수 없는 의견이나 관점을 드러내기 때문에 원칙 ②에 위배되므로 주제문이 될 수 없다.

원칙 ②는 확정되지 않은 의견이나 관점을 나타낸 문장은 주제문이 될 수 없으며, 주제문은 글 전체의 통일성과 긴밀성을 유지해야 한다는 것이다. "이성간의 사랑은 우정의 변형일지도 모른다"나 "이성간의 사랑은 본능의 한 표현일 수도 있고 그렇지 않을 수도 있다"와 같은 문장은 명확하지 않기 때문에 주제문으로서 부적합하다.

원칙 ③은 표현이 모호하거나 비유적이어서는 안 된다는 것이다. 의견이나 관점이 명확해야 하기 때문에 두 가지 이상의 뜻으로 해석되어서는 주제문이 될 수 없다는 것이다.

원칙 ④는 주제문의 내용이 객관적일 것을 요구한다. 이는 글쓰는 사람의 개인적인 체험이나 주관적이고 감정적인 판단을 근거로 한 주제문은 피해야 한다는 것을 뜻한다.

원칙 ⑤는 글의 분량, 강조할 내용, 필자와 독자와의 관계, 글 전체의 짜임새 등을 충분히 고려해야 한다는 것이다.

그러나 무엇보다 스스로 다양하고 충분한 경험을 쌓고, 끊임없이 연마하는 것만큼 좋은 글을 쓰는 지름길이 없다는 사실을 잊지 말아야 할 것이다.

참고로 이제까지 설명한 내용을 바탕으로 앞에서 제시한 주제 목록 가운데 몇 가지를 골라 가주제, 참주제, 주제문을 작성해 보면 다음과 같다.

(가) 가주제 : 학교 교육

　　　참주제 : 바람직한 학교 교육의 방해 요인

　　　주제문 : 현대 사회에서 학교 교육이 제대로 이루어지지 않는 요인으로 지나친 과외
　　　　　　　 의존, 경쟁 심리의 일방적 촉구, 교육 여건의 미비 등을 들 수 있다.

(나) 가주제 : 대학 교육

　　　참주제 : 21세기 정보화 시대의 대학 교육

　　　주제문 : 대학은 21세기 정보화 시대에 필요로 하는 전문인 양성과 삶에 대한 올바른

가치관을 습득시켜야 한다.

(다) 가주제 : 도로
    참주제 : 자전거 도로의 유용성
    주제문 : 자전거 전용 도로를 확충하면 교통 문제, 에너지 문제, 환경 문제 등 여러
        가지 사회 문제를 해결하는 데 도움이 된다.


## 3. 제재의 수집과 정리


### 3.1 제재의 성격


참주제가 정해지고 주제문이 완성된 다음에는 그 주제와 주제문을 뒷받침할 이야깃거리를 마련해야 한다. 이 이야깃거리를 제재(題材) 또는 화제(話題)라고 하는데 흔히 자료(資料) 또는 재료(材料)라고도 한다. 소설에서는 '소재(素材)'라고 한다. 이러한 이야깃거리를 다른 말로 '글감'이라고도 한다. 글의 내용은 매우 광범위하여 우리 인간과 관련된 것이면 모두가 글의 내용이 될 수 있다. 따라서 우리 인간과 관련된 것이면 무엇이든 다 글감, 즉 제재가 될 수 있다. 좋은 옷을 만들기 위해서는 좋은 옷감이 필요하듯이 좋은 글을 쓰기 위해서는 좋은 제재(글감)가 있어야 한다.

제재는 어떻게 준비하느냐에 따라 크게 세 가지 경우로 나누어 생각해 볼 수 있다.

첫째는 글쓰는 사람의 지식이나 기억으로 충분한 경우다.

개인적인 경험이나 지식 또는 기억에 의존하여 쓸 수 있는 글이다. 수필이나 일기, 기행문 등이 여기에 해당한다. 그런데 이런 글도 분량이 적을 때는 특별히 제재 수집 절차 없이 지식이나 기억에 의존하여 글을 쓸 수 있지만 분량이 많거나 쓸 내용이 많아지면 제재를 수집하여 개요를 작성하는 과정을 거치는 것이 좋다. 기행문 같은 경우, 보고 들은 것을 일일이 다 기억할 수 없으므로 여행 중에 메모해 두었던 자료나 여행 중에 찍은 사진, 교통 기관 이용권, 숙박 영수증, 기념품 등을 뒤져보고 정리해야 하는 경우도 있다.

둘째는 문헌 조사가 필요한 경우다.

글을 쓰는 사람의 지식이나 기억만으로는 부족하여 다른 사람의 지식이나 생각을 참고해야

할 때 이용하는 방법이다. 이럴 때는 글을 쓰기 전에 자기가 모르는 내용을 구체적으로 참고할 수 있는 책이나 문서를 구해야 한다. 도서관이나 연구실, 서점 등을 뒤지거나 컴퓨터에서 인터넷 검색을 통하여 그런 자료를 구할 수도 있고, 다른 사람에게 그런 자료의 소재를 소개받을 수도 있다. 중요한 자료를 빠짐없이 모아 정확한 자료를 바탕으로 글을 써야 그 글의 가치와 신뢰도가 높아질 것이다. 특히 논문을 작성할 때는 다른 어떤 경우보다 철저한 자료 조사가 요구된다.

셋째는 실험, 현장 조사, 실물 조사, 설문 조사 등이 필요한 경우다. 기존의 문헌에서 원하는 자료를 찾을 수 없을 때는 통신 수단 등을 이용한 간접 조사를 하기도 하지만 사실을 직접 조사해야 한다. 직접 조사에는 전화를 걸어 자료를 확보하는 방법이나 방문을 통하여 직접 조사하는 방법 등이 있다. 현장을 찾아다니며 취재하는 일은 많은 시간과 노력이 들지만 정확한 자료 조사를 위해 노력해야 한다. 자료가 부정확하면 나중에 다른 사람의 재조사를 통하여 비판받을 수 있기 때문이다. 실험을 통해 사실을 확인하는 일도 많은 시간과 노력을 필요로 한다. 실험은 방법에 따라 결과가 다를 가능성이 있으므로 그 실험의 조건, 환경 등에 대하여 자세히 밝혀주어야 한다.


## 3.2 제재가 갖추어야 할 요건


제재는 주제를 드러내기 위한 것으로 글의 성격이나 필자의 의도, 독자의 성격을 고려해야 효과가 있다. 따라서 제재는 다음과 같은 요건을 갖추어야 한다.

첫째, 제재는 주제를 뒷받침하는 것이어야 한다. 제재는 독자에게 주제를 정확하고 효율적으로 전달하는 데 필요한 요소이기 때문에 주제와 관련이 없는 제재는 글을 쓰는 데 아무 소용이 없다. 특히 논리적인 글의 경우 주제를 뒷받침할 수 있다고 판단될 때 논점을 보완하는 자료로서 다음과 같은 것들이 활용된다.

① 설명(정의, 분할, 분류 등의 방법에 의거)
② 비교와 유추
③ 실례와 예화(우화, 체험담, 일화 등)
④ 어떤 사실에 대한 비율, 빈도, 대소, 다소를 나타내는 통계 숫자
⑤ 논증에 도움이 되는 권위자의 학설이나 주장
⑥ 격언이나 속담 등

둘째, 제재는 풍부하고 다양해야 한다. 제재가 풍부하고 다양하면 그만큼 문장이 다채(多彩)로워질 것이지만 자칫하면 이야깃거리의 나열로 산만해지기 쉬우므로 주제를 드러내는 통일성을 깨뜨리지 않도록 주의해야 한다. 풍부하고 다양한 제재는 다양하고 깊이 있는 체험과 독서, 예리한 관찰, 면밀한 조사, 끊임없는 사유, 풍부한 청취, 일화·고사·실화 등의 취재를 통하여 수집될 수 있지만 무엇보다 다양하고 많은 경험과 사색이 바탕을 이루고 있어야 한다.

경험은 우리가 일상 생활에서 몸소 체험한 직접 경험과 독서나 청취, 토론, 사고(思考) 등을 통한 간접 경험으로 나눌 수 있다. 직접 경험은 현장성(現場性)과 생동감(生動感)을 주는 반면 자기가 체험하는 내용은 생생하게 이해되지만 전체를 파악하지 못하는 단점이 있다. 이에 반해 간접 경험은 현장성과 생동감은 다소 모자라지만 전체를 객관적으로 조감(鳥瞰)할 수 있는 장점이 있다. 이 때문에 좋은 글을 쓰기 위해서는 풍부하고 다양한 경험이 필요하게 되는 것이며, 그것은 곧 풍부하고 다양한 제재를 확보할 수 있는 기반이 된다.

셋째, 제재는 확실한 것이어야 한다. 이것은 출처가 분명할 뿐만 아니라 사실에 근거한 제재와 추론이 가해진 제재를 분명하게 구별하여 합리적이고 공평하게 해석된 제재가 수집되도록 노력해야 한다는 것을 의미한다. 제재의 출처가 분명하지 않으면 불신과 오해를 사기 쉽고, 불분명하고 불확실한 자료는 글 전체를 불확실하고 불분명하게 만들 수 있기 때문이다.

넷째, 제재는 필자와 독자가 공통으로 관심을 가지고 있는 것이어야 한다. 필자와 독자가 다같이 흥미를 가지려면 신기성(新寄性), 독창성, 긴장감, 극적 요소, 해학성(諧謔性), 기지(奇智), 친근성, 구체성 등을 느낄 수 있어야 한다. 필자와 독자가 다 같이 흥미를 느낄 만한 제재를 바탕으로 쓴 글은 글을 읽는 사람으로 하여금 신선함과 경이감을 줄 수 있을 것이다.

이상의 각 조건에 알맞은 자료가 수집되면 비로소 글을 쓸 준비가 된 셈이다. 논문 작성의 경우와 같이 자료를 수집하는 데 걸리는 시간과 노력이 집필하는 데 걸리는 시간이나 노력보다 훨씬 많이 필요한 경우도 많다. 좋은 글을 쓰려면 무엇보다 다양하고 정확한 자료를 확보하는 데 우선적인 노력을 기울여야 할 것이다. 좋은 글감은 거저 얻어지는 것이 아님을 명심해야 할 것이다.


## 3.3 제재의 정리


자료가 확보되었다고 바로 글을 쓸 수 있는 것은 아니다. 아무리 다양하고 풍부하게 제재를 수집했다고 하더라도 그것들을 정리해 놓지 않으면 글을 쓰는 동안 불편하거나 자료를 찾는 데 많은 시간이 걸리기 때문이다. 제재의 정리는 내용과 중요성의 정도에 따라 크게 두 가지 기준에 의해 다르게 구분해야 한다. 첫 번째 기준은 내용이 같은 제재는 같은 것들끼리 구분해 두고, 그렇지 않은 자료들은 그것들끼리 구분해 두며, 논점이 같은 자료는 같은 자료끼리 구분해 두고 그렇지 않은 제재들은 그렇지 않은 것들끼리 구분해 둔다는 것이다. 두 번째 기준은 주요 사항이나 주요 논점에 관한 것과 부수 사항과 부수 논점에 관한 것으로 나누어 분류해 두어야 한다는 것이다. 첫 번째의 기준은 글을 쓸 때 일관성과 통일성을 유지시키는 데 도움을 주고, 두 번째 기준은 글의 주제를 명확하게 드러내거나 원고의 분량을 조절하는 데 도움을 줄 수 있다.

그러나 글을 쓸 때 반드시 제재의 정리를 먼저 하고 글의 전체 구성을 나중에 해야 하는 것은 아니다. 글의 종류와 성격에 따라서는 제재 정리와 전체 구성이 뒤바뀔 수도 있고 동시에 진행될 수도 있다. 예를 들면, 기행문이나 보고문 혹은 조사 기록(調査記錄) 등에서는 소재가 먼저 생기고 문장 전체의 구성에 대한 계획은 나중에 생기기 마련이지만, 논설문 등에서는 계획이 먼저 서고 그 계획에 따라 자료를 정리하는 것이 보통이다.


## 4. 개요와 개요 작성


주제와 참주제가 선정되고 제재들이 수집되면 그 제재들을 어떻게 배열할 것인가에 대하여 생각하게 된다. 일반적으로 주제를 선정하고 제재를 모을 때부터 글 전체의 틀을 어떻게 구성할 것인지를 구상하게 된다. 짧은 글일 경우에는 글의 전체적인 윤곽을 머릿속에 생각하고 그에 따라 글을 쓸 수도 있지만, 긴 글을 쓸 경우에는 머릿속의 기억이나 어렴풋한 윤곽만으로는 한계가 있기 때문에 정리된 글의 윤곽을 종이에 적어가며 정리하는 것이 필요하다.

원고지에 글을 쓰기 전에 미리 만들어 놓은 글의 윤곽을 개요 또는 아우트라인(outline)이라고 한다. 글의 개요를 건축에 비유하면 일종의 청사진 또는 설계도라고 할 수 있다. 머릿속으로 정리해 놓은 윤곽에 맞추어 글을 쓰다가 보면 주제에서 벗어나거나 글의 배열 순서가 부적절하게 될 수도 있고, 또는 어느 한 쪽으로 이야기가 치우칠 수 있기 때문에 글을 써 나가기 전에 어떤 내용을 어떤 순서로 배열할 것인지 미리 골격을 짜 놓음으로써 글을 더 수월하고 짜임새 있게 써 나갈 수 있다는 것이 개요를 작성하는 취지다.

글의 골격을 세우는 과정에서 어떤 일을 체계화하는 힘과 조직화하는 힘을 길러주는 효과도 있다. 즉 개요 작성은 체계적으로 사고하는 힘을 키워주기도 한다. 제재를 배열하여 한 편의 글로 완성하는 것은 논리적인 순서를 찾는 일이기 때문에 그것을 이리 저리 배열하여 그 틀을 짜 보는 작업은 우리의 사고력을 기르는 데 크게 도움을 준다.

개요의 작성은 다른 사람의 글을 요점정리 하는 과정에서도 큰 도움을 준다. 두꺼운 책이나 긴 논문을 주제문만 뽑아 놓거나 몇 개의 중요한 용어만 메모해 두는 것보다 개요를 작성해 두는 것이 나중에 대의를 파악하거나 내용을 기억하는 데 더 효과적이기 때문이다.

개요의 작성은 자기가 글을 쓸 때에도 유용하지만 다른 사람이 써 놓은 글을 이해하는 데에도 커다란 도움이 된다. 글을 쓰는 과정을 거꾸로 거슬러 가면 다른 사람이 써 놓은 글의 작성 과정을 이해할 수 있다. 다른 사람 글의 개요를 작성함으로써 그 글의 골격과 제재를 파악할 수 있고 그것을 통하여 주제를 파악할 수 있기 때문이다. 다른 사람의 글에서 개요를 작성해 보는 작업을 통하여 앞으로 자기가 글을 쓸 때에 어떻게 틀을 짤 것인가에 대한 도움을 얻을 수도 있다.


## 4.1 개요 작성의 요령

개요를 작성하려면 먼저 글의 기본 구도를 염두에 두고 글에 포함될 만한 내용들을 생각나는 대로 나열해 보는 것이 좋다. 글의 구조는 내용이나 종류에 따라 다르겠지만 대체로 서론, 본론, 결론의 구조를 가지지만 글의 크기에 따라 본론을 다시 하위류로 가르기도 한다. 시간적 순서에 따라 제재를 배열하는 기행문이나 체험담, 또는 어떤 사물의 형태나 구조에 대한 설명문과 같이 제재를 공간적 질서에 따라 배열하는 경우에도 내적으로는 서론, 본론, 결론의 형식을 취하게 된다.

서론은 글의 도입 또는 서두 부분에 해당한다. 소설의 경우 발단이 여기에 해당한다. 여기에서는 대체로 화제를 제시하거나 문제를 제기한다. 또는 글을 쓰게 된 배경이나 의도를 나타내기도 한다. 이 부분은 독자들이 글을 읽도록 유도하는 기능도 가지고 있으므로 독자들의 관심을 유발할 수 있도록 특별히 유념할 필요가 있다.

본론은 서론에서 제기된 문제를 하나하나 풀어나가는 부분에 해당한다. 서론에서 얻어낸 독자들의 관심을 유지하면서 이야기를 이끌어 나가야 한다. 본론 부분은 서론이나 결론에 비해 그 내용이 많으므로 서너 개의 하위류로 나뉘는 것이 보통이다. 본론을 몇 개의 하위류로 구성하느냐에 따라 이른바 삼단 구성, 사단 구성 또는 오단 구성이나 그 이상이 될 수 있는데 이는 글의 성격이나 규모에 따라 결정될 문제다. 그러나 이 하위류들이 글의 주제에 얼마만큼 그리고 어떻게 부합하는지에 대하여도 주의를 기울여야 한다. 따라서 본론에 기술할 제재는 같은 논점이나 같은 내용끼리 묶어 하나의 하위류에 배열하는 것이 좋다. 예를 들어 자기를 소개하는 글을 쓰기 위한 제재로 다음과 같은 것이 있다고 하자.

① 나는 사색을 좋아한다.
② 나는 무슨 일을 하려면 주위가 깨끗해야 한다.
③ 나는 적은 수의 친구를 깊이 사귀고 한 번 사귀면 오래 간다.
④ 나는 등산을 좋아한다.
⑤ 나는 화초 기르는 것과 동물 기르는 것을 좋아한다.
⑥ 나는 매주 영화를 한 편 이상 감상을 하지 않고는 못 배긴다.
⑦ 나는 눈이 작다.

자기를 소개하는 글의 본론에 위와 같은 내용을 제재로 삼을 경우 이들을 두서없이 섞어서 배열하면 글이 산만해지기 쉽다. 위의 제재 가운데 ①~③은 자기의 성격에 대한 것이므로 하나로 묶고, ④~⑥은 취미에 대한 것이므로 역시 하나로 묶어 본론의 하위류로 삼을 수 있을 것이다. 그런데 ⑦은 다른 것과 내용이 다르므로 별도의 하위류로 삼아야 하는데 그러기에는 내용이 너무 빈약하다. 이럴 때는 아깝지만 이 제재를 버리거나 다른 제재, 예컨대 키가 작다든가 곱슬머리라든가 힘이 세다든가와 같은 신체적인 조건에 대한 제재를 추가하여 또 하나의 하위류로 만드는 것이 좋다.

결론은 논설문이나 설명문처럼 논리적인 글에서는 대개 본론에서 다루었던 내용을 종합하여 제시한 다음 앞으로의 전망이나 남은 문제를 언급하면서 마무리하는 부분에 해당한다. 개요를 작성할 때 무엇으로 결말 부분을 삼을 것인지에 대하여 미리 정해두는 것이 필요하다.

이 외에도 글의 구성에는 나열식 구성, 점층식 구성, 점강식 구성 등이 있다. 나열식 구성은 주로 어떤 생각이나 사실을 간단하게 진술할 때 이용하는 구성 방법으로 제재를 하나씩 차례로 나열할 때 사용된다. 점층식 구성은 제재의 중요도가 낮은 것으로부터 중요도가 높은 것으로 배열하는 방법이고 점강식 구성은 그와 반대로 제재를 배열하는 것이다.

어떤 구성의 글이든 간에 전체적인 균형을 고려하는 것을 잊지 말아야 한다. 글도 하나의 유기체라고 할 수 있기 때문에 어느 한 쪽으로 치우치거나 어느 한 쪽이 부족하면 기형적인 글이 될 수 있기 때문이다.

## 4.2 개요의 형식

  개요는 글의 종류나 분량에 따라 얼마간 다르겠지만 각각의 제재에 대하여 어떤 내용을 어느 정도의 분량으로 쓸 것인가를 고려하여 작성해야 한다. 개요는 기본적으로 계층적인 구성이 되도록 짜야 좋지만 짧은 글이나 나열식 구성의 글에서는 평면적인 구성이 되도록 짤 수도 있다. 계층적인 구성은 상위 항목과 하위 항목이 체계적으로 짜여 있는 것을 말한다. 예를 들어, 「우리나라의 기후와 꽃」이라는 제목으로 글을 쓴다면 이 글의 개요는 다음과 같이 짤 수 있을 것이다.

Ⅰ. 기후와 꽃의 상관 관계
Ⅱ. 우리나라의 기후
  1. 봄
  2. 여름
  3. 가을
  4. 겨울
Ⅲ. 우리나라의 꽃
  1. 봄에 피는 꽃
    A. 한 해 살이 꽃
    B. 여러 해 살이 꽃
  2. 여름에 피는 꽃
    A. 한 해 살이 꽃
    B. 여러 해 살이 꽃
  3. 가을에 피는 꽃
    A. 한 해 살이 꽃
    B. 여러 해 살이 꽃
  4. 겨울에 피는 꽃
    A. 한 해 살이 꽃
    B. 여러 해 살이 꽃
Ⅳ. 우리나라의 기후와 꽃의 특징

  위의 개요는 Ⅰ, Ⅱ, Ⅲ, Ⅳ가 같은 층위를 이루고 1, 2, 3, 4는 그것대로 같은 층위를 이루며, A, B는 또 그것대로 같은 층위를 이루고 있음을 알 수 있다. 이것을 다음과 같은 구성으로 짠다면 우리의 사고 체계와도 맞지 않고 글을 조직적으로 구성하는 길잡이 역할도 하지 못할 것이다.

      1. 기후와 꽃의 상관 관계
      2. 한국의 기후
      3. 봄
      4. 여름
      5. 가을
      6. 겨울
      7. 한국의 꽃
      8. 봄에 피는 꽃
      9. 여름에 피는 꽃
     10. 가을에 피는 꽃
     11. 겨울에 피는 꽃
     12. 우리나라의 기후와 꽃의 특징

이와 같이 개요를 짤 때는 각 항목의 관계가 대등한 관계인지 주종 관계인지를 가려 층위를 짜는 일이 중요하다. 완결된 개요에는 제목과 주제문이 있는 것이 원칙이다. 「술의 장점과 단점」이라는 제목으로 작성한 다음의 개요는 형식이 잘 갖추어진 것으로서 학생들이 개요를 짤 때 본보기로 삼아도 좋을 것이다.

제　목 : 술의 장점과 단점
주제문 : 술은 부분적으로 효용이 있으나 대체로 우리에게 해롭다.
개　요 :
Ⅰ. 술과 인간과의 관계(서론)
Ⅱ. 술의 장점
  A. 정신면
    1. 괴로움의 망각
    2. 상상의 촉진
  B. 생활면
    1. 기분 전환
    2. 사교 및 향연의 흥취
    3. 노동자의 작업 능률 향상
  C. 생리면
    1. 혈액 순환의 촉진

    2. 긴장된 신경의 이완 - 피로 회복
Ⅲ. 술의 단점
  A. 정신면
    1. 의지 박약자의 도구화
    2. 기억력의 감퇴
  B. 생활면
    1. 과용- 시간 낭비
    2. 주벽의 발생
    3. 관련된 사무의 지연
  C. 생리면
    1. 중독의 우려
    2. 다른 질병과의 합병증 유발
Ⅳ. 술에 대한 우리의 태도와 실천 방안(결론)

요즈음에는 원고지에 글을 쓰기보다는 컴퓨터를 이용하여 한글 워드프로세서로 문서를 작성하는 것이 일반화되어 있다. 한글 문서편집기인 「훈글」에는 개요 번호의 모양을 선택할 수 있어 글을 쓰기에 편리하게 되어 있다. 문서편집기의 고급 사용자라면 스타일을 이용하여 개요와 문자를 자기가 쓰는 글에 맞게 지정하여 사용할 수도 있을 것이다.

참고로 개요의 모양을 제시하면 다음과 같다.

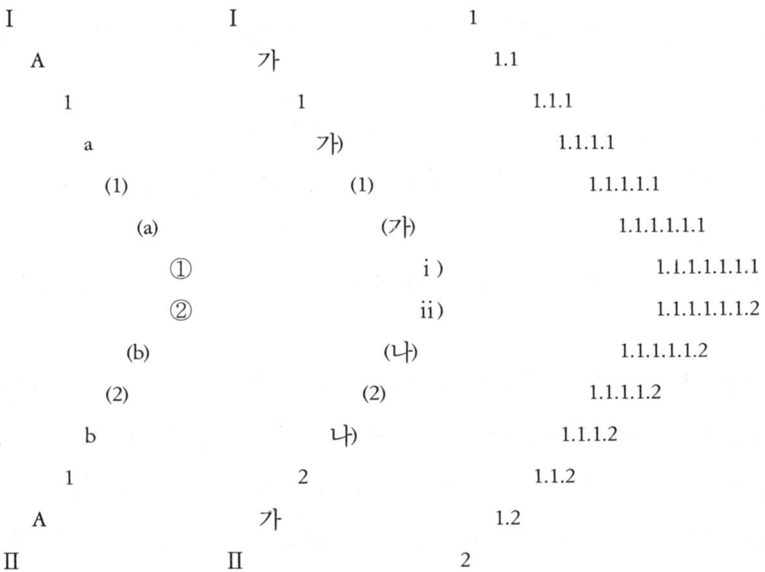

논문과 같이 긴 글이라면 더 여러 층의 하위류가 생길 것이다. 개요를 작성할 때 동원되는 숫자나 부호는 일관성만 있으면 어느 것으로 바꾸어 써도 좋지만 일관성이 있어야 한다. 다만 괄호가 없는 것이 상위에 쓰이고 원문자가 괄호보다 하위에 쓰이는 것이 원칙이다. 기호나 괄호를 이용하는 대신 1.1, 1.2나 1.1.1, 1.1.2 등과 같이 한 층위씩 아래의 것을 표시할 수도 있는데 어떤 체계를 쓸 것인가보다는 대등한 내용은 같은 계열의 숫자나 기호에 배치하는 것이 중요하다. 주의할 점은 개요를 층위적으로 작성할 때 어느 층위에 한 항목밖에 없을 때는 그 층위는 설정하지 말아야 한다는 것이다. 즉 Ⅰ 밑에 A 밖에 없을 때는 A를 설정할 필요가 없고 A 밑에 1 하나밖에 없을 때도 1은 설정하지 말아야 한다. A와 대등한 짝인 B나 C가 있을 때 A를 설정할 수 있는 것이고, 1과 대등한 짝인 2나 3이 있을 때 1을 설정할 수 있는 것이다.

아주 긴 글을 쓰거나 오랜 기간에 걸쳐 글을 쓰는 경우는 집필 도중에 개요를 수정할 일이 생기기도 한다. 집필 도중이라도 글 전체의 균형과 자기의 능력을 고려하여 개요를 자꾸 다듬으면 더욱 좋은 글을 쓸 수 있게 된다.


## 4.3 개요의 유형


개요는 그것을 이루고 있는 문장의 성격에 따라 몇 가지로 나뉜다.

첫째, 열거식 개요가 있다. 열거식 개요는 나열식 구성에 적합한 것으로 제재들을 동등하게 차례로 배열하는 것이다.

둘째, 화제 개요가 있다. 화제 개요는 단어나 어구로 이루어진 것이다.

셋째, 문장 개요가 있다. 문장 개요는 개요 하나하나가 완결된 문장으로 짜여진 것으로 가장 완전하고 세련된 형식이다.

넷째, 단락 개요가 있다. 단락 개요는 개요의 하나하나가 실제 글의 한 단락을 요약해 놓은 것이다.

이상의 네 가지 개요 유형 가운데 가장 많이 쓰이는 것이 문장 개요이고 그 다음이 화제 개요다. 문장 개요가 글의 내용과 방향을 훨씬 더 분명하게 지시해 주고 더 크게 또 직접적으로 도움을 준다는 점에서 가장 많이 쓰인다. 한 가지 주의할 점은 어떤 개요이든 한 가지 형식으로 일관되게 써야 한다는 것이다. Ⅰ에서는 화제 개요로 쓰고 Ⅱ에서는 문장 개요로 쓰는 것은 바른 태도가 아니다. 화제 개요에서도 '서론, 본론, 결론' 등의 이름을 표면화시키는 것은 좋지 않다. 특히 본론의 경우는 구체적인 내용으로 개요를 마련하는 것이 필요하다.

앞에서 예로든 「술의 장점과 단점」에 대한 화제 개요를 문장 개요로 바꾸면 다음과 같다.

제  목 : 술의 장점과 단점
주제문 : 술은 부분적으로 효용이 있으나 대체로 우리에게 해롭다.
개  요 :
Ⅰ. 술은 인간과 밀접한 관계가 있다.
Ⅱ. 술은 여러 가지 면에서 인간에게 이롭다.
  A. 술은 정신적인 면에서 인간에게 많은 도움을 준다.
    1. 술은 인간의 괴로움을 잊게 해 준다.
    2. 술은 인간의 상상력을 촉진시킨다.
  B. 술은 인간의 생활 면에서도 많은 도움을 준다.
    1. 술은 기분 전환에 도움을 준다.
    2. 술은 사교에 도움을 주며 향연의 흥취를 돋운다.
    3. 술은 노동자의 작업 능률을 향상시킨다.
  C. 술은 인간의 생리 면에서도 많은 도움을 준다.
    1. 술은 혈액 순환을 도와준다.
    2. 술은 긴장된 신경을 이완시키고 피로 회복에 도움을 준다.
Ⅲ. 술은 여러 가지 면에서 인간에게 해롭다.
  A. 술은 정신적인 면에서 인간에게 해로움을 끼친다.
    1. 술은 의지 박약자의 도구가 될 수 있다.
    2. 술은 지나치게 자주 마시면 기억력을 감퇴시킨다.
  B. 술은 인간의 생활 면에서도 해로움을 끼친다.
    1. 술을 많이 마시면 시간을 낭비하게 된다.
    2. 주벽이 생기면 다른 사람들에게 피해를 준다.
    3. 술기운 때문에 관련된 사무의 처리가 지연될 수 있다.
  C. 술은 생리적인 면에서도 해로움을 끼친다.
    1. 술을 너무 많이 마시면 알코올 중독에 걸릴 수 있다.
    2. 술은 다른 질병과 합병증 유발하거나 다른 질병을 악화시킬 수 있다.
Ⅳ. 술은 적당히 마시는 것이 중요하다.

이상의 내용을 종합하면 개요는 다음과 같은 형식상의 요건을 갖추어야 한다.

첫째, 개요는 계층적으로 작성해야 한다.

둘째, 개요 번호는 일관성 있게 달아야 한다.

셋째, 어느 층위에 항목이 하나밖에 없으면 그 항목은 설정하지 않는다.

넷째, 화제 개요와 문장 개요를 섞어 쓰지 않아야 한다.

다섯째, 상위 항목과 하위 항목의 제목이 같아서는 안 된다.

여섯째, 항목의 제목은 막연하게 표현하기보다 구체적으로 표현하도록 한다.


## 5. 집필

개요의 작성이 끝나면 다음 단계로 집필을 하게 된다. 집필은 앞서의 건축에 비유하면 설계도에 따라 실제로 집을 짓는 과정이라고 할 수 있다. 개요를 바탕으로 바로 집필이 완료되기보다는 중간 단계를 거치는 것이 보통이다. 이 중간 단계를 초고 작성이라고 한다. 가벼운 내용을 담거나 길이가 짧은 글에서는 초고를 작성하지 않아도 되겠지만, 논문과 같이 논리성을 생명으로 삼는 글이나 긴 글을 쓸 때는 초고를 작성하는 것이 바람직하다. 가벼운 수필과 같은 글에서는 개요를 작성하는 것으로 초고 작성을 대신할 수도 있지만 길이가 짧거나 내용이 가벼운 글도 초고를 작성하면 그만큼 글이 좋아지게 된다.

집필의 방법과 요령은 글의 규모나 글을 쓰는 의도에 따라 달라질 수도 있고, 글쓰는 사람의 성격이나 습관에 따라 달라질 수도 있다. 긴 글이라고 해서 반드시 어렵고 짧은 글이라고 해서 반드시 쉬운 것은 아니다. 장편 소설도 대략적인 개요만 작성해 놓은 다음 쓰는 작가가 있는 반면 원고지 서너 장 정도의 짧은 글도 초고를 작성하는 필자도 있다. 그러나 초고를 바탕으로 쓴 글이 초고 없이 쓴 글보다 안정감이 있고 균형을 이루는 것은 물론이고 오류가 적게 발견될 것임은 자명하다. 절대적인 집필 원칙과 방법이 있는 것은 아니다. 글의 양식이나 길이, 글쓰는 사람의 처지나 의도 또는 습관에 따라 집필 방법이 달라질 수 있기 때문이다.


## 6. 퇴고

집필이 끝났다고 해서 글쓰기가 모두 끝난 것은 아니다. 글을 다 쓴 다음 재차 읽어가면서 미흡한 곳을 보완하고 잘못된 곳을 고치는 작업이 필요한데 이 과정을 퇴고(推敲)라고 한다.

예전에는 집필을 마치고 나면 따로 퇴고하는 과정을 가지는 것이 일반적이었는데 요즈음에는 컴퓨터로 글을 쓰게 되면서 집필과 퇴고가 동시에 이루어지는 것이 보통이다. 컴퓨터의 속성상 집필하는 도중에 수정하는 것이 쉽기 때문에 그만큼 퇴고의 부담이 줄어든 것이다. 그렇다고 원고 전체를 완성하고 나서 다시 읽으면서 고치는 퇴고의 과정을 생략할 수는 없다. 컴퓨터로 글을 쓰게 된 다음부터 문장이 더 안 좋아졌다는 말을 많이 듣게 되는데 그것은 집필 도중에 퇴고가 가능하게 되면서 퇴고의 과정을 간소화했기 때문이라고 할 수 있다. 퇴고를 간소화하려면 그만큼 집필 도중에 더 공을 들여야 할 것이다.

우리가 읽는 고전 작품들도 한 편의 좋은 글을 남기기 위해 얼마나 고심하고 노력했는지 여러 기록을 통해 확인할 수 있다.

당나라의 소동파(蘇東坡)가 「적벽부(赤壁賦)」를 지었을 때 친구가 찾아와 읽어보고 며칠만에 지었느냐고 물으니까 「며칠은 무슨 며칠, 이제 방금 끄적거려 본 것인데…」라고 대답했다는 것이다. 그러나 소동파가 잠시 밖으로 나간 사이 자리 밑에 불룩 나온 곳을 들춰보니 여러 날을 두고 고치고 고친 초고가 한아름이나 쌓여 있었다는 말이 있다. 고치면 고칠수록 좋아지는 것이 문장의 진리다. 소동파와는 반대로 구양수(歐陽修)는 공공연하게 퇴고를 자랑하였다고 하는데, 초고는 반드시 벽에 붙여놓고 들어가고 나올 적마다 읽어보고 고쳤다고 한다.

톨스토이는 악필가(惡筆家)여서 그의 글씨는 부인밖에 알아보지 못했다고 한다. 그래서 톨스토이가 쓴 것을 부인이 청서(淸書)하면 톨스토이가 퇴고하고 다시 부인이 청서하고 또 톨스토이가 고치기를 일곱 차례나 반복한 끝에 저 유명한 『전쟁과 평화』를 완성했다고 한다. 이 역시 시간적인 여유를 가지고 글을 계속 고치고 다듬는 퇴고의 중요성을 말해주는 일화다.

글을 잘 쓰는 사람들은 사기가 쓴 원고를 한동안 묵혀두었다가 다시 꺼내 읽어보아야 퇴고를 잘 할 수 있다고 말한다. 이제 막 완성한 글을 그 자리에서 다시 읽어보면 오류가 잘 발견되지 않기 때문에 자기의 글을 객관적으로 살펴볼 수 있는 시간이 필요하다는 말이다. 원고 마감 시간을 고려하여 집필을 미리 끝내야 퇴고할 시간적 여유가 생긴다는 점을 명심해야 할 것이다.

퇴고는 자기가 써 놓은 글을 다시 읽으면서 고치고 다듬는 작업이다. 써 놓은 글을 고치고 다듬을 때는 세 가지 원칙에 입각하여 한다. 첫째, 불필요한 단어나 문장은 빼버림으로써 글 전체의 통일성과 긴밀성을 높여야 한다. 이것을 삭제의 원칙이라고 한다. 둘째, 꼭 필요한 내용인데 빠져 있거나 불충분하게 기술된 부분이 있으면 첨가하거나 보충해야 한다. 이것을 첨가의 원칙이라고 한다. 셋째, 글 전체의 주제를 좀더 명료하게 드러내기 위해 필요하면 문장이나 단락을 재구성해야 한다. 이것을 구성의 원칙이라고 한다. 이 세 가지 원칙을 한마디로 말하면 첨삭(添削)과 수정(修正)이라고 할 수 있다.

퇴고의 이 세 가지 원칙은 글을 쓴 사람이 전달하려는 주제를 글의 각 요소들이 체계적으로 뒷받침하고 있는지를 확인하는 기준이 된다. 글이 곁가지로 흐르거나 엉뚱한 쪽으로 비화되는 것을 방지하고 일관되게 주제를 드러내도록 하며, 글을 이루는 하나하나의 요소들이 정확하게 표현되었는가를 점검하는 것이 퇴고다. 전자를 거시적인 관점에서의 퇴고라고 하고 후자를 미시적인 관점에서의 퇴고라고 할 수 있다.

거시적인 관점에서 퇴고를 할 때는 '① 주제는 잘 부각되었는가? ② 각 단락의 화제가 뚜렷하고 충분히 전개되어 있는가? ③ 단락 사이의 긴밀성이 유지되어 있는가? ④ 글이 어느 한쪽으로 치우쳐 있지 않는가? ⑤ 글의 흐름이 매끄러운가? ⑥ 난해하거나 군더더기는 없는가? ⑦ 불필요한 부분이 들어 있지는 않은가?' 등에 유의해야 하며, 미시적인 관점에서 퇴고를 할 때는 '① 문장들이 문법적으로 정확한가? ② 부적절한 단어가 쓰인 것은 없는가? ③ 오자, 탈자, 맞춤법의 오류, 잘못된 구두점은 없는가? ④ 표현은 적절하게 되었는가? ⑤ 글의 효과나 맛을 높이기 위해 좀더 나은 문체로 바꿀 곳은 없는가?' 등에 유의해야 한다.

글은 작은 부분들이 모여서 좀더 큰 부분을 이루고 그것들이 모여 전체를 구성한다. 따라서 단어 하나, 문장 하나가 잘못 쓰이면 결국은 글 전체가 잘못된다는 점을 명심해야 한다.

그러나 실제로 퇴고하는 과정에서는 위의 유의 사항보다 더 다양한 시각과 문제 의식이 동원되게 된다. 특히 자기의 글을 대상으로 퇴고를 할 때의 '좋은 글'은 지극히 주관적인 판단에 따르므로 더욱 주의를 기울여야 한다. 따라서 위에 제시한 원칙과 유의 사항을 지켜 퇴고를 했다고 모든 일이 끝났다고 자신해서는 안 될 것이다.

참고로 기독교의 주기도문(主祈禱文)의 퇴고 과정은 번역상의 문제를 중심으로 퇴고한 것이기는 하지만 퇴고의 중요성을 알려주는 좋은 예가 될 것이다.

주기도문은 1887년에 번역된 이래 여러 번 고쳐졌는데 다음의 (가)는 1937년의 것으로 가장 널리 알려진 번역이다. (나)는 1956년의 주기도문인데 1967년의 주기도문 (다)의 밑바탕 글이다. (다)는 (나)에서 '아버지여'의 호격조사를 빼고, '이름, 나라, 뜻' 앞에 '아버지의'를 넣고, '오늘날'을 '오늘'로 고치고, '죄지은 자'의 '자'나 '죄를 사하여'의 '사하다' 등의 고어투를 현대어로 고치고, '시험에 들다'를 '유혹에 빠지다'로 고쳐 뜻을 명료하게 한 것이 특징이다.

주기도문은 이 후에도 계속 새 번역이 나오고 있다. 가령, '아버지의 뜻이 하늘에서 이루어진 것 같이 땅에서도 이루어지옵소서'를 '아버지의 뜻이 하늘에서와 같이 땅에서도 이루어지옵소서'로 고치고 있다. '이루어진다'가 반복되지 않도록 간결하게 바꾼 것이다.

1977년에 간행된 공동번역 성서에는 주기도문이 다음의 (라)와 같이 번역되어 있다. 역시 퇴고의 과정이 끝이 없다는 것을 말해준다.

(가) 하늘에 계신 우리 아버지, 이름을 거룩하게 하옵시며, 나라이 임하옵시며, 뜻이 하늘에서 이룬 것 같이 땅에서도 이루어지이다. 오늘날 우리에게 일용할 양식을 주옵시고, 우리가 우리에게 죄지은 자를 사하여 준 것 같이 우리 죄를 사하여 주옵시고, 우리를 시험에 들지 말게 하옵시고, 다만, 악에서 구하옵소서. 대개 나라와 권세와 영광이 아버지께 영원히 있사옵나이다. 아멘.

(나) 하늘에 계신 우리 아버지여, 이름이 거룩히 여겨짐을 받으시오며, 나라가 임하시오며, 뜻이 하늘에서 이루어진 것같이 땅에서도 이루어지옵소서. 오늘날 우리에게 일용할 양식을 주시옵고, 우리가 우리에게 죄 지은 자를 사하여 준 것같이 우리 죄를 사하여 주시옵고, 우리를 시험에 들지 말게 하시옵고, 다만, 악에서 구하시옵소서. 대개 나라와 권세와 영광이 아버지께 영원히 있사옵나이다. 아멘.

(다) 하늘에 계신 우리 아버지, 아버지의 이름을 거룩히 받들게 하시오며, 아버지의 나라가 임하시오며, 아버지의 뜻이 하늘에서 이루어진 것같이 땅에서도 이루어지옵소서. 오늘 우리에게 필요한 양식을 주시옵고, 우리에게 죄지은 사람들을 우리가 용서한 것같이 우리의 죄를 용서하시옵고, 우리를 유혹에 빠지지 않게 하시옵고, 악에서 구원하여 주시옵소서. 나라와 권세와 영광이 영원하도록 아버지의 것이옵니다. 아멘.

(라) 하늘에 계신 우리 아버지 온 세상이 아버지를 하느님으로 받들게 하시며 아버지의 나라가 오게 하시며 아버지의 뜻이 하늘에서와 같이 땅에서도 이루어지게 하소서. 오늘 우리에게 필요한 양식을 주시고 우리가 우리에게 잘못한 이를 용서하듯이 우리의 잘못을 용서하시고 우리를 유혹에 빠지지 않게 하시고 악에서 구하소서. 나라와 권세와 영광이 영원토록 아버지의 것입니다. 아멘.


최근에 노래로도 작곡되어 사람들 사이에 애송되고 있는 정지용의 시 「향수」도 퇴고의 흔적을 분명하게 보여준다. 정지용의 시 「향수」는 1923년 3월에 쓰고 1927년 『조선지광(朝鮮之光)』 3월호에 발표한 것이다. 이 시가 1935년에 발간된 『정지용시집(鄭芝溶詩集)』과 1946년에 발간된 『지용시선(芝溶詩選)』에도 수록되어 있다.


「鄕愁」

넓은 벌 동쪽 끝으로
옛니야기 지줄대는 실개천 이 회돌아 나가고
얼룩백이 황소 가
해설피 금빛 게으른 울음 을 우는 곳.
그 곳 이 참하 꿈 엔들 니칠니야.

질화로 에 재 가 식어 지면
뷔인 바 테 밤ㅅ바람 소리 말 을 달니고.
엷은 조름 에 겨운 늙으신 아버지
집벼개 를 도다 고이시는 곳.
그 곳 이 참하 쑴 엔들 니칠니야.

흙 에서 자란 내 마음
파아란 한울 비치 그립어 서
되는대 로 쏜 화살 을 차지려
풀섭 이슬 에 함추름 휘적시 든 곳.
그 곳 이 참하 쑴 엔들 니칠니야.

傳說바다 에 춤 추는 밤물결 가튼
검은 귀밋머리 날니 는 누의 와.
아무러치 도 안코 엽블것 도 업는
사철 발 버슨 안해 가
싸가운 해쌀 을 지고 이삭 줏든 곳.
그 곳 이 참하 쑴 엔들 니칠니야.

한울 에는 석근 별
알수 도 업는 모래성 으로 발 을 옴기고.
서리 싸막이 우지짓 고 지나가는 초라한 집 웅
흐릿한 불비체 돌아안저 도란도란 거리는 곳.
그 곳 이 참하 쑴 엔들 니칠니야.            <『조선지광』, 1927년 3월호>

「鄕愁」

넓은 벌 동쪽 글으로
옛이야기 지줄대는 실개천이 회돌아 나가고.
얼룩백이 황소가
해설피 금빛 게으른 울음을 우는 곳.
그 곳이 참하 꿈엔들 잊힐리야.

질화로에 재가 식어지면
뷔인 밭에 밤바람 소리 말을 달리고
엷은 졸음에 겨운 늙으신 아버지가

짚벼개를 돌아 고이시는 곳.
그 곳이 참하 꿈엔들 잊힐리야.


흙에서 자란 내 마음
파아란 하늘 빛이 그립어
함부로 쏜 활살을 찾으려
풀섶 이슬에 함추름 휘적시든 곳.
그 곳이 참하 꿈엔들 잊힐리야.


傳說바다에 춤추는 밤물결 같은
검은 귀밑머리 날리는 어린 누의와
아무러치도 않고 여쁠 것도 없는
사철 발벗은 안해가
따가운 해ㅅ살을 등에지고 이삭 줏던 곳.
그 곳이 참하 꿈엔들 잊힐리야.


하늘에는 석근 별
알수도 없는 모래성으로 발을 옮기고
서리 까마귀 우지짖고 지나가는 초라한 집웅.
흐릿한 불빛에 돌아 앉어 도란 도란 거리는 곳.
그 곳이 참하 꿈엔들 잊힐리야.　　　　　<『정지용 시집』, 시문학사, 1935 >


　　제3연의 '그립어 서'와 '되는대 로'가 '그립어'와 '함부로'로 바뀌었고, '화살 을'과 '휘적시든'이 '활살을'과 '휘적시던'으로 바뀌었으며, 제2연의 '아버지'는 '아버지가'로 바뀌었다. 제4연의 '누의 와'와 '해쌀 을 지고'는 '어린 누의와'와 '해ㅅ살을 등에 지고'로 의미와 음절수를 고려하여 조절되었다. 또한 합용병서로 표기되었던 제1연의 '동쪽'과 '끝' 제4연의 '싸가운'과 제5연의 '까낙이'가 그리고 후렴구의 '꿈'이 각각 '동쪽'과 '끝' 및 '따가운'과 '까마귀' 및 '꿈'과 같이 각자병서로 표기되었으며, 제1연의 '씌트 로, 우름 을'이 '끝으로, 울음을'로, 제2연의 '바 테, 조름 에'가 '밭에, 졸음에'로 제4연의 '밤물결 가튼, 발 버슨'이 '밤물결 같은, 발벗은'으로 분철 표기되었고 조사와 어미를 붙여쓰고 있다. 이 외에도 맞춤법과 띄어쓰기를 고려한 퇴고의 흔적을 여러 군데서 발견할 수 있다.

　　위의 두 시를 대비해 보면 원고를 작성하는 일 못지 않게 퇴고 역시 중요하고 힘들다는 것을 알 수 있다. 그러나 초고를 작성한 다음 그것을 많이 다듬고 고칠수록 글이 더욱 좋아지게 된다는 사실에는 변함이 없을 것이다.

1. 다음 가주제를 바탕으로 하여 두 개 이상의 참주제(한정된 주제)를 설정해 보라.
   (1) 꽃   (2) 연애   (3) 친구   (4) 여름   (5) 오해   (6) 자취   (7) 교양

2. 대학 사회의 제도나 관습 가운데 꼭 고쳐야 한다고 생각되는 내용 두 가지를 골라 구체적이고 작은 주제로 설정해 보라. 한 가지 주제에 대하여 단어, 구, 문장의 형태로 나타내 보라.

3. 위 1번에서 설정한 참주제를 바탕으로 주제문을 작성해 보라.

4. 다음 글의 각 단락에 대하여 소주제문을 작성해 보고 그것을 바탕으로 글 전체의 주제문을 작성한 다음 주제문을 바탕으로 참주제를 추출해 보라.

   미국 평화 봉사단의 목적은 두 가지로 볼 수 있다. 하나는 상대 국가에 대한 봉사를 통한 우호의 증진을 꾀하는 일이다. 다른 하나는 미국 젊은이로 하여금 외국 문화권에 대한 접촉을 하도록 하는 일이다. 이 두 가지는 세계에 대한 지도력을 유지하고 발전시키려는 미국이 노리고 있는 일거양득의 목표이다.

   "봉사를 통한 우호의 증진"은 미국의 평화적이고 문화적인 원조 계획의 하나다. 이차 대전 뒤로 미국은 세계의 여러 나라에 경제적으로나 군사적으로 원조를 해 왔다. 전쟁으로 해를 입은 유럽 여러 나라, 아세아의 이른바 개발 도상국들에 미국은 막대한 원조를 했으며, 공산 세력과 맞서도록 군사 원조도 숱하게 했다. 그런데 1960년대에 접어들면서 그러한 경제, 군사의 원조가 점차 줄거나 끊기면서 나타난 것이 평화 봉사단이다. 우방 여러 나라와 우호를 계속해서 높이고 상부 상조가 필요했기 때문이었다.

   "외국 문화권에 대한 접촉"은 미국 젊은이로 하여금 경험과 시야를 넓혀서 미래 지도자의 자질을 갖추게 하는 계획의 하나이다. 사람이란 자신을 바로 알고, 또 바른 인생관이나 세계관을 세우려면 남을 알고 세계를 두루 경험해야 한다. 그릇은 넓고 깊을수록 가치가 있듯이, 앞으로 미국을 짊어지고 세계를 주름잡을 수 있는 인재는 젊어서부터 세계의 문화권들을 이해하고 체험하는 것은 거의 필수적이라 할 것이다. 이런 점에서 미국 정부는 주는 데에 그쳤던 경제와 군사 원조 대신에 미국 젊은이들의 '봉사활동'을 선물로 보내면서 그들의 산 경험에서 얻은 과실을 반대 급부로 삼고자 한 것이다.

5. 다음 주제를 바탕으로 글을 쓰려고 한다. 주제를 뒷받침하기 위하여 어떤 자료를 모아야 할지 그 목록을 작성해 보라.
   (1) 우리나라의 교통수단              (2) 텔레비전의 순기능과 역기능

6. 위 5번의 주제에 대하여 모은 자료 목록을 바탕으로 개요를 작성해 보라.

7. 다음의 두 글을 읽고 잘못된 부분을 지적하고 수정해 보라.

　　　모시는 글
　　껍질을 깨치려 몸부림치듯 우리는 언제나 혼자의 몸짓으로
　　외로운 홀로서기를 하여왔다.
　　쓸쓸한듯 정감 넘치는 곳
　　마주치는 눈길마다 따사롭기만 하다.
　　타오르는 태양의 위대함에 어김없이 다가오는 황금들판
　　바람불어 가을을 노래하고 시를 짓는다.
　　여기 젊음이 있기에
　　여기 낭만이 있기에
　　젊음과 낭만이 어우러져 일렁이는곳
　　가는이에 아름다운 미소를
　　보내는이에 사랑에 추억을 안겨주리니
　　나 그대를 초대하노라.
　　　　　　　1989. 9
　　　　　　○ ○ 학 과 학 회 장


　　격려사
　　결실의 계절을 맞이하여 제9회 회계학제를 열게된 것을
　　모든 가족과 함께 기쁘게 생각합니다.
　　이 행사가 연례 행사로 그치지 않고 과거를 돌이켜 보고
　　미래를 가꾸어 가는 자리로 학문적인 깊이를 더할 수 있는
　　알찬 계기로 회계인들의 건강하게 성장한 모습을
　　우리를 사랑하고 아끼는 분들께 자랑스럽게 보여 줄 수 있는
　　시간으로 그리고 지성과 낭만이 함께 어우러져 벌이는
　　흥겨운 마당으로 승화될 수 있기를 진심으로 바랍니다.

　　　　　　　1989. 9.
　　　　　　○ ○ 학 과 학 과 장

# 제6장

# 생활문 쓰기

# 1. 생활문이란 무엇인가?

일상 생활의 필요에 따라 실제적이면서 구체적으로 쓰는 일체의 글을 생활문이라고 할 수 있다. 생활문의 목표는 지식의 전달이나 미적인 체험을 요구하기보다는 구체적이고 직접적으로 의사를 전달하는 데 있다. 생활문은 예술성을 추구하는 소설이나 수필, 시 등과 같은 문예문과는 달리 광고, 선전, 보고, 청탁, 호소, 해명, 의례 등 뚜렷한 목적을 가지고 어떤 내용을 전달하는 생활문이라고 할 수 있다. 실용문은 우리의 삶과 더불어 존재하는 사회 생활의 한 부분인 셈이다.

생활문은 사회가 복잡해지면서 편리를 도모하기 위하여 일정한 양식의 문건이 필요하게 되면서 나타난 측면이 많다. 또한 오늘날에는 컴퓨터의 발달로 첨단 시대에 맞는 새로운 양식으로의 변화를 겪고 있지만 기본적인 틀은 달라진 것이 없다.

생활문에는 우리가 일상 생활에서 자주 사용하는 범주이면서 다양하고 복합적인 하위 범주의 글이 있다. 또한 하나의 글이 다른 목적으로 쓰이기도 한다. 가령, 보고서나 편지글이 광고에 쓰일 수도 있고 증명서로 쓰일 수도 있다. 이와 같이 생활문은 복합적인 요소들이 작용할 수 있으므로 글의 성격이나 목적을 뚜렷이 할 필요가 있다.


# 2. 생활문의 종류와 생활문 쓰기의 전략

생활문은 작성하는 목적에 따라 그 종류가 매우 다양한데 대학생들이 흔히 쓰게 되는 것이 '보고문, 자기소개서, 이력서, 일기문, 서간문' 등일 것이다. 그 외에도 '기행문, 식사문, 안내문, 설명서, 의뢰서 및 청탁서, 해명서 및 호소문' 등 수없이 많은 종류의 생활문이 있다. 여기에서는 이들 하나하나를 쓰는 요령에 대하여 살펴보게 된다.


## 2.1 보고문

### 1) 보고문이란 무엇인가?

보고문은 일정한 주제에 대하여 연구·조사하거나 답사 또는 관찰이나 실험을 하여 그 사실을 보고하는 글로 흔히 리포트(report)라고 한다. 보고문의 주제는 정해진 경우도 있고 보고자가 임의로 선택하는 경우도 있다. 대학생들이 주로 쓰는 보고문은 학기말 보고(term paper)와 연구 보고(research report) 그리고 독서 보고(book report) 등이 활용된다.

학기말 보고는 대개 강좌 담당 교수가 주제를 정해 주는데 한 학기 동안 학생들이 그 주제에 대하여 다각도로 조사 연구하여 그 결과를 보고하는 글이다. 연구 보고는 특별한 주제에 대하여 일정한 사람들이 일정한 기간 동안 연구하여 보고하는 글이다. 독서 보고는 특정한 책에 대하여 그 내용 및 특징이나 간행의 의의, 저자 등에 대하여 조사 보고하는 글이다.


## 2) 보고문을 쓰는 태도

보고문은 일정한 주제에 대하여 연구·조사하거나 답사 또는 관찰이나 실험을 하여 그 사실을 보고하는 글이므로 작성할 때 다음과 같은 태도를 견지해야 한다.

첫째, 진실하고 성실해야 된다.

둘째, 독창적인 내용을 담도록 노력해야 한다.

셋째, 쉽고 정확하게 작성해야 한다.

성실하고 진실해야 한다는 것은 가능한 모든 자료를 수집·조사하고 그것을 바탕으로 최선의 결론에 도달하도록 노력하고, 참고 문헌에서 인용한 경우는 반드시 그 출처를 밝히라는 것이다. 일부의 자료만을 가지고 깊은 사색이나 연구 없이 작성한 보고문은 가치가 떨어지고, 인용한 내용의 출처를 밝히지 않은 것은 표절이요 절도 행위이기 때문이다.

독창적인 내용을 담아야 한다는 것은 사실에 기초하여 창의적으로 해석한 내용이 담겨 있어야 우수한 보고문이 된다는 것을 의미한다. 주제에 대하여 새로운 각도에서 접근하고 해석하는 것이 보고문을 값지게 하는 일이다.

쉽고 정확하게 작성해야 한다는 것은 보고문이 대개 윗사람에게 보고하는 글이기 때문에 성의 있게 작성해야 한다는 뜻이다. 외국어의 남용이나 불필요한 표현 등은 삼가야 한다.


## 3) 보고문의 작성 요령

보고문의 작성은 앞의 제Ⅴ부에서 기술한 '글쓰기의 절차'를 따르면 된다. 즉 '주제의 확정, 제재의 수집과 정리, 개요 작성, 집필, 퇴고'의 순서를 거치게 된다. 보고문의 경우 주제는 대개 정해져서 부과되므로 특별히 문제될 것이 없겠으나 주제를 정확하게 표현하도록 유념해야 한다. 제재의 수집과 정리의 경우도 일반적으로 참고 문헌이나 참고 자료를 미리 제시하므로 부족한 것을 보완하면 된다. 개요도 보고문이라는 점을 염두에 두고 정리된 자료를 바탕으로 주제를 고려하여 글에 포함될 내용을 미리 정하여 계층적인 구조로 작성한다. 개요가 작성되면 개요의 차례에 따라 진실하고 성실하게 집필한 다음 미흡한 곳을 보완하고 잘못된 곳을 고침으로써 글을 완성하게 된다.


### 4) 보고문의 실례

보고문은 일반적으로 ①제목 ②목차 ③본문(서론, 본론, 결론) ④참고문헌의 순서로 작성한다. 여기서 본문, 특히 본론은 몇 개로 하위 분류할 수 있다. 이런 경우 각 하위 부류에 적절한 제목을 붙여 본론에 대신한다. 본문과 참고 문헌 사이에 주(註 ; 후주)를 달 수도 있고 본문에 각주를 달 수도 있다.

다음에 보고문 가운데 어떤 학생이 쓴 리포트를 예로 든다. 제목은 "「염상섭의 만세전(萬歲前)」에 등장하는 인물의 성격에 대하여 논하라"다.

「만세전(萬歲前)」은 염상섭이 지은 사실주의적 경향의 소설로서 '나'라는 동경 유학생이 겪는 여러 가지 사건을 통하여 3·1 운동 이전의 이 땅의 현실상을 보여준 작품이다. 여기에는 주인공인 '나(이인화)'를 비롯하여 정장, 을라. 형, 아버지, 김의관 등의 인물이 등장한다.

'나'라는 주인공은 지난날 일제 시대의 전형적인 한국 지식인이다. 그는 인간의 모든 관념은 그른 것이라고 주장하면서, 그릇된 도덕적 관념으로부터 해방되는 곳에 진정한 생활이 있다고 말한다. 그래서 아내가 위독하다는 전보를 받고도 태연히 술을 마시면서 다음과 같이 생각한다. '······더구나 여기 술 먹으러 오는 것을 무슨 큰 죄나 짓는 것처럼 망설이는 것부터 모순이다. 목숨 하나가 없어진다는 것과 내가 술을 먹는 것은 별 문제다. 그 사이에 아무 연관이 있을 리 없다.'

또한 그는 자포자기한 성질이다. 그래서 그가 조국의 현실이 구더기가 들끓는 무덤이라고 생각했을 때, 그는 '에잇 뒈져라! 움도 싹도 없이 스러져 버려라! 망할 대로 망해 버려라!' 하고 생각해 버린다. 어떻게 하면 그 상태를 벗어날까 하고 생각하는 것이 아니라 '끝장이 나 버려라' 하고 생각하는 것이다. 그러나 그는 결국 자기의 책임을 회피하지 않는다. 감정적으로는 자포자기하고 싶었지만 그의 지성적인 면 ―모든 관념의 배제―이 나중에 우세하게 되어 정자에게 보내는 편지에서 다음과 같이 적고 있다.

"언제까지 그런 기쁨과 행복에 잠겨 있도록 이 몸을 안온하고 자유롭게 내버려 두지 않으니 어찌하겠습니까? 나도 스스로를 구하지 않으면 아니될 책임을 느끼고, 또 스스로의 길을 찾아가야 할 의무를 깨달아야 할 때가 닥쳐오는가 싶습니다."

정자는 주인공과 사이가 가까운 기생이다. 그녀는 가정 불화, 실연 등으로 해서 집을 뛰쳐나와 기생이 되었다고 한다. 그러나 이러한 행동은 주인공의 자포자기하는 성격과 다른 성질의 것이다. 즉 될 대

로 되리라는 식의 마음으로 하는 행동이 아니라, 불행에 휘말리지 않고 제 손으로 헤어나려고 하는 마음
으로 한 행동인 것이다. '나'로부터 보통 기생에게 하는 생동을 당하였을 때 심한 모욕을 느꼈다거나,
반 년 동안의 기생 생활에서 얻은 경험을 토대로 새 출발하여 대학에 들어가기로 했다거나 하는 사실
로부터도 위의 사실은 뒷받침된다.

이에 반하여 을라는 순간순간을 마음 내키는 대로 살아가는 향락주의자다. '나'에 대한 태도, 변화
와의 관계, 중과의 좋지 못한 소문, 학비 조달에 대한 문제 등을 생각해 볼 때, 깊은 생각에서 나오는
행동이라고도 하기 어렵다.

주인공과 형과 아버지는 매우 보수적이고 물질적이다. 주인공인 '나'가 문학을 공부하는 것을 영 못
마땅하게 생각한다. 물질적으로 잘 사는 데에는 별 도움이 되지 못하기 때문이다. 형은 부를 축적하고
자 검소하게 생활하며 상당한 재산을 모았고, 일본 사람에게 팔린 집 값이 오르는 것을 보고 매우 좋
아한다. 아버지는 유교적 관료주의나 명예열에 사로잡히어 김의관과 같은 협잡꾼의 뒤만 따라다닌다.
또 아버지는, 그의 완고한 보수성 때문에, 양약으로는 쉽게 고칠 수 있는 아내의 병을 기어이 한약으로
치료하려고 하여, 결국 아내는 죽어버리고 만다.

김의관은 협잡꾼에다 기회주의자다. 명예열에 들뜬 아버지를 이용하여 빌붙어 살면서, 이리저리 아
부나 하고 다니다가 무슨 벼슬이라도 하나 떨어지기만을 바라고 살아간다.

이상으로 '만세전'에 나오는 주요 인물의 성격을 모두 알아보았다. 그런데 여기서 알 수 있는 것은
대체로 부정적인 성격의 인물이 많다는 점이다. 정자를 제외하면 모두가 부정적인 인물들이다. 즉 조
선사람은 모두가 부정적이다. 이것은 작자가 그 당시 조선의 현실을 무덤으로 묘사한 것으로 미루어서
생각해 볼 때, 조선사람들의 정신마저도 무덤과 같은 절망 상태에 빠져 있다고 생각했기 때문인 것 같
다. 아니면 조선의 현실을 좀더 처참하게 나타내기 위해서 그랬는지도 모른다.

(심재기·윤용식, 『문장실습』, 1992 pp. 272-273)

위의 글은 「만세전」에 등장하는 주인공을 비롯한 여러 인물들의 성격을 실제 예문을 통하
여 창조하였고, 주인공의 다면적인 성격을 드러내어 논의한 점은 높이 평가된다. 그러나 주인
공의 성격이 「만세전」 전체와 어떤 유기적인 관계를 가지고 있으며 또 공헌하고 있는가에 대
하여는 언급하지 않고 있다. 그 외에도 '명예열'이니 '지성적인'과 같이 문맥에 어울리지 않는
부적절한 단어를 선택한 것도 '명예욕', '이성적인'과 같이 바꾸는 것이 정확하고 좋을 듯하
다. 그 외에 문맥상으로 어색한 부분도 고쳐야 할 것이다.

다음은 독서 보고의 한 예다. 독서 보고에는 '요약적 보고, 서평적 보고, 평론적 보고' 등
세 종류로 나뉜다. '요약적 보고'는 '내용 소개'를 주로 하고 '서평적 보고'는 소개 및 서평을
겸하며, '평론적 보고'는 '평가'를 주로 한다. 이 가운데 우리가 가장 많이 이용하는 것은 '서
평적 보고'다. 다음에 서평적 보고의 예를 하나 든다. 다음은 김기창 저 「국어과 교육에서의
구비문학 제재 수용 양상 연구」라는 박사학위 논문에 대한 서평이다.

구비문학은 기록 문학 못지 않게 충분한 교육적 가치를 갖고 있다. 곧, 우리의 민족정신과

민중의식을 구명하고, 우리 민족의 신앙·사유·정신 등을 이해하며, 이를 계승하기 위해서는 구비문학 교육이 필요하다. 이러한 구비문학 교육의 중요성에 비추어 볼 때, 각급 학교의 국어과 교재에는 이와 관련된 제재가 적어 구비문학 교육이 제대로 이루어지지 않고 있다고 하겠다.

구비문학의 각 갈래에 대한 연구 논저는 매우 많고, 문학 교육 일반에 관한 연구도 최근에 활발해져서 이에 대한 연구물들도 많이 나와 있다. 그러나 구비문학 교육에 대한 논의는 아직 초보적인 단계에 있고, 더욱이 이 연구와 같은 구비 문학 교육의 사적 고찰에 대한 연구는 전혀 없다. 이러한 가운데 김기창의 위와 같은 연구가 나왔다는 데 우선 그 의미를 부여할 수 있다.

이 연구는 개화기부터 제5차 교육 과정기까지 초·중·고의 국어과 교과서에 수록된 구비문학 작품들을 대상으로 제재로서의 타당성과 수록 방법의 적절성 등을 통시적으로 검토해서 국어과 교과서를 통해 실시해온 구비문학 교육의 실상을 파악하고 이를  토대로 구비문학 교육의 바람직한 방향을 모색한 것이다.

제Ⅱ장에서는 이 연구의 이론적 근거를 명확히 하고 구비문학 교육의 기본 이론을 수립하기 위하여 구비문학의 성격과 범위를 알아보고, 구비문학 교육의 의미와 교육 목적을 설정했다.

Ⅲ장과 Ⅳ장에서는 각급 학교 국어과 교과서에 수록된 관련 제재의 수용 양상을 시기별·갈래별로 각각 살펴보았다. 그리고 학교 급별로도 간단히 검토했다. 제재의 분석은 교육 과정기마다의 국어과 교육의 특성과의 관련 속에서 제재로서의 타당성, 수록 방법의 적절성을 중심으로 잘 시도되었으나, 그때 그때의 시대적 상황과 교육 과정이 추구하는 정신과의 관계 분석이 미흡했다.

제Ⅴ장에서는 구비문학 교육의 바람직한 방향을 모색하기 위하여 앞에서 논의한 구비문학 교육의 사적 고찰의 의미를 요약하고, 제재 선정의 기준을 설정하여 갈래별로 여기에 맞는 제재를 선정·제시했다. 이러한 작업은 앞으로 이루어질 제6차 교육 과정 개정 및 교과서 편찬에 많은 도움을 주리라고 본다. 욕심을 낸다면 제재 선정의 기준을 갈래별로 좀 더 구체화하고 학교·학년 급별간의 학습의 계열성을 고려하여 작품의 예를 많이 제시했으면 하는 것이다. 또 연구자가 지적한 것처럼 피교육자의 언어·인지·독서 흥미 등의 발달 단계에 따른 제재화의 구체적인 방법도 이 연구의 후속 작업으로 매듭을 지어주었으면 하는 바람이 있다.

우리 국어과 교육을 일층 발전시키기 위하여 국어과 교육이 걸어온 길을 각 분야별로 세부적으로 탐구해 보고 이를 바탕으로 그 분야의 계획을 수립해야 한다고 볼 때, 이 연구는 구비문학 분야를 체계적으로 분석·정리하여 구비문학 교육의 방향 설정에 도움을 줄 것으로 기대한다.

(박붕배『국어국문학』107호, 1992)

서평적 보고는 내용 소개와 아울러 평가를 곁들이는 것인데 평가는 공평무사하게 긍적인 면과 부정적인 면을 있는 그대로 드러내야 한다. 이 점에서 위의 글은 긍정적인 면과 부족하거나 더 추구해야 할 부분까지도 지적함으로써 평가의 균형을 유지하고 있다는 점에서 바람직한 서평적 보고의 전형이라고 할 수 있다.


## 2.2 자기 소개서


자기의 얼굴은 사진으로 보여주지만 그 내면의 자기를 나타내 주는 것은 자기 소개서다. 자기 소개서는 말 그대로 자기를 남에게 소개시키는 글이다. 따라서 글을 읽는 상대방이 알고 싶어하는 내용을 사실대로 솔직하면서도 진솔하게 표현하도록 노력해야 한다. 요즈음에는 신입 사원을 채용하는 대부분의 기업에서 이력서, 학력 및 경력 증명서, 성적 증명서 외에 자기 소개서를 제출하도록 요구하고 있다. 이력서는 정형화된 규격에 따라 사실을 기입하는 것으로 끝나지만, 자기 소개서는 여기에 작문의 요소를 가미하여 줄거리를 엮어 나가야 하므로 평소에 글쓰기에 대한 지식과 연습을 해 두지 않으면 좋은 자기 소개서를 쓸 수 없다. 이것은 그만큼 자기 소개서를 중시하고 있다는 뜻이다.

자기 소개서를 쓰는 일정한 양식이 있는 것은 아니다. 사람마다 성장 배경이 다르기 때문에 일률적으로 말하기는 어렵지만 자기 소개서를 작성할 때 '가정 환경과 성장 과정, 성격, 가치관'과 같은 내용은 빠뜨리지 않는 것이 좋다. 자기 소개서가 입사 지원서나 이력서 등 공식적인 서류로는 파악할 수 없는 부분을 알아보려는 데 목적이 있기 때문이다.

가정 환경이나 성장 과정을 통하여는 대인 관계나 조직 적응력 등을 알아볼 수도 있고, 성격이나 특기, 가치관, 인생관을 통하여는 성실성이나 책임감 또는 창의성 등을 알아볼 수도 있다. 또한 입사 동기나 입사후의 포부를 알아볼 수도 있고, 입사 후에 어떤 자세로 일할 것인지와 같은 장래성도 알아볼 수 있으며, 문장력과 필체를 통하여 지원자의 생각이나 의견을 표현하는 능력을 측정할 수도 있다. 이러한 이유로 자기 소개서의 비중이 점차 높아지고 있다. 자기를 알리되 자기를 최대한 부각시킬 수 있도록 자기 소개서를 작성하는 훈련이 필요하다.

자기 소개서를 작성하는 일정한 양식이 없다고 하여 생각나는 대로 쓸 수는 없는 일이다. 자기 소개서를 제출하는 목적과 대상에 따라 전략이 필요하다. 여기에서는 자기 소개서를 작성하는 일반적인 요령에 대하여 기술한다.

① 무엇보다 제출하는 대상을 고려하여 작성해야 한다. 자기가 지망하는 대상에 대한 정보를 입수하여 자기의 희망을 근거로 설득력 있게 작성해야 한다. 금융 기관에 제출하기 위해 작성한 자기 소개서를 언론사에 제출해서는 좋은 평가를 받기 어려울 것이다.

② 읽는 사람의 관심을 끌 만한 내용을 써야 한다. 글을 읽는 쪽에서 알고 싶어하는 내용을 써야 한다. 기업체에 제출하는 것이라면 입사 후에 회사에 도움이 되는 인물이라는 것을 부각시켜야 한다. 기업에서는 적극적이고 진취적이며 책임감이 강하고 성실할 뿐만 아니라 미래에 대한 포부를 가진 사람을 요구하므로 그러한 성격이 잘 드러나도록 작성한다. 지원동기에는 어떤 점에서 자기가 지원한 회사를 선망하게 되었는지에 대하여 밝힘으로써 적극적으로 일할 준비가 되어 있다는 의지를 분명히 하는 것이 좋다. 나아가 그 동안 자기가 갈고 닦은 지식을 바탕으로 회사에 어떤 도움을 줄 수 있는지 구체적인 방안을 제시하여 회사에서 추구하는 목표와 자기의 포부를 일치시키는 것이 바람직하다. 단순히 '평소에 관심이 많았다거나 회사의 경영 방침이 마음에 들었다'든가 따위의 피상적이고 막연한 표현은 삼가는 것이 좋다. 평소에 신문, 방송 내용, 사보(私報)는 물론이고 필요하다면 시장 조사 등을 통하여 해당 기업에 대한 자료를 수집하고 연구해 두는 것이 필요하다. 어떤 식품 회사에 입사지원서를 내면서 그 식품 회사의 제품의 시장 점유율을 조사하고 실제 매장에서 어떻게 취급되는지 등을 조사하여 그 개선점을 제시하는 자기 소개서를 써서 즉석에서 채용되었다는 일화를 유념할 필요가 있다.

③ 장래의 희망 또는 포부를 밝혀야 한다. 희망이 없는 사람은 죽은 것이나 마찬가지다. 자기가 원하는 기업에 입사했다는 가정 아래 기업의 목표 달성과 자기 계발을 위해 어떻게 할 것인지에 대해 구체적이면서도 명료하게 밝히는 것이 좋다. 막연하게 '최선을 다하겠다'거나 '열심히 하겠다'와 같은 표현은 삼가고 지원하는 회사의 특성이나 전략 등을 미리 파악하여 지원자의 희망이나 포부와 상통하도록 작성하는 요령도 필요하다.

④ 자기의 가정 환경과 성장 과정을 진술하면서도 간명하게 소개한다. 가족 사항이나 가풍을 먼저 언급하고 학창 시절에 있었던 특별한 경험이나 일화를 개성 있게 소개하여 어떤 인물인지를 파악할 수 있도록 한다. 가족간의 사랑과 형제간의 우애 주변 인물들과의 돈독한 관계 등에 대하여 언급함으로써 친화력과 지도력이 있음을 나타낸다. 가정 환경이나 주변 인물들을 통하여 어떤 가치관 또는 인생관을 정립할 수 있었는지에 대해 구체적으로 기술하는 것도 좋은 방법이다. 가족들의 사랑을 한 몸에 받고 태어났다든가 가족 가운데서 특별 대우를 받았다든가 따위와 같은 주변적인 이야기를 늘어놓는 것은 금물이다.

⑤ 자기의 특기나 성격의 장·단점을 솔직히 밝혀야 한다. 예컨대, 어떤 어떤 자격증을 취

득하여 업무 수행을 위한 준비를 철저히 했다든가 외국어 실력이 뛰어나다든가 또는 다른 사람들을 통솔하고 포용할 수 있는 지도력이 있다는 것을 객관적인 자료를 제시하거나 체험을 소개하여 능력 있는 인물임을 최대한 부각시킨다. 그러나 지나친 자기 과시는 오만과 자만에 찬 것으로 비칠 염려가 있으므로 주의한다. 장점은 그것대로 자연스럽게 부각시키되 자신의 단점 역시 솔직하게 고백하고 그것을 어떻게 극복하고 있는지에 대하여 밝혀줌으로써 인간다운 면모를 나타내는 것도 좋은 방법이다. 이를 위해서는 평소에 자기 자신을 철저하게 분석하고 냉정하게 평가해 보는 것이 좋다.

⑥ 간결하면서도 논리적으로 작성해야 한다. 하고 싶은 이야기를 다 쓰되 장황하게 나열되지 않도록 한다. 간단 명료하면서도 내용이 서로 모순되지 않도록 서술해야 한다. 내용이 애매하거나 중복되지 않도록 하고 각 문단은 되도록이면 두괄식으로 구성하여 말하고자 하는 핵심이 무엇인지 금방 파악하도록 한다. 잘 보이기 위해서 거짓 내용을 기술하거나 사실을 과장하는 것은 피한다.

⑦ 맞춤법과 문법에 맞는 정확한 문장을 쓰되 긍정적이면서도 밝은 어조로 개성 있게 작성해야 한다. 부적절한 단어를 사용하거나 맞춤법에 어긋나는 표기, 주어와 서술어의 관계가 분명하지 않은 문장 등은 읽는 사람을 짜증나게 한다. 또한 너무 비판적이거나 부정적인 사회관이나 인생관은 설득력을 잃을 뿐만 아니라 부정적인 이미지를 심어주므로 삼가도록 한다. 너무 평범하거나 상투적인 어투의 사용도 개성 없는 글이 되기 쉬우므로 좋은 평가를 받기 어렵다. 본인의 개성과 지원 분야에 대한 전문성이 드러나도록 구체적으로 표현하는 것이 필요하다. 어떤 광고 회사는 '나는'이나 '저는'으로 시작하는 자기 소개서는 구태의연하다고 하여 모두 탈락시켰다는 유명한 일화가 있다. 이 일화는 광고의 특성상 새로운 아이디어의 중요성을 강조한 것이지 다른 회사에서도 '나는'이나 '저는'을 쓰면 탈락시킨다는 뜻은 아니다.

⑧ 글씨는 또박또박 정성들여 써야 한다. 글씨는 하루아침에 잘 쓸 수는 없다. 평소에 펜글씨 교본을 마련하여 글씨 연습을 해 두는 것이 필요하다. 요즈음은 대분분의 문서를 컴퓨터로 작성하여 프린터로 인쇄하고 있는 실정이지만 지원서나 이력서, 자기 소개서 등은 자필로 쓸 것을 요구하는 경우가 많기 때문이다. 글씨를 흘려 쓴다든지 양식의 칸을 넘는다든지, 잘못 쓴 글자를 두줄로 긋고 쓰거나 수정액 등으로 지우고 쓴다든지 하여 성의 없게 보이는 것은 감점 요인이 된다. 이것은 성실성과 직결되기 때문이다. 그리고 가급적이면 한자를 섞어 쓰되, 정자로 깨끗이 쓰는 것도 서류 심사에서 좋은 인상을 줄 수 있다. 그러기 위해서는 평소에 한자 사용 능력을 길러 두어야 한다. 우리나라는 동북

아시아의 한자 문화권에 속해 있고 동남아시아의 화교 상권과 인접해 있어 한자 능력이
국가 경쟁력의 중요한 요소 가운데 하나이기 때문이다.

⑨ 초고를 작성하고 여러 번 퇴고해야 한다. 수정과 보완하는 과정을 여러 번 거칠수록 좋
은 글이 되기 때문이다. 지우고 고친 흔적이 없도록 깨끗이 작성해야 하며 한자를 적절
히 섞어쓰되 잘못 쓴 글자나 오자가 없도록 유의해야 한다.

다음에 두 가지 유형의 자기 소개서를 소개한다.

---

### 자기 소개서

· 가정환경과 성장 과정

　저는 산 좋고 물 맑은 충북 제천의 화목한 가정에서 태어나 지금까지 특별한 어려움을 모르고 살아
왔습니다. '성실과 사랑'이라는 가훈 아래 교육자로서 엄격하신 아버지와 자애로우신 어머니의 영향으
로 절제와 절약 그리고 봉사를 생활 수칙으로 삼아 최선을 다해 생활하고 있습니다. 고급 학용품을 쓰
지 않고 실속 없이 비싼 옷을 입지 않습니다. 저희 집은 언제나 손님들이 들끓어서 서로 돕고 양보하
면서 더불어 살아가는 지혜를 배우며 자랐습니다.

　저는 ○○대학교 미디어문학부의 졸업을 앞둔 예비 직장인입니다. 부모님은 대학원에 진학하여 학
업을 계속하길 원하지만 학문에 대한 제 자신의 포부나 확신이 서 있지 않으면서 무작정 학력을 높이
는 것은 무의미하다고 판단하여 취업을 하기로 결심하였습니다.


· 성격

　저는 꽃 가운데 장미를 좋아합니다. 가시를 가져 도도하면서도 은은한 향기와 아름다운 꽃잎을 가
졌기 때문입니다. 계절은 맑고 푸른 가을을 좋아합니다. 푸른 하늘, 따가운 햇볕, 풍성한 열매를 제공하
기 때문입니다. 성격이 소탈한 저는 편식을 하지 않습니다. 그리고 부지런하고 활동적이며 몸이 건강
하여 무슨 일이든 적극적으로 합니다. 한 번 시작한 일은 끝까지 책임 있게 완수합니다.


· 생활 신조

　정직과 성실은 인간이 가진 가장 아름답고 가치 있는 것이라고 생각합니다. 저는 준법 정신이 강하
며 순리를 좇아 살아야 한다고 생각하기 때문에 어떠한 경우에도 역행이나 억류하는 일은 하지 않습니
다. 제가 맡은 일이 비록 중요하지 않고 남 보기에 작고 하잘 것 없는 일일지라도 정성과 성의를 다해
열심히 수행해야 한다고 생각하고 실천하고 있습니다.


· 지원 동기

　저의 목표는 국제화 시대에 걸맞게 세계를 무대로 활동할 수 있는 분야의 일을 하는 것입니다. 귀사
의 ○○부분에 지원하게 된 것도 이런 이유에서입니다. 또한 그 동안 쌓아온 지식 및 노력을 귀사의
요구 충족과 기회 신장에 집약시키기 위해서입니다.

---

· 특기 사항

만일 귀사에 입사하게 된다면 될 수 있는 한 빠른 시간 안에 저의 부족한 부분을 채워 회사에서 꼭 필요로 하는 존재가 되도록 노력하겠습니다. 아울러 그 동안 갈고 닦은 결과인 다음의 특기를 바탕으로 업무에 열과 성의를 다하여 회사에 이바지하고자 합니다.

1. 학교 생활에서는 학업에 열중하여 장학생이었으며 대외활동으로 신춘문예 평론부분에도 당선했습니다.

2. 컴퓨터 워드프로세서와 한자능력 검정 부분의 자격증 2급을 소지하고 있습니다.

3. ○○부분에서 ○개월 동안 일한 경험이 있습니다.

4. 중국에 어학연수를 다녀와서 중국어 회화에 자신이 있습니다.

5. 학교 내 ○○ 동아리 활동으로 대인 관계가 원만했습니다.

저는 지금 자기소개문을 쓰면서 가슴 뿌듯함을 느끼고 있습니다. 사회에 첫발을 내딛는 저에게 꿈과 희망을 가질 수 있는 기회를 주시기 바랍니다.

2001년 4월 30일

작성자 : 박 종 규 　(인)

**자기 소개서**

산 좋고 물 맑은 충북 제천의 중산층 가정에서 2남 1녀 가운데 장남으로 태어난 저는 '성실과 사랑'이라는 가훈 아래 교육자로서 엄격하신 아버지와 자애로우신 어머니의 영향으로 절제와 절약 그리고 봉사를 생활 수칙으로 삼아 최선을 다해 생활하고 있습니다. 고급 학용품을 쓰지 않고 실속 없이 비싼 옷을 입지 않습니다. 저희 집은 언제나 손님들이 들끓어서 서로 돕고 양보하면서 더불어 살아가는 지혜를 배우며 자랐습니다.

저는 꽃 가운데 장미를 좋아합니다. 가시를 가져 도도하면서도 은은한 향기와 아름다운 꽃잎을 가졌기 때문입니다. 계절은 맑고 푸른 가을을 좋아합니다. 푸른 하늘 따가운 햇볕 풍성한 열매를 제공하기 때문입니다. 성격이 소탈한 저는 편식을 하지 않습니다. 그리고 부지런한 하고 활동적이며 몸이 건강하여 무슨 일이든 적극적으로 합니다. 한 번 시작한 일은 끝까지 책임 있게 완수합니다. 정직과 성실은 인간이 가진 가장 아름답고 가치 있는 것이라고 생각합니다. 저는 매 순간마다 원칙과 기본을 중시하며 순리에 따르려고 노력하고 있습니다.

어릴 때부터 상상력이 풍부하다는 평을 들었던 저는 초등학교 시절에는 교내외 글짓기 대회에서 여러 번 입상하였고, 중고등학교 시절에는 학생회 간부로서 리더쉽을 발휘했으며 청소년 연맹 단원으로서 활약하기도 하였습니다. 대학 시절에는 제 가슴속에서 꿈틀거리는 예술에 대한 미련을 저버릴 수 없어 '창문학'과 '연극반' 동아리 활동을 통하여 사랑과 예술 그리고 인생에 대하여 느껴보려고 정열을 바쳤습니다. 이러한 정열은 ○○대학교 미디어문학부의 졸업을 앞둔 지금까지도 많은 사람들에게 감동을 줄 수 있는 훌륭한 글을 쓰는 작가가 되기를 원하는 토대가 되었습니다. 그러나 장남에게 거는 부모님의 기대를 거역할 수 없고, 작가에 대한 제 자신의 확신도 서 있지 않아 무작정 글쓰는 일에 전념할 수 없다고 판단하여 취업을 하기로 결심하였습니다.

　　제가 이제까지 관심을 가지고 정열을 쏟았던 예술과 사회에 대한 관심과 욕구를 최대한 충족시킬 수 있는 곳은 언론사라는 판단을 하게 되었습니다. 이에 귀사의 제 47기 수습기자 모집에 지원하기로 결심하였습니다.

　　우리 나라 제1의 언론사로서 민족의 대변지임을 자처하며 정확하고 신속한 사실 보도를 위해 사명을 다한다는 귀사의 언론관은 민주주의 사회에서 꼭 필요한 언론인의 사명을 다하고 싶은 저에게 젊음과 정열을 불태울 수 있는 곳이라는 확신을 주기에 충분하였습니다.

　　만일 귀사에 입사하게 된다면 될 수 있는 한 빠른 시간 안에 귀사의 업무를 익혀 회사에 꼭 필요로 하는 존재가 되도록 노력하겠습니다. 아울러 그 동안 갈고 닦은 결과인 특기를 바탕으로 좁게는 자신과 회사의 발전을 위하여 그리고 넓게는 국가와 민족을 위하여 정론를 펼칠 수 있도록 열과 성의를 다하겠습니다.

　　1. 학교 생활에서는 학업에 열중하여 장학생이었으며 대외 활동으로 신춘 문예 평론 부분에도 당선했습니다.

　　2. 컴퓨터 워드프로세서와 한자 능력 검정 부분의 자격증 2급을 소지하고 있습니다.

　　3. 중국에 어학연수를 다녀와서 중국어 회화에 자신이 있습니다.

　　저는 지금 자기 소개문을 쓰면서 가슴 뿌듯함을 느끼고 있습니다. 부족하나마 저의 능력과 지식을 활용하여 사회에 봉사할 수 있는 기회로 삼아 귀사에 수습기자직으로 지원하게 된 것을 영광으로 생각하며 귀사의 무궁한 발전을 기원합니다. 사회에 첫발을 내딛는 저에게 꿈과 희망을 가질 수 있는 기회를 주시기 바랍니다.

2001년 4월 30일

작성자 : 허 무 인　(인)

## 2.3 이력서


　　이력서는 한 개인이 지내온 역사(학력, 경력 등)를 글로 나타낸 문서다. 이력서는 대체로 통일된 양식이 있어 정확하게 기록하면 된다. 여기에는 이력뿐만 아니라 주소, 생년월일, 주민등록번호, 호주와의 관계, 호주의 성명 및 상벌 사항 등도 기록해야 한다.

　　이력서의 내용은 크게 학력과 경력 사항으로 나누어 쓰는 것이 통례인데 다음과 같은 요령으로 작성한다.

　　① 솔직하게 사실대로 작성하라. 이력서는 자기의 역사를 밝히는 것이므로 허위나 과장 없이 있는 사실 그대로 기술하면 된다. 허위 사실이 드러나면 언제든지 입사가 취소될 수 있다는 점을 명심해야 한다. '정직'은 어느 사회에서나 긍정적인 가치판단의 기준이 된다.

② 간결하면서도 명료하게 작성하라. 불필요한 내용이나 과장된 내용을 장황하게 나열하지 않도록 주의하되 자기의 장점이나 실무 능력을 부각시킬 수 있도록 한다.

③ 관련 서류를 찾아 정확하게 작성하라. 이력서의 내용은 연대순으로 적고 인적사항은 주민등록 등·초본에 기재된 내용과 동일하게 작성한다. 호주와의 관계는 호주를 기준으로 했을 때의 관계로 '장남, 차남, 장녀, 차녀'와 같이 적는다. 학력은 대졸인 경우는 고등학교부터 적고, 고졸인 경우에는 초등학교부터 적는 것이 좋다. 입학과 졸업 날짜는 관련 서류를 찾아 정확히 기재한다. 군복무를 마친 남자의 경우는 학력 속에 군복무 사항을 연대순으로 기재한다.

④ 특기 사항을 강조한다. 특기사항은 실무능력을 중심으로 작성한다. 특기 사항에는 국가에서 공인한 각종 자격증과 면허증 취득 사항을 발령청과 함께 적는다. 비공인이라도 지원부서의 업무와 관련된 자격증일 경우 기입하는 것이 유리하다. 특기사항에는 '타자, 컴퓨터, 속기, 외국어 회화' 정도와 각종 행사 등에서 수상한 내용을 기재한다. 이 외에도 지원부서의 업무와 관련된 연구 업적, 아르바이트 경험, 동아리 활동 등을 기입하여 자신의 능력을 부각시킨다. 최근의 국제화 시대에 맞춰 해외 연수 및 해외 여행 경험을 기입하는 것도 유리할 수 있다.

⑤ 여유를 가지고 자필로 차분하게 정성 들여 깨끗하게 작성하라. 이력서는 자기 자신을 표현하는 것이므로 내용을 충실하게 써야 할뿐만 아니라 글씨를 못 쓰더라도 자필로 깨끗하게 써야 한다. 취업 철에는 여러 통의 이력서를 미리 써 놓고 필요할 때마다 사용하는 것도 효과적이다. 글자는 검정색 펜으로 쓰고 오자나 탈자가 없도록 다른 종이에 미리 써보고 옮겨 쓴다. 작성하는 동안 잘못 쓴 부분이 있거나 부득이하게 수정할 곳이 생기면 고치지 말고 과감히 새로 쓰는 것이 좋다.

⑥ 최근에 찍은 사진을 규격에 꼭 맞게 붙여라. 사진은 지원자의 첫 인상을 좌우할 수 있으므로 단정한 정장에 밝은 인상을 주는 것이 좋다.

⑦ 긴급 연락처를 명기하라. 이력서의 우측 상단에 언제라도 연락이 가능한 전화 번호나 휴대폰 번호를 반드시 적는다. 이력서상의 주소와 현재의 거주지가 다를 때는 반드시 직접 연락이 가능한 주소와 전화 번호를 명기하여 긴급 연락에 대비한다. 연락이 안 되어 취업의 기회를 놓치는 일이 없도록 해야 한다.

⑧ 이상의 요령으로 내용을 다 작성한 다음에는 마지막으로 '위의 사실과 틀림없음', '위의 내용과 틀림없음', '상기(上記)와 상위(相違) 없음' 등과 같이 마무리한다. 그리고 새 줄을 잡아 작성 날짜(년 월 일)와 이름을 적고 날인한다.

⑨ 최근에는 컴퓨터의 보급과 사용이 늘면서 이를 이용하여 문서를 작성하는 경향이 보편화되어 있다. 컴퓨터와 프린터를 이용하면 자필로 쓰는 것보다 깨끗하고 깔끔하기는 하지만 어떤 이력서를 원하는지 알아보고 자필로 작성할 것인지 컴퓨터로 작성할 것인지를 결정해야 한다. 이력서 규격이나 특별한 지시 사항이 있는지 유의해야 한다. 다음에 규격화된 이력서의 한 예를 보인다.

<h1 style="text-align:center">이　력　서</h1>

(인사 서식 제1호)　　　　　　　　　　　　　응시부문:기자직,　연락처:(011-2222-3333)

<table>
<tr><td rowspan="3" colspan="2">사 진<br><br>(3×4)</td><td rowspan="3">성<br>명</td><td>한글</td><td colspan="3">이 나 라 (인)</td><td>연락처</td><td>(043) 765-4321</td></tr>
<tr><td rowspan="2">한자</td><td rowspan="2" colspan="3">李 那 羅</td><td>주민등록번호</td><td></td></tr>
<tr><td colspan="2">760427-1357832</td></tr>
<tr><td colspan="7">생년월일 서기 1976년 4월 27일생(만 25 세)</td><td colspan="2" rowspan="2">희망 근무지<br>서 울</td></tr>
<tr><td colspan="2">현주소</td><td colspan="5">충청북도 제천시 용두동 의림리 10-5</td></tr>
<tr><td colspan="2">호적관계</td><td colspan="2">호주와의 관계</td><td>장 남</td><td colspan="2">호주성명</td><td colspan="2">李 世 界</td></tr>
<tr><td colspan="2">년 월 일</td><td colspan="5">학력 및 경력 사항</td><td colspan="2">발 령 청</td></tr>
<tr><td>1995</td><td>2</td><td>10</td><td colspan="4">한라고등학교 졸업</td><td colspan="2"></td></tr>
<tr><td>1995</td><td>3</td><td>3</td><td colspan="4">백두대학교 민족학부 입합</td><td colspan="2"></td></tr>
<tr><td>1997</td><td>4</td><td>21</td><td colspan="4">육군 입대</td><td colspan="2"></td></tr>
<tr><td>1999</td><td>8</td><td>29</td><td colspan="4">육군 만기 제대</td><td colspan="2"></td></tr>
<tr><td>2000</td><td>3</td><td>1</td><td colspan="4">백두대학교 민족학부 복학</td><td colspan="2"></td></tr>
<tr><td>2002</td><td>2</td><td>23</td><td colspan="4">백두대학교 민족학부(국어국문학 전공)졸업 예정</td><td colspan="2"></td></tr>
<tr><td colspan="9">자 격 사 항</td></tr>
<tr><td>1999</td><td>10</td><td>10</td><td colspan="4">1종 보통 운전면허 취득</td><td colspan="2">제천경찰청</td></tr>
<tr><td>2002</td><td>2</td><td>23</td><td colspan="4">중등 2급 준교사 자격증 취득</td><td colspan="2"></td></tr>
<tr><td colspan="9">특 기 사 항</td></tr>
<tr><td></td><td></td><td></td><td colspan="4">중국어회화 능통</td><td colspan="2"></td></tr>
<tr><td>2001</td><td>8</td><td>10</td><td colspan="4">워드프로세서 2급, 컴퓨터 활용능력 2급</td><td colspan="2"></td></tr>
<tr><td colspan="9">수 상 내 역</td></tr>
<tr><td></td><td></td><td></td><td colspan="4">대학 교내 장학금 4회 수혜</td><td colspan="2"></td></tr>
<tr><td></td><td></td><td></td><td colspan="4">2000년 신춘문예 평론부분 입선</td><td colspan="2"></td></tr>
<tr><td></td><td></td><td></td><td colspan="4">해외 연수 및 기타</td><td colspan="2"></td></tr>
<tr><td>2000</td><td>7</td><td></td><td colspan="4">중국 어학연수 3개월</td><td colspan="2"></td></tr>
<tr><td></td><td></td><td></td><td colspan="4"></td><td colspan="2"></td></tr>
<tr><td></td><td></td><td></td><td colspan="4">위의 사실과 틀림 없음</td><td colspan="2"></td></tr>
<tr><td></td><td></td><td></td><td colspan="4">2001년 12월 12일</td><td colspan="2"></td></tr>
<tr><td></td><td></td><td></td><td colspan="4">이 나 라 (인)</td><td colspan="2"></td></tr>
<tr><td></td><td></td><td></td><td colspan="4"></td><td colspan="2"></td></tr>
</table>

## 2.4 일기문

일기는 개인의 생활사라고 할 수 있다. 매일 겪었던 일에 대하여 쓰되 하루의 일을 모조리 쓰는 것이 아니고 여러 가지 일 가운데 반드시 기록해 두고 싶은 것만 쓴다. 매일매일 바쁜 일상 속에서 일기를 쓰는 일은 삶에 대한 정성과 부지런함이 없이는 불가능하다.

일기를 쓰는 일은 다음과 같은 의의를 갖는다.

① 개인의 역사를 기록하는 가치가 있다. 개인의 삶에 대한 기록은 그가 살던 시기의 역사를 반영하고 있다는 점에서 사료로서의 가치도 갖는다. 하루하루의 일을 기록해 두지 않고는 못 배기는 심정에서 일기를 쓴다고 할 수 있다. 일기에는 그날 있었던 사건을 기록하는 것은 물론이고 보고 들은 것, 생각한 것, 다른 사람에게 알리고 싶은 것, 불만이나 답답함 등이 내용이 되므로 일기를 쓰고 나면 일종의 정화 작용이 일어나게 되어 생활의 활력소가 되기도 한다. 이와 같이 일기는 쓰지 않으면 안 되는 절실한 심정으로 하루하루의 삶을 기록함으로써 하나의 역사를 이루게 되는 것이다.

② 하루의 삶을 반성하고 정리한다는 의미가 있다. 자신을 되돌아봄으로써 잘못을 반성하고 실패를 거울삼아 더 나은 내일을 준비할 수 있다. 개인이건 사회건 지난 시간을 돌아보고도 거기서 배우는 것이 없다면 그런 사람이나 사회는 진보와 발전을 할 수 없게 된다. 특히 반성을 하더라도 글로 쓰면서 하는 사람과 생각으로만 하는 사람간에는 배우고 깨닫는 정도가 다르다는 것이다.

③ 일기를 쓰는 일은 글쓰기 공부가 된다. 날마다 겪는 일을 정리하면서 일기를 꾸준히 쓰게 되면 사고의 폭과 깊이를 더할 수 있고 사물에 대하여 면밀한 관찰을 하게 됨으로써 저절로 글을 잘 쓰게 된다. 일기가 서사적인 구조를 가지므로 서사문이나 감상문을 쓰는 요령도 터득하게 되며, 나아가 시와 수필, 편지 등과 같은 산문을 쓰는 능력도 향상되게 된다.

또한 일기는 누구나 자유롭게 쓸 수 있는 글이므로 쓰는 사람의 나이나 직업, 성별 그리고 관심 대상에 따라 그 내용이 달라질 수 있다.

일기의 종류를 몇 가지 영역으로 나누어 볼 수 있다.

① 일상의 삶을 기술한 것인가, 어떤 사물에 대한 깊은 사색의 결과를 기술한 것인가에 따

라 생활일기와 명상일기로 나뉜다.

② 어떤 일이나 직업에 종사하면서 현장에서 보고, 듣고, 느끼고 생각한 것들을 기술한 것으로 사육일기, 재배일기, 작업일기, 영농일기, 직장일기, 취재일기, 운전일기, 양잠일기, 양봉일기, 간호일기, 치료일기 등 수없이 많이 있다.

③ 연구나 학습 또는 훈련 활동을 하면서 얻은 결과나 경험 따위를 기술하는 것으로 학습일기, 연구일기, 관찰일기, 독서일기, 수련일기, 훈련일기, 동아리일기, 농촌활동일기 등이 있다.

④ 평소에는 경험할 수 없는 특별한 일이 있을 때 그것을 기술하는 여행일기, 농성일기, 병상일기, 구조일기 등이 있다.

⑤ 취미 활동을 일기 형식으로 기술하는 등산일기, 낚시일기, 바둑일기, 음악감상일기, 독서일기, 영화감상일기, 수집일기 등이 있다.

⑥ 한 개인으로서보다 주부의 위치에서 기술하는 육아일기, 가계일기, 부엌일기, 요리일기 등이 있다.


일기의 종류는 위에 든 예들 외에도 수없이 많이 있다. 기록해 두고 싶은 내용이면 무엇이든 일기의 형식으로 작성할 수 있으므로 평소에 깊은 관심을 가지고 사물을 관찰한 다음 그것을 글로 옮기는 일을 실천하는 것이 필요하다.

일기에는 편지, 시, 낙서 등 모든 형식의 글을 다 쓸 수 있지만 대체로 서사나 감상문이 많이 쓰인다. 일기에는 무슨 내용을 써도 좋다. 자기에 관한 이야기는 물론이고 다른 사람이나 다른 나라, 동물, 식물 등 관심을 가진 분야라면 어떤 내용을 소재로 써도 무방하다. 일기의 길이도 자유롭다. 시간적인 여유가 있고 쓸 내용이 많으면 길어질 수도 있고 그렇지 않으면 메모 형식으로만 쓸 수도 있다.

일기는 날마다 쓰는 것이지만 못 쓰거나 안 쓰는 날이 있을 수도 있고 며칠에 한 번씩 쓸 수도 있다. 매일 쓰지 않은 일기로는 이순신 장군의 「난중일기」가 대표적이다.

일기는 남들에게 공개하는 경우도 있지만 보통은 자기만을 위해 쓴다. 일기가 남에게 공개될 때는 내용 때문에 문제가 생기지 않을 만큼 시간이 흐른 뒤의 일이 될 것이다. 따라서 일기는 대개는 그것을 쓴 사람이 죽은 뒤에 공개되는 것이 보통이다.

이와 같이 일기는 가장 자유롭고 정직하게 쓸 수 있는 글이라는 점에서 독특한 성격을 가진다고 할 수 있다. 그러기에 일기는 문학의 영역에서도 한 자리를 차지하고 있다. 우리나라의 경우 연암 박지원의 「열하일기」(정조 4년 1780), 의유당 김씨의 「의유당 일기」(순조 29년

1829) 등이 훌륭한 문학 작품으로 남아 있고, 기록의 가치를 가지는 일기로는 이순신 장군의
「난중일기」 등이 있다. 다음에 난중일기와 학생 일기 하나를 소개한다.

### 1593년 6월 24일 큰 비

식사 후부터 큰 비가 와서 바람이 불어치더니 저녁에까지 그치지 않았다. 저녁에 영등포 척후병이
와서, 적선 500여 척이 23일 밤중에 소진포로 들어갔는데 그 선봉대는 칠천량에 이르렀다고 보고하였
다. 밤에 대금산 정찰대가 와서 보고하는 것도 역시 마찬가지였다.

### 1593년 6월 26일 큰 비

남풍까지 몹시 불었다. 복병선이 와서 적의 배가 오양역 앞까지 이르렀다고 보고하였다. 호각을 불
어 닻을 거두고 모두 적도(통영)로 가서 진을 쳤다.

순천의 군량 150섬 9말을 받아 의능의 배에 실었다. 저녁 때 김붕만이 진주에 있는 적의 움직임을
살피고 와서 보고하기를, 적들이 진주 동문 밖에서 군대를 합쳤는데 매일 큰비가 와서 물에 막혀 오도
가도 못하고 있다. 더군다나 구원군이 와서 도와 줄 수도 없는 상황이니 만약 모두 합쳐 쳐들어간다면
한꺼번에 전멸시킬 수 있다고 하였다.

적들은 이미 식량이 끊어졌으니 우리 군사는 편안히 앉아서 지쳐 있는 적을 맞게 되는 게 아닌가.
이 상황으로 보아 백전백승을 약속할 수 있다. 하늘이 이렇게 우리를 도와주는 것을 보면 적이 비록 5,
600척을 합해 오더라도 우리 군사를 당해낼 수는 없다.

### 2001년 8월 26일 토요일 (비)

어제에 이어 오늘도 학교에 갔다. 왜냐, 연장수업이니까. 3학년은 무슨 일이 있어도 연장 수업을 해
야 된단다. 특별히 올해부터 3일에서 4일로 늘었다. 그래도 학교에 가니까 잠도 덜 자게 되고 친구들도
보고, 공부도 해서 좋았다. 그 동안 놀았더니 왠일인지 공부하고 싶어서 좀이 쑤신다. 그런데 아직 방
학 숙제를 다 못해서 걱정이다. 생각하면 생각할수록 이번에는 숙제가 지나치게 많다. 또 이 살얼음판
을 어떻게 건너나 하는 생각이 든다.

요즘에는 날씨도 구질구질하고 흐려서 가뜩이나 숙제 때문에 무거운 마음이 더 무거워 진다. 정말
이지 내가 요즘 숙제 때문에 받는 스트레스는 엄청나다.

내일은 일요일이다. 교회에 갔다가 일찍 와서 다 못한 숙제를 해야겠다.

창 밖에 비오는 소리가 꼭 한강수 타령 가락 같다. 마음이 씻겨 내려가서 깨끗해진 기분이 든다. 그
리고 무엇인가에 매달려서 열심히 아주 열심히 하고 싶다. 전에는 다 귀찮았는데 나도 많이 변했나보
다. 벌써 열두 시가 넘었다. 그럼 지금은 일요일인가? 1초 사이에 날짜가 바뀌었다. 시간은 참으로 위
대한 존재다.

## 2.5 기행문

기행문은 여행을 하면서 보고 듣고 느낀 것과 경험한 것들을 일기 형식이나 편지 형식 또는 수필이나 보고 형식으로 기술하여 독자에게 지식과 흥미를 제공한다. 여행한 지방의 인정과 풍토, 그리고 명승고적이나 풍습 등을 고찰하면서 얻은 새로운 경험과 감흥을 기록하게 된다. 따라서 '언제 어디를 어떻게 출발해서 어디를 어떻게 다니면서 무엇을 어떻게 보고 듣고 느끼고 돌아왔는지'에 대하여 기술하면 된다.

기행문은 쓰는 사람의 관점이나 취향에 따라 달라질 수 있다. 처음 가보는 지방의 풍물을 접하면서 일어나는 자기의 생각과 감정을 그릴 수도 있고, 풍속이나 풍경 등을 객관적으로 묘사할 수도 있으며, 그 지방의 발전상이나 경제 구조 등과 같이 다소 학술적인 관점에서 기술할 수도 있다. 그러나 일반적으로 기행문은 낯선 고장의 풍물에 대한 경험과 인상을 기술하는 글이다. 따라서 이동하는 장소마다 달라지는 그 지방의 특색에 대하여 느낀 인상이나 심경의 변화 등을 기술함으로써 그 지방의 특징을 살려야 한다. 이를 위해서는 다음과 같은 점을 고려하여 기행문을 작성하는 것이 좋다.

① 떠나는 즐거움이 나타나 있어야 한다. 여행을 준비하면서 갖게 되는 설렘과 흥분 및 기대 등과 같은 출발 전의 심경이 여실히 나타나야 독자들에게 실감을 줄 수 있다.
② 노정이 나타나 있어야 한다. 독자가 길을 떠난 것 같이 노정이 머리 속에 그려지도록 해야 한다. 그러나 노정에 관한 친절이 지나쳐 여행 안내문이나 여행 설명문과 같이 되어서는 안 된다.
③ 무엇보다 객창감(客窓感)이 드러나야 한다. 그 지방의 언어, 복장, 음식, 풍속, 습관, 인정 등 특유의 색채를 잘 드러내어 독자로 하여금 타관다운 설익은 풍경이 묻어나도록 기술해야 한다.

다음에 일기체 기행문의 예를 보인다.

> 3월 9일 말 한 마디로 만원을 깎다
> 아침부터 머리를 감는다, 드라이를 한다, 출근 준비로 바쁜 용희한테 도와달라면서 설쳤다. 광주 KBS에서 촬영을 나오기로 했기 때문이다. 다음 주 토요일 <아침마당>에 나갈 꼭지란다.
> 경험으로 봐서 20분 짜리 방송이라면 녹화가 하루 종일 걸릴 테지만 이번 도보여행 모습을 생생하

게 기록할 수 있겠다는 생각에 섭외가 왔을 때 그러마고 했다. 아침에 PD와 진행자 등 촬영팀이 용희네 집으로 왔다. 우선 배낭 싸는 모습을 연출하고, 외양간에서 소를 돌보는 모습, 시골길을 걸어가는 모습, 길가다 나무 밑에서 차를 끓여 먹으며 쉬는 모습, 틈틈이 운동화끈을 다시 매는 모습, 시골 사람들에게 길 물어보며 이야기하는 모습, 그리고 쭉 뻗은 길을 따라 걸으며 잘 가라고 손을 흔들며 가는 모습 등을, 아니나 다를까 '원종일' 찍었다.

날이 잔뜩 흐리다가 끝날 때쯤 햇살이 반짝 났는데, 그것으로 아주 좋은 마무리가 되었다고 연출자가 만족해 한다. 나도 재미있었다. 이번 주 토요일 아침 8시 25분부터 9시 30분 사이에 방영된단다. 그 전날은 반드시 텔레비전이 있는 여관에 묵어야겠다.

나머지 시간을 부지런히 걸어 영산포에 도착했다. 오랜만에 도시다운 도시를 만났다. 대형 버스터미널도 있고 사우나와 여관도 수두룩하다. 깨끗해 보이는 여관으로 가서 무조건 숙박비를 깎아달라고 했다. 주인 아줌마가 얼마 있냐고 하길래 1만 5천 원밖에 없다고 하니까 펄쩍 뛴다. 장급 여관은 2만 5천 원이라면서.

"아줌마, 내가 지금 강원도까지 가는데 매일 2만 5천 원씩 내고 어떻게 다녀요? 아줌마도 한 번 생각해 보세요."

내가 수(?)를 한 번 써 봤다. 아줌마가 거기 넘어갔나 보다.

"뭔 일이여. 돈도 안 가지고 워찌 다니고 하는가."

그러고는 조그만 방이라도 괜찮으면 그 돈에 묵고 가란다.

"근데 아줌마, 방은 조그마해도 되는데 텔레비전은 나와야 돼요."

"워메, 시방 찬밥, 더운밥 가려야."

게다가 요즘에 텔레비전 없는 방이 어디 있냐며 심야에 '비디오'도 나간다고 묻지도 않은 정보를 준다.

"아참, 아줌마, 신문도 좀 모아다 주실래요. 지나간 것도요."

"월렐레, 아주 골고루 찾네잉."

그러면서도 알았다고 웃는다.

근처 목욕탕에서 파김치가 되도록 길게 사우나를 했다. 그러면 다리 근육이 풀려야 하는데 왜 더 뻣뻣해지는 거지. 오히려 기운이 더 빠진 것 같다. 일기도 길게 쓰기 싫고 배낭 안에 든 화장품 주머니도 꺼내기 싫다. 오랜만에 조용한 방에서 식구들과 친구들에게 전화해서 실컷 수다나 떨고 싶었는데 핸드폰 충전될 때를 기다리다가 그만 잠들어버렸다. 어찐된 일인지 몹시 피곤했다.

(한비야, 『바람의 딸 우리 땅에 서다』, 1999)


## 2.6 서간문


서간문은 멀리 떨어져 있는 사람에게 하고 싶은 말을 글로 옮겨 놓은 것이다. 그러기에 쓰기에 결코 어려움이 없는 글이다. 윗사람이나 대하기 어려운 사람에게도 그 사람을 직접 대면하고 할 말을 꾸밈없이 성의 있게 글로 옮기되 약간의 예의와 절차를 따르면 되기 때문이다.

서간문은 다른 종류의 글과 달리 다음과 같은 몇 가지 성격을 가지고 있다.

① 상대가 정해져 있어 거기에 알맞은 적당한 예법을 갖추어 써야 한다. 손윗사람과 손아래 사람에게 쓸 경우 각각 거기에 알맞은 경어법을 써야 하고, 손윗사람에게라도 상대에 따라 다르게 표현해야 한다.
② 일방적으로 하는 말이어서 장점도 있지만 단점도 있다. 편지는 시간적인 여유를 가지고 쓰게 되므로 비교적 논리적으로 기술하게 된다. 또한 대면해서 하기 어려운 말도 쓸 수 있는 장점이 있는 반면 상대방의 반응을 알 수 없어서 일방적으로 기술하게 되는 단점도 있다. 따라서 편지는 받는 사람의 처지를 고려해서 써야 잘못을 줄일 수 있다.
③ 서간문에는 보내는 사람의 지식, 교양, 성격 등이 나타날 수 있다. 맞춤법이나 문맥의 정확성, 논리성, 필체 등을 통하여 그 사람의 지식이나 교양 수준 및 성품 등을 두루 알아볼 수 있다. 간단한 한 통의 편지를 쓸 때도 진지하고 성실한 자세로 임해야 한다.
④ 서간문은 수필의 영역에 속한다. 편지체로 쓴 소설이나 기행문, 평론 등도 있지만 대개는 수필이므로 딱딱한 글이 아니다.

그런데도 편지는 쓰기 귀찮고 어렵다고 생각하는 경우가 많은 것 같다. 그것은 편지를 잘 쓰려는 마음이 앞서는 데 원인이 있다. 자기가 생각한 것을 그대로만 나타내면 되는데 자기 이상의 것을 나타내려 하는 데 어려움이 있는 것이다.

주로 사교와 인사의 한 형식으로 쓰이는 편지글의 형식에는 사람을 만날 때와 마찬가지로 지켜야 할 형식과 절차가 있다. 전통적으로 사용하고 있는 서간문의 형식은 다음과 같은 것들이 있다.

①호칭 ②계절 인사 ③문안 ④자기 안부 ⑤용건 ⑥끝인사 ⑦연월일 서명 ⑧추신

위의 ①~④를 전문(前文)이라고 하고 편지의 내용이자 주목적인 ⑤를 사연이라고 한다. 그리고 ⑥~⑦을 결문(結文)이라고 하며, 어쩌다 빠뜨린 말이나 남의 부탁 같은 것을 덧붙여 쓰는 ⑧을 부기(附記)라고 한다.

호칭은 옛날에는 한자어를 많이 써서 이 호칭이 복잡하게 쓰였고 또 반드시 쓰였으나 요즈음에는 평소에 쓰던 말 그대로 쓰거나 생략하는 경우도 많다.

윗사람에게 보내는 편지의 서두는 직함에 '-님'을 붙여 '아버님 보(시)옵소서', '(○○○) 선

생님께 올립니다', '○○○ 님께 드립니다' 와 같이 쓰는 것이 표준이다.

다음에 어려운 한자 호칭은 피하고 우리말 편지 호칭의 몇 예를 든다.

㉮ 아버님께, 아버님 전 상서, 아버님 보시옵소서
㉯ 김 선생님께, 선생님 전 상서, 정곡 선생 하감
㉰ 김형, 박형에게, 종규 대형, 성근 인형, 한준 아형, 만근 학형
㉱ 필구에게, 재준이 보아라, 찬우야

㉮는 아버지 ㉯는 스승 ㉰는 친구 ㉱는 손아랫사람에게 각각 쓸 수 있는 호칭이다. ㉰의 형은 자기보다 나이가 많은 사람뿐 아니라 나이가 적은 사람에게도 쓸 수 있는 호칭이다. 호칭 때문에 어색해질 염려가 있다면 평소에 쓰던 말을 그대로 쓰는 것이 좋다. 동년배나 아랫사람에게는 '○○○ 선생님께', '○○○ 과장에게'와 같이 직함에 '-께'나 '-에게'를 적절히 붙여 쓰거나 '○ 형 보오', '아우님 보시게'처럼 쓰고 제자에게는 '○○○ 군에게'처럼 쓰는 것이 좋다. 회사나 단체 앞으로 보낼 때는 '○○○○ 주식회사 귀중'이라고 쓴다.

계절 인사는 따로 정해져 있는 것이 아니고 계절이 바뀔 때마다 알맞은 문구를 적절하게 만들어 쓰면 된다. '맹춘지절(孟春之節)'과 같은 고투를 쓰기보다 당시의 계절에 맞게 쓴 어구나 문장을 쓰는 것이 좋다. 다음에 계절 인사 몇 가지를 예로 든다.

㉮ 먼 산에 잔설이 희끗희끗하고 목련이 꽃망울을 불려 가는 이즈음
㉯ 앞뜰의 나뭇잎들이 진녹색으로 물들어 갑니다.
㉰ 올해도 봄은 어김없이 이 땅에 찾아왔습니다.
㉱ 앞뜰의 개나리가 노란 꽃잎을 머금고 파릇파릇 새싹이 돋아나는 봄입니다.
㉲ 계절의 여왕 오월이 시작되었습니다.
㉳ 무쇳덩이도 녹일 듯한 계절입니다.
㉴ 작열하던 태양이 잠시 몸을 식히는 날입니다.
㉵ 매미 소리가 시원한 여름입니다.
㉶ 밤이면 귀뚜라미 소리가 베갯머리를 울립니다.
㉷ 낙엽과 고독이 밀려오고 먼 그리움이 잔물결처럼 이는 때입니다.
㉸ 울긋불긋 단풍잎 곱게 물들고 주렁주렁 열매가 무르익어 가는 추수의 계절입니다.
㉹ 어느덧 코트를 입고 다녀야 할 때가 왔습니다.
㉺ 김진섭의 '백설부'를 생각하게 하는 계절입니다.
㉻ 하얀 눈이 소리없이 내리는 겨울입니다.

문안은 상대편의 안부를 묻는 것인데 윗사람에게 편지를 쓸 때 이 부분을 특히 유의하여 작성해야 결례를 범하지 않는다. 지나친 언사나 잘 알지 못하는 한문어투를 쓰지 않도록 한다. 또한 당사자뿐만 아니라 그 주변 인물이나 사물에 대하여도 관심을 표명하는 것이 좋다. 다음에 몇 예를 든다.

㉠ 그간 별일 없으시고 건강은 좋으신지요? 하시는 사업은 여전하다고 들었습니다만 어떠신지요.

㉡ 그 동안 건강하시고 가족들 또한 별일 없으신지요? 요즈음에도 여전히 겨울 낚시를 즐기시는지요?

㉢ 선생님, 안녕하셨습니까?

㉣ 그 동안 몸 건강히 안녕하신지요?

㉤ 몸 건강히 학교에 잘 다니고 있느냐? 지금은 하숙집 식사에 적응했느냐?

㉥ 그 동안 잘 있었니?

자기 안부는 상대방의 안부를 묻고 나서 말하는 것이 예의상 좋다. 다만 부모 형제와 같은 가까운 친척과 먼 친척 또는 업무상 아는 사이 등에 따라 표현의 정도를 조절하는 것이 필요하다. 업무상 쓰는 편지에 자기의 건강 상태나 근황을 세세히 말하는 것도 이상하고, 반대로 부모 형제에게 너무 간단히 하는 것도 바람직하지 않다. 아울러 상대방이 궁금해할 만한 사람의 안부도 함께 전해주면 친절한 일이 될 것이다. 또한 연인 사이라면 상대방에 대한 세심한 배려가 필요할 것이다. 다음에 몇 예를 든다.

㉠ 저는 어머니께서 밤낮으로 염려해 주시는 덕분에 몸 건강히 공부 잘 하고 있으며 감기도 이제는 완전히 나았습니다.

㉡ 여기 사람들도 별일 없이 잘 지내고 있습니다.

㉢ 저도 잘 있습니다. 그런데 어제 길에서 선생님께서 무척 아껴주셨던 용희를 만났는데 선생님을 한 번 뵈러 간다고 하였습니다.

㉣ 저희 식구들은 선생님께서 염려해 주신 덕분에 모두 건강하게 잘 지내고 있습니다.

용건은 사연이라고도 하는데 편지에서 가장 핵심적이고 중요한 부분이다. 사실은 앞의 전문 부분이 이 용건을 쓰기 위한 정지 작업이라고 할 수 있다. 용건은 정확하면서도 간명하게 서술되어야 한다. 이 용건을 의도적으로 잘 쓰려고 할 필요는 없고 자기의 진심을 허심탄회하게 나타내기만 하면 된다.

용건을 쓰기 위한 첫 어절로 정해진 것은 없지만 '말씀드리고자 하는 바는, 아뢰올 말씀은, 사뢸 말씀은 다름이 아니오라, 바쁘실 텐데 부탁의 말씀을 드리게 되어 죄송합니다' 등으로 쓰는 것이 요즈음의 경향이다. 용건의 끝에는 '찾아가 뵙고 말씀드려야 하는데 이렇게 편지로 쓰게 되어 죄송하기 그지없습니다'나 '이런 부탁 말씀 드리게 된 것을 이해하시고 용서해 주시기 바랍니다' 정도로 끝맺는 것이 좋다.

끝인사는 용건을 다 쓰고 나서 편지글을 마무리하기 위해 하는 표현이다. 상대방에 따라 표현 방법을 달리하는 것이 보통이다. 가장 무난하고 보편적인 끝인사는 '안녕히 계십시오'다. 다음에 끝인사의 몇 예를 든다.

㉮ 내내 안녕하시기를 빌겠습니다.
㉯ 그럼 건강하시고 사업 번창하소서.
㉰ 이제 고마운 회신만 고대하고 있겠습니다. 안녕히 계십시오.
㉱ 추위에 몸조심하고 열심히 공부하기 바란다.
㉲ 이제 곧 만나게 되기를 바란다. 그 때까지 잘 있거라.
㉳ 오늘은 이만 줄이겠습니다. 안녕히 계십시오.
㉴ 다음에 또 쓸게. 안녕.


편지 끝에는 반드시 보내는 날짜를 쓰고 보내는 사람의 이름을 써야 한다. 날짜는 보통 연월 일을 기입하며 날짜 뒤에 절후나 자연 환경 또는 편지를 쓴 장소를 밝히기도 한다.

다음에 몇 예를 든다.

㉮ 2000년 4월 28일
㉯ 5월 5일 어린이날에
㉰ 9월 5일 입추에
㉱ 2000년 10월 23일, 국화가 피는 날에
㉲ 2001년 4월 20일, 만개한 벚꽃을 바라보며
㉳ 2001년 5월 15일, 용두산 기슭에서


날짜 다음에는 자기의 이름을 써야 한다. 서명란에는 '○○○ 올림'이나 '○○○ 드림'으로 쓰는 것이 표준이지만 이름을 쓸 때는 '㉮ (○)○○ 올림 ㉯ (○)○○ 드림 ㉰ (○)○○ 씀 ㉱ ○○○ 보냄' 등과 같이 상대에 따라 적당한 말을 붙이는 것이 좋다. 집안 사람에게 보내는 편지에는 '아들 ○○ 올립니다'나 '○○ 드림'과 같이 이름만 쓰고 성(姓)은 쓰지 않는다. 동년배에게 보내는 편지의 서명란에는 '○○○ 드림'을 쓰고 아랫사람에게는 '○○○ 씀'을 쓰는 것이 표준이다. '○○로부터'는 외국어의 직역이므로 쓰지 않는다.

회사나 단체에서 보내는 경우는 직함을 이름 앞에 넣어 '○○ 주식회사 사장 ○○○ 올림(드림)'이 표준이다. '○○ 주식회사 ○○○ 사장 올림(드림)'과 같이 직함을 이름 뒤에 넣으면 자기를 높여 말하는 것이 되기 때문이다.

추신은 편지에 써야 할 내용을 빠뜨린 경우에 추가로 기술하는 것이다. 보통 '추신(追伸), 추고(追告), 추백(追白)' 이라고 쓰고 그 다음에 내용을 쓰면 된다. 그러나 상대방의 경사를 축하하는 말이나 조의(弔意)를 표하는 말을 추신으로 쓰는 것은 커다란 결례가 된다. 이럴 때는 반드시 편지를 다시 쓰되 그런 사실을 사연 속에 넣어 예의를 갖추도록 한다.

그런데 간혹 촉박한 시간에 편지를 써야 할 때도 있고, 자주 접촉하는 사람에게 쓸 때도 있다. 또 엽서와 같이 좁은 지면에 쓸 때도 있다. 이럴 때는 처음부터 번거로운 격식을 줄이는 대신 맨 앞에 '제례(除禮)하옵고(예의 차릴 것을 줄이고), 제번(除煩)하옵고(번거로이 인사하는 것을 줄이고), 인사말 줄이옵고' 등과 같이 간단히 관용구를 쓰든가 인사말 정도만 쓰고 바로 사연을 써도 된다. 이렇게 쓰는 것이 너무 기계적이라고 생각되면 '안녕하십니까?, 오랫동안 못 찾아뵈어 죄송합니다. 그간 건강은 좋으신지요?,  바빠서 용건만 말씀드립니다'와 같이 인사말을 쓰고 용건을 쓰면 되지만 윗사람에게는 쓰지 않는 것이 좋다.

편지를 다 썼으면 봉투를 써야 한다. 봉투는 편지의 얼굴이라 할 수 있으므로 성의껏 깨끗한 글씨로 봉투를 써야 한다. 휘갈겨 쓴 글씨나 삐뚤게 붙여진 우표는 보는 이의 기분을 상하게 할 것이기 때문이다.

봉투 쓰기는 만국우편연합의 권고와 우편 분류 기계화를 위해 1984년부터 가로쓰기를 실시하였으며 규격 봉투를 쓰도록 하고 있다. 우편 번호를 쓰는 것도 잊지 말아야 하며 봉하는 자리에도 ×표 대신 '봉'사나 '함'자 또는 한지로 '封'자나 '緘'자를 쓰는 것이 좋다.

상대방의 이름 밑에 붙이는 관용어구는 보내는 사람과 받는 사람의 관계에 따라 결정된다. 윗사람에게 보내는 편지 봉투에는 '이름＋직함＋님(께)'와 '○○○ 귀하(貴下)', '○○○ 좌하(座下)'를 쓰는 것이 표준이다. 가장 널리 쓰이는 말이 '귀하(貴下)'인데 '좌하(座下)'보다 등급이 낮기는 하지만 낮춘 말이 아니므로 직함이 없어 적절히 높여 대우할 표현이 없는 경우에 쓴다.

부모님께 편지를 보내는 경우에도 다른 어른께 하듯이 '○○○ 귀하(貴下)'나 '○○○ 좌하(座下)'와 같이 부모님의 성함을 쓰고 '귀하(貴下)'나 '좌하(座下)'를 쓰거나 전통을 살리면서도 어려운 한자를 우리말로 고친 '○○○[보내는 사람 이름]의 집'이라고 쓴다.

동년배 사이에는 '○○○ 귀하(貴下)' 또는 '○○○ 님(에게)'를 쓰고 자녀나 제자처럼 아랫사람의 경우에는 '○○○ 앞'이라고 쓸 수 있다.

회사나 단체로 보내는 경우에는 편지글의 서명란에 쓰는 것과 같이 '○○○ 주식회사 귀중'이라고 쓰는 것이 표준이다. 공무로 회사나 단체의 개인에게 보내는 경우에는 봉투의 받는 사람 쪽에는 편지글의 서명란에 쓰는 것과는 달리 '○○○ 주식회사 ○○○ 사장님'이나 '○○○ 주식회사 ○○○ 귀하(貴下)와 같이 이름 뒤에 직책을 써서 높여 준다.

봉투에서 보내는 사람은 서명란에 쓰는 것과 같이 '○○○ 올림'이나 '○○○ 드림'으로 쓴다. 다음에 몇 예를 든다.

㉮ 이름＋직함＋님(께), 좌하(座下), 귀하(貴下) : 윗사람에게 씀
㉯ 귀중 : 회사나 단체 이름 뒤에 씀
㉰ 선생(님) : 웃어른, 사회적 명사, 은사 등에 두루 씀
㉱ 씨 : 나이나 지위가 비슷한 남자에게 씀
㉲ 형, 인형 : 평교간에 씀
㉳ 군 : 친구나 아랫사람에게 씀
㉴ 여사 : 일반적으로 부인에게 씀
㉵ 양 : 동년배, 손아래 처녀에게 씀
㉶ 님 : 일반적으로 높이는 경우에 씀
㉶ 앞 : 아랫사람에게 씀

주의할 점은 지나치게 예의를 차려 경칭을 반복하여 사용하는 일이 없도록 해야 한다. 예를 들어, '○○○ 씨 귀하'나 '○○○ 님 귀하'의 '씨'나 '님'은 '귀하'와 중복되므로 쓰지 않아야 하고, '○○○ 과장님 귀하'처럼 이름 뒤에 직함을 쓰는 경우 다시 '귀하'를 쓰지 않아야 한다.

편지글의 종류는 내용에 따라 '안부 편지, 위문 편지, 축하 편지, 초청(초대) 편지, 권유 편지, 부탁 편지, 사절 편지, 사례 편지, 안내 편지, 사과 편지, 문의 편지, 독촉 편지, 소개 편지, 연애 편지' 등으로 나눌 수 있다. 이들 편지글은 쓰는 사람의 진심을 어떻게 표현할 것인가가 중요하지 미사여구나 어려운 표현은 중요하지 않다. 절차와 예법이 까다로워 편지를 쓰지 못한다는 것은 오늘날에는 적절하지 않은 말이다.

요즈음에는 컴퓨터를 이용하여 인터넷으로 편지를 주고 받는 경향이 많아졌다. 다수에게 실시간으로 동시에 보낼 수 있는 장점도 있고 사이버 공간에서 모르는 사람과 대화를 주고 받을 수도 있다. 그럴수록 통신 예절을 지켜 상대방의 마음을 상하지 않게 해야 할 것이다. 그리고 통신 수단을 이용하면서 '어솨요(어서 와요), 안냐세여(안녕하세요), 안뇽(안녕)' 등과 같이 국적 없는 표현과 신조어들을 만들어 사용하고 있는데 국어의 혼란이라는 점에서 역시 쓰지 말아야 한다. 언어는 그것을 사용하는 사람의 얼굴이고 교양의 또 다른 표현이라는 점을 명심해야 할 것이다. 다음에 편지글 하나를 예로 든다.

선생님께

선생님 그 동안 안녕하셨습니까?

마당가의 작은 화단에 라일락이 흐드러지게 피어 울안에 향기가 가득합니다. 그래도 아침저녁과 밤 공기는 선선한데 혹 감기는 걸리지 않으셨나 걱정됩니다.

제가 학교를 졸업한 지도 벌써 1년이 되었습니다만 그 동안 한 번도 찾아 뵙지 못한 무성의에 스스로 부끄러움을 느끼고 있습니다. 저는 선생님께서 배려해 주신 덕분에 별일 없이 잘 지내고 있습니다.

4년 동안 선생님의 가르침을 받은 제가 학교를 졸업하고 학교를 떠났다고 선생님 곁을 떠났거나 선생님 은혜를 잊어버린 것은 아닙니다. 제가 어디에서 어떻게 살아가든 제 인생의 기초가 되고 기본이 된 선생님의 가르침을 어찌 잊을 수 있겠습니까? 하지만 사회에 나오고 나니 취직을 위해 열심히 뛰어야 했고 사회 생활에도 충실하게 적응해야 했기에 마음의 여유가 없었을 따름입니다.

지난 1년 동안 여러 상황이 여의치 못했고 뜻대로 되지 않는 일들이 많아 적지 않은 고민과 실망을 맛보아야 했습니다. 어렵고 힘들 때마다 "현재의 처지에서 최선을 다하라"고 말씀하신 선생님의 가르침을 되새기고 새롭게 도전했습니다. 그 결과 지금은 이곳 고향에서 견실한 한 중소기업에 취직하여 열심히 일하고 있습니다. 취직을 하자마자 선생님께 달려가 축하를 받고 싶었지만 그 동안 일을 배우느라고 정신없이 보내다보니 지금까지 찾아 뵙지 못하고 뒤늦게 펜을 들게 되었습니다. 지금은 어느 정도 적응이 되어 가고 있지만 오랜 경험과 기능을 가진 선임자들과 아무 경험도 없던 제가 함께 일을 하는 것이 두렵기만 했습니다. 그러나 선생님께서 항상 말씀하셨던 가르침에 따라 최선을 다해 임무를 수행하다보니 아직까지는 별다른 어려움이 없습니다.

강의실에 앉아 선생님 강의를 듣던 때가 엊그제 같은데 산업의 최일선 현장에서 일을 하는 제 자신을 생각하면 오직 시간이 유수 같다는 것과 열심히 일하는 삶이 아름답다는 평범한 진리가 새삼 실감날 따름입니다.

선생님의 걱정을 끼치던 학생에서 지금은 어엿한 산업일꾼으로 선생님께 편지를 쓰고 있자니 많은 생각이 머리를 스칩니다. 갑자기 어른이 된 것 같아 어깨가 무겁기도 하고, 아무 부담 없이 친구들과 캠퍼스를 누비던 학창시절이 그리워지기도 합니다.

아직은 서툴고 낯선 일들도 있지만 열심히 하다보면 모두 익숙해지리라 생각합니다. 마음이 바빠 그 동안 소식도 올리지 못한 게으름을 거듭 용서바랍니다. 쉬는 날 찾아 뵙고 그 동안의 사회 경험에서 보고 듣고 느낀 것들을 말씀드리겠습니다. 학창시절과 다름없이 따뜻한 지도를 바라겠습니다.

아직은 철없는 후배들을 지도하시느라고 골몰하시겠지만 환절기에 건강 조심하시기 바랍니다. 조만간 꼭 찾아 뵙고 인사드리겠습니다.

안녕히 계십시오.

2001년 5월 12일

제자 박 순 덕 올림

## 2.7 식사문(式辭文)

　식사문은 어떤 의식을 거행할 때 여러 사람을 상대로 낭독하는 글이다. 다시 말하면 의식에 참석한 사람들에게 읽어줌으로써 그 의식에 대한 감정을 고조시키기 위해 작성된 글이라고 할 수 있다.

　식사문은 내용에 따라 크게 경조에 관한 것과 공사에 관한 것으로 나눌 수 있다. 경조에 관한 식사는 기쁜 일이나 슬픈 일이 있을 때 거행하는 의식에서 행하는 식사다. 기쁜 일로 행하는 의식으로는 '결혼식, 회갑연, 개학식, 환영식, 출판 기념회' 등이 있고, 슬픈 일로 행하는 의식으로는 '장례식, 추모식' 등이 있다. 공사에 관한 식사는 공식적인 행사인가 사적인 행사인가에 따라 나눈 것이다. '제헌절, 광복절, 개천절, 입학식, 졸업식' 등은 공식적인 것이고 '결혼식, 회갑연, 출판 기념식' 등은 개인적인 것이다. 따라서 식사문은 의식의 성격에 따라 거기에 맞게 구성해야 한다. 가령 입학식이라면 입학 축하와 더불어 앞으로 학생으로서 할 일에 대하여, 졸업식이면 그간의 노고와 앞으로의 사회 생활에 대하여 언급하면 좋을 것이다.

　식사문은 여러 사람 앞에서 읽는 것이기 때문에 최소한의 예의는 지켜야 한다. 또한 청중의 반응을 고려하면서 집필해야 한다. 따라서 식사문을 작성할 때는 다음과 같은 몇 가지 요령이 필요하다.

① 낭독되는 글이라는 점을 염두에 두고 작성해야 한다. 읽을 때의 어감과 어조에 따라 전체 분위기가 달라지므로 이를 고려하여 원고를 낭독에 알맞게 작성해야 한다.

② 해당 의식의 성격이나 목적에 알맞도록 작성해야 한다. 두말할 것도 없이 의식이 거행되는 목적이 무엇인지에 맞춰 그 내용을 작성해야 한다. 결혼식장에서 추모사를 읽을 수는 없지 않은가.

③ 내용이 너무 고상하거나 너무 평범하지 않도록 해야 한다. 식사문이 형식적인 행사를 위해 쓰이는 것이라고는 하지만 내용조차 형식적이어서는 청중들의 동감을 얻을 수 없다. 식사는 그 의의를 강조하여 참석자들로 하여금 깊은 인상을 남기도록 해야 한다.

④ 사적인 내용에 치우치지 않도록 해야 한다. 여러 사람 앞에서 낭독되는 글이므로 누구에게나 공감이 갈 수 있는 사실을 내용으로 써야 한다. 식사문이 자화자찬이나 지나치게 개인의 사적 감정을 나타내어 전체 분위기를 흐려서는 안 된다.

⑤ 언제나 공손하고 정중한 언사와 내용을 써야 한다. 여러 사람 앞에서 읽는 식사문의 예의는 언어 사용을 통해 나타난다. 따라서 하나의 단어에서부터 전체 내용에 이르기까지 공손하고 정중한 표현을 써야 한다.

⑥ 지루하게 길지 않게 써야 한다. 대부분의 의식은 여러 순서가 정해져 있다. 이 여러 순서 가운데 하나인 식사가 지루하게 길어지지 않도록 해야 한다. 때와 장소에 따라 적절한 표현을 구사하여 상투적인 말을 늘어놓지 않도록 각별히 유의해야 한다. 다음은 어느 대학의 입학식사를 요약한 것이다.

<입학식사 예문>

자랑스러운 신입생 여러분!

○○대학교의 모든 가족을 대표하여 여러분의 입학을 진심으로 축하합니다. 나는 오늘 여러분을 맞이하면서 총장으로서가 아니라 44년 전에 이 대학에 입학한 여러분의 한 선배로서 벅찬 감동과 긍지를 느낍니다.

여러분은 이제 이 시대 최고의 지성인으로 성장하기 위해 첫발을 내딛었습니다. 우리 시대의 과제를 수행해 나가기 위해서 여러분과 우리 대학이 함께 해 나가야 할 일 몇 가지를 말씀드리고자 합니다.

첫째, 여러분은 적극적인 도전 정신으로 우리 역사를 개척해 나가야 할 것입니다. 앞으로 우리에게 닥칠 어떠한 어려움도 이겨내겠다는 굳은 의지를 다져야 합니다. 나아가 새로운 세기에는 21세기 비전을 밝혀주는 주인공으로서의 긍지를 가지고 새로운 세계를 주도적으로 개척해 나가야 할 것입니다.

둘째, 여러분은 지식혁명, 정보혁명 시대의 주역으로 성장해 나가야 합니다. 21세기는 지식 정보화 시대입니다. 이러한 시대에 여러분이 갖추게 될 창조적인 지식과 다양한 정보는 여러분 개인의 경쟁력인 동시에 우리 사회의 경쟁력이기도 합니다. 변화의 빠른 흐름 속에서 누구보다도 슬기롭게 노력한다면 여러분에게 21세기는 새로운 기회의 세기가 될 것입니다. 이를 지원하기 위해 우리 ○○대학교는 과감한 변혁을 통해 '세계 수준의 종합 연구대학'으로서의 면모를 갖추어 나갈 것입니다. 새로운 글로벌 시대를 선도할 여러분이 폭넓은 지식과 창의력을 연마할 수 있도록 모든 지원을 아끼지 않을 것입니다.

셋째, 여러분은 우리 사회를 변화시키고 발전시키기 위한 굳은 의지와 실천력을 갖추어야 합니다. 자기 자신에만 매몰되지 않고 남을 배려할 줄 아는 상생의 덕목을 길러야 합니다. 이를 위해 우리 ○○대학교는 여러분이 국가와 사회에 대한 책무를 자각하고, 장래를 책임질 지도자로서의 품성과 자질을 갖출 수 있도록 많은 프로그램을 준비하고 있습니다.

마지막으로 여러분은 다른 문화, 나아가 주변 국가에 대한 이해와 배려의 덕목을 갖추기 바랍니다. 우수한 두뇌집단일수록 자기 중심적이어서 다른 문화를 향해 열린 가치관을 갖는 데 소홀한 경우가 많습니다. 여러분들은 자신의 정체성을 자각하고 열린 세계관을 갖춘 진정한 글로벌리더가 되기 위해 노력해야 할 것입니다.

신입생 여러분! 저는 여러분이 앞으로의 대학생활을 통하여 진지한 학문탐구뿐만이 아니라 다양한 대학문화를 경험함으로써 지식과 인격 그리고 체력을 두루 갖춘 지성인으로 성장할 수 있기를 바랍니다. 언제나 새로운 것을 추구하는 탐구정신과 남을 배려하는 희생과 봉사정신, 그리고 이 나라 최고 지성으로서의 자부심을 가지고 여러분 각자의 밝은 미래를 가꾸어 나가십시오. 여러분 각자가 가꾸는 밝은 미래는 곧 이 나라 이 민족의 밝은 미래가 될 것입니다.

감사합니다.

2002년 3월 4일

○○대학교 총장 ○ ○ ○

## 2.8 감상문과 평론문

감상문은 책읽기를 통해 간접적인 삶에서 얻은 생각과 느낌을 쓴 글이라고 할 수 있다. 감상문을 쓰는 일정한 형식은 없다. 읽고 느낀 점을 중심으로 쓰면 감상문이 되고, 줄거리를 중심으로 쓰면 기록문이 되며, 비평을 위주로 쓰면 평론문이 된다. 감상문은 주로 문학적인 작품에 대하여 읽거나 보거나 듣고 느낀 점을 위주로 표현한 글이고, 평론문은 문학 작품은 물론이고 '시사, 정치, 경제' 등 인간 생활에 대하여 비평을 위주로 표현한 글이라는 점에서 양자 간의 차이가 있다. 사람의 기억력은 오래 가지 않기 때문에 책을 읽은 뒤의 감동과 줄거리를 요약해 놓는 습관을 갖는다면 생각을 넓고 깊게 하는 데도 도움이 되고 글쓰기 실력도 늘게 되는 이점이 있다.

감상문의 대상은 '책, 영화, 음악, 연극' 등 문학 작품 전반이 된다. 여기에서는 대학생들이 가장 많이 쓰게 되는 독서 감상문을 중심으로 기술한다.

독서 감상문을 쓰는 가장 큰 이유는 효과적으로 책을 읽는 방법을 훈련할 수 있기 때문이라고 할 수 있다. 즉 독서 감상문을 쓰게 되면 읽은 책의 내용을 다시 정리하는 기회를 가지게 되므로 감상이나 느낌을 오래 간직할 수 있는 것은 물론이고 감상문을 통하여 나중에라도 읽을 때의 감동을 다시 맛볼 수 있는 장점이 있다.

독서 감상문은 책의 성격이나 종류에 따라 다소 다르겠지만 근본적으로는 별 차이가 없다. 교양서적이나 문학 작품에 대한 감상문을 작성하게 되면 책이나 작품의 내용을 완전히 이해하고 소화함으로써 자기의 교양은 물론이고 인생관과 세계관을 넓히는 계기가 되며 아울러 판단력과 감상력을 기를 수 있게 된다. 전문 서적에 대한 감상문 작성은 내용을 이해하고 완전히 소화함으로써 자기의 지식을 확대하게 됨은 물론이고 이를 바탕으로 학문적 비판력과 판단력을 기를 수 있을 뿐만 아니라 학문에 대한 깊이와 폭을 확대할 수 있게 된다. 즉 독서 감상문을 씀으로써 교양을 넓혀 정서를 함양할 수 있고 비판력과 판단력을 기를 수 있게 되는 것이다.

독서 감상문을 작성하는 방법은 글을 쓰는 사람의 취향이나 책의 성격과 내용 등에 따라 달라지겠지만 일반적으로는 줄거리를 쓰고 느낌을 쓰거나 내용을 소개하는 사이사이에 자신의 생각과 의견, 느낌을 적어나가는 방법, 줄거리 소개 없이 생각과 느낌 위주로만 쓰는 방법 등이 있다. 제목을 쓸 때는 책 제목을 그대로 쓰는 방법과 책 내용을 그대로 나타내거나 중요한 인상을 제목으로 하고 책 이름을 소제목으로 붙이는 방법이 있다. 본문을 쓸 때 글머리는 자연스럽게 시작해야 한다. 정해진 것은 없지만 책을 읽게 된 동기, 책을 처음 대했을 때의 느낌이나 책을 고르게 된 이유, 읽고 난 뒤의 감동이나 인상적인 내용 혹은 자기 생각, 기억에 남는 대목이나 이야기, 책을 소개하는 형식 가운데서 한 가지를 택해 풀어갈 수도 있다. 일반적으로는 읽게 된 동기와 읽으면서 있었던 일화, 느낌 등을 쓰면 되지만, 주의할 점은 줄거리를 장황하게 늘어놓거나 감상에만 치우치지 말고 줄거리와 감상을 적절히 안배해야 한다는 것이다.

독후감을 잘 쓰려면 줄거리를 요약하는 힘이 있어야 한다. 긴 이야기를 한두 장 혹은 서너 줄로 요약하기는 숙달된 사람도 어려운 일이다. 우선 육하원칙(六何原則)에 따라 스스로에게 내용을 질문해 가며 읽는다면 요약하는 데 도움이 된다. 그러나 글의 특성상 줄거리보다는 느낌이 더 중요하기 때문에 생각과 느낌을 자세히 써야 한다. 글이 완성되면 다른 사람에게 보여 의견을 들어보거나 다른 사람이 쓴 독후감을 읽어보는 것도 도움이 된다.

일반적인 독서 감상문의 작성 요령은 다음과 같다.


① 줄거리와 감상을 적절히 안배해야 한다.
② 책의 내용과 자기의 의견이나 견해를 구별해야 한다.
③ 평가나 해석은 객관적이고 공정하며 타당성 있게 해야 한다.
④ 책의 주제와 특징을 분명하게 드러내야 한다.


위와 같이 독서 감상문의 형식은 비교적 자유롭다. 책의 성격이나 내용에 따라 적절한 문장 양식을 골라 쓰는 것이 바람직하다. 다음에 소설 「꺼삐딴 리」에 대한 독서 감상문을 예로 든다. 감상문을 읽고 감상문에 대한 비평문을 써 보라.


[전광용의 『꺼삐딴 리』를 읽고]
　　의사 이인국 박사는 제국 대학을 우수한 성적으로 졸업한 수재이다. 그는 개업을 하여 일본 사람처럼 행세하는 한편, 환자를 받는 데도 선별한다. 형무소에서 병 보석으로 나온 환자들, 일본인들이 마땅치 않게 여길 환자나 치료비 부담 능력 등이 없어 보이는 환자는 무슨 구실을 붙이든 받지 않는다. 대신에 일본인들의 치료에는 발벗고 나선다. 그 결과 그는 황국신민이란 칭찬을 받는 친일파로 득세한다.
　　고향인 이북에서 해방을 맞자 민족 반역자로 몰려 감옥에 갇힌다. 마침 감옥에 이질이 만연되자 그는 형무소장의 명령으로 응급 치료실에서 일하게 되는데, 감옥에서 러시아어를 열심히 공부한 덕으로 스텐코프라는 소련 군의관을 사귀게 된다. 그는 스텐코프의 왼쪽 뺨에 붙어 있는 혹을 제거하는 수술을 하겠다고 자청한다. 다행히 수술이 성공적으로 끝나자 스텐코프의 환심을 사게 되고, 그의 추천으로 외아들을 모스크바로 유학 보내게 된다.

6.25가 터지자 남한으로 내려온 그는 다시 개업하여 유창한 영어를 구사해 가면서 어느덧 친소파에서 친미파로 돌변한다. 이젠 미국 세상이 되었으니 미국과 친해져야 득세한다고 생각하며 외국인 교수 앞에서 딸의 미국유학을 주장했고, 외국인 교수가 한국 여성과 결혼하고 싶다고 했을 때 이에 찬성한다. 미국 대사관을 찾아가 국무성 초청을 받기 위한 교섭에도 성공한다.

이인국 박사는 이처럼 일제하에서 공산 치하를 거쳐 남한으로 내려오는 동안 친일파, 친소파, 친미파로 그때그때 시류에 편승하여 호강을 누리며, 손바닥 뒤집듯 변신을 거듭하는 전형적인 카멜레온적인 인물로 득세한다. 지조나 신념이나 윤리적 결단력이 없는 지도층의 노예적 근성과 함께 한국 민족의 비극적 단면을 그림으로써 이중적 효과를 살리고 있다. 전혀 주관은 배제하고 객관적인 시각으로 그려나가는 그의 작가적 태도를 이 작품에서 확인할 수 있었다.

(http://ipcp.edunet4u.net에서 인용)

독서 감상문 가운데 평론이나 비평은 전문적인 지식이나 안목이 필요한 논문의 일종이라고 할 수 있다. 따라서 평론이나 비평은 일반적인 독서 감상문과는 따로 취급하는 것이 보통이다. 평론은 논지가 명백해야 하고 논거가 타당해야 할뿐만 아니라 논리가 정연해야 한다. 다음에 영화 평론을 예로 든다.

[라이언 일병 구하기 - 인간애로 전쟁 고발한 스필버그식 전쟁영화]

상투적인 스타일로 시작해보자. 스티브 스필버그에 대해서 이야기하기 어려운 가장 큰 이유는, 많은 사람들이 그의 영화는 일단 죽여 놓고(이런!) 시작해야 한다는 강박관념을 갖고 있기 때문이다. 그래서 장르영화를 만들면 스필버그는 피터 팬이 되어 조롱거리가 되고, 작가 영화를 만들면 의심을 받는다.

스필버그가 2차 세계 대전을 바꾸어 놓은 가장 「무모한 작전」 중 하나인 노르망디 상륙 작전을 무대로 영화를 만들었다. 노르망디 해안으로 가는 길은 말 그대로 시체들과 부상병들로 피바다를 이루고 아군과 적군의 구분은 의미가 없다. 연합군과 독일군은 조국이 아니라 자신 스스로 살아남기 위해 서로를 죽인다. 그리고 스필버그는 전쟁 영화라는 장르 속에서 작가 영화를 만들려는 야심찬 시도를 한다.

노르망디 작전에서 수많은 희생자가 나왔다. 그 중에서 가장 슬픈 사연은 이번 전투에서 세 라이언 형제가 모두 사망한 소식이다. 그리고 넷째 라이언 일병은 잘못된 작전으로 낯선 지역에서 연락이 두절된 상태다. 그래서 상부에는 막내 라이언 일병을 구해 고향에 돌려보내라는 명령을 내린다.

그 무모한 명령이, 무사히 상륙한 밀러 대위(톰 행크스) 소대에 떨어진다. 이제 여덟 명이 한 명을 구하러 간다. 『세상에 이런 이상한 산수가 어디 있지』라고 부대원이 투덜대자 밀러는 대답한다. 『라이언은 착한 사람일 거야. 우리가 구해야 할 가치가 있을 만큼』

만일 밀러 대위의 대사만을 시비건다면 「쉰들러 리스트」에 나온 「한사람의 생명을 구하는 것이 곧 세상을 구하는 것이다」(탈무드)란 말이 떠오를지 모른다. 이것은 유대인들 삶의 논리였다. 그러나 스필버그는 2차 세계 대전에서 같은 윤리가 반복된다는 말을 하고 싶지는 않을 것이다. 이번에는 유럽을 무대로 전쟁하는 미국인들 삶의 윤리에 대해서 스필버그 방식으로 물어보려고 한다. 「쉰들러 리스트」가 유대인으로서의 스필버그의 자기 정체성에 관한 질문이었다면, 이번에는 미국인으로서의 자신 존재에 대한 성찰이다.

그런데 문제는 지나치게 진지해진 것이다. 모든 인물들은 철학적 대사를 입에 달고 다니며, 다큐멘터리에 가까운 카메라 촬영 스타일에도 불구하고 주인공들은 전쟁 영화라는 장르를 전혀 벗어나지 못한다. 밀러 대위와 여덟 명의 소대원들은 무자비하게 그들의 임무를 가로막은 독일군들을 죽이지만, 항복하고 살려달라는 독일군 포로를 풀어주기도 하는 모순된 선택을 한다. 그 결정의 유일한 일관성은 무엇일까.

이들은 그 선택의 순간마다 토론을 벌이고 합의해 일사불란하게 임무를 수행하는 다수로서의 하나다. 스필버그는 그것을 「미국」이라고 생각한다. 그 수많은 선택을 하면서 최선을 다했다고 믿는 밀러 대위와 그의 소대원들은 라이언 일병을 찾지만 마지막 전투에서 라이언 일병만이 살고 전원이 죽는다. 밀러 대위는 죽어가면서 라이언 일병에게 말한다. 『나는 네가 구할 만한 가치가 있는 사람이었기를 바란다』 이것이 스필버그의 메시지다.

수많은 전쟁 끝에 살아남은 미국 사람들은 그 희생의 대가로 「살아남을 만한 가치」가 있는 이들이었을까. 그럼에도 불구하고 미국은 왜 잘못돼 가는 것일까. 노인이 되어 격전지를 다시 찾은 라이언은 밀러의 기대를 저버리지 않았노라고 말한다. 스필버그는 의아스럽게 다시 묻는다. 정말 그럴까. 피터 팬도 나이가 드는 법이다.

(정성일, 『NEWS+ 152호』1998.09.24.에서 인용)

## 2.9 기사문

기사문은 인간 사회의 모든 사실을 대상으로 하여 기록하는 글이다. 주로 사실과 사건을 기록할 때 쓰는 형식의 글로 객관적인 처지에서 간략하게 표현할 것을 요구한다. 따라서 과장되거나 주관이 섞이지 않는 사실 그대로 기술하는 것이 중요하다. 신문이나 통신 보도문이 가장 대표적인 기사문에 속한다. 이러한 기사문은 객관성, 보도성, 시간성, 간략성을 특징으로 한다.

객관성은 어떤 사물에 대한 기사나 보도 내용에 대한 시비의 판단은 독자의 몫이므로 기사문을 작성할 때는 최대한 주관적인 시각을 배제해야 한다는 것을 의미한다. 즉 어떤 사건이나 사실에 대한 진상을 파악하거나 기록할 때 냉정하고 공정한 태도로 사건의 객관적 보도에 그쳐야 한다.

보도성은 독자들이 궁금해하는 새로운 사실을 그대로 전해야 한다는 것을 말한다. 즉 평범한 사건이나 늘 일어나는 사건보다는 새롭고 신기하거나 독특한 사건이어야 한다는 것이다.

시간성은 어떤 사건에 대하여 새로운 소식을 신속하게 전달해야 한다는 것을 뜻한다. 따라서 기사가 마감되기 전에 원고를 보내야 한다는 제약이 있다. 시간이 지난 기사는 죽은 기사가 된다. 특종이란 다른 사람보다 신속하게 보도할 때 가능한 것이다.

간략성은 사건의 내용을 빠짐없이 기술하되 지나친 수식이나 과장을 삼가야 한다는 것이다. 독자가 읽기 쉽고 이해하기 쉽게 필요한 내용만 간략하게 기술해야 한다. 이 간략성은 어떤 사물에 대하여 세밀하게 관찰한 데서 얻어지는 결과의 산물일 때 달성될 수 있다.

이와 같이 기사문은 한 쪽으로 치우침이 없는 공평 무사해야 하며 내용을 일목 요연하게 알아볼 수 있도록 간략하게 간추려 놓아야 독자에게 친절을 베풀 수 있다. 기사문 작성에는 이러한 기본 요건 외에 구체적이고 사실상의 원칙에 따라야 한다. 이 원칙을 기사문이 지녀야 할 여섯 가지 원칙, 육하 원칙(六何原則)이라고 한다. 육하 원칙은 '누가, 언제, 어디서, 무엇을, 왜, 어떻게' 했는지에 대한 물음에 답할 수 있어야 한다는 것이다. 이 여섯 가지 가운데 무엇을 먼저 기술할 것인가는 기사에 따라 달라질 수 있다. 가장 중요한 것이거나 독자들이 가장 많은 관심과 흥미를 가지고 있다고 판단되는 것부터 기술하는 것이 좋다.

기사문 특히 신문 기사를 작성할 때 지켜야 할 또 하나의 형식은 가장 중요한 내용일수록 먼저 쓰고 덜 중요한 내용일수록 나중에 써서 '역삼각형' 형태로 배열해야 한다는 것이다. 현대인들은 시간에 쫓기면서 바쁘게 살아간다. 바쁘게 생활하는 독자들에게 알맞은 기사 형식이 역삼각형 형태라는 것이다. 이 형식은 표제, 전문 요약, 본문의 세 부분으로 이루어진다. 표제는 그 기사의 제목에 해당하는 것으로 내용을 한 어구로 표시한다. 흔히 헤드라인(headline)이라고 부른다. 표제는 다시 대표제와 소표제로 나뉘는데 소표제는 대표제 아래나 옆에 대표제보다 작은 활자로 쓰는 것이 보통이며 대표제의 보충적인 역할을 한다. 따라서 표제는 기사의 내용을 압축하여 표현해야 하며, 독자의 흥미를 끌 수 있도록 배치해야 한다.

전문 요약은 기사의 본문을 요약해 놓은 것으로 흔히 리드(lead)라고도 부른다. 전문 요약은 기사의 생명이라고 할 수 있으므로 육하 원칙에 맞게 쓰고 흥미를 끌 수 있도록 해야 한다. 독자들은 자기가 관심을 가지는 기사가 아니면 여기까지만 읽고 말기 때문이다.

본문은 전문 요약에서 기술된 내용을 구체적으로 서술하는 부분이다. 본문의 내용도 중요한 것부터 덜 중요한 것 순으로 기술하는 것이 좋다.

다음에 신문 기사의 예를 들어 보인다.

서울大 신입생 '漢字文盲' 많아

數學→한학, 目標→자표, 讀者→필자

서울대 신입생 상당수가 중학 수준의 기초 한자도 못 읽는 것으로 나타났다. 지난주 '대학국어' 수강생 2천여 명을 상대로 치른 한자(漢字) 독해 시험 결과다.

교과서에서 미리 범위를 지정해준 뒤 다섯 개의 지문을 골라 거기에 적힌 1백 3개의 한자단어에 음을 다는 테스트였다. 41명이 치른 한 강의실 답안지를 샘플 분석한 결과 '시도(試圖)'와 '조직(組織)'을 읽지 못한 학생이 61%(25명)와 56%(23명)로 가장 많았다.

이어 ▶대체(代替)는 46%(19명) ▶이행(移行)은 37%(18명) ▶진전(進展)은 32%(13명) ▶특정(特定), 관계(關係), 탐구(探究), 습관(習慣)은 27%(12명)가 틀리게 답하거나 답을 적지 못했다.

'목(目)'과 '자(自)'를 구별 못해 목표(目標)를 '자표', '자율'로 쓴 학생도 세 명 있었다. 5명은 의의(意義)를 '의미'로, 세 명은 진실(眞實)을 '진리'로 읽었다.

독자(讀者)를 '필자'로, 수학(數學)을 '한학'으로, 현명(賢明)한 지도(指導)를 '선명한 진도'나 '분명한 시도'로 읽은 학생도 있었다.

국어국문학과 송기중 교수는 "수능시험에만 맞춰 공부하다보니 대학에서 필요한 기초학력을 못 갖춘 경우가 태반"이라며 "학문용어나 일상생활에 한자어 비중이 여전한 만큼 방치할 수 없다"고 말했다. 대학측은 내년부터 전체 신입생들을 대상으로 국어학력을 측정하는 등의 대책을 세울 방침이다.

이번 시험은 "학생들이 교과서를 못 읽어 수업이 안 된다"는 교수들의 문제 제기에 따라 치러졌다. 한편 만점을 맞은 학생은 41명중 한 명뿐이었다.

(조민근 기자, 「중앙일보」 2001년 5월 1일 40판 27면)

## 2.10 기타 생활문

이상에 소개한 생활문 외에도 우리가 생활하면서 작성하게 되는 생활문으로 '공문서, 계약서, 합의서, 영수증, 차용증, 단자와 봉투 쓰기' 등 수없이 많이 있다.

### 1) 공문서

공문서는 국가나 지방 공공단체의 소속원이나 일반 사회의 조직체에 속하는 구성원들이 그 직무상 의사 표시를 한 문서를 말한다. 공공 기관이나 단체 사이에 오고가는 문서는 물론이고 기관이나 단체에서 개인에게 보낸 문서도 공문서에 포함된다. 개인이 기관에 보내는 것은 사문서로 취급된다.

모든 공문은 담당자에 의해 기안되어 상급자의 결재를 얻어 시행된다. 그러나 실제 일을 시행할 때는 관련 부서의 협조를 얻어야 하므로 다른 부서의 관계자들과도 미리 협의하여 협조를 구해 놓아야 한다.

문서는 두문, 본문 그리고 결문으로 구성되지만 필요에 따라 참고 사항, 추기, 별지, 첨부 등을 첨가하는 경우도 있다. 두문에는 발신 기관, 분류 기호 또는 문서 번호, 시행 연월일, 수신 기관이 표시되고, 본문에는 공문의 제목과 내용이 들어간다. 그리고 결문에는 발신자의 명의 및 수신처가 표시된다. 기안문에 첨부되는 계산서, 통계표, 도표, 기타 작성상의 책임을 밝힐 필요가 있을 때는 첨부물의 여백에 서명 또는 날인한다.

공문을 작성할 때는 계획의 경합과 행정상의 중복이 없도록 하고, 계획의 실행이 시간적으로 가능한가를 검토해야 한다. 또한 내용을 정확하게 작성하되 표현은 간결하면서도 의문의 여지가 없도록 해야 하고 오자나 탈자가 없도록 해야 한다.

민 족 대 학 교　　　학 생 처

우 999-999 충청북도 나라시 겨레동 인간리 1-1 / 전화 (999)999-9999 / 전송 (999)999-9998
학생처　　　학생과장　　　천상주　　　학생주임　　　지화자　　　학생담당　　　고양이

| 선 람 | | | 지 시 | | |
|---|---|---|---|---|---|
| 접 수 | 일자<br>시간 | | 결 재<br>·<br>공 람 | | |
| | 번호 | | | | |
| 담 당 자 | | | | | |
| 심 사 자 | | | 심 사 일 | | |

문서번호 : 학생 제2001-001호
시행일자 : 2001. 5. 20
공개여부 : 공 개
수　　신 : 수신처 참조
참　　조 :

제　목 : 2001학년도 졸업 앨범 사진 촬영

2001학년도 졸업 앨범 사진 촬영을 아래와 같이 실시할 예정이오니 많은 관심과 협조 바랍니다.

아　　래

1. 교직원 사진 촬영

　가. 1차 촬영 : 2001. 6. 1.(금)　09:00 - 18:00

　나. 2차 촬영 : 2001. 6. 4.(월)　09:00 - 18:00

　다. 장　　소 : 학생회관 311호

　라. 교원 및 직원(주임 이상)

2. 학생 사진 촬영

　가. 일　　시 : 2001. 5. 28.(월) 09:00 - 6. 1.(금) 17:30

　나. 장　　소 :

　　① 학사모 단체 및 각 학과 단체사진 : 대학 본관

　　② 프로필 및 그룹 사진 : 이공학관 앞 잔디밭

　　③ 학사모 개인 사진 : 학생회관 311호.　끝

　　　학생처장(직인)

　　　수신처 : 각 학부(과)장 및 부서장

## 2) 결석계/결근계

결석계는 학생이 결석하게 된 사유에 대하여 증빙서를 첨부하여 학교에 제출하는 문서이고, 결근계는 직원이 결근하게 된 사유에 대하여 증빙서를 첨부하여 소속 기관이나 회사에 제출하는 문서다. 결석계나 결근계의 제출 시기는 사유가 발생하기 전에 제출하는 경우와 사유가 발생한 후에 제출하는 경우로 나눌 수 있다. 결석이나 결근을 사전에 예측할 수 있는 경우에는 사유가 발생하기 전에 증빙 서류를 첨부하여 제출하게 된다. 직계 가족의 결혼이나 회갑과 같은 경사, 또는 교육 실습이나 (학술)회의 참가, 징병 검사 등은 사전에 예측할 수 있으므로 사유가 발생하기 전에 제출하는 것이 원칙이다. 이 외에도 기관이나 단체의 장이 인정할 때도 유고 결석/결근으로 인정할 수 있으나 이런 경우에는 사전에 승인을 얻어야 한다. 그러나 직계 가족의 조사와 같이 부득이한 경우에는 사유가 발생한 후에 결석/결근계를 제출할 수 있으나 이런 경우는 가급적이면 빠른 시일 내에 증빙 서류를 첨부하여 제출해야 한다. 특별히 정해진 양식은 없으나 결석계의 경우 소속 학과, 학년, 학번, 성명 등의 인적 사항을 명기하고 결석 사유와 결석 날짜 및 시간을 구체적으로 기술한 다음 제출 날짜와 신청인의 이름을 쓰고 증빙 서류를 첨부하여 제출하면 된다. 결근계도 마찬가지로 소속 부서, 직급, 이름 등 인적 사항과 결근 사유를 구체적이고 정확하게 기술한 다음 제출 날자와 신청인의 이름을 쓰고 증빙 서류를 첨부하여 제출하면 된다. 결석계는 대학의 경우 교무처 담당 직원에게 제출하는 것이 원칙이고 중학교나 고등학교에서는 담임 선생님을 통하여 제출하면 된다. 결근계는 단체나 기관의 총무과 담당 직원에게 제출하되 직속 상관에게 사전에 알리는 것이 좋다. 담당 직원은 결재권자에게 결재하여 해당 부서나 해당자에게 공문으로 사실을 알림으로써 불이익이 돌아가지 않게 해야 한다. 필요하면 결재란을 마련할 수도 있다.

## 결 석 계

| 소 속 | ( )학과 ( ) 학년 학번( ) 이름( ) | | | | | | |
|---|---|---|---|---|---|---|---|
| 사 유<br>(구체적으로) | | | | | | | |
| 기 간 | 년 월 일부터 년 월 일까지( 일간) | | | | | | |
| 내 용 | 월 | 일 | 요일 | 교시 | 과 목 명 | 담당 교수 명 | 비 고 |
| | | | | | | | |
| | | | | | | | |
| | | | | | | | |
| | | | | | | | |

첨부 : 결혼 초대장 1매

위와 같은 사유로 첨부 증빙 자료와 함께 결석계를 제출하오니 처리하여 주시기 바랍니다.

년 월 일

신청인 (인)

## 결 근 계

| 소 속 | ( )부 ( ) 과 ( )계 이름( ) |
|---|---|
| 사 유<br>(구체적으로) | |
| 기 간 | 년 월 일부터 년 월 일까지( 일간) |
| 참 고<br>내 용 | |

첨부 : 결혼 초대장 1매

위와 같은 사유로 첨부 증빙 자료와 함께 결근계를 제출하오니 처리하여 주시기 바랍니다.

년 월 일

신청인 (인)

## 3) 계약서

　계약은 사법상 일정한 법률의 효과를 발생시킬 목적으로 두 사람 이상 당사자의 의사표시의 합치로 이루어지는 법률 행위다. 이런 계약이 성립했을 때 그 증거로 남기기 위하여 작성하는 것이 계약서다. 따라서 계약서는 신중하게 다음과 같은 요령으로 작성하여야 한다. 계약서는 계약이 이루어졌을 때 작성하며 계약서의 작성 형식은 자유이다. 계약서에는 계약 당사자가 표시되어야 하며 물품이나 대금(매매대금, 계약금, 중도금, 잔금과 그 지불 방법 및 시기) 등 계약 내용을 구체적이고 자세하게 표시해야 한다. 계약 내용 외에 그와 관련된 특별약속이나 예외 사항에 대하여도 명확하게 기술해야 한다.

### 부동산 매매계약서

물건소재지 : 충북 제천시 신월동 산 21-1
대지 면적　: 120평 5홉 2작
평당 가격　: 50만원정
건　　평　: 70평 7홉 4작
평당 가격　: 105만원정
구　　조　: 철골슬라브구조
용　　도　: 주택

제1조 위 부동산을 매도자와 매수자의 합의하에 아래와 같이 계약함.
제2조 위 부동산 매매에 있어 매수자는 매매대금을 다음과 같이 지불하기로 함.

매매금 총액 : 일금 일억 삼천삼백 오십만원정 (133,500,000원정)
계약금　　 : 삼백오십만원정을 계약당시 지불하고
중도금　　 : 오천만원정을 2001년 5월 30일 지불하며
잔　액　　 : 8천만원정을　2001년 6월 30일 중개인 입회하에 지불함

제3조 토지 건물의 명도는 서기 2001년 7월 10일로 정함
제4조 본 명도전의 조세 사용세 기타 모든 공과금은 매도자가 부담 청산하고 잔금을 수
　　　령하기로 함.
제5조 매도자는 잔금을 받을 때 명의 변경을 할 수 있는 모든 서류를 매수자에게 주기
　　　로 한다.
제6조 매수자는 잔금일 이후의 할부대상금 전액을 매도자로부터 승계하여 불입할 의무
　　　를 가지기로 한다.
제7조 중개료는 계약 당시에 쌍방에서 법정수수료를 중개인에게 지불하여야 함.

제8조 본 계약을 매도자가 위약했을 때는 계약금의 두 배를 매수자에게 배상하고 매수
　　　자가 위약했을 때는 본 계약금은 무효가 되고 반환청구를 할 수 없다.

　　위의 각 조항을 엄수하기 위해 본 계약서를 5통 복사 작성하여 매매 당사자용 실적보고
용 세무서 보고용 업소 보관용으로 각각 사용하기로 하고 매수인 정정은 이를 불허한
다.
단 :

서기 2001년　5월　10일

매 도 인 : 주　　　　　소 : 충북 제천시 화산동 102-3
　　　　　　주민등록번호 : 550505-1350000　전화번호 643-6543
　　　　　　성　　　　　명 : 권 동 안 (인)
매 수 인 : 주　　　　　소 : 충북 제천시 장락동 667-66
　　　　　　주민등록번호 : 810913-1359999　전화번호 645-5678
　　　　　　성　　　　　명 : 김 천 제　인
중 개 인 : 주　　　　　소 : 충북 제천시 의림동 37-2　허가번호 충가-10001
　　　　　　상　　　　　호 : 의림 중개사무소 전화번호 765-4321
　　　　　　성　　　　　명 : 이 중 개 (인)

## 4) 합의서

　　손해 배상의 해결 방법의 하나가 합의인데 이 때 작성하는 것이 합의서다. 합의는 일반적
으로 피해자와 가해자가 말로 화해하여 해결하는 방법이다. 사건을 쉽게 해결할 수 있기 때
문에 합의의 방법을 많이 이용한다. 일단 합의가 성립되면 이에 제한을 받으므로 신중하게
생각하고 작성해야 한다.

　　특별히 정해진 합의서 양식은 없지만 합의서를 작성할 때는 무엇을 어떻게 결정했는지에
대하여 확실히 기술해야 한다. 이것도 육하 원칙에 따라 언제, 어디서, 누가, 무엇을, 왜, 어떻
게 결정했는지 분명히 해야 한다. 가령, 교통 사고의 경우 당사자의 이름, 주소, 주민등록번호,
사고 발생 시간과 장소 및 경위, 사고 내용, 피해 상황, 합의 내용, 합의 조건, 합의 성립 연월
일을 넣고 "이후 이에 관하여 일체 권리를 포기하고 민·형사상의 소송이나 이의를 제기하지
아니한다"는 문구를 반드시 넣어야 나중에 생길지도 모르는 분쟁을 막을 수 있다.

**합 의 서**

‘갑’ 피해자 주 소 : 충북 충주시 상모면 온천리 333
　　　　　성 명 : 김 수 안 (인)
‘을’ 가해자 주 소 : 경북 안동시 지보면 하회리 123-1번지
　　　　　성 명 : 차 도 주 (인)

　2001년 5월 13일 오후 3시경 충주시 여성회관 앞에서 ‘을’의 소유 ‘경북 가 7777’ 차량이 야기한 교통사고로 ‘갑’이 입은 피해에 대하여 ‘갑’은 ‘을’로부터 다음 금액을 손해 배상으로 확실히 수령하고 상호 원만히 합의하였으므로 이후 이에 관하여 일체의 권리를 포기한다. 이 합의서는 후일의 증거로 삼기 위해 다음과 같이 ‘갑’과 ‘을’이 서명 날인한다.

　수령금액 : 일금 삼백오십 만원정(3,500,000원)
　치 료 비 : 일백이십만원(1,200,000원)
　휴업손해 : 일백삼십만원(1,300,000원)
　위자료 및 기타 : 일백만원(1,000,000원)

2001년 6월 20일

위 피해자 : 김 수 안 (인)
위 가해자 : 차 도 주 (인)
입회인 주소 : 충북 충주시 단월동 중도리 567번지
성명 : 모 중 도 (인)

## 5) 영수증

　영수증은 채권자가 채무자에게 돈을 받았다는 사실을 증명하기 위해 써 주는 문서다. 특별히 정해진 영수증 양식이 없으므로 자유롭게 작성하면 된다. 영수증은 문제가 생겼을 경우 법적인 증거가 될 수 있으므로 영수 금액과 그 돈이 무슨 돈인지—원금인지 이자인지 아니면 물품 대금인지—를 명확히 밝혀 주고 영수인의 날인과 연월일을 정확하게 기입해야 한다.

**영 수 증**

일금 : 삼십구만 구천팔백원정(399,800원)

위 금액을 프린터 대금으로 정히 영수하였습니다.
2001년 5월 11일
그린컴퓨터 제천지점
대표 전 자 동 (인)


한국어정보센터 소장  한 국 인 선생님 귀하

## 6) 차용증

차용증은 돈을 빌렸다는 사실을 증명하는 문서로 특별히 정해진 양식이 없으므로 자유롭게 작성하면 된다. 차용증은 변조를 막기 위하여 두 통을 작성한 다음 돈을 빌려준 사람과 돈을 빌린 사람이 나눠 갖는 것이 좋다. 나중에 변조를 막기 위해 똑같은 차용증 두 통을 겹쳐놓고 빌린 사람과 빌려준 사람의 도장을 겹치는 부분에 찍어 두는 것이 좋다. 차용증도 영수증과 마찬가지로 법적인 문제가 발생했을 때 중요한 증거가 되므로 빌린 금액과 변제 기일, 이자 유무, 이자의 이율 및 지급 시기, 담보 내용 등을 반드시 기재해야 한다. 금액이나 이자율 등은 변조를 막기 위해 한자나 한글로 쓰는 것이 좋다. 문제가 생겨 소송을 하게 되면 이자 제한법의 제한 이자를 초과하는 이자는 받을 수 없다는 사실을 알아둘 필요가 있다.


### 차 용 증 서

차용인 장차용은 일금오백만원(5,000,000원)을 이부자에게 월 2%의 이자로 차용하고 2001년 12월 30일까지 변제하겠습니다. 단 이자는 매월 30일에 지급하겠습니다. 단 변제일까지 변제하지 못하면 연대보증인이 채무를 승계하겠습니다.

2001년 5월 1일

충북 충주시 교현동 321번지
차용인 무 일 푼 (인)

충북 충주시 단월동 667번지
연대보증인 안 미 나 (인)

충북 제천시 청전동 554-2
한 갑 부 귀하

## 7) 인수증

　인수증은 물건을 주고 받았다는 것을 확인하는 문서다. 인수증에는 만일의 경우를 대비해 인수한 물건의 수량, 물건의 종류, 인수인, 상대방의 인적 사항, 연월일 등을 가급적 세밀하게 기재하는 것이 필요하다.

**인 수 증**

그린컴퓨터 귀중

펜티엄 Ⅲ 900Mhz 본체 1대

Syncmaster 칼라모니터 1대

삼보 키보드 1대

휴렛 패커드 레이저 프린터 1대

위의 물품을 이상 없이 인수함.

2001년 5월 12일

하나물산(주)

총무과장　장 인 수 (인)

## 8) 단자와 봉투 쓰기

### ① 결 혼

　결혼식에 부조금이나 물품을 보낼 경우 봉투와 속의 내지(內紙)에 써넣는 축하문은 다음과 같다. 봉투에는 보통 '祝 結婚(축 결혼)'이라고 쓰는데 '祝 華婚(축 화혼), 祝 華燭(축 화촉), 祝 盛婚(축 성혼)'이라는 말도 쓴다. 요즈음에는 우리말로 '결혼을 축하합니다'와 같이 쓰기도 한다. 봉투 속에 넣은 내지의 축하문에는 보통 세로쓰기를 하지만 요즈음에는 가로쓰기를 하는 경향이 많아졌다.

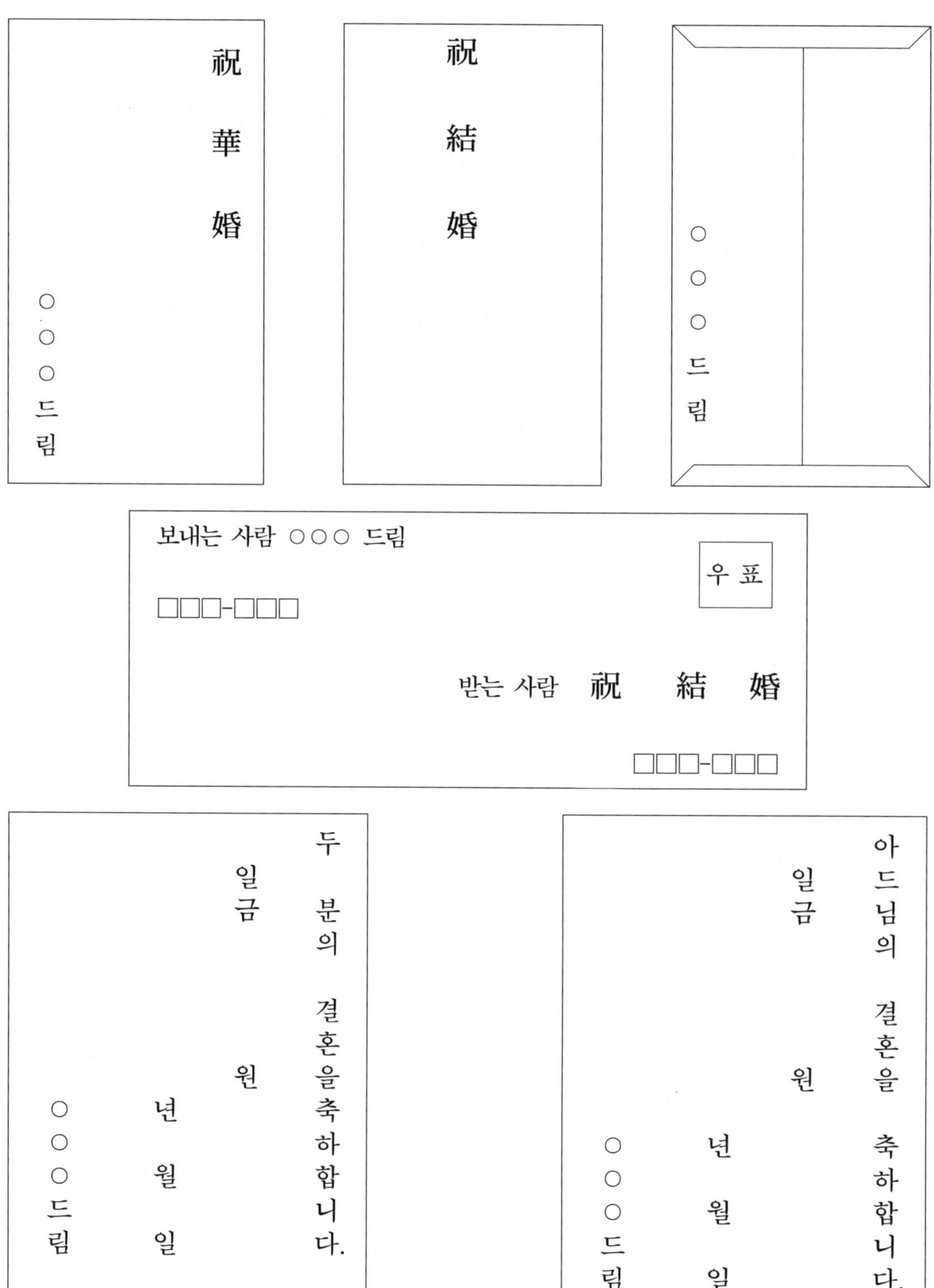

祝
華
婚
○○○ 드림

祝
結
婚

○○○○ 드림

보내는 사람 ○○○ 드림
□□□-□□□
우 표
받는 사람 祝 結 婚
□□□-□□□

두 분의 결혼을 축하합니다.
일금        원
년 월 일
○○○ 드림

아드님의 결혼을 축하합니다.
일금        원
년 월 일
○○○○ 드림

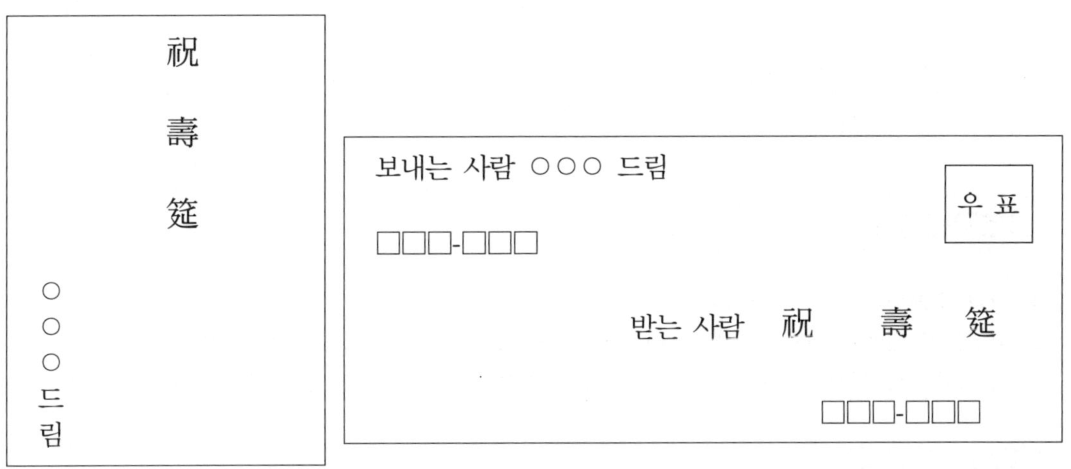


② 회 갑

회갑 잔치에 부조금이나 물품을 보낼 때는 봉투나 내지(內紙)에 다음과 같이 쓴다. 봉투에는 '祝 壽筵(축 수연)'이라고 쓰는데 '祝 壽宴(축 수연), 祝 禧筵(축 희연), 祝 壽儀(축 수의)' 등의 말도 쓴다. 요즈음에는 우리말로 '회갑을 축하합니다'와 같이 쓰기도 한다.

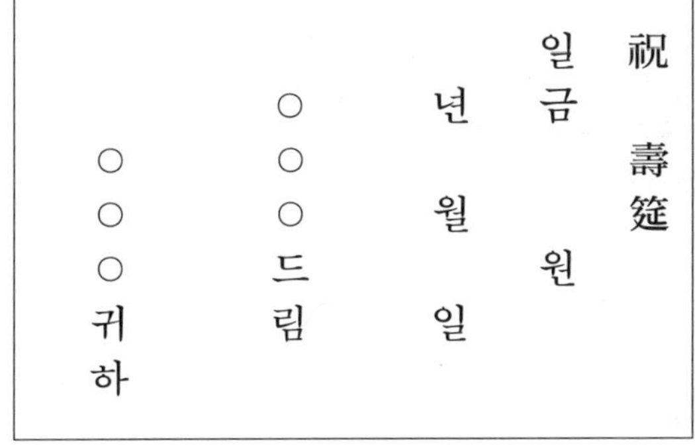


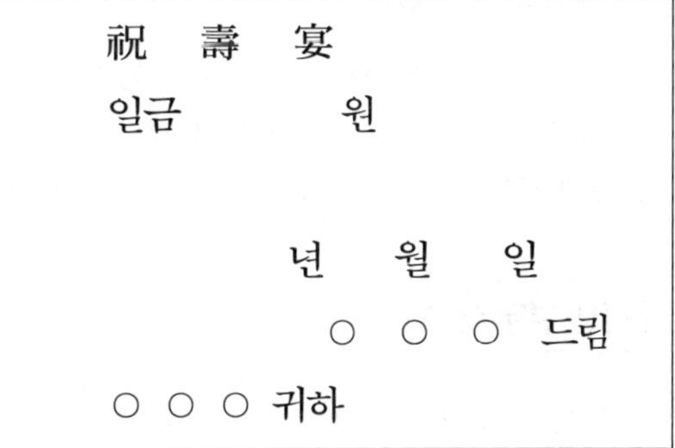

③ 상사

상가에는 조의(弔意)를 표하는 뜻으로 일정액의 금전이나 물품을 보낼 경우 그 봉투나 내지(內紙)는 다음과 같이 쓴다. '賻儀(부의)'라는 말 외에 '謹弔(근조), 弔賻(조부), 尊儀(존의)'라는 말도 쓴다. 요즈음에는 봉투나 내지에 '賻儀'라는 말 대신에 '삼가 조의를 표함'이라고 우리말로 쓰기도 한다.

賻
儀

○
○
○
드
림

○
○
○
씨
댁
호
상
소

○
○
○

일
년
금
월
드
림

賻
儀
원
일
일

## [연구문제 1]

1. 학교 주변의 식물을 조사하여 보고문을 작성해 보라.
2. 학생들이 담배를 피우는 정도와 이유에 대하여 조사하여 보고문을 작성해 보라.
3. 학생들이 웹 상에서 사용하는 비표준어를 종류별로 조사하고 원인에 대하여 분석해 보라.

## [연구문제 2]

1. 의류 회사에 취업하기 위하여 제출할 자기소개서를 작성해 보라.
2. 광고 회사에 취업하기 위하여 제출할 자기소개서를 작성해 보라.
3. 출판사에 취업하기 위하여 제출할 자기소개서를 작성해 보라.

## [연구문제 3]

1. 다음의 이력서 양식을 참고하여 자신의 이력서를 작성해 보라.

# 이 력 서

응시부문 :

연 락 처 :

(인사 서식 제1호)

| 사 진<br>(3×4) | 성<br>명 | 한글 | (인) | 연락처 | |
|---|---|---|---|---|---|
| | | 한자 | | 주민등록번호 | |
| | 생 년 월 일 서기　　년　월　일생 (만　　세) | | | | |
| 현 주 소 | | | | 희망 근무지 | |
| 호적관계 | 호주와의 관계 | | 호주 성명 | | |
| 년 월 일 | | 학 력 및 경 력 사 항 | | 발 령 청 | |
| | | | | | |
| | | | | | |
| | | | | | |
| | | | | | |
| | | | | | |
| | | | | | |
| | | | | | |
| | | | | | |
| | | | | | |
| | | | | | |
| | | | | | |
| | | | | | |
| | | | | | |
| | | | | | |
| | | | | | |
| | | | | | |
| | | | | | |
| | | | | | |
| | | | | | |
| | | | | | |
| | | | | | |
| | | | | | |

1. 친구의 결혼식에 축의금을 보낸다고 가정하고 봉투와 단자를 써 보라.
2. 친구 할아버지의 상가에 조의금이나 물품을 보낸다고 가정하고 봉투와 단자를 써 보라.
3. 친구 아버지나 어머니의 회갑에 축의금이나 물품을 보낸다고 가정하고 봉투와 단자를 써 보라.



1. 이제까지 읽은 일기 가운데 가장 잘 되었다고 생각하는 것을 골라 어떤 점에서 그렇게 생각하는지 평가해 보라.
2. 각자 오늘 하루 동안 겪었던 일을 일기로 써 보라.



1. 다른 사람이 쓴 기행문을 읽어보고 어떤 점이 잘 되었고 어떤 점이 부족한지 토론해 보라.
2. 자신의 여행 경험 중에서 가장 인상에 남는 여행에 대하여 기행문을 작성해 보라.



1. 고등학교 때의 은사님께 감사의 편지를 쓴 다음 하루 지나서 읽어 보라.
2. 부모님께 안부 편지를 쓴 다음 하루 지나서 읽어 보라.
3. 가장 보고 싶은 사람에게 편지를 쓴 다음 하루 지나서 읽어 보라.



1. 다른 사람이 쓴 식사문 가운데 가장 마음에 드는 것을 하나 골라 개요를 작성해 보라.
2. 어린이날 기념식장에서 낭독할 기념사를 써 보라.
3. 대학 축제를 주관하는 책임자라고 생각하고 개회식에서 사용할 식사문을 써 보라.



1. 자기가 읽은 책 가운데 가장 감명 깊었던 것 하나를 골라 감상문을 써보라.
2. 최근의 영화 한 편을 보고 평론을 써 보라.
3. 텔레비전 드라마 가운데 하나를 선택하여 비평문을 써 보라.

[연구문제 10]

1. 학생들이 체험한 대학 축제를 기사문으로 작성해 보라.
2. 수학 여행이나 M.T.에 대한 기사문을 작성해 보라.


[연구문제 11]

1. 수학 여행을 위한 공문서를 작성해 보라.
2. 산업체 견학을 위해 학교 당국에 차량 지원을 요청하는 공문서를 작성해 보라.


[연구문제 12]

1. 자취를 위해 사글세를 얻었다고 가정하고 계약서를 작성해 보라.
2. 소형 중고 자동차를 산다고 가정하고 계약서를 작성해 보라.


[연구문제 13]

1. 오토바이를 타고 가다가 실수로 다른 차를 파손시켰다고 가정하고 합의서를 작성해 보라.
2. 실수로 남의 밭에 심은 곡식에 피해를 입혔다고 가정하고 합의서를 작성해 보라.


[연구문제 14]

1. 한 달간 아르바이트를 하고 40만원을 받았을 경우를 가정하여 영수증을 써 보라.
2. 친구에게 빌려준 돈 50만원을 돌려 받았다고 가정하고 영수증을 써 보라.


[연구문제 15]

1. 친구에게 일백 오십 만원을 빌렸을 경우를 가정하여 차용 증서를 써 보라.
2. 친구에게 일백 만원을 빌려주었다고 가정하고 차용 증서를 받아 보라.


[연구문제 16]

1. 새 사무실에 비품을 들여놓았다고 가정하고 인수증을 써 보라.
2. 컴퓨터 일체와 프린터를 사고 물품을 인수받았다고 가정하고 인수증을 써 보라.

# 제7장

## 논문 작성법

대학의 기본적인 기능은 학문을 연구하는 데 있고, 학문 연구의 궁극적인 목표는 진리를 탐구하는 데 있다. 그리고 학문 연구의 성과와 진리 탐구의 결과는 논문의 형태로 나타나는 것이 일반적이다. 대학에서의 학문 연구의 성패는 궁극적으로 누가 얼마나 훌륭한 논문을 얼마나 많이 쓰느냐와 직결된다고 할 수 있다.

대학에서의 작문 교육도 궁극적으로는 좋은 논문을 쓸 수 있는 기본 능력을 배양하는 데 가장 큰 목표를 두고 있다고 해도 지나치지 않을 것이다. 논문의 내용은 각각의 전공 분야에서 학습과 연수를 통하여 얻어지는 것이지만 논문의 의미와 종류에 대한 이해 및 그 형식과 체제를 이해하는 능력은 작문 교육을 통하여 달성할 수 있다.

이 부에서는 논문의 성격과 종류, 논문의 형식과 체재, 인용법, 주석란과 참고문헌란 작성법 등에 대하여 다루게 된다. 즉 논문을 작성하는 요령에 대하여 이론 학습과 실제 연습을 병행함으로써 훌륭한 논문을 쓸 수 있는 기반을 닦도록 하고자 하는 것이 목표다.


# 1. 논문의 성격과 종류

## 1.1 대학생과 논문


오늘날 대학의 수가 늘고 대학생의 수도 현저하게 증가하였다. 이러한 증가 추세는 우리나라에서만의 일이 아니다. 이는 대학이 과거와 같이 국가나 사회 또는 어떠한 이념에 의해 영향을 받지 않고 오로지 순수한 진리 탐구(眞理探究)만을 위한 장소가 아니며, 동시에 국가와 사회의 요구를 받아들여야 하는, 다시 말하면 높은 학문적 교양을 지닌 사회인을 양성하는 사회 봉사적인 기능을 가진 장임을 의미하기도 한다. 대부분의 대학 졸업생이 오늘날과 같이 직업인으로서 사회 안으로 들어가는 현실 속에서는 대학이 국가와 사회로부터 자유로울 수 없다고 하여 학문 연구나 진리 탐구의 도장으로서의 성격을 잃어서는 안 될 것이다. 대학에서 탐구해야 할 진리는 절대적인 것이 아니라 상대적인 것이며, 최종적인 것이 아니라 발견 도상에 있는 것이기 때문이다.

대학은 진리 탐구의 장이며 대학에서 탐구된 연구 성과는 기본적으로 논문의 형태로 나타나게 된다. 논문은 글로 표현된다는 점에서 기록에 의한 정보 전달의 한 수단이지만 논문의 형식으로 전달되는 정보는 그 내용이 단순한 사실에 그치는 것이 아니고 필자의 비평이나 평가가 곁들여진다는 점에서 다른 정보와 구별된다. 그리고 전달되는 정보가 학문에 관한 것이라는 점에서 논문은 학문 연구에 대한 성과의 발표 수단이 된다. 또한 전달하려는 정보에 비평이나 평가를 곁들인다는 것은 자기의 사상이나 견해 또는 주장의 타당성이나 정확성에 대하여 논증하는 것을 의미한다.

대학에서 탐구된 연구 성과는 논문의 형태로 나타내게 된다. 이는 대학에서의 학문 연구 성패가 얼마나 훌륭한 논문을 얼마나 많이 쓸 수 있느냐에 달려 있다는 것을 의미한다. 따라서 진리 탐구의 장으로서의 대학에서 이루어지는 교육과 연구 활동은 각 전공 분야에서 훌륭한 논문을 쓰기 위한 활동이라고 해도 지나친 말이 아닐 것이다. 대부분의 대학에서 국어와 작문 교육의 궁극적인 목표를 학생들이 좋은 논문을 쓸 수 있는 능력을 키우는 데 두는 것도 이 때문이다.

이 장에서 다루는 내용은 대학에서 일반적으로 작성하는 연구 논문을 중심으로 논문의 성격, 종류, 체제 및 인용법, 주석란과 참고문헌란 작성법 등이 된다. 따라서 논문 작성법에 대한 구체적인 이론 학습은 물론이고 학생들이 실제로 논문 작성 연습을 병행할 수 있도록 구성하였다. 논문은 자신의 논리를 개척하고 주장하는 글이기는 하지만 남의 이론이나 방법론을 원용하거나 참고하여 작성되므로 남의 글을 인용하고 참고한 것을 정확하고도 거짓없이 드러내는 방법을 익혀야 한다.

그러나 논문의 형식적인 요건은 말할 것도 없고 인용법, 주석란, 참고문헌란 작성법 등이 인문 과학, 사회 과학, 자연 과학 사이에 어느 정도 차이가 있는 것도 사실이다. 여기에서는 이런 점을 고려하여 각 학문 분야에서 일반적으로 취하고 있는 논문 작성법을 개략적으로 소개함으로써 모든 분야의 전공 학도들에게 논문 작성에 대한 기본 지식을 습득하도록 하는 데 목표가 있다.


## 1.2 논문의 성격


글의 기술 양식 가운데 논증(論證)의 방법으로 쓰인 가장 대표적인 글이 연구 논문이라 할 수 있다. 좀더 구체적으로 말하면 '어떤 주제에 대하여 조사, 연구한 결과로 얻어진 여러 가지 사실과 이러한 사실에 대한 연구자 자신의 비판이나 평가를 종합한 것을 일정한 양식과 체제에 맞추어 제시한 것'을 연구 논문이라고 할 수 있다.

그런데 논문에는 연구 논문만 있는 것이 아니라 연구 분야나 연구 성격 또는 연구 내용에 따라 다양한 종류가 있다. 어떤 사실이나 현상 등을 이미 연구해 놓은 기존의 연구 업적들을 바탕으로 이해하기 쉽게 해설하거나 특정 주제에 대하여 연구사를 재해석하는 해설 논문류도 있고, 학계에서 주목받는 저서를 논평하는 서평이나 서평 논문류도 있으며, 사실이나 현상을 관찰하여 정리하는 일을 주된 과제로 삼는 보고 논문류도 있다. 발표 시기가 중요시 되는 자연 과학 분야에서는 연구가 완료되기 전에 그때까지 얻어진 연구 성과를 발표하는 논문 형식인 속보(速報 ; Communication 또는 Letter)나 창의적이면서도 중요한 단편적인 연구 결과를 발표하는 논문 형식인 단신(斷信 ; note)도 있다. 그러나 대학생들은 무엇보다 연구 논문 쓰는 방법을 익혀야 할 것이다.

연구 논문은 다른 일반적인 글과 공통점을 많이 가지고 있지만, 필자의 개인적인 지식이나 경험 이외에 다른 곳에서 가져온 정보에도 의지한다는 점에서 다르다. 또한 연구 논문은 그 글을 쓰는 사람이 주제를 직접 관찰하고 조사하여 연구한 일차적인 연구에 바탕을 두기도 하지만, 이미 그 주제에 대하여 다른 사람들이 이루어 놓은 연구 업적을 검토해 보고 작성하는 이차적인 연구에 바탕을 두기도 한다. 그렇다고 연구 논문이 단순히 다른 사람의 의견만을 모아 놓는 것은 아니다. 다른 사람의 의견을 비판적으로 수용해야 할 뿐만 아니라, 정확하고 타당한 근거들에 기초하여 자신의 의견을 신중히 제시해야 한다. 다른 데에서 가져온 사실이나 의견 등은 주석란(註釋欄)이나 참고문헌란(參考文獻欄)을 통하여 정확하고 완전하게 밝혀야 한다. 그렇지 않을 경우 다른 사람의 연구 업적을 표절하고 도용했다는 비난을 면할 수 없다.

연구 논문은 연구 주제에 대하여 필자 자신의 지식과 이해를 심화시키기도 하지만 자신의 견해나 주장이 다른 연구자들의 지식과 이해를 심화시키는 데에도 도움을 주어 학계에 기여할 수 있어야 한다. 가치있는 연구 논문이 되기 위하여는 다음과 같은 성격을 갖추어야 한다.

첫째, 논문은 그 논문이 다루는 내용이 새로워야 한다. 새로운 것이란 지금까지 있던 것과는 다르거나 지금까지 없던 어떤 것을 의미한다. 이는 논문이 그 주제에 대하여 다른 사람들이 다룬 내용과 차이가 클수록 독창성과 창의성이 있다는 것을 뜻한다. 그러나 독창적이라는 것이 반드시 소재가 새로워야 한다는 것을 뜻하지는 않는다. 이미 언급된 소재라고 하더라도 그것을 다루는 방법이나 연구의 각도 또는 결론으로 이끄는 방법이 새로우면 독창적이라고 할 수 있고 연구의 결과가 남의 것과 비슷하더라도 이론상 새로운 해석을 제시한 것이면 역시 독창적이라고 할 수 있다.

학문의 세계에서는 다른 사람과 비슷한 주장을 하는 것조차 부도덕한 일로 간주되므로 남의 주장을 그대로 베껴 오는 일은 절대 삼가야 할 것이다. 연구 논문은 탐구된 연구 성과가 학문의 발전에 공헌하고 나아가 인류의 지식의 총화(總和)에 무엇인가 보탬이 되는 것이어야 하기 때문이다. 따라서 ①남의 저술을 요약한 것, ②남의 견해나 주장을 비판 없이 옮겨 놓은 것, ③여기 저기서 인용하여 교묘하게 엮어 놓은 것, ④입증되지 않은 개인적인 견해가 담긴 것, ⑤출처를 밝히지 않고 옮겨 놓은 것 등은 독창성이 결여되어 있기 때문에 논문이라고 할 수 없다.

사실의 발굴을 목적으로 하는 논문에서는 밝혀진 사실이 새로운 것이어야 하며, 방법론을 개척하려는 논문에서는 방법론이 새로운 것이어야 하며, 해석의 변화를 시도하려는 논문에서는 그 해석이 새로운 것이어야 한다.

둘째, 논문은 거기에서 주장하는 내용에 대한 논거(論據)가 타당한 것이어야 한다. 타당한 논의가 되려면 제시된 자료가 주장을 뒷받침할 만큼 충분하고 가치 있는 것이어야 하고, 그 유형에서 전형적인 것이어야 하며, 이론을 전개하는 데 논리적인 오류나 결함이 없어야 한다. 주장이나 학설이 아무리 새롭고 독창적인 것이라고 하더라도 그것을 입증하지 못하면 한갓 허황된 주장에 불과하기 때문이다. 논문은 다른 사람을 설득하여 자신의 주장을 믿도록 하는 것이기 때문에 연구를 계속하고 그 결과를 발표하는 불퇴전(不退戰)의 용기와 불가능에 도전하는 수도자적인 고행이 필요하다.

셋째, 논문은 논문에 필요한 내·외적인 형식을 갖추어야 한다. 아무리 새롭고 독창적인 내용이라고 하더라도 논문의 형식을 갖추지 못했다면 논문으로서 인정받기 어렵다. 논문의 양식이나 체제는 곧 논문 집필자와 독자 사이의 약속을 의미하기 때문이다. 논문을 집필하면서 일정한 양식을 따르지 않고 체재를 제대로 갖추지 않는다면 독자와의 약속을 위반하는 일이 되며, 한편으로는 논문의 내용이 독자에게 바르게 전달되고 이해되기를 기대하기 어렵게 된다. 형식이 내용에 대한 함축을 포함하기 때문에 논문의 형식적인 요건을 중시하고 강조하는 것이다.

논문의 내적 형식은 논문의 내용을 어떻게 제시하느냐의 문제다. 서론은 얼마나 어떻게 쓸 것인가, 본론은 어떻게 전개시킬 것인가, 또한 결론은 어떻게 쓸 것인가 하는 것이 내적인 형식의 범주에 속한다. 논문의 외적인 형식은 논문의 내적 형식을 직접적으로 시각화한 것을 말한다. 여기에는 부호의 사용, 면의 배치, 행 간격, 한자의 사용, 주(註)의 처리 방법 등과 같은 모든 주변적인 문제가 포함된다.

논문에서 형식적인 요건을 중시하는 또 다른 이유는 그것이 이해의 편의나 서술의 경제성을 도모하는 세련된 체계라는 데 있다. 각 학문 분야에 보편적으로 적용되는 내·외적인 형식 외에 그 분야만의 독특한 규범에 따라 논문을 작성하면 별다른 설명 없이도 필자의 의도를 이해하거나 전달할 수 있기 때문이다.

넷째, 논문은 공표되어야 한다. 논문은 인류가 이제까지 이룩하지 못했던 것을 이룩하여 세상에 알리는 것이기 때문에 학계에 널리 알려진 학술지에 게재함으로써 비로소 논문으로서의 자격을 획득하게 된다. 학술 논문은 학술지에 발표되어야 학계의 비판을 받을 수 있고 그러한 과정을 거쳐 학계에 수용됨으로써 학계의 공유 재산이 될 수 있다. 논문이 발표되기 전에는 사유 재산에 지나지 않기 때문이다. 이와 관련하여 공표의 시기도 중요하다. 아무리 훌륭한 업적이라고 하더라도, 또한 아무리 오랫동안 그 분야를 연구해 왔다고 하더라도 이미 다른 사람이 발표한 논문의 내용과 똑같은 논문을 발표한다는 것은 무의미한 일이다. 학문의 세계에서는 동일한 내용의 지적인 업적을 단 하나만 인정하기 때문이다.

대학생이 위와 같은 성격의 본격적인 논문을 쓰기는 쉽지 않다. 따라서 학문의 수련기에 있는 대학생이 쓰는 논문은 학문하는 자세를 배우는 것이기 때문에 논문을 쓰는 목적도 공표하기 위해서라기보다는 평가를 받기 위한 것이며, 시험적인 것이라고 할 수 있다. 성공적인 대학 생활을 하기 위하여 논문 작성법을 숙지하고 있어야 하는 이유가 여기에 있다. 이에 비해 대학원 학생이 쓰는 논문은 학문의 수련 결과를 객관적이고 엄정하게 평가받고 그것을 대내·외에 공표하는 것이므로 새롭고 독창적인 내용을 일정한 형식에 맞추어 작성해야 한다.

## 1.3 논문의 요건

논문에서는 정확성(accuracy), 객관성(objectivity), 불편성(impartiality), 검증성(verification), 평이성(readability) 등의 다섯 가지 요건이 강조된다. 이것은 과학 논문에서 뿐만 아니라 인문·사회 계열의 논문에서도 마찬가지다.

정확성은 논문에 인용된 인명이나 저술의 표제, 통계 자료 등에 대하여 논문 집필자가 그 정확도에 대하여 자신을 가질 수 있어야 한다는 것을 의미한다. 정의되지 않은 술어가 잘못 사용되거나 개념이 명확하게 규정되지 않은 채 사용된다면 효율적인 정보 전달을 기대할 수 없기 때문이다. 논문의 내용은 물론이고 각주나 참고 문헌 목록의 기입 양식의 정확성과 통일성, 심지어 점 하나에 이르기까지 소홀히 해서는 안 된다.

객관성은 논문의 서술이 누가 보아도 사실과 증거에 바탕을 둔 것이어야 한다는 것을 의미한다. 논문의 서술이 집필자의 단순한 의견 또는 주관적인 생각이나 자료가 바탕이 되어서는 안 된다. 집필자의 의견을 개진할 때는 연구 과정에서 얻은 데이터가 증거로 제시되어야 하고, 독자가 다른 자료에서 참고할 수 있도록 그러한 의견을 제시하는 근거를 밝혀야 한다.

불편성은 논문을 쓰면서 편견이나 개인적인 감정이나 감상 또는 선입견에 사로잡혀서는 안 된다는 것을 의미한다. 어떤 학설이 옳고 그름을 따지기보다는 진리를 탐구하고 그 결과에 대하여 관심을 기울여야 한다. 논의 주제와 관련하여 몇 가지 엇갈린 주장이나 학설이 있을 때는 이것을 모두 공평하게 다루어야 한다.

검증성은 논문이 담고 있는 내용이 다른 사람에 의해 재현될 수 있도록 기술해야 한다는 것을 의미한다. 과학에서와 마찬가지로 논문에서도 재현 가능성이 밝혀졌을 때 비로소 타당성을 인정받고 설득력을 지니게 된다. 재현 가능성은 반복 실험이 가능하고 되풀이해서 경험적으로 확인할 수 있다는 것을 뜻한다. 따라서 논문에는 자료의 출처, 연구의 방향이나 방법, 주제에의 접근 방식 등이 명시되어야 한다. 다시 말하면 논문의 내용에 대하여 그 진위를 판별하거나 측정이 가능하여 확정적 기술이 가능해야 함을 의미한다.

평이성은 논문을 읽기 좋게 써야 한다는 것을 의미한다. 논문이 읽기 좋은 것이 되기 위해서는 문장 자체가 쉬우면서도 명확하고 간결해야 한다. 또한 문장은 본문만으로도 만족스럽고 부담없이 읽을 수 있도록 해야 한다. 각종 인증(引證)의 처리를 매끄럽게 하여 주석(註釋)이 눈에 거슬리지 않아야 한다. 논문의 평이성은 내용의 평이성이라기보다는 서술이 간결 명료하고 어법에 어긋남이 없어 읽기 좋은 것을 의미한다.


## 1.4 논문의 종류

일반적으로, 논문은 작성하는 목적이나 연구하는 대상에 따라 연구 논문, 보고 논문, 서평 등으로 분류하고, 제출하는 계기에 따라 일반 학술 논문 및 대학에서 특정한 학위를 취득하기 위하여 제출하는 학위 논문(학사학위, 석사학위, 박사학위)과 대학의 강좌와 관련하여 제출하는 학기말 리포트, 그리고 소논문 등으로 나눈다.


### 1.4.1 연구 논문

연구 논문은 학술지에 발표하는 본격적인 학술 논문으로서 일정한 주장이 있고, 그에 대한 논거를 제시하여 논증하는 과정이 수반되는 글을 말한다. 이 연구 논문은 연구 목적에 따라 ①아직까지 알려지지 않은 사실이나 현상을 발굴하려는 논문, ②새로운 방법론을 개척하려는 논문, ③일반적인 원리나 법칙을 수립하려는 논문, ④새로운 해석이나 해설을 추구하는 논문 ⑤대립되는 이설(異說)을 바르게 고치려는 논문 등으로 나뉜다. 연구 논문의 필수적인 요건은 자료나 해석, 방법론 등에 반드시 새로운 내용이 있어야 한다는 것이다.

## 1.4.2 보고 논문

연구 논문의 성격이 자료의 해석이나 논리적인 추론에 중점을 둔 것인데 비해 보고 논문 (report)은 연구자가 어떤 사실이나 현상 또는 실험에 관한 자료 등을 제시하는 데 중점을 둔 논문을 말한다. 보고 논문에도 해석이나 추론이 들어갈 수 있지만 이차적인 것이며, 일반적인 원리를 검증 또는 적용한 과정이나 결과가 중요하다. 조사나 실험이 새로운 이론이나 일반화를 위한 것이라면 연구 논문의 성격을 띠게 된다. 보고 논문에는 조사보고, 실험보고, 관찰보고, 답사보고, 채집보고 등이 있는데 어떠한 종류의 보고이든 그 내용이 정확해야 한다. 추측에 의한 자료나 개인적인 감상 또는 흥미에 이끌려 작성된 보고 자료는 자료로서의 가치를 상실한다.

보고 논문은 대학에서 학생들에게 수련의 목적으로 작성하게 하는 경우가 일반적이다. 이때의 수련은 궁극적으로 지적 독립을 성취하는 데 있다. 보고 논문을 쓰기 위하여 자료의 수집에서부터 그 평가와 정리는 물론이고 자료의 재구성에 이르기까지 필자 자신이 스스로 처리해야 하기 때문이다. 이렇게 해서 도출된 결론은 그것이 비록 이미 알려진 사실이라고 할지라도 자기 힘으로 성취했다는 데 큰 의의가 있다. 대학에서 학생들에게 보고 논문을 부과하는 목적은 보고 논문을 작성함으로써 다음과 같은 몇 가지의 수련 목적을 달성할 수 있다고 보기 때문이다.

① 학생들이 교과서나 교수 한 사람의 견해에서 벗어나 그 교과와 관련하여 폭넓은 독서의 동기를 유발할 수 있다.

② 강의실에서 충분히 다루지 못했거나 또는 다루기 어려운 문제를 독자적으로 조사하고 접근할 수 있는 능력을 기른다.

③ 보고 논문의 주제와 관련이 있는 여러 가지 자료를 평가하는 과정에서 비판력을 기를 수 있다.

④ 자기가 터득한 지식이나 수집한 자료를 정리하여 체계화하고, 논증을 거쳐 이것을 명확하고 논리적이며 효율적인 방법으로 표현하고 제시하는 훈련을 한다. 이것은 본격적인 논문 작성을 위한 훈련의 성격을 띤다.

이상의 목적을 달성함으로써 학문 연구자로서의 지적 독립 또는 학문상의 자립을 위한 기반을 닦을 수 있게 된다. 그리고 지적 독립은 학문의 세계에서만 요구되는 것이 아니라 정치, 경제, 사회 등 다른 분야에서도 필요한 기본 요건이라는 점에서 중요성을 가진다.

이상한 질병이 발생하였다면 그 질병이 발병된 곳, 발병 시기, 발병 대상, 증상이나 특징은 물론이고 경과와 치료 방법 및 과정을 상세하고 정확하게 기술해야 한다. 치료 과정에서도 투약된 약물의 종류나 투약 정도와 투약 간격 및 그에 따른 변화를 정확하게 기술하는 것만으로도 훌륭한 논문이 될 수 있다.

새로 발견된 유적에 대하여 답사 보고서를 쓴다면 그 유적의 정확한 위치, 규모와 특징, 발견된 유물의 특징과 종류는 물론이고 답사 시기와 기간 등을 체계적이고 종합적이며 정확하게 작성하여야 한다. 자연 과학에서 자주 작성하는 실험 보고서도 마찬가지다. 실험의 조건, 실험 기간과 실험에 사용된 시약, 실험 과정에 나타난 변화와 결과 등 모든 사실을 빠짐없이 기술해야 한다.

## 1.4.3 서평

서평(書評 ; review)은 주로 학술 서적이 처음 출간되었을 때 그 책이 가지는 의의와 가치에 대한 평가를 목적으로 하는 논문이다. 대체로 책이나 논문을 직접 읽지 못한 독자들을 위해 쓴다. 서평에서는 일반적으로 책 전체의 내용을 요약하고 그 책에서 다루고 있는 주요 사실이나 이론 또는 주장에 대하여 그 장점이나 단점 또는 문제점 등을 지적한다. 서평의 주된 기능은 책의 가치에 대한 평가에 있으므로 무엇보다 객관적이고 공평무사(公平無私)해야 한다. 책에서 다루는 모든 내용이나 주요 내용에 대하여 그것을 검토, 비판하면서 본격적으로 자신의 주장이나 이론을 펼 경우 이를 특별히 서평 논문이라고도 한다.

## 1.4.4 학위 논문

학위 논문은 대학이나 대학원에서 일정한 학점을 이수한 다음 학사, 석사, 박사 등의 학위를 취득하기 위해 제출하는 연구 논문이다. 일반 연구 논문과 다른 점은 지도 교수의 지도에 의해 논문이 작성되며 엄격한 형식적 요건을 갖추어야 한다는 것이다. 연구자의 학문적 능력과 자격을 검증받는 데 목적이 있으므로 어느 경우이건 학위에 합당하고 부끄럽지 않는 내용과 수준을 갖추어야 한다.

학사 학위 논문은 특별히 졸업 논문이라고도 부른다. 4년간의 대학 생활을 총결산한다는 점에서, 또 자신의 학문적인 역량이나 그 잠재력을 드러낸다는 점에서 대학 교육의 결산서라고 할 수 있다. 졸업 논문을 쓰게 함으로써 ①교수와 학생간의 학문적인 접촉을 증진시키고 ②전공 과목 지식을 종합하며, ③자주적 학문 연수의 능력을 함양하는 효과를 얻을 수 있다.

졸업 논문이라고 하더라도 논문이 갖추어야할 형식적인 요건을 완비해야 하며 내용도 참신성과 신선함을 보여야 한다.

졸업 논문도 수준 높은 것이 있기도 하지만, 대체로 새로운 사실을 밝히는 독창적인 논문이기보다 기존의 사실이나 자료를 정리하는 것이 보통이어서 일반적으로 학위 논문이라고 하면 석사 학위 논문과 박사 학위 논문을 가리킨다. 학위 논문을 제출하려면 대학원의 소정 과정을 이수해야 하므로 학위 논문은 대학원 교육의 산물 또는 결산이라고 할 수 있다. 학위 논문은 본격적인 연구 논문으로서 장차 전문적인 연구를 위한 연수의 한 방편이라고 할 수 있다. 학위 논문이 일반 연구 논문과 다른 점은 일반 연구 논문이 학문에 대한 기여를 강조하고 간결성이 요구되는 데 반해 학위 논문은 연구자의 능력 과시의 기능이 있기 때문에 완벽한 방증은 물론이고 다루는 주제에 대한 연구사적인 고찰 및 충분한 자료 제시 등 온갖 정성을 다하게 된다. 학위 논문도 논문이 갖추어야 할 형식적인 요건을 완비해야 하며, 내용에서도 참신성과 신선함을 보여야 할 것은 물론이다.


## 1.4.5 학기말 리포트

학기말 리포트는 대학이나 대학원 강좌에서 한 학기 강의가 끝나고 강의 내용을 심화시켜 그것을 평가받기 위해 담당 교수의 요구에 따라 제출하는 논문을 말한다. 또한 학기말 리포트는 학생 스스로 문제를 파헤쳐 해결 방법을 모색하게 하는 장점이 있다. 또한 그것으로 학문적 가능성을 평가하는 준거가 되는 논문이므로 논문이 갖추어야 할 내·외적인 형식 요건을 충실히 지켜야 한다. 따라서 논문 제목은 물론이고 목차가 있어야 하며, 논지가 논리적인 순서에 따라 전개되어야 한다. 주석도 성실하게 달아야 하고 참고문헌도 그 분야의 해당 논저를 철저히 조사한 것이어야 한다.

학기말 리포트의 주제를 스스로 선택했을 때는 주제가 강좌의 내용과 합치해야 한다. 강좌 내용과 지나치게 동떨어진 주제는 수업 내용을 심화시킨다는 리포트 작성의 본래 취지와두 맞지 않는다. 리쏘트도 예비 학문 활동이므로 창의성과 독창성이 발휘되어야 하지만 무엇보다도 정직성이 절대적으로 요구된다. 따라서 직접 인용한 것이 아닐 때는 재인용한 것임을 명시해 주어야 한다.

학생들에게 보고서를 부단히 작성하게 함으로써 그 과정에서 논문을 작성하는 요령과 학문하는 방법을 터득하는 효과를 얻을 수 있다. 이것이 학기말 리포트를 부여하는 또 다른 목적이 된다.

### 1.4.6 소논문

소논문은 학보나 학과 단위의 잡지 등에 게재되는 짧은 논문을 말한다. 길이가 짧은 만큼 내용은 응축되어야 하고 아이디어는 신선해야 한다. 지면이 한정되어 있으므로 논문으로서의 형식을 다 갖추기가 어려워 목차를 달 여유가 없고, 주를 길게 달기도 어렵지만 자기의 주장과 의견을 남의 것과 구별할 줄 아는 양식을 가져야 하며, 괄호를 이용하여 본문 속에 그 출처를 밝히는 재치도 있어야 한다.


## 2. 논문 작성의 절차

### 2.1 문제의 발견과 선정

논문 작성의 절차는 기본적으로 글쓰기의 절차와 같다. 학문 분야에 따라 논문 작성의 절차가 다소 다를 수 있지만 일반적으로는 주제를 선정하고 자료를 수집 분석하며, 개요를 작성한 다음 집필과 퇴고의 과정을 거치게 된다. 여기에서 '무엇에 대하여 쓸 것인가?'의 '무엇'이 일반적인 글쓰기의 '주제'라면 '무엇을 연구할 것인가?' 또는 '무엇에 대하여 논문을 쓸 것인가?'의 '무엇'이 '논문 주제' 또는 '연구 주제'가 된다. 따라서 연구의 주제가 선정되면 비로소 그 문제에 대한 탐구가 시작된다는 점에서 문제의 발견은 연구의 방향을 결정하는 중요한 계기가 된다.

최초의 연구 방향이 잘 잡혀 있어야 의의 있는 결론을 도출하는 데 시행착오를 줄일 수 있다. 학생들의 경우 연구 과제의 선정이나 연구의 진행에 대하여 학계의 전문가나 지도 교수 또는 선배의 조언을 구하는 것이 좋다. 그들은 많은 연구 경험을 통해 학계의 수준이 어느 정도인지, 학계의 연구 동향은 어떠한지, 시급한 해결 과제가 무엇인지 등에 대하여 잘 알고 있으며, 관련 문제나 관련 문헌들에 대하여 폭넓은 식견을 가지고 있어 연구의 실패나 비능률을 줄일 수 있기 때문이다. '무엇을 연구해야 할지 모르겠다'거나 '연구할 문제가 없다'고 말하는 것은 자신의 능력이 없거나 평소 공부를 하지 않았다는 것을 드러내는 것에 지나지 않는다. 기존의 연구 업적들에 대하여 철저한 비판 정신을 가질 때 문제를 발견할 수 있기 때문이다. 아직은 미개척 분야가 연구의 대상이 되기 때문에 연구 과제는 궁극적으로 연구자가 결정해야 하며 그 이후의 결과에 대하여도 전적으로 연구자 자신이 책임을 져야 한다.

스스로 문제를 발견해 내기 위하여는 다음과 같은 방법과 태도를 갖는 것이 필요하다.

첫째, 연구자의 관심과 흥미를 끌 수 있는 문제를 다룬 최근의 논문들을 구하여 읽는다. 그러면 아직 풀리지 않은 문제, 앞으로 좀더 밝혀야 할 문제, 때로는 잘못 풀린 문제들을 발견할 수 있을 것이다.

둘째, 인간이 이룩한 것 가운데 완전한 것, 절대적인 것, 변하지 않는 것, 확실한 것은 없다고 가정한다. '왜 그럴까, 정말 그럴까'하고 의심을 품을 때 새로운 탐구와 창조가 시작된다. 이는 남이 이룩해 놓은 것에 대하여 근본적으로 회의하고 동시에 연구자 자신도 편견과 선입관에서 벗어나야 함을 의미한다.

셋째, 동일한 사실, 동일한 현상을 바라보는 시각에는 수없이 많은 방법이 있을 수 있음을 명심한다. 이는 문제를 종합적으로 관찰해야 함을 의미한다. 한 가지 사실이나 현상이 그 자체 하나로만 독립적으로 존재하는 일은 없기 때문이다.

넷째, 논리적으로 완벽한 이론이나 주장이라고 하더라도 오류나 잘못이 있다고 전제한다. 논리도 인간이 만들어 낸 것이기 때문에 인간적인 약점이 있기 때문이다. 논리가 학문을 하는데 가장 강력한 무기이지만 때로는 진리를 가리는 수단이 될 수 있다. 따라서 문제의 핵심을 파악할 수 있는 직관력과 진실을 꿰뚫어 볼 수 있는 혜안이 있어야 한다.

다섯째, 어떠한 이론이나 주장이 어떤 전제에 의해 제시되었는가를 검토한다. 누구나 자기가 살고 있는 시대에 주어진 전제 위에서 문제를 해결하려 한다. 따라서 전제가 올바르면 그 주장이나 이론이 정당할 수 있지만 전제를 받아들일 수 없을 때는 그 주장이나 이론도 새로운 문제를 내포하게 된다.

과거의 학문이 가지는 기본 전제는 비교적 파악하기가 쉽다. 그러나 현재의 기본적인 전제가 무엇인지, 그리고 그것이 옳은지 아닌지를 판단하기는 쉽지 않다. 더욱이 그 전제가 잘못되었다고 판단하여 그것을 바꾼다는 것은 더욱 어려운 일이다. 논문에는 시대적인 전제뿐만 아니라 개인적인 전제도 작용할 수 있기 때문에 이에 대한 고려도 해야 한다.

여섯째, 어떠한 이론이나 주장이 있을 때 그에 대한 예외가 있는지 검토한다. 만일 예외들이 존재한다면 그 예외들을 어떻게 설명할 수 있는가를 검토함으로써 그 이론이나 주장을 수정할 수 있는 계기가 될 수 있다. 예외를 포함하여 좀더 포괄적인 이론을 수립할 수 있다면 그것은 새로운 이론이 될 수 있기 때문이다.

일곱째, 의심의 여지가 없는 사실도 실험을 통하여 확인해 본다. 실험 결과가 의심스러울 때는 자신이 직접 다시 실험해 보고 확인해야 함은 물론이고 진리라고 믿고 있는 실험의 결과도 검증해 본다는 자세가 중요하다.

여덟째, 새로운 문제만이 연구해야 할 가치가 있는 것은 아니며 아직 이 세상에 등록되지 않은 문제만이 훌륭한 성과를 가져오는 것은 아니라고 생각해 본다. 낡은 문제에도 새로운 방법론을 적용해 볼 수 있고, 남들이 가치 없다고 생각하는 문제도 때에 따라서는 훌륭한 연구 성과를 거둘 수 있기 때문이다.

이상에서 살펴본 문제 발견의 방법과 태도는 궁극적으로 볼 때 남이 찾아내지 못한 문제나 자신에게 적합한 문제를 찾아내려는 데 목표가 있다. 이러한 방법과 태도로 몇 가지 문제를 발견했을 때, 어느 것을 논문의 주제로 삼을 것인가는 다음의 기준에 의하여 결정된다.

첫째, 자기의 관심과 호기심을 불러일으킬 수 있는 문제를 선정한다. 관심과 호기심이 없으면 문제에 대한 정열을 잃기 쉽고, 정열이 없으면 문제를 끝까지 해결하려는 의지를 유지하기 어렵기 때문이다.

둘째, 자기의 능력으로 해결할 수 있어야 하며 요구하는 분량에 적합한 문제를 선정해야 한다. 자기의 능력으로 해결할 수 없는 문제를 선정하면 시간과 정력의 낭비가 되기 쉽고, 너무 거창한 문제를 선정하면 요구하는 분량 안에 다 담아낼 수 없기 때문이다.

셋째, 평범한 문제보다는 가치 있는 문제를 선정한다. 아직 학계에 알려지지 않은 것이 이미 알려져 있는 것보다 가치 있는 문제이며, 단편적인 것보다 여러 가지 국면이나 현상에 걸쳐 의의 있는 문제가 가치 있는 문제이며, 주변적인 것보다 핵심적인 문제가 더 가치 있는 것이다. 새로운 자료의 발굴이나 새로운 현상의 발견 또는 새로운 원소의 발견은 그것으로부터 문제가 시작되기 때문에 거의 무조건 중요하다. 실용적인 것이 이론적이며 추상적인 것보다 반드시 가치 있는 것은 아니라는 점에 주의해야 한다. 학창 시절에 우연히 쓰게 된 한 편의 논문이 자기의 일생을 좌우하게 되거나 학문적인 생활에 영향을 미치게 되는 일이 종종 있기 때문에 가치 있는 문제의 선정은 매우 중요하다.

위와 같은 방법과 태도에 의해 선정된 연구 주제도 잠정적인 것일 뿐이다. 자료 조사 과정에서 주제가 달라지거나 주제를 폐기하는 일이 생길 수 있기 때문에 섣불리 집필에 들어갈 수 없다.


## 2.2 자료의 조사

일반적인 글쓰기에서와 마찬가지로 일단 논문의 주제가 선정되면 그 주제와 직·간접적으로 관련된 자료를 조사해야 한다. 자료는 문헌 자료 외에 실험이나 관찰을 통해서 얻은 자료 또는 측정이나 현장 조사를 통하여 얻은 모든 자료가 포괄될 수 있다. 그러나 실험, 측정, 관찰, 조사 자료 등은 학문 분야나 연구 대상 또는 논문 주제의 성격에 따라 연구를 진행하는 방법론에 차이가 있는 경우가 많다.

문헌 자료도 두 가지 유형의 자료가 있다. 하나는 같거나 유사한 문제를 다룬 이전의 논문이나 저서이며, 다른 하나는 논문이 다루는 현상과 관련되는 사실을 담고 있는 자료로서의 문헌이다. 전자를 연구 문헌이라 하고 후자를 자료 문헌이라고 할 수 있으며 주로 도서관과 같은 공공시설을 이용하여 수집한다. 가령 15세기 국어를 연구한다면 『훈민정음(訓民正音)』, 『용비어천가(龍飛御天歌)』, 『월인천강지곡(月印千江之曲)』, 『석보상절(釋譜詳節)』 등 당시의 언어를 반영하고 있는 문헌은 자료 문헌이며, 20세기의 학자들이 연구해 놓은 자료는 연구 문헌이 된다. 따라서 연구의 주제가 선정된 다음의 자료 조사라고 하면 동일한 또는 유사한 문제를 다룬 이전의 연구 업적을 조사하는 일을 주로 가리키게 된다.

자료 조사의 첫 단계는 자기가 쓰려는 논문의 주제와 직·간접적으로 관련이 있는 문제를 다룬 기존의 연구 업적을 조사하여 논저 목록을 작성하는 일이다. 이제까지 출판된 단행본(單行本)을 비롯하여 연간, 계간, 월간, 부정기간의 모든 학술지를 조사해야 한다. 이러한 문헌 자료를 수집하자면 일차적으로 도서관에 의존할 수밖에 없다. 이 때 유의해야 할 점은 자기에게 필요한 연구 업적을 빠뜨리지 않기 위해서 자기의 논문 주제와 관련되는 것이 어느 정도의 범위에 걸쳐있는지를 미리 점검(點檢)해 두어야 한다. 학문은 전세계적인 것이며 인류 공통의 것이기 때문에 외국에서 같은 문제를 다룬 연구 업적도 조사 대상에 포함시켜야 한다. 조사 대상의 범위를 한정시키면 한정시킬수록 우물 안 개구리 식의 연구를 벗어나기 어렵기 때문이다.

논저 목록 조사를 다소 효율적으로 하는 방법은 관련 학문 분야에서 출판된 논저 해제집(論著解題集)이나 논저 목록집(論著目錄集)이 있으면 우선적으로 그것을 이용하여 필요한 논문이나 단행본의 제목 또는 게재지 등을 확인할 수 있다. 그러나 이는 출판 시기에 따라 최신의 정보를 제공해주지 못하는 결함이 있다. 이 때는 선정된 논문의 주제와 관련된 최근의 논문을 구하여 참고문헌란을 조사하는 방법을 택할 수 있다.

연구 문헌의 조사와 동시에 또는 연구 문헌 목록을 작성한 다음에 수행할 작업은 선행 연구 업적에 대한 면밀한 검토다. 즉 선행 연구에 대한 내용을 파악하고 중요한 자료를 선택하고 비판하는 단계라고 할 수 있다. 이 때 선행 연구 업적에 대한 검토 기준은 다음과 같다.

① 이 논문(또는 저서)은 내가 다루는 문제와 관련이 있는 내용을 다루고 있는가?

② 이 논문(또는 저서)은 어떤 문제를 제기하여 어떤 결론에 도달하고 있는가?

③ 이 논문(또는 저서)의 결론은 직관적으로 타당한가?

④ 이 논문(또는 저서)의 결론은 충분한 자료에 의해 뒷받침되고 있는가?

⑤ 이 논문(또는 저서)에 사용된 자료는 믿을 만한 것인가?

⑥ 이 논문(또는 저서)에서 도달한 결론에 대하여 예외적인 사실이 있는가? 또는 그러한 예외들이 납득할 만하게 해명되고 있는가?

⑦ 이 논문의 필자 혹은 저서의 저자는 어떠한 기본적인 전제에 입각해 있는가?

⑧ 이 논문(또는 저서)에서 사용하고 있는 방법론은 무엇이며 그 방법론에는 어떠한 문제점이나 결함이 없는가?

⑨ 논의가 충분히 이루어지고 있으며, 논리적인 결함은 없는가?

이상의 기준에 따라 기존의 연구 업적들을 검토하면서 자기가 더 보탤 수 있는 것은 무엇인가를 점검해 보아야 한다. 연구 과제의 선정은 주제에 대하여 어렴풋이나마 도달할 결론이 나와 있는 상태이므로 자기의 결론과 이전의 업적에서 얻어진 결론이 있는가 없는가를 가능한 한 빨리 확인해야 한다.

물론 논문의 구상 단계에서 세운 가설(仮說)이 논문이 완성될 때까지 항상 유지되는 것은 아니다. 자료를 조사하는 동안에 가설의 수정과 대체, 설명 방법의 변경 등이 뒤따를 수 있기 때문이다.


## 2.3 자료의 채록


일반적으로 자료의 조사와 수집 및 채록은 논문이 진행되는 동안 동시에 진행되는 작업이라고 할 수 있다. 여기에서 자료의 채록이라고 하는 것은 ①연구 문헌의 목록이나 그 서지사항(書誌事項)을 기록하는 작업뿐만 아니라 ②자료 문헌의 검토에서 얻어진 내용을 수록하는 작업은 물론이고 실험이나 관찰 및 관측 또는 조사의 내용과 관련되는 일체의 세부적인 사항을 적어 놓은 것을 말한다. 이 때 자기가 조사하는 자료만을 채록하는 것이 아니라 순간순간 떠오르는 아이디어를 적어 놓기도 한다. 이러한 자료의 채록은 카드나 노트를 이용하거나 컴퓨터를 이용하는 것이 편리하다. 특히 컴퓨터는 자료의 보관이나 가공, 검색 등에서 엄청나게 많은 시간을 절약해 주므로 이것의 이용은 거의 필수적이라고 할 수 있다.

## 2.3.1 채록을 위한 감

학문 분야나 연구 방법, 또는 연구 대상에 따라 실험 과정이나 실험 결과의 채록, 관측 자료의 채록, 조사 자료의 채록 등을 위해서 이미 규격화된 점검표 같은 것이 마련되어 있는 경우가 있다.

연구 문헌이나 자료 문헌 조사와 같이 일반적인 경우에 카드나 노트를 사용해 왔으나 최근에는 컴퓨터의 보급과 사용이 일반화되면서 채록을 위하여 개인용 컴퓨터가 이용되고 있다. 노트는 기록된 자료의 순서를 바꿀 수 없다는 결함이 있고 카드는 보관상의 제약이 있는데 비해 컴퓨터는 거의 무한대로 많은 양의 정보를 입력 보관할 수 있고 언제든지 출력할 수 있을 뿐 아니라 자료의 배열이나 편집 검색 등이 자유롭고 편리함은 물론이고 다른 컴퓨터에 연결하여 서로 정보를 공유할 수 있다. 이러한 잇점 때문에 컴퓨터에 대한 의존도가 점점 높아가고 있는 추세다. 최근에는 노트북 컴퓨터의 보급으로 휴대와 이동이 가능해진 만큼 카드는 극히 부분적으로 이용하는 실정이다. 이에 따라 평소 컴퓨터를 이용한 정보처리 능력을 키우는 것이 필수적이다. 여기에서는 컴퓨터를 이용한 자료 채록 방법을 중심으로 기술한다.

## 2.3.2 자료 작성 요령

카드에 의한 자료 채록은 온전히 자기만을 위한 것일 수 있지만 컴퓨터에 의한 자료의 채록은 카드와 달리 많은 사람이 공유하게 할 수도 있다. 특히 컴퓨터에 의한 자료 채록은 몇 가지 방법이 있을 수 있는데 하나는 자료를 텍스트로 저장하는 방법이고, 다른 하나는 카드와 같이 일정한 양식으로 저장하는 방법이다. 사용자의 취향과 연구 분야의 성격에 따라 채록 방법이 달라질 수 있지만 다음과 같은 일반적인 원칙은 지키는 것이 좋다.

① 하나의 양식에는 하나의 내용만을 기록한다. 자료의 정리 검색, 편집상의 편의를 위한 배려다.

② 필요한 사항을 정확하고 완전하게 기록한다. 이는 같은 자료를 두 번 다시 읽거나 조사하지 않도록 하기 위해서다.

③ 직접인용이나 완전인용을 한 경우에는 반드시 큰따옴표(" ")를 써서 요약한 내용이나 의역한 내용 또는 자기의 의견이나 견해와 혼동하지 않도록 한다. 명백히 자기의 의견일 때는 자기의 성이나 이름을 적어 구별하거나 글자색 또는 글자체를 달리하여 구별하도

록 한다.

④ 외국어로 된 자료나 한문으로 된 자료를 채록할 때는 원문을 정확하게 기입해야 한다. 내용을 얼른 알아보기 어려울 때는 번역을 첨가하여 내용을 정확히 파악하는 것이 중요하다. 원문이 필요한 경우에는 번역 뒤에 원문을 보충하는 방법을 취할 수도 있고 주(註)에서 원문을 보이는 방법을 취할 수도 있다.

⑤ 연구 문헌이나 자료 문헌은 어느 것이나 그 서지 사항(書誌事項)을 완벽하게 확인하여 나중에 오해가 생기지 않도록 정확히 기입해야 한다. 저자 이름이나 필자 이름, 책이나 논문의 제목, 논문의 경우 그 논문이 실려 있는 잡지나 학술지, 출판지(흔히 도시 이름), 출판사, 출판연월일(출판 연도), 책의 총 면 수, 논문의 경우에는 그 논문이 인쇄된 페이지의 처음과 끝, 내용을 발췌한 경우에는 그 내용이 들어 있는 면 수를 적어야 한다. 논문이나 책에 부제가 붙어 있는 경우에는 그것도 명확하게 적어 놓아야 한다.

관련 문헌의 서지 사항은 서명 목록 또는 서지 목록이라고 할 수 있다. 이것은 연구 문헌이나 자료 문헌의 조사가 완전한지를 점검하는 역할을 하며, 동시에 논문의 작성 과정에서 그 책이나 논문을 언급하거나 주석란 또는 참고문헌란을 작성하는 데 이용된다. 서명 목록이나 내용 자료의 형식은 학문 분야나 연구자의 필요에 따라 다소 달라질 수 있으나 서명 목록에 논문이 채록되는 경우는 그 게재지가 표시되어야 한다. 이는 내용 자료 채록의 경우에도 마찬가지다.

## 2.3.3 자료의 정리와 개요작성

일반적으로 자료의 수집과 채록은 무작위로 이루어진다. 자료의 정리는 수집된 자료들을 일정한 범주나 내용 또는 부류, 성격에 따라 나누는 것을 말한다. 이 때 가장 먼저 해야 할 일은 자료의 가치를 점검하고 결정하는 일이다. 수집된 자료가 모두 연구자가 찾으려고 하는 현상이나 문제 또는 결론에 유익한 것이 아니기 때문이다. 자기의 이론이나 주장을 뒷받침하는 자료를 추려내는 것은 물론이고, 자기의 가설과 다른 자료의 경우는 자기의 가설 자체를 검토해 보아야 한다. 그리고 자기의 논문에 전혀 도움이 되지 않거나 전혀 관련이 없는 자료는 나중을 위하여 따로 분리하여 보관한다. 논문의 본문에서 다루는 것이 좋은 자료인가 아니면 단순히 주에서 다룰 것인가도 생각해 두어야 하고 반대되는 이론을 반박하기 위하여 이용할 것인가의 여부도 잠정적으로 정해두어야 한다.

수집된 자료를 정리하고 분류하는데 절대적인 기준이 있는 것은 아니나 대체로 다음과 같은 분류 방식을 채택할 수 있다.

① 자료를 시간적인 순서에 따라 정리한다. 이 방법은 주로 시간선상의 변화나 역사적인 문헌을 다룰 때 효과적이다. 역사적인 사건의 경우 큰 분류를 시간적인 순서에 따라 행하고 그 속에서 세부적인 분류를 다른 방식으로 하는 것도 효과적이다. 시간에 따른 변화를 다루는 실험이나 관측 또는 의식 구조의 변화 등을 다루는 자료를 정리하는 데도 이 방법이 유용하다.

② 자료를 공간적인 순서에 따라 정리한다. 이 방법은 시간의 흐름을 정지시키고 그 안에서 지역적인 차이에 따른 변화나 사회적인 위상에 따른 차이를 다루는 논문일 경우에 효과적이다. 동일 시대의 어떤 사회 집단이 보여주는 신분에 따른 차이나 나이에 따른 차이, 성별에 따른 차이가 주목될 때에도 이러한 정리 방법이 효과적이다.

③ 자료를 현상별로 분류한다. 일정한 시대나 일정한 지역에 한정된 문제라도 그 안에는 서로 이질적인 내용의 현상이 있을 수 있는데, 이럴 때는 그 현상의 논리적인 순서에 따라 자료를 정리하는 것이 좋다. 이 때의 논리적인 순서는 ㉠간단한 현상에서부터 복잡한 현상으로 ㉡잘 알려졌거나 쉬운 현상으로부터 잘 모르는 현상이나 어려운 현상으로 ㉢구체적인 현상에서부터 추상적인 현상으로 ㉣소리에 관한 현상에서부터 의미에 관한 현상으로 전개하거나 혹은 이러한 방법의 역방향(逆方向)으로 정리하는 순서를 말한다.

④ 자료를 문제별로 분류한다. 연구의 주제가 학계에서 제시되고 있는 어떤 문제를 해결하려고 하는 경우, 그 문제의 순서에 따라 자료를 분류하는 것을 말한다. 문제에 대한 논리적인 순서는 위의 현상에 대한 논리적의 순서의 경우와 유사하다.

⑤ 자료를 원인과 결과별로 분류한다. 인과 관계(因果關係)에 따른 현상이나 실험 결과의 제시를 목적으로 연구하기 위해 수집된 자료의 분류에 이용된다. 원인에 해당하는 자료를 앞에 놓고 결과에 해당하는 자료를 뒤에 놓는 것이 효과적이다.

⑥ 사료를 연역적 방식(演繹的方式) 혹은 귀납적 방식(歸納的方式)에 따라 분류·정리한다. 전자는 일반적인 사실 뒤에 그러한 결과로 인하여 생기는 특수한 사실을 배열하는 것이고, 후자는 특수한 사실을 먼저 놓고 그 결과의 일반적 사실을 뒤에 놓는 것을 말한다.

수집된 자료를 정리하는 방법은 학문의 분야나 다루는 주제에 따라 위의 방법 외의 방법이 원용될 수 있다. 또한 문제의 성격에 따라 위에 제시한 방법들이 복합적으로 이용될 수도 있다.

자료의 정리가 끝나면 논문 전체의 윤곽을 확정함과 동시에 세부적인 개요를 작성해야 한다. 이 개요는 자료를 정리하면서 일부 또는 전부가 작성될 수도 있다. 논문은 비교적 분량이 많기 때문에 각 장(章)이나 절(節), 항(項)이나 목(目)에서 다루게 될 내용의 범위를 확정하고 논지가 다른 곳으로 이탈하는 것을 막기 위하여 가급적 상세하게 개요를 작성해야 한다는 점을 명시해야 한다. 여기서의 개요는 목차의 성격을 가지는 어구식 개요를 말한다.


## 3. 논문의 체제

논문의 체제는 논문의 종류에 따라 상당한 차이를 보인다. 일반 학술 논문이라고 하더라도 학문의 분야나 학술 잡지의 성격이나 편집 요구 사항에 따라 차이가 있다. 가령, 일반 학술 논문에서는 목차를 생략하는 것이 일반적인데 학위 논문에서는 거의 생각할 수 없는 일이다.

학위 과정에 있는 학생이 학기말 리포트를 작성할 때도 목차를 생략하면 좋은 평가를 받기 어렵다. 목차가 논문의 전체적인 구성을 일목 요연(一目瞭然)하게 보여주기 때문이다.

다음에 가장 완비된 형식을 갖추어야 하는 박사 학위 논문을 중심으로 각 논문의 전체적인 체제에 대하여 설명한다.

논문의 체제는 논문을 구성하는 요소의 범주에 따라 크게 서두(序頭) 부분, 본문(本文) 부분, 그리고 참고 자료(參考資料) 부분으로 나뉜다.


### 3.1 학위 논문

① 서두 부분(序頭部分)
　　표제지(標題紙) 또는 표지(表紙)
　　제출서(提出書)
　　인준서(認准書)
　　서문(序文) 및 사사(謝辭)—필요한 경우
　　약호(略號) 목록(目錄)—필요한 경우
　　목차(目次)

표 목록(表目錄)—필요한 경우

그림 목록—필요한 경우

② 본문 부분(本文部分)

서론(序論)

본론(本論)

결론(結論)

③ 참고 자료 부분(參考資料部分)

참고문헌란(參考文獻欄)

부록(附錄)—필요한 경우

색인(索引)—필요한 경우

초록(抄錄)

이상의 요소 가운데 가장 핵심이 되는 것은 본문 부분이다. 최근에는 참고 자료 부분의 초록(대체로 영문)과는 다른 언어(대체로 국문)로 작성된 초록을 서론 앞에 요구하는 경우가 많아졌다. 참고자료 부분의 초록은 논문 본문에 쓰인 언어와 다른 언어(흔히 영어)로 작성하는 것이 원칙이다. 주(註)는 각주(脚註) 형식으로 논문 본문에 포함되는 것이 일반적이다. 요즈음에는 컴퓨터를 이용하여 논문을 작성함으로써 원고지에 논문을 쓰는 일이 거의 없어졌다. 각주로 처리할 것인지 후주(後註)로 처리할 것인지와 본문에서 주가 들어갈 위치만 지정해 주면 나머지는 문서 편집기가 자동적으로 알아서 해주므로 편리하게 쓸 수 있다. 연구자 자신이 모든 편집에서부터 인쇄까지 할 수 있음은 물론이다. 바야흐로 전자 출판의 시대가 도래되었다고 할 수 있다. 아직도 컴퓨터를 이용할 줄 모르는 학생이 있다면 학생의 자격이 없는 것이나 다름없다.

## 3.2 일반 학술 논문

원고로 작성했거나 컴퓨터로 작성하여 프린터로 인쇄했거나 논문의 표제지는 있어야 한다. 표제지에는 논문의 제목과 필자의 이름, 소속을 표시하는 것이 일반적이다. 게재지의 성격이나 양식에 따라 논문 제목 바로 다음이나 참고 문헌 뒤에 영문 초록을 넣기도 한다. 각주를 완벽하게 제시하는 경우 참고문헌란을 생략하는 경우도 있으나 모든 논문에는 참고문헌란이 있어야 한다는 것이 최근의 지배적인 추세다.

## 3.3 학기말 리포트

표제지가 있어야 함은 물론이고 전체적인 체제를 조망할 수 있는 목차가 반드시 있어야 한다. 목차를 통하여 논지 전개의 논리성, 문제의 제기와 해결 방법, 논의의 충실성 등을 파악할 수 있기 때문이다. 얼마나 열심히 공부했는가를 보여주는 참고 문헌란이 본문 뒤에 있어야 한다. 후주(後註) 형식으로 참고 문헌란 뒤에 주를 달아야 하나 컴퓨터의 문서 편집 기능을 이용하여 학기말 리포트를 작성할 경우 자동적으로 처리해 준다.


# 4. 논문 각 부분의 작성 방법

하나의 독립된 논문은 표제지·제출서 및 인준서·목차 등 논문이 갖추어야 할 모든 형식적인 요소가 들어가는 서두 부분과 서론·본론·결론의 본문 부분, 그리고 참고문헌란과 부록·초록·색인 등의 참고자료 부분으로 나뉜다.


## 4.1 서두 부분

### 4.1.1 표제지(標題紙)

표제지는 논문의 제목과 필자의 이름이 적히는 앞 표지인데 '표지(表紙)' 또는 '논제 표지'라고 부르기도 한다. 학위 논문의 경우 대학마다 표지 면의 크기와 바탕 색깔을 지정해주는 것은 물론이고, 거기에 표시하는 학위의 구분이나 제목, 대학이나 학과 또는 전공의 구분, 그리고 제출자의 성명이나 제출 연도에 이르기까지 그 위치와 활자의 크기 및 색깔 등 세부적인 규식(規式)을 엄격하게 정해 놓고 있다. 이러한 규식은 나라마다 다르고 같은 국가 안에서도 대학원에 따라 다르므로 자기가 재적하고 있는 대학원의 규식을 따르면 된다. 그렇다고 규식을 임의로 정하는 것은 바람직하지 않고 세계적인 추세에 따르는 것이 바람직하다.

일반 학술 논문일 경우는 일반적으로 표제면에 대한 규식은 없다. 논문의 제목과 필자의 이름만 있으면 된다. 이럴 경우 표지에는 정제된 제목이 있어야 하고, 그 위치도 면의 중앙

윗부분에 놓여야 하며 필자의 이름은 그 아래 오른편으로 치우치게 가지런히 적어야 한다. 그리고 논문을 게재할 학술지의 명칭이나 필자의 소속, 논문을 탈고한 연월일을 적는 경우도 있다.

학기말 리포트는 일반 학술 논문의 체재를 따르되 담당교수의 이름과 강좌의 명칭, 제출자의 학과, 학번, 이름, 제출 연월일 등이 명시되어 있어야 한다. 제출자의 소속이 없는 리포트는 주인을 잃기 쉽기 때문이다. 대체로 강좌명과 담당 교수의 성명은 표지의 왼편 위쪽에 치우쳐 쓰고, 제목은 중앙에 위치시키고, 제출자의 이름, 학과, 학번, 제출 연월일 등은 제목의 오른편 아래쪽에 치우치도록 구분하여 쓰는 것이 상례다.

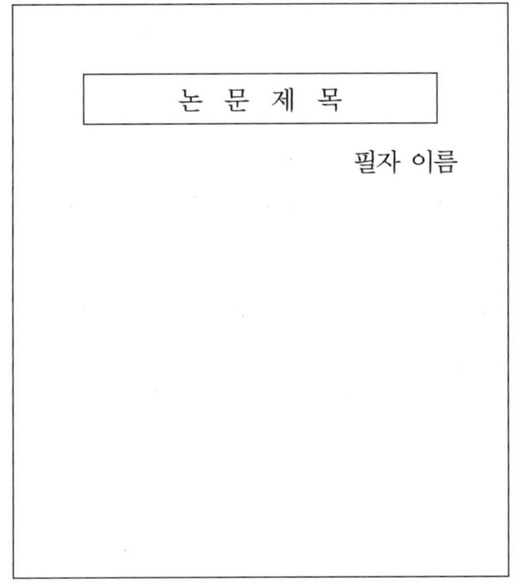


[표 1] 일반 논문 표제지

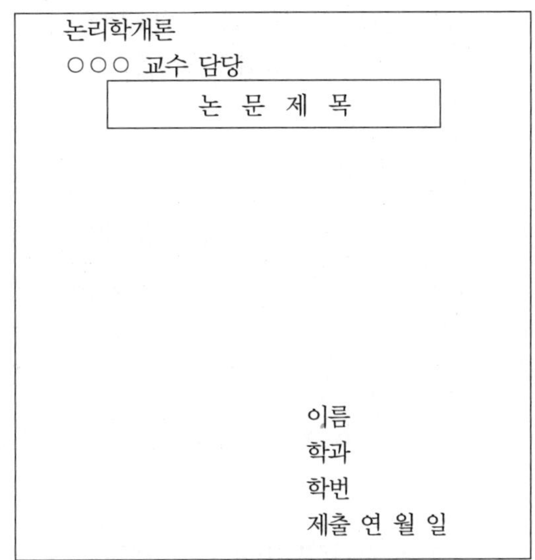


[표 2] 학기말 리포트 표제지

## 4.1.2 논문의 제목

논문의 제목은 그 논문의 성격을 상징적으로 대표하는 핵심이자 얼굴이므로 제목을 붙일 때는 다음과 같은 사항에 유의해야 한다. 제목이 엉성하면 내용도 그렇게 보이기 십상이기 때문이다.

① 논문의 제목은 문제의 범위를 정확하게 드러내야 한다. 제목이 문제의 범위를 넘어서 주제와 거리가 있어서는 곤란하다. 되도록 주제목(主題目)에 의해 그 범위가 명시되도

록 하는 것이 바람직하다. 이것은 일반적인 글쓰기의 주제 선정의 요건인 '작은 주제'와 맥을 같이한다.

② 논문의 제목은 논의(論議)의 성격을 명확히 드러낼 수 있어야 한다. 단어나 조사 하나하나까지도 주의하여 선택해야 한다. 논문의 제목은 '~(에 대한) 연구, ~에 대한 고찰, ~소고, ~에 대하여, ~현상, ~시론, ~문제의 제기, ~새로운 고찰' 등과 같은 방식으로 붙일 수 있다. '~에 대한'이나 '~에 대하여' 대신 '~에 관한'이나 '~에 관하여' 등의 표현을 쓰지 않도록 한다. 이 때 작은 문제에 대하여 단편적인 의견을 진술(陳述)하는 내용의 논문에 '~연구'와 같은 제목을 붙여서는 그 성격을 왜곡시키게 된다. '~연구'는 어떤 문제나 자료를 대상으로 이런저런 다면적 검토를 하였을 경우에 붙이며, 단일한 시각으로 연구가 진행되었을 경우에는 대상 자료와 연구 시각을 명시하는 제목이 좋다. 최근에는 문제의 성격과 해결의 성격을 동시에 부각시키는 '~과 ~'형의 제목도 많이 쓰인다.

③ 논문의 제목은 되도록 간결해야 한다. 논문의 제목은 단어형, 어구형, 문장형 등으로 붙일 수 있는데 어구형이 가장 많이 쓰인다. 어떤 방식을 쓰건 간에 정확성과 간결성의 원리와 조화를 이룰 수 있도록 해야 한다.

④ 논문의 제목은 예리하고 참신한 맛을 풍겨야 한다. 진부(陳腐)한 느낌을 주는 제목보다 이왕이면 산뜻하고 예리한 맛을 주는 제목을 선택하는 것이 좋지만 너무 멋을 부려 문제의 성격을 불투명하게 해서는 안 된다.


## 4.1.3 제출서(提出書)와 인준서(認准書)

이는 학위 논문의 형식적인 요건으로서 논문의 표제지 다음 장에 붙이도록 되어 있다. 이 둘을 따로 한 장씩 마련하게 되어 있는 경우와 한 장에 하도록 되어 있는 경우가 있다. 제출서에는 지도교수 이름, 학위 구분, 논문 제목 등이 적히고, '이 논문을 무슨 석사/박사 학위 논문으로 제출함'이라고 적는다. 또한 제출 연도와 대학원 이름 및 제출자의 이름이 기록된다. 인준서는 제출서 다음에 붙이는데, 누구의 무슨 학위 논문을 인준한다는 내용이 적히고 인준 연월과 논문 심사 위원의 서명 날인을 하는 난이 마련되어 있다. 구체적인 서식은 각 대학에서 정하며 제출자는 이를 따라야 한다. 학사 학위 논문에는 이 난이 없는 것이 일반적이다.

논 문 제 목

지도교수 ○ ○ ○

이 논문을 문학석사 학위 논문으로 제출함.

2001년 ○월   일

민족대학교 대학원
국어국문학과
○ ○ ○

○○○의 문학석사 학위 논문으로 인준함.

2001년   ○월   일

심사위원장        인
위    원        인
위    원        인

민족대학교 대학원

[표 3] 제출서와 인준서 양식 1

논 문 제 목

지도교수 ○ ○ ○

이 논문을 문학석사 학위 논문으로 제출함.

2001년   월   일
민족대학교 대학원
국어국문학과
○ ○ ○

○○○의 문학석사 학위 논문으로 인준함.

2001년 ○월   일
심사위원장        인
심사 위원        인
심사 위원        인

[표 4] 제출서와 인준서 양식 2

## 4.1.4 목차

논문의 세부 항목 차례를 논문의 기술 순서대로 나열해 놓은 것이다. '차례'라는 말을 쓰기도 한다. 목차는 논문의 구성과 전개를 요약한 것이므로 목차를 잘 정리하여 제시하는 것은 독자에게 논문을 읽도록 하는 주요 요건이 된다. 또한 목차를 통해서 논문 전체의 균형과 내용을 파악해 볼 수도 있다. 어떠한 경우에도 목차는 논문의 실제 전개 과정에서 붙여진 장, 절, 항, 목의 숫자나 기호 또는 제목의 내용 하나하나가 축자적(逐字的)으로 일치해야 한다. 가령 목차에는 '제1장 서론'이라고 되어 있는데 실제 본문에서는 'Ⅰ. 서론'이라고 되어 있거나 '제1장 머리말'과 같이 되어 있으면 안 된다. 목차에서 '제1장 서론'이라고 되어 있으면 본문에서도 '제1장 서론'이라고 엄격하게 대응을 이루고 있어야 한다.

다음의 예에서와 같이 목차란을 쓸 때 장(章)에 해당하는 제목을 한 칸 들여 썼다면, 절(節)에 해당하는 제목은 두 칸쯤 들여 쓰는 것이 일반적이다. 물론 항(項)이나 목(目) 등 제목의 계층이 낮아질수록 그 위의 제목보다 두 칸쯤 뒤로 들여 쓰는 것이 보통이다. 그러나 목차에서는 대체로 장, 절까지만 밝히고 그 이하 세부 항목은 생략하기도 한다.

> 제1장 서론
> 제2장 고려 말의 척불 운동의 태생
>   제1절 고려조의 불교 존숭과 배불의 기운
>   제2절 고려 말기의 유학의 흥기와 척불 운동의 태생
>     제1항 고려 말의 유학의 흥기와 척불 운동
>       제1목 고려 말의 유학계
>       제2목 고려 ……
>     제2항 고려 ……
>   제3절 고려 말의 ……
> 제3장 고려 시대의 ……

그러나 논문의 본문을 작성할 때는 다음에 보는 바와 같이 장에 해당하는 제목을 행의 중앙에 쓰고 절에 해당하는 제목을 중앙에서보다 앞으로 배치시키는 것이 일반적이다. 따라서 본문에서는 제목의 계층(階層)이 낮은 것이 행의 앞부분에 위치하는 것이 일반적이다.

> 제1장 서론
> 제2장 고려 말의 척불 운동의 태생
>   제1절 고려조의 불교 존숭과 배불의 기운
>   제2절 고려 말기의 유학의 흥기와 척불 운동의 태생
>     제1항 고려 말의 유학의 흥기와 척불 운동
>       제1목 고려 말의 유학계
>       제2목 고려 ……
>     제2항 고려 ……

위와 같은 유형의 목차를 장절 목차(章節目次)라고 한다. 전통적인 목차 작성 방법인데 항이나 목까지 표시하는 것은 다소 번잡한 느낌을 주어 요즈음에는 다음과 같이 장이나 절만을 장절 목차로 표시하고 그 이하는 단순한 숫자나 기호로 쓰는 절충적인 방식이 흔히 쓰인다.



위의 방식과는 달리 다음과 같이 숫자와 문자 또는 기호를 이용하여 목차를 표시하는 수문 목차(數文目次)가 있다.



숫자와 문자 또는 기호를 이용하는 목차에서는 대체로 장의 표시는 한자나 로마 숫자를, 절의 표시로는 괄호 없는 아라비아 숫자를, 그리고 항의 표시로는 한글의 가, 나, 다, 라나 영문 대문자 혹은 괄호를 싼 아라비아 숫자를 사용히고 목의 경우는 ㄱ, ㄴ과 같은 한글의 자모나 a, b, c 등 영문 소문자, 그리고 ①, ②, ③ 등의 원문자를 사용하기도 한다. 이 방식은 개요(概要 ; 아우트라인) 작성에는 효과적일 수 있으나 논문의 목차 작성이나 논문의 진행에는 다소 부적합하다.

비교적 짧은 논문의 경우 아라비아 숫자와 점으로만 작성되는 수 목차(數目次)를 쓰기도 한다. 숫자와 숫자의 사이뿐만 아니라 숫자가 끝난 다음에도 점을 찍기도 한다. 상호 참조의 편리성 때문에 요즈음은 수 목차의 방법을 흔히 쓴다.


도표 목록(圖表目錄), 삽도 목록(揷圖目錄), 약호 목록(略號目錄)


도표나 삽화가 학문 분야나 논문 주제에 따라 논문 전체에 걸쳐 아주 중요한 역할을 하는 경우 이들 도표나 삽도 목록을 따로 작성하여 목차 뒤에 열거하기도 한다. 통계표나 대조표 또는 그래프나 분석도, 사진 자료나 도록(圖錄) 등이 목록 작성에 포함된다.

가령 유물의 발굴 결과에 대한 보고서를 작성하는 논문이라면 그 유물의 사진이나 그림이 매우 중요하며 이들의 목록은 곧 발굴 유물의 종류를 나타내기 때문에 매우 중요시된다. 미술에 관한 논문일 경우 작품의 사진 등은 바로 작품의 예로 중요한 자료가 될 것이다.

약호 목록(略號目錄)은 주로 연구자 자신이 만들어 사용하는 부호가 많은 논문이나 저서에 필요하다. 목차 다음에 붙이기도 하고, 논문 뒤에 부록으로 붙이기도 한다. 주로 논리적인 저서나 논문에 많이 쓰인다. 그러나 학계에서 통용되는 약호로서 그 분야의 전공자가 모두 아는 것이면 이를 생략할 수 있다.


## 4.1.5 사사 및 서문

사사(謝辭 ; acknowledgement)는 논문을 작성하는 동안 특별히 도움을 받은 곳이 있을 경우 이를 밝히는 경우에 쓴다. 물질적으로나 정신적으로 도움을 준 사람이나 기관 또는 단체에 대하여 고마움을 표시하는 것을 말한다. 흔히 연구비를 받아서 작성한 논문의 경우 연구비를 지급한 기관과 연구비 수혜 사실을 밝힌다. 이러한 사사는 논문 본문 첫 페이지의 각주란에 쓰거나 논문 본문 맨 뒤에 괄호 속에 쓰는 데 간단하면서도 정중한 사의를 표하는 것이 보통이다. 간단한 논문의 경우 제목 끝에 별표를 친 뒤에 주석란에도 별표와 더불어 사사를 쓰기도 한다.

그밖에 신세진 곳에 대한 인사말은 저서의 경우에는 서문이나 발문에서 언급되며, 논문 본문에서는 언급하지 않는 것이 원칙이다. 다만 논문의 문제 해결에 중요한 아이디어를 제공받았거나 논문의 초고를 읽고 중요한 지적이나 암시를 준 학자들의 견해는 본문의 논지전개 과정에서 각주로 밝힌다.

서문은 주로 책의 저자가 그 책을 쓰게 된 동기, 편찬 경위, 그 책이 가지는 의의, 독자와의 관련 등을 쓰는 난이므로 잘 쓰이지 않는다. 자연 과학 분야의 논문에서는 본문 뒤, 즉 결론 뒤에 따로 사사란(謝辭欄)을 두기도 한다.


## 4.2 본문 부분

논문이 갖추어야 할 형식적인 요소들이 서두 부분이라면 본문 부분은 논문의 핵심부로서 서론, 본론, 결론이 들어 있는 부분이다. 서론에서는 문제가 제기되고 본론에서는 그 문제를 풀고 해답을 유도하며, 결론에서는 문제를 푸는 과정에서 얻어진 답이 요약된다.


### 4.2.1 서론

서론을 작성하는 방법은 학문 분야나 문제의 성격 또는 개인적인 취향에 따라 다소 차이가 있으나 일반적으로 서론에는 다음의 내용이 들어가야 한다.

① 연구나 조사의 목적과 문제의 중요성을 분명히 밝힌다. 연구나 조사의 대상은 물론이고 그 문제에 대하여 무엇을 밝히려고 하느냐와 그것이 문제로 성립하는 이유와 중요성에 대하여, 즉 문제의 제기와 제기한 문제의 의의를 함께 진술한다. 문제는 이미 학계에 제기되어 있는 경우가 많다. 그러나 개별 논문에서는 문제를 다시 축소하거나 제한하여 구체화하는 일이 필요하다. 이렇게 하면 문제의 범위를 한정할 수 있다. 문제를 구체화한다는 것은 자료의 범위를 한정하고 검토 항목을 구체화하는 것을 뜻한다. 즉 어떤 자료를 대상으로 어떤 문제를 어떻게 검토할 것이라는 내용이 진술되고, 이러한 작업이 왜 중요하고 어떤 의의를 가지는가를 논의해야 한다. 자연히 새로운 것, 핵심적인 것, 다른 문제와 관련이 많은 것에 대한 중요성이 부각되고 기존 연구의 검토가 뒤따르게 된다.

② 연구의 배경과 기존의 연구에 대한 검토 결과를 간략히 소개한다. 이전 연구에 대한 연

구사를 소개하는 것으로 이전에 자신이 가졌던 가설과 달라진 것이 있으면 그것을 밝힐 수도 있으나 논의가 길어질 경우 선행 연구 업적에 대한 장을 따로 마련하는 것이 좋다. 논문의 생명은 독창성에 있다. 독창성은 지금까지 발표된 다른 사람의 주장과 다르며 이 분야의 그 어떤 논문보다 나은 결과가 있어야 한다는 것을 의미한다. 지금까지 이 분야에 대한 연구는 어떤 것이 있었으며 본 논문에서 다루는 문제와 해결 방법이 과거의 논문들과 무엇이 얼마나 같고 다르며, 다른 부분은 특히 어떤 가치가 있는지에 대하여 진술하는 것이 필요하다. 이와 같이 문제의 성격과 의의를 언급하는 자리에서 연구사를 검토하게 되는데 본격적인 검토는 본문의 논증 과정에서 이루어지고 서론에서는 전반적이고 개략적인 검토를 하게 된다.

③ 연구나 조사의 방법론(方法論)을 명시한다. 어떤 방법으로 문제에 접근할 것인가를 밝히는 것이 방법론이다. 논문에서의 방법론은 매우 중요하다. 같은 자료라도 연구 방법론에 따라 새로운 결론이 도출될 수도 있고, 기존의 결론과 같은 결론에 도달한다고 하더라도 간편하고 명확한 논증 방법이 개발된다면 그만큼 다른 사람을 설득하기가 쉬워지기 때문이다. 그러나 좋은 방법이라고 해서 어떤 절대적인 가치가 있는 것이 아니고 문제의 성격에 따라 적절한 방법이 따로 있게 마련이다.

이미 잘 알려진 방법론일 경우에는 그 명칭만 제시해도 충분하나 자기가 독자적으로 개발한 방법론이라면 본론에서 따로 한 장을 마련하는 것이 바람직하다. 여기에 어떤 전제가 있으면 그 전제의 타당성(妥當性)을 밝혀야 되고 새로운 방법론이 탄생되기까지의 연구사적 조명과 더불어 구체적인 적용 방법을 제시하여 방법론의 타당성을 검증해 주는 것이 좋으나 친절하면서도 간결하게 해야 한다.

④ 논문에서 다루는 자료를 소개하고 자료의 범위를 한정한다. 논문의 자료에 대한 범위를 제한하고 구체적으로 명시하는 것이 필요하다. 자료의 범위와 문제의 성격이 맞아야 함은 물론이다.

예컨대, 삼국 시대의 설화를 연구하여 시대적 특징을 밝히려 한다면 『삼국유사』의 자료만을 대상으로 해서는 처음부터 문제와 자료의 범주 사이에 괴리가 내포된다. 삼국 시대의 설화 자료는 『삼국사기』에도 있고 기타 금석문(金石文)이나 다른 문헌에도 있기 때문에 국내외의 문헌을 막론하고 비문(碑文) 등 지금까지 알려진 설화 자료를 모두 대상으로 하여 누락되는 자료가 없어야 한다. 특히 통계에 의해 특징을 밝히려는 연구의 경우 자료의 완벽한 검토는 더욱 중요하다. 통계에서 누락된 자료가 적을수록 그 논문의 결론에 대한 신빙성이 높아지기 때문이다.

⑤ 지금까지 공개되지 않은 새로운 자료를 발굴하여 그것을 학계에 소개하거나 그 자료에 대한 논문을 쓸 때는 자료의 발견 경위(經緯)를 간단히 언급할 수도 있다.

⑥ 그 논문에서 제외된 사항을 명시한다. 논문에서 제외된 사항은 앞으로의 연구 과제가 될 수도 있고, 단순히 그 논문과 직접적인 관련이 없는 문제일 수도 있다.

## 4.2.2 본론

논문의 본론은 서론에서 제기한 문제를 본격적으로 풀어 나가는 부분이다. 문제의 해답을 모색하고, 그 해답이 옳다는 증거를 수집하여 증명함으로써 예상되는 다른 해답들이 옳지 않다는 것을 밝히는 부분이다. 즉 논문의 결론을 도출하는 과정을 진술하는 부분으로서 논문의 정수라고 할 수 있다. 모든 문제점이나 가설의 검증이 이곳에서 이루어지며, 부정할 수 없는 증거들에 의하여 필연적인 결론을 이끌어 내는 곳이기도 하다. 이러한 해답을 찾아 내고 이를 증명하기 위해서 여러 가지 논거를 수집하여 제시하고, 논의를 통하여 논증하는 과정이 이곳에서 이루어진다. 따라서 본론에서는 논거의 제시, 논의, 논거의 전개 등이 중요한 사항이 된다.

㉮ 논거의 제시

귀납적(歸納的) 증명에서 연구자가 세운 어떤 가설이나 잠정적 결론 또는 최종적인 결론 등을 뒷받침할 수 있는 증거로서 제시되는 자료나 현상 또는 이론이나 다른 사람의 주장 등을 논거라고 한다. 논거에는 문헌의 기록이나 객관적 현상 등의 사실 논거와 전문가의 견해와 같은 소견 논거가 있다. 사실과 관련되는 자료나 현상을 어떤 입론(立論)에 대한 증거로 삼을 때 이를 사실 논거라 하고, 다른 사람의 주장이나 언급을 자기 주장에 대한 입론의 증거로 삼을 때 소견 논거라 한다.

논거를 제시할 때에는 다음 사항을 주의해야 한다.

① 논거 특히 사실 논거(事實論據)는 근거가 확실하고 객관성과 타당성이 있어야 한다. 아무도 부정할 수 없는 객관적이고 타당한 증거를 말한다. 논거가 확실하지 않거나 타당성이 의심스러우면 독자들이 그 결론에 수긍하지 않을 것이다.

② 논거는 자기의 입론을 뒷받침할 수 있어야 한다. 자료가 자기의 입론을 뒷받침 할 수 있어야 논거가 된다.

③ 가급적이면 사실 논거를 제시하고 소견 논거(所見論據)에 크게 의존하는 것을 피한다.

논문은 객관적인 사실을 밝히는 것이므로 현상 자체에서 자기에게 필요한 논거를 충분히 찾아내는 것이 중요하지 지나치게 다른 사람의 주장이나 결론 또는 이론에 의존하는 것은 바람직하지 못하다. 소견 논거에 의존할 경우 그 소견이 무너지면 자기도 따라서 무너지기 때문이다.

⑭ 논의

제시된 자료나 이론을 근거로 어떤 가설을 세우고 그러한 가설이나 대안의 정당성을 추구해 가는 과정이 논의다. 따라서 다른 대안이나 다른 가능성에 대하여 주의를 기울여야 한다.

논의에서는 주어진 자료가 가지는 가치나 의의 및 그 중요성에 대하여 면밀히 검토해야 하고 그러한 자료를 바탕으로 성립될 수 있는 대안으로 가능한 것이 어떤 것이 있는가를 검토해 보아야 한다. 이 때 자기의 대안이 다른 사람의 대안보다 우월하다는 것이 밝혀져야 다른 사람을 설득할 수 있는 객관성을 확보할 수 있고 그의 입론(立論)도 성립할 수 있다. 물론 자기의 대안이 가지는 문제점이나 예외들도 낱낱이 검토되어야 하며, 그러한 문제점에 대하여도 자기가 제시한 대안의 정당성을 입증할 수 있어야 한다.

논거를 제시하고 논의를 이끌어 가는 방식을 논지의 전개라고 한다. 제시된 논거가 어떻게 자기의 주장을 뒷받침하는가를 따져 밝히고, 다른 주장은 어떤 이유에서 적절하지 못한지, 제외된 사항이 있다면 이는 어떠한 점에서 제외되는지가 해명되어야 한다. 또한 논의는 논리적 진전이 이루어져야 한다. 가장 객관적이고 확실한 사실에서부터 출발하여 하나하나 증명 과정을 거치면서 점차 불확실한 문제를 해명하는 방향으로 논리적 설득을 전개해야 한다. 즉 작은 문제를 먼저 다룰 것인가 큰 문제를 먼저 다룰 것인가, 혹은 중요한 문제를 먼저 다룰 것인가 사소한 문제를 먼저 다룰 것인가, 또는 어려운 문제를 먼저 다룰 것인가 아니면 쉬운 문제를 먼저 다룰 것인가 등 논리적인 순서에 관한 일체의 문제가 포함된다. 일반적으로는 큰 문제에서부터 작은 문제로 범위를 좁혀 가는 논지 전개 방식을 취하나 문제의 성격에 따라서는 그 반대의 방향을 취할 수도 있다. 다만, 어떠한 방식을 취하든 논리적인 일관성을 유지하고 있어야 한다.

⑮ 논증

논증은 연역적(演繹的)인 방법으로 이끌어 갈 수도 있고 귀납적인 방법으로 이끌어 갈 수도 있다. 귀납적인 방법은 증명하고자 하는 주장을 뒷받침할 만한 증거를 하나하나 제시하여 설득하는 방식이고, 연역적인 방법은 전제에 근거하여 논리적으로 추론하는 방식이다. 논문에서 가장 많이 사용하는 방법은 귀납적인 방법이다.

귀납적 증명은 검토한 자료에 대한 결론이 타당하다는 안정성이 있으나 검토하지 않은 자료에 대하여는 알 수 없다는 불완전성이 있다. 따라서 귀납적 방법을 쓰려면 가능한 한 풍부하고 다양한 논거를 되도록 많이 제시해야 하며, 논거 채택에 선입견을 배제해야 한다.

연역적 증명은 어떤 문제에 대하여 예상되는 답이나 가설이 있을 경우 그 답이나 가설이 옳다는 것을 논리적으로 추론하는 방법이다. 추론하는 과정에 따라 삼단 논법(三段論法), 가정적 추리, 선언적 추론 등이 있다. 이러한 추론은 항상 어떤 전제(前提)를 인정하고 확인된 사실과 전제를 연결시키는 것으로서, 전제가 참이고 사실이 옳다면, 사실과 전제의 관계에서 거의 완벽한 증명이 이루어진다.

예를 들어 어떤 소설 작품이 있는데 이 작품의 작자·연대를 알 수 없다고 할 때 작품의 내용을 검토하여 작품이 쓰인 시기를 추정(推定)할 수 있다. 가령, 이 작품에 조총이 등장한다고 할 때 조총은 임진왜란 이후에 우리 나라에 알려진 무기이므로 이 작품이 쓰인 상한 연대는 임진왜란이 일어난 1592년보다 앞설 수 없다는 논증이 성립할 수 있다. 이러한 증명은 연역적 추론으로서 다음과 같은 논지 전개 과정을 거친 것을 알 수 있다.

- 대전제 : 조총은 임진왜란 이후에 우리 나라에 알려졌다.
- 확인된 사실 : 이 소설에는 조총이 등장한다.
- 결론 : 그러므로 이 소설은 임진왜란 이후에 쓴 작품이다.

이처럼 어떤 문제를 해결하는 과정에서 연역적 증명 방법이 다양하게 변용(變容)되어 사용된다. 그런데 연역적 증명 방법은 전제나 확인된 사실에 오류가 있을 경우 그 증명은 무효가 된다는 점을 명심해야 한다. 따라서 전제의 타당성을 항상 점검하고 사실 확인에 만전(萬全)을 기하는 것이 중요하다.

## 4.2.3 결론

결론은 본론에서 논의한 결과를 요약하여 정리하는 부분으로 서론에서 제기한 문제에 대하여 대답하는 형식이 될 수 있다. 그 논문에서 밝혀진 가장 중요한 사실이나 결과를 제시한다. 일반적으로 본론에서 이미 제시한 소결론을 종합하여 결론으로 삼는다.

결론은 본론에서 논증된 사실이나 결과만을 제시해야 한다. 본론에서 검토하지 않은 내용은 결론에 들어갈 수 없으며 검토를 했더라도 증명이 이루어지지 않은 문제를 증명이 이루어진 것처럼 기술해서도 안 된다. 또한 본론에서 다룬 문제와 관련이 없는 내용, 주변적이거나 사소한 문제는 과감히 제거한다. 결론을 지나치게 과장(誇張)하거나 결론에서 지나치게 겸손을 보이는 것도 바람직하지 못하다.

결론에서는 그 논문에서 명확하게 해결되지 않은 미진한 문제나 보완되어야 할 사항, 그리고 앞으로 좀더 밝혀야 할 문제들을 제시할 수도 있다. 결론 부분에 추가되는 '전망(展望)'이나 '제언(提言)' 또는 '의의(意義)'와 같은 부분을 첨가하는 경우도 있는데 이는 문제의 해결이 다른 부분에 미치는 영향이나 의의 혹은 학문의 방향에 대하여 언급하는 것이다.


## 4.3 참고 자료 부분


### 4.3.1 참고문헌란

연구를 진행하는 동안 참고하거나 비판했거나 언급한 모든 연구 문헌이나 자료 문헌을 일정한 순서와 양식에 따라 논문이나 저서의 끝 부분, 즉 본문 부분이 끝난 뒤에 정리하여 배열하는 것으로 논문 작성에 필수적인 부분이다. 특히 주(註)를 필자나 저자의 이름과 출판 연도만으로 표시하는 내각주의 방식으로 작성한 경우에는 참고문헌란의 생략은 용납되지 않는다. 본문에서 언급한 문헌의 제목이나 출판 사항을 확인할 수 없기 때문이다.

참고문헌란이 중요시되는 이유는 그것이 연구의 질이나 수준을 판단할 수 있는 척도가 됨은 물론이고 꼭 참조해야 할 문헌을 참조하지 않았다면 좋은 평가를 받기 어렵기 때문이다. 따라서 참고문헌란은 성실하고 빈틈없이 작성해야 한다.

참고문헌란은 반드시 일정한 순서와 양식에 따라 작성해야 한다. 그런데 학문 분야에 따라 또는 같은 학문 분야라도 게재지에 따라 양식이 다른 경우도 있으나 가급적 양식을 통일하여 쓰는 것이 바람직하다.


### 4.3.2 부록

부록은 논문 본문에서 다루기 어려운 자료나 참고 사항 또는 도표나 연표, 긴 인용문이나 법률 조문(法律條文), 독자들이 구해 보기 어려운 자료나 사진 자료 등을 묶어서 제시하는 부분이다. 실험 연구나 조사 연구에서는 실험 도구나 통계표, 조사표나 질문지의 양식과 같은 것을 제시하기도 한다.

어느 경우이든 부록은 독자들에게 참고가 될 만큼 가치가 있는 것이어야 하고, 부록 자체의 논리적인 순서에 따라 일관성을 유지하고 있어야 한다.

### 4.3.3 색인

색인은 '찾아보기'라고도 하는데 책에서 다룬 주요 사항이나 술어를 독자들이 부분적으로 참조하거나 찾아보기 쉽게 할 목적으로 저서의 가장 끝 부분에 작성한다. 색인이 없으면 관련된 사항을 찾기가 어려워 책을 처음부터 끝까지 다 읽어야 하는 부담이 있다. 다만, 여러 사람의 논문을 모아 하나의 책으로 만든 논문집은 술어 사용의 일관성이 유지되기 어렵다는 점 때문에 색인을 붙이지 않는 경우가 있다.

저서의 경우 내용에 따라 색인을 분류하여 작성하는 경우도 있다. 그 책에서 다룬 주요 술어나 내용에 대한 주제 색인이나 일반 사항 색인 외에도 저자나 필자 색인을 따로 만드는 경우도 있다. 어느 경우나 표제어의 가나다 순 또는 알파벳 순을 따른다.

### 4.3.4 초록

초록(抄錄)은 연구의 내용이나 결과를 극도로 간추려 요약한 글로서 해당 논문의 소재 언어가 국어인 경우에는 외국어로 작성해야 한다. 초록을 흔히 영어로 작성하기 때문에 영문 초록(英文抄錄)이라고도 하는데 프랑스어나 독일어, 러시아어 등으로 작성하기도 한다. 초록의 작성은 연구의 성과를 전세계에 공표하여 공유할 수 있도록 하기 위한 것이다. 따라서 논문 본문의 소재 언어가 국어이고 다루는 내용이 러시아 문학이나 프랑스 문학이라면 초록을 각각 러시아어나 프랑스어로 작성해도 좋다.

초록의 내용은 언제 어떠한 사람이 보더라도 그 내용을 알 수 있도록 정확하게 작성해야 한다. 그리고 국어를 모르는 외국인의 경우 논문의 본문을 참조한다는 것이 거의 불가능하기 때문에 내용은 그 자체로서 자족적인 것이어야 한다.

초록을 흔히 요약(要約)이라고도 한다. 이에 따라 영문으로 된 초록을 영문 요약이라고 부르기도 한다. 관례(慣例)에 따르면 초록은 참고문헌란 다음에 두지만 학문 분야나 게재지에 따라서는 국문 제목 다음에 두기도 한다.

# 5. 인용법

　논문의 내용을 문헌 자료나 남의 글에서 빌려와 자기의 논거로 삼거나, 남이 쓴 글에 대한 비판의 자료로 삼기도 하는데 이렇게 다른 데서 어떤 내용을 빌려 오는 것을 '인용(引用)'이라고 하고, 인용된 내용이 논증의 근거가 될 때 그것을 '인증(引證)'이라고 한다.

　인용된 내용을 논거로 삼을 때 권위있는 주장이나 이론 또는 정확한 자료를 제시함으로써 필자 자신의 소론이 타당하고 정확하다는 것을 뒷받침할 수 있다. 또 여러 견해나 학설이 있다면 그것들을 비교하거나 대조해서 자신의 논리를 펼 수도 있다. 남의 글에서 문제되는 점을 가져와 비판의 자료로 삼을 경우 남의 주장이나 이론을 자기의 것과 비교하여 그 차이점을 분명히 밝혀낼 수 있다.

　이러한 인용을 할 때는 남의 글이나 자료를 정확하게 읽어서 필요한 부분을 가져오는 요령이 필요하다. 특히 남이 쓴 글의 흐름을 잘 모르면서 일부만을 가져와 마구 비판하는 일은 삼가야 한다.

　인용이 적절한 효과를 거두기 위하여는 가져 온 내용이 논거로서 충분한 가치를 가지고 있어야 하고, 그 내용이 자기 논문에서도 적절히 잘 다루어져야 한다. 인용을 잘 하면 논리 전개를 위한 약이 되지만 잘못하면 병이 된다. 특히 인용을 남발(濫發)하여 무분별하게 남의 글을 긁어모으기만 했다는 인상을 주어서는 안 된다. 자기의 논리 전개에 꼭 필요한 내용만 인용하는 전략이 필요하다.

　인용을 했을 때는 반드시 인용한 내용에 대하여 필자의 견해를 덧붙여 두어야 한다. 논문에서는 필자의 주장이 주된 것이 되고 인용한 내용은 부차적일 수밖에 없기 때문이다. 또한 남의 글이나 자료를 인용하였을 때는 반드시 그 출처(出處)를 밝혀야 한다. 그렇지 않으면 표절이나 도용의 혐의를 받을 수 있기 때문이다. 남의 논문에 인용된 것을 재차 인용할 때는 반드시 원전을 찾아 확인해 보아야 하며 재인용했다는 표시를 하여 인용 과정에서 발생할 수 있는 오류에 대비해야 한다. 그리고 그 인용에 대하여 사의를 표하는 예의를 잊지 말아야 한다.

　인용한 문장의 길이는 되도록 짧은 것이 좋다. 인용문이 길어서 인쇄한 내용이 반 페이지 이상이 되는 글은 부록으로 돌리거나 별지에 따로 <예 1>, <예 2>와 같이 독립시키는 것이 좋다.

　국어로 논문을 쓸 때 외국어(한문 포함)로 된 자료나 논문의 내용을 인용할 경우에는 인용문을 국어로 번역하여 제시하는 것이 원칙이다. 외국어로 된 원문을 함께 보이고 싶으면 국어로 번역된 인용문 뒤에 소괄호를 하고 원문을 제시한다. 국문학이나 국사학의 논문에서는 한문 원문을 각주에 제시할 수도 있다. 외국어로 된 원문을 번역하여 인용할 때에는 원칙적으로 뒤에서 언급할 간접 인용(間接引用)의 형식을 취해야 하지만 실제로는 직접 인용(直接引用)의 형식을 많이 취하고 있다.

인용은 직접 인용과 간접 인용으로 구분된다. 이러한 구분은 원전의 표현대로 인용하였는가 아니면 원전의 내용을 필자의 표현으로 바꾸어 내용 중심으로 인용하는가에 따라 달라진다.


## 5.1 직접인용

직접 인용은 원문 그대로 인용하는 것으로 다음과 같은 경우에 한다.

① 필자나 저자가 표현한 대로 옮기는 것이 절대적으로 필요한 경우
② 원문대로 옮기지 않으면 달리 해석될 수 있는 경우
③ 원문의 특수한 표현 방법을 살려야 할 경우
④ 법률 조문, 정부 시행령, 중요 포고문 등
⑤ 수학이나 과학 등의 공식
⑥ 시가나 소설의 일부를 인용할 때

직접 인용은 원자료(原資料)에 나타난 그대로를 인용해야 하기 때문에 맞춤법, 띄어쓰기, 방언, 문장 부호 등까지도 원문대로 어김없이 인용해야 한다. 본문에 오식(誤植)이나 오기(誤記)가 있을 경우 그것이 분명히 잘못인 줄 알아도 함부로 고쳐서는 안 된다. 만일 필자가 원문에 조금이라도 첨삭을 했을 때에는 반드시 그 사실을 밝혀야 한다.

직접 인용한 내용을 본문 속에 집어넣을 때에는 큰따옴표(" ")를 한다. 인쇄한 내용이 3행 이상일 때는 행을 바꾸어 다른 문단으로 잡는다. 이와 같이 직접 인용문을 본문 내용에 넣지 않고 따로 처리할 때는 본문과 인용문 사이를 위아래 한 줄(혹은 반 줄)씩 비우고 왼쪽에서 2~3자 들여 쓴다. 이 때는 큰따옴표를 하지 않는다. 이렇게 인용한 인용문을 인쇄할 때는 본문보다 행간을 좁히고 글자도 한 호수 또는 두 호수 작은 활자로 한다. 시를 인용할 때는 3행 이내이면 시의 행이 바뀌는 위치를 사선(/)으로 표시하지만 3행 이상일 때는 원시(原詩)의 행대로 인용하기도 한다. 직접 인용한 내용에 대하여는 인용문 끝에 출처를 밝히거나 각주에 밝힌다.

직접 인용을 예시와 혼동하지 않아야 한다. 둘 다 구체성을 띠는 인증이라는 공통점이 있으나 전자는 어떤 사실이나 견해를 그대로 옮겨 필자 자신의 새로운 견해를 펴는 데 동기가 있으나 예시는 자신의 논리를 일반화시켜 나가는 그 자체에 동기가 있다.

직접 인용은 원전대로 인용해야 하기 때문에 인용할 때 주의해야 한다. 가령 원문에다 어떤 부호를 덧붙이거나 원래 있었던 어떤 부호를 생략했을 경우에도 그러한 사실을 밝혀 주어야 한다. 또 인용문의 일부를 생략했을 때도 그 사실을 표시해 주어야 한다. 한 문장에서 일정한 부분을 생략할 때에는 '중략(中略)', '하략(下略)' 등으로 표시하기도 하지만 종지부 셋(…)을 찍어 생략 부호로 사용하기도 한다. 그런데 시의 한 단락이나 한 행을 생략할 때는 바로 위의 행 길이만큼을 종지부로 찍을 수도 있다.

직접 인용의 경우 원문 자체에 잘못된 글자가 있어 읽는 사람이 오해할 소지가 있을 때에는 그 글자 뒤에 [원문대로] 또는 [Sic]이라고 적어 넣어 원문과 틀림없음을 밝혀 주어야 하며 필요하면 대괄호([ ]) 속에 정확한 것으로 고쳐 넣을 수 있다. 편집자나 필자가 임의로 보삽(補揷)한 내용은 대괄호([ ])를 사용하여 표시한다. 원문의 잘못된 부분을 수정하여 인용하였으면 원문의 사실을 다시 밝혀 주어야 한다.


## 5.2 간접 인용

간접 인용은 다른 사람의 생각을 그 사람이 쓴 원문 그대로 인용하지 않고 논문 작성자의 말로 바꿔 본래의 내용을 전달하기 위하여 인용하는 방법을 말한다. 간접 인용은 보통 원문을 요약하거나 의역(意譯 ; paraphrase)하는 방법으로 이루어진다. 간접 인용도 그 결과는 내용에서 직접 인용과 같아야 하고, 우리가 인용하는 대부분이 간접 인용의 방법을 취한다는 점에서 상당한 기술과 훈련이 필요하다. 원문을 요약하거나 의역할 때 요점 파악을 잘못하거나 서툴게 한다면 분란(紛亂)이 일어날 수 있기 때문이다. 간접 인용에서는 직접 인용에서와 달리 인용 부호는 쓰지 않고 주를 달아서 그 출처를 표시한다.


## 5.3 주석 번호 다는 법

논문 본문에서 다른 사람의 글을 인용할 때 인용한 내용의 출처를 밝히거나 본문 내용에 대해 보충 설명을 할 경우 주석을 달게 된다. 그런데 이 주석을 다는 위치를 적절하게 선택하는 것이 중요하다. 내각주일 때는 참고 부분이 끝나는 위치에 괄호를 붙여 달고 주 내용을 적으면 되고 외각주일 때는 참고 부분이 끝나는 위치에서 반 행 위에 아라비아 숫자로 주석 번호를 달면 된다. 요즈음에는 컴퓨터의 문서 작성기를 이용하여 논문을 작성하게 되는데 가장 많이 이용하는 「혼글」의 경우 위치만 지정하여 입력 기능의 주석을 이용하면 자동으로 각주 번호를 달아준다. 문제는 주석 다는 위치를 지정하는 것인데 간혹 참고 부분이 시작되는 위치에 주석 번호를 다는 논문을 볼 수 있는데 현대에는 결코 용납되지 않는 방식이다.

내각주(內脚註)에서 내용주(內容註)를 달았을 때는 마지막 문장을 마치는 마침표를 닫는 괄호 밖에 치는 것이 보기에 좋다. 본문의 문장이 끝나는 위치에 주를 달 때는 주석 번호를 문장이 끝나는 표시인 마침표 뒤에 다는 것이 원칙이지만 내각주를 달 때는 본문 문장의 마침표를 닫는 괄호 뒤에 달되 괄호 안의 마침표는 생략하는 것이 좋다.

외각주의 주석 번호는 논문 전체에 걸쳐 일련 번호를 달기도 하고 인쇄된 페이지마다 달기도 하며, 긴 논문이나 저서일 때는 장(章)이나 절(節)마다 새로 주석 번호를 시작하기도 한다. 가장 일반적인 방법은 긴 논문이 아닐 경우 논문 전체에 걸쳐 일련 번호를 다는 것이 보통이다. 논문의 길이가 짧고 수식이 많이 사용되는 수학 논문이나 자연 과학 분야의 논문에서는 혼동을 피하기 위하여 인쇄된 페이지마다 주석 번호를 다는 대신 별표(*)나 단검표(†)를 주의 숫자만큼 사용하기도 하나 불편하여 잘 사용하지 않는다.

사사(謝辭)와 같이 논문 전체에 대한 주석은 논문의 맨 첫머리에 주석 번호 없이 별표(*)를 하여 달기도 한다. 주석 번호는 주석을 달 위치에 위 첨자로 달지만 1), (2), 3 등과 같이 논문집에 따라 다소 다른 방식을 취하기도 한다. 본문 내용에서 주를 언급하는 경우가 아니고 주만 다는 경우라면 '주1)'이나 '주 (2)' 또는 '주 3'과 같이 굳이 '주(註)'자를 넣지 않아도 된다.


## 6. 주석란과 참고문헌란 작성법


논거로 제시된 자료에 대하여 그 자료의 출전을 밝히는 것이 주석이고, 연구를 진행하는 동안 도움을 받았거나 비판의 대상이 되었던 자료 문헌이나 연구 문헌을 일정한 양식에 따라 정리 배열하는 것을 참고문헌란이라고 한다. 인문·사회 과학 분야의 논문과 자연과학 분야의 논문은 그 체제에서뿐만 아니라 주석란과 참고문헌란의 작성법에서도 크게 차이가 난다.

인문·사회 과학 분야라고 해서 자연 과학 분야의 체제나 주석란·참고문헌란 작성법을 취하지 않는 것이 아니고, 자연 과학 분야라고 해서 인문·사회 과학 분야의 방법을 취하지 않는 것은 아니지만, 대체로 이 두 분야에서 사용하는 방법이 크게 다르다. 인문·사회 과학 분야에서는 각주란과 참고문헌란을 구분하지만, 자연 과학 분야에서는 주석란을 따로 만들지 않고 이 둘을 합쳐 하나로 묶어 참고문헌란에서 처리하는 방법이 일반화되어 있다. 적어도 대학생이라면 전공 분야의 주석란과 참고문헌란 작성법은 교수나 선배들을 통해 알아두는 것이 좋다. 자기 전공 분야에서 간행되는 학술지의 투고 요령을 읽어 보는 것도 좋을 것이다.

## 6.1 인문·사회 과학 분야의 주석란과 참고문헌란 작성법

### 6.1.1 주석란의 성격

논문을 작성할 때 자신의 논리를 풍부하게 또는 효율적으로 전개시키기 위해 인용에 의한 인증의 방법을 쓰기도 하고, 본문의 어느 일부분에 대하여 개념을 더욱 명백히 하거나 한정시키기 위하여 보충 설명을 넣기도 하는데, 이를 위해서 흔히 주를 달게 된다. 전자의 목적으로 다는 주를 참조주(參照註), 후자의 목적으로 다는 주를 내용주(內容註)라고 부른다. 주(註)는 본래 본문에 속하지 않아 논지 전개와는 직접적인 관련이 없지만 주를 달아 줌으로써 논문 필자의 학문적인 양심을 나타내며 나아가서 독자들의 이해를 돕는 편의도 제공하게 된다. 따라서 좋은 논문을 쓰려면 주를 다는 능력을 길러야 한다.

주는 본문의 일부로 취급되지는 않더라도 주 때문에 논지 전개에 장애가 생기거나 문장의 흐름이 어색해져서는 안 된다. 어디까지나 주는 부차적인 것이기 때문에 본문에서 인용된 내용의 출처를 밝히거나 본문 내용에 보충 설명하는 역할만을 한다. 독자에게 참고할 만한 내용을 더 제시하고 싶지만 논문 본문에서 다루면 논리 전개에 단절이 생기고 혼란이 일어날 염려가 있을 때 그 내용을 주에서 처리하게 되므로 될 수 있는 한 간결하게 작성해야 한다.

예로부터 주를 다는 방식은 몇 가지가 있었다. 본문 안의 해당 부분에 붙여 본문의 활자보다 작은 크기로 끼워 넣은 협주(夾註) 또는 세주(細註)가 쓰이기도 하였고, 본문 밖에(板本에서는 板匡 밖에) 주를 다는 난외주(欄外註)가 쓰이기도 하였다. 이러한 방식들이 현대에까지 이어져 오면서 본문 안의 해당 부분 뒤에 괄호를 하고 출처 표시나 보충 설명을 하는 협주(夾註 또는 내각주)를 달기도 하지만, 해당 면의 본문 밑에다가 일정한 순서로 각주(또는 외각주)

를 다는 방식이 현재도 많이 쓰이고 있다. 비교적 짧은 형식의 자연 과학 분야 논문 중에는 내각주의 형식을 취하면서 주들을 묶어 참고문헌란으로 대치시키는 방식을 택하기도 한다. 그러나 아직은 참고문헌란과는 별도로 해당 면의 본문 밑에다 각주를 배열하는 방식이 많이 쓰이고 있다. 각주 외에도 논문의 각 장 뒤나 논문 전체의 뒤에 주를 순서대로 몰아 다는 후주(後註)도 있으나 읽는 데는 번거로움이 있다는 단점이 있다.

㉮ 외각주(外脚註) 작성법

본문 밑에 각주를 다는 외각주의 형식을 취할 때는 그 주들이 인용 문헌의 출처를 밝히는 것이든 보충 설명을 하는 것이든 본문의 해당 내용 부분 끝에 주석 번호를 달고 그 주석 번호의 순서대로 일련 번호를 매기면서 작성한다. 요즈음에는 컴퓨터를 이용하여 문서 편집기로 논문을 작성함으로써 위치만 지정해 주면 주 처리가 기계적으로 이루어지지 때문에 편리해졌다.

인용 문헌의 출처를 밝히는 주는 그 자체의 특이한 형식을 취한다. 학문 분야나 학술지 등에 따라 얼마간 형식상의 차이가 있을 수 있으나 대체로 다음과 같이 참고문헌의 서지 사항(書誌事項)에 간행 연도 및 인용된 면 수를 제시하는 방식이 일반적이다.

필자명(저자명), 논저명, 서지 사항, 출간 연도, 인용 면수.

괄호를 할 때에는 괄호 앞에 문장 부호를 사용하지 않는 것이 원칙이다. 논저명은 논문일 경우 큰따옴표(" ")로 에우고, 책일 경우 알파벳으로 적히는 서양서는 이탤릭체로 하지만 국내 서적류는 이태릭체로 하지 않는다. 간혹 낫표(「 」)나 겹낫표(『 』)를 하여 저서라는 것을 나타내기도 하지만 논문 본문 안에서 저서임을 표시하는 경우 외에는 이 표시를 하지 않는 경우가 많다. 위 사항 중에서 밝혀지지 않은 내용은 생략할 수 있다. 저자나 필자가 세 사람 이상일 때는 첫 번째 사람 이름만 쓰고 그 뒤에 '외 몇 명'이나 'et al.(=et alii)' 또는 'and others'를 쓴다. 어떤 방식으로 하든 마지막에는 마침표를 한다.

주석에서는 참고문헌란 작성법에 인용 면 수가 더 있다는 점 외에도 구문으로 된 경우에는 국어에서와는 달리 필자명이 이름과 성(性)의 순서로 바뀐다는 점이 크게 차이난다. 인용 면 수 표시는 단수 면일 때는 p.4(또는 4면)과 같이 표시하고, 복수 면일 때는 pp.4~6(또는 4~6면)과 같이 표시한다. 다음의 몇 예를 보자.

① 김철준, 한국문화전통론, 서울 : 세종대왕기념사업회, 1983, pp.5~12.
② 李基白, "韓國史의 普遍性과 特殊性," 梨花史學硏究, 제6·7合輯, 1973, pp.31~35.
③ 김완진 외, "국어학 연구의 방향정립을 위한 기초적 연구," 관악어문연구 4, 1979, pp.307~399.
④ 최태영 외, 한국어문학논고, 서울 : 태학사, 1997, pp.56~60.
⑤ Rudolph H. Weingartner, "Historical Explanation," The Encyclopedia of Philosophy, Vol. 4, ed. by P. Edwards, New York : MacMillian Publishing Co., 1967, pp.103~112.


　위와 같은 각주는 필요한 모든 서지 사항이 다 들어 있다고 해서 완전 주석(完全註釋)이라고 부르기도 한다. 하나의 각주 번호 안에 둘 이상의 참고 논저가 표시되어야 할 경우에는 둘째 또는 셋째의 논저라도 행을 새로이 하지 않고 첫째의 논저에 연속시킨다. 이 때 각 논저는 반점(;)으로 구분하고 맨 끝에만 마침표를 찍는다.

　동일한 논저가 주로서 계속 인용될 경우에는 두 번째 이후부터는 그 전체를 다시 쓰는 완전 주석 대신 약식 부호(略式符號)들을 사용하여 간략히 하는 약식 주석(略式註釋)을 취한다. 대표적으로 사용되는 약식 부호는 다음과 같다.

· Ibid.(상게서(上揭書), 상게 논문(上揭論文), 상게 조문(上揭條文) 등이라는 뜻) : 바로 위에서 완전하게 주(註로) 소개한 같은 문헌을 바로 이어서 인용하면서 인용 면 수만 달리하는 경우에 쓰인다. 이 Ibid. 대신에 '상게서(저서인 경우), 상게논문(논문인 경우)'이나 '위 책, 위 글' 또는 '위의 책, 위의 글'이라고 쓰기도 한다.

· Op. cit.(전게서(前揭書), 전게 논문(前揭論文), 전게 조문(前揭條文) 등이라는 뜻) : 바로 위에서가 아니라 그 앞의 어디에선가 인용했던 문헌을 다시 인용하는 경우에는 주(註)를 완전 주석으로 작성하지 않고 저자명 또는 필자명 다음에 이 부호를 적고 해당 인용 면을 적어 약식으로 작성한다. 이 Op. cit. 대신에 '전게서, 전게 논문'이나 '앞 책, 앞 글' 또는 는 '앞의 책, 앞의 글' 등으로 쓸 수도 있다.

· Loc. cit.(상게문(上揭文)이라는 뜻) : 한 번 인용했던 것을 바로 다음에 완전히 반복해서 인용하여 쓸 경우에 쓴다. 따라서 실제로는 좀처럼 쓰이지 않는다.


이들 약식 부호를 사용한 주들을 예로 보이면 다음과 같다.


① 김완진 외, "국어학 연구의 방향정립을 위한 기초적 연구," 관악어문연구 4, 1979, pp.307~399.
② 이기문, 전정판 국어사개설, 서울 : 태학사, 1998, p.186.
③ 이희승, 국어학개설, 서울 : 민중서관, 1955, p.369.

④ 이에 대한 자세한 논의는 이숭녕 "세종의 언어정책에 관한 연구," 아세아연구 1·2, 1958을 참조할
  것.
⑤ Ibid., p. 104.
⑥ 이희승, Op. cit., pp.372~376.
⑦ 이병근, "주시경," 국어연구의 발자취(I)(김완진·안병희·이병근), 서울대학교 출판부, 1985, pp.15~
  24.

㉻ 내각주(內脚註) 작성법

외각주(外脚註)와 약식주(略式註)의 방식이 오래 쓰여 왔으나 여기에는 몇 가지 불편한 점
들이 있다. 보충 설명을 하는 내용주 이외의 인용 문헌의 출전 표시만을 위한 주를 외각주로
처리하는 것은 읽는 데 큰 불편을 줄 뿐만 아니라 약식 부호들을 사용함으로써 필자의 여러
문헌들을 반복해서 인용할 경우에는 약식 부호의 방식이 거의 불가능하게 된다. 이러한 불편
을 피하기 위한 방식으로 내각주의 방식이 최근 꽤 많이 이용되고 있다. 내각주(內脚註)를 취
하는 정신은 기본적으로 전통적인 방식과 다를 바 없다. 즉 내각주는 본문 속의 해당 부분에
서 인용하는 방식의 주다. 주로 간접 인용이나 극도로 압축된 요지를 제시하면서 그 출전을
해당 부분에다 아예 밝히는 방식이다. 그렇게 되면 보충 설명의 주가 아닐 때 인용문이나 참
조한 부분의 출처를 굳이 각주란에다 밝히지 않아도 되기 때문에 지극히 간편한 체제가 되고
읽는데도 편리하게 된다. 예컨대, 다음과 같은 방식으로 작성한다.

> 품사 분류에는 원칙으로 자의적 범주와 기능적 범주가 이용된다(이희승 1955 : 369).
> 언어 기호가 자의적이라 함은 이미 Saussure(1916:100~105)에서 지적된 바 있다.
> 광양만의 해조류에 관한 조사는 독자적으로 수행된 것이 없고 상기 Kang(1966)의 본문에서 채집지
> 가 여수 오동도 등지로 기술된 것과 Noda(1966)가 중국 북동부 및 한국 해조류를 보고하면서 여수산으
> 로 지적한 것이 조금 있을 뿐이다.

위와 같은 내각주 방식에서 괄호 속에 연대를 넣는 것은, 해당 저자 또는 필자의 저서나 논
문이 간행된 연도로서 해당 문헌을 대치시킨 것이다. 동일한 논저자의 문헌을 여럿 인용하는
경우에 약식 부호로는 불가능하지만 위의 내각주 방식을 따르면 Kang(1966), Kang(1968) 등으
로 표시할 수 있다. 만일 같은 해에 나온 두 편 이상의 논저를 인용할 경우에는 이기문
(1972a), 이기문(1972b) 등으로 구분해서 표시할 수 있다.

저자명 또는 필자명과 간행 연도로, 그리고 필요한 경우에는 인용 면 수로 표시하면서 본
문 안에서 주로 처리하는 내각주의 체재에서는 자연히 참고문헌란에서도 이에 맞추어 저자명

다음에 간행 연도를 괄호 속에 넣어 줌으로써 읽을 때의 편의를 도모할 수 있어 최근에는 이 방식을 가장 많이 사용하고 있다. 요즈음에는 최근의 논문이나 저서에 최신 이론이나 자료를 포함하고 있기 때문에 저자명 다음에 간행 연도를 표시하는 방법이 강조되기도 한다. 다음의 예는 본문의 주를 내각주로 했을 때의 참고 문헌 방식이다.

> 김완진 외(1979), "국어학 연구의 방향 정립을 위한 기초적 연구," 관악어문연구 4, 서울대학교 국어국문학과.
> 이기문(1972a), 개정 국어사 개설, 서울 : 민중서관.
> 이기문(1972b), 국어 음운사 연구, 서울 : 한국문화연구소.
> 이희승(1955), 국어학개설, 서울 : 민중서관.
> Chomsky, Noam and Morris, Halle(1968), *The Sound Pattern of English*, New York : Harper & Row.
> Martinet, André(1955), *Économi des Chagements Phonétiques*, Berne : Éditions A. Francke S. A.
> Ramstedt, G. J.(1928), "Remarks on the Korean Language," Mémoires de la Société Finno-Ourrinenne 58.
> Trubetzkoy, N. S.(1939), *Grunddzüge der Phonologie*, Götingen : Vandenhoeck 1967.

내각주를 작성할 때 주의할 점은 그것이 저서나 필자를 나타내는 것이 아니라 그 인용 문헌을 가리킨다는 사실이며, 이 때 제시하는 그 문헌의 저자나 필자를 구문으로 적어야 할 경우 흔히 이름은 생략하고 그 성(姓)만으로 나타낸다. 예컨대 참고문헌란 속의,

> Chomsky, Noam and Morris, Halle(1968), *The Sound Pattern of English*, New York : Harper & Row.

를 내각주로 처리할 경우에는 다음과 같이 한다.

> Chomsky & Halle(1968:3-4)에서는 '문법'의 개념을 다음과 같이 제시하였는데……
> Chomsky & Halle(1968)는 생성음운론의 기초를 마련해 주었는 바, ……

## 6.1.2 참고문헌란(參考文獻欄) 작성법

논문이나 저서를 쓸 때 참고한 자료들을 논문이나 저서의 본문 다음, 즉 결론 다음에 넣는 것이 참고문헌란(Bibliography 또는 Reference)이다. 여기에서는 참고한 논문, 저서, 기사, 자료집 등의 문헌들을 일정한 양식으로 작성한다.

참고문헌란에 들어가는 논저들은 자료 채취(資料採取)의 대상이 되었던 문헌은 물론이고

이론적인 참고 논저들과 비판의 대상이 되었던 논저 등이기 때문에, 주에는 동일한 논저가 반복될 수도 있으나 참고 문헌으로는 단 한 번의 제시로써 충분하다.

참고문헌란에 나열되는 논저들에는 그에 관계되는 서지 사항들이 빠짐없이 다 들어가야 한다. 서지 사항은 표제지의 기록에 의하는 것이 좋다. 간혹 부제를 기록하지 않는 경우가 있는데 빠뜨리지 않도록 함은 물론이고, 일정한 순서로 배열한다. 참고 문헌을 작성할 때 다음과 같이 서지 사항을 다 적은 다음 마침표를 마지막에 한 번 찍기도 하고, 저자명 다음과 저서명 또는 논문명 다음 그리고 서지 사항 마지막 등 세 번을 찍기도 한다.

저서의 참고문헌란 작성법은 다음과 같다.

    저자명, 저서명, 판수 ; 출판지명 : 출판사명, 출판연도.(본문의 주석을 외각주로 처리했을 경우)
    저자명(출판연도), 저서명, 판수 ; 출판지명 : 출판사명.(본문의 주석을 내각주로 처리했을 경우)

저자가 복수(複數[共著])일 때는 그 저서에 나열되어 있는 이름의 순서대로 다 밝히되 그 사이에 가운뎃점(·)을 한다. 해당 저서가 초판이 아닐 경우에는 반드시 판수를 기록해야 한다. 하나의 논저가 2행 이상 계속될 경우 둘째 행부터는 왼쪽에서부터 넉 자를 들여서 기록한다.

    이기문, 국어사개설(개정판), 서울 : 민중서관, 1972.
    김하태·한태동·지종식, 종교와 기독교, 서울 : 연세대학교 출판부, 1965.
    정병욱 편, 시조문학사전, 서울 : 신구문화사, 1968.
    魯 迅, 阿Q正傳, 서울 : 정연구사, 1963.
    이가원 역, 魯 迅, 阿Q正傳, 서울 : 정연구사, 1963.
    ○○대학교 국어교재편찬위원회 편, 실용국어, 서울 : 소명출판, 2000.

논문이나 논문에 준하는 것들은, 학문 분야에 따라 다소 차이를 보이나 다음과 같은 방법으로 작성한다(자연과학계의 일부 분야에서는 이와 다르다).

    필자명, "논문명," 게재지명, 권·호수, 출판지 : 출판사, 출판연도.(본문의 주석을 외각주로 처리했을 경우)
    필자명(출판연도), "논문명," 게재지명, 권·호수, 출판지 : 출판사.(본문의 주석을 내각주로 처리했을 경우)

논문의 경우에도 기본적으로 저서의 경우와 같다. 다만, 논문명은 저서명과는 달리 큰따옴표(" ") 안에 넣는 것이 원칙이다. 이 때 주의할 것은 논문명 뒤의 쉼표가 따옴표 안에 들어간다는 점이다. 게재지명은 일종의 저서와 같이 취급하여 구문의 경우 이태릭체로 적는다. 권수와 호수는 '제4권, 제2호'와 같이 쓸 때는 게재지명과 권·호수 사이에 쉼표를 넣고, '4.3'과 같이 적을 때는 쉼표를 넣지 않는다. 면 수를 기록할 때는 출판 연도 뒤에 쉼표를 하고 수록 면 수를 적는다(예 : 1989, pp.15~42. 혹은 1989, 15~42.). 게재지가 학회 논문집인 경우에는 '출판지 : 출판사' 대신 '학회 이름'을 넣으면 된다.

민현구, "익제 이제현의 정치활동 : 공민왕대를 중심으로," 진단학보, 제51집, 진단학회, 1981.
김완진·이병근·고영근·안병희·이익섭, "국어학 연구의 방향정립을 위한 기초적 연구," 관악어문연구 4, 서울대학교 국어국문학과, 1979.
김완진 외 4명, "국어학 연구의 방향정립을 위한 기초적 연구," 관악어문연구 4, 서울대학교 국어국문학과, 1979.
장덕순, "민담의 세계," 이숭녕박사 송수기념논총, 서울 : 을유문화사, 1968.
진홍섭, "삼국시대 고구려 미술이 백제·신라에 끼친 영향에 관한 연구," 이화여자대학교 대학원 박사학위논문, 1974.
김방한, "한국의 언어학," 월간중앙, 1976년 6월호.

기타 논설, 기사, 사전 항목, 작품 등의 경우에도 대체로 위의 방식에 따른다.

주상호, "국문론," 독닙신문, 2권 47·8호, 1897. 4. 22~23 및 2권 114·5호, 1897. 9. 25~26.
한석진, "국리민복의 전도," 대한민보, 제 112·3호, 1909. 10. 27~28.
이상백, "이성계파의 전제 개혁운동과 그 실적," 이조 건국의 연구, 서울 : 을유문화사, 1958, pp.181~227.
조동일, "웃음," 한국 민족문화 대백과사전 13, 1986, pp.49~58.
노수현, "신록(1920년대)," 심산 노수현 화집, 서울 : 동아일보사, 1974.

구문(歐文)으로 된 참고 논저의 경우도 국문의 경우와 대체로 같다. 다만, 구문으로 된 논저자일 때는 주석의 경우와 달리 성과 이름의 순서로 기록하고 그 사이에 쉼표(,)를 한다. 그러나 저자가 두 사람 이상일 경우에는 처음 사람만 성과 이름의 순서로 적고 그 다음부터는 각주에서와 같이 이름과 성의 순서로 적는다. 예컨대 주석의 경우에는 'Noam, Chomsky and Morris, Halle'와 같이 적는 데 비해 참고문헌란에서는 'Chomsky, Noam and Morris, Halle'와 같이 적는다. 논저명도 표제지에 있는 대로 기록하고 부제는 주제목 뒤에 쌍점(:)을 하고 적으면 되나 저서 이름은 이태릭체로 적는다.

Chomsky, Noam, *The Sound Pattern of English*, New York : Harper & Row, 1966.

Colerdge, Samuel T., *The Poems*, London : Oxford University Press, 1959.

De Saussure, Ferdinand de, *A Course in General Linguistics*, ed., by Charles Bally & Albert Sechehaye, tr. by Wade Baskin, Glasgow : Fontana / Collins, 1974.

Foder, Jerry A., Thomas G. Bever & Merril F. Garret, *The Psychology of Language* : An Introduction to Psycholinguistics and Generative Grammar, New York : McGraw-Hill, 1974.

Forster Kenneth I., "The Role of Semantic Hypotheses in Sentence Processing," Problémes Actuels en Psycholinguistique, ed. by F. Bresson & J. Mehler, Paris : Editions du CNRS, 1974.

Glanzer, Marry & Anita R. Cunitz, "Two Storage Mechanisms in Free Recall," Journal of Verbal Learning and Verbal Behavior 5.

Green, Georgia, "Review of 'Abstract Syntax and Latin Complementation' by Robin Lakoff(1968)," Language 46, 1968.

Lyons John ed., *New Horizons in Linguistics*, Harmondsworth : Penguin, 1970.

Marchand, Hans, *The Categories and Types of Present-day English Word-Fromation*, 2nd ed. ; München : C. H. Beck'sche, 1969.

그런데 앞에서도 언급했듯이 논문 본문에서 내각주(內脚註) 형식으로 인용의 출처를 밝혔을 때의 참고문헌란은 간행 연도를 필자명 또는 저자명 다음에 괄호 속에 표시한다. 이 방법이 최근에 가장 일반적이고 널리 쓰이는 형식이다.

참고문헌란 전체의 구성은 우선 국문으로 된 것들을 필자나 저자의 가나다순으로 배열하고 동일한 필자나 저자의 논저가 여럿일 때는 간행 연도순으로 배열하며, 국문 논저(國文論著)들에 이어서 한문 논저(漢文論著)나 일문 논저(日文論著), 구문 논저(歐文論著)들을 같은 요령으로 자모 배열 순서에 따라 배열한다.

김완진(1970), "문접속의 '와'와 구접속의 '와'," 어학연구 6. 2, 서울대학교 어학연구소.

남기심·고영근(1993), 표준국어문법론, 개정판, 서울 : 탑출판사.

이희승(1955), 국어학개설, 서울 : 민중서관.

최현배(1961), 우리말본, 서울 : 정음사.

허 웅(1966), "서기 15세기 국어를 대상으로 한 조어법의 서술방법과 몇 가지 문제점," 동아문화 6집, 서울 : 동아문화연구소.

小倉進平(1944), 朝鮮語方言の硏究, 東京 : 岩波書店.

Chomsky, N. and M. Halle(1968), *The Sound Pattern of English*, New York : Harper & Row.

Martinet, A.(1961), *Functional View of Language*, London : Oxford University Press.

__________(1972), "Cas ou fonctions? a propose de particle 'The Case for Case' de Charles J. Fillmore," La

Linguistique 8.

Quine, W. van Orman(1960), *Word and Object*, Cambridge, Mass. : M. I. T. Press.


　동일한 필자나 저자의 논저가 여럿일 때는 두 번째 이하의 것은 이름을 쓰지 않고 가운뎃줄만으로 대신하기도 한다. 논문 제목 안에 다른 논문 제목이 들어갈 때는 작은 따옴표(' ')를 한다.


## 6.2 자연 과학 분야의 주석란과 참고문헌란 작성법


　자연 과학 계통의 일부 분야 중에는 이상과 같은 인문·사회 분야의 논문 작성 형식을 따르지 않는 경우가 있다. 즉 논문명을 생략하는 대신에 그 논문 게재지 권·호수를 굵은 활자체로 하는 방식을 취하고 페이지와 간행 연도의 순서가 바뀌기도 한다. 이 때 페이지 표시는 해당 논문의 첫째 페이지(starting page)만을 취한다. 저서의 경우에는 구문의 원래 순서대로 출판사명이 출판지명 앞에 놓이게 된다.

　자연 과학 논문들은 일반적으로 참고문헌란 전체의 구성에 있어서도 차이가 난다. 즉 주를 따로 처리하지 않고 주에 해당하는 참고문헌들을 인용한 순서대로 일련 번호를 붙여 배열하기 때문에 필자·저자 중심의 가나다 순이나 알파벳 순도 무시하게 되고 국문과 구문 등의 구별도 불필요하게 된다.

　자연 과학 분야의 참고문헌란을 몇 논문에서 가져와 예를 든다.


[물리학]

1) D.D. Carmony, A.H. Rosenfeld, R.T. Vandewalle, Phys. Rev. Letters 8, 117(1962) C. Afff, D. Berley, D. Colley, N. Gelfand, U. Navenberg, D. Miller, J. Schultz, J. Steinberger, T. Han, H. Burgger, P. Kramer, R. Plano, Phys. Rev. Letters 9, 322(1962).

2) J. Kim, Nevis Repart 170, Columbia Univ.(unpublished).

3) C. Baltay, *et al.*, Phys. Rev. Letters 19, 1945(1967).

4) J. Kim *et al.*, Bull. Am. Phys. Soc. 13, 16(1968).

5) Berkely-Columbia-Purdue-Wisconsin-Yale collaboration, Phys. Rev. 149, 1044(1966).


[화 학]

1) See, for example,

(a) D.A. Long, "Raman Spectroscopy," McGraw-Hill, New York, 1977.

(b) S.K. Freeman, "Applications of Laser Raman Spectroscopy," Wiley-Interscience, New York, 1974.

(c) H.A. Szymanski, edit., "Raman Spectroscopy. Theory and Practice," Plenum Press, New York, 1967.

(d) J.G. Grasselli, M.K. Snavely and B.J. Bulkin, *Phys. Reports*, **65**(4), 231(1980).

2) N. Furuya, A. Matsuyuki, S. Higuchi and S. Tanaka, *Water Res.*, **13**, 371(1979).

3) K.M. Cunningham, M.C. Goldberg and E.R. Weiner, *Anal. Chem.*, **49**(1), 70(1977).

4) See for recent reviews,

(a) M.D. Morris and D.J. Wallan, *Anal. Chem.*, **51**(2), 182A(1979).

(b) D.J. Gardiner, *Anal. Chem.*, **52** 96R(1980).

5) C.W. Tsai and M.D. Morris, *Anal. Chem.*, Acta, **76**, 193(1975).


[이공계]

1) Bitsianes, G. and Joseph, T.L. : *Journal of Metals, Transactions*, Section 7(1955) 639.

2) 안영필 :『경북대학교 논문집』 제Ⅲ집(1958) 277.

3) Meyer, H.H. : *Mitt K-W-I. Eisenforsch.* 10(1928) 107.

4) Goetzel, C.G. : *Treatise on Powder Metallurgy.* Vol. 1, 1949, P.503.


[의학계]

1) Lauro de Souza Limma : *Immerio-Biologic Anomalies in Leprosy Internat.* J. Leprosy. 16:9, 1948.

2) Schujman, S. : *The Value in Lepromin Reaction in the Clinical Forms, Interant,* J. Leprosy. 21:1, 1953.

3) 이윤재 : "나병의 병리조직학적 고찰,"『대한피회지』 1:39, 1960.

4) 서성탁 : "외래 나환자의 임상적 고찰",『대한피회지』 1:19, 1960.

5) 유 준 :『나병』, 서울 연세대학교 출판부, 1962.


[약학계]

1) 윤두석,『국방부 과학기술연구소보고』 4, 73(1959).

2) Kim, H.R., Shim, M.J., Kim, J.W., Kim, H.W., Lee, C.O., Choi, E.C. and Kim, B.K., *Kor. J. Pharmacogn.* **15**, 61(1984).

3) 이정옥, 김형수, 최응칠, 김병각,『한국생약회지』 **17**, 32(1986).

4) Kim, J.H., Kim, H.W., Kim, J.W., Choi, E.C. and Kim, B.K., J. Kor., *Cander Res. Assoc.* **17**, 205(1985).

5) Kim, Y.J., Lee, C.C., Shim, M.J., Kim S.W., Choi, E.C. and Kim, B.K., *Kor. J. Mycol.* **12**, 35(1984).


한 가지 주의할 점은 자연 과학 분야에서 간행되는 모든 학술지에서 요구하는 형식이 위와 똑같은 것은 아니라는 것이다. 학문 영역마다 그리고 학술지마다 많은 차이가 있어 그 기준에 맞추어야 한다. 학술지와 학문 영역마다 요구하는 투고 규정이나 투고 요령을 참고하는 것이 필요하다.

# 7. 과학 논문 작성법

'과학 논문은 예술 작품과 마찬가지로 영원히 남는 과학자의 작품'이라고 한다.(沈鳳燮 著, 『과학논문 작성법』에서). 심혈을 기울여 세기적인 연구를 성취하였다고 하여도 그것이 논문으로 발표되지 않으면 단순히 그 개인의 지적 욕망의 충족에 지나지 않고 인류에게는 아무런 의미도 없다. 연구의 결과는 활자화되어 세상에 공표되었을 때 비로소 의의가 있는 것이다.

과학 논문의 작성법에는 어떤 일정한 규식(規式)이 있는 것이 아니다. 다른 어떤 논문과 마찬가지로 그 연구의 목적·방법·결과 그리고 그 결과의 해석을 논리적으로 명확하게 기술하면 된다. 문제는 그 저자가 행한 연구의 내용과 의의를 제3자가 정확하게 이해할 수 있도록 어떻게 문장으로 꾸미느냐 하는 것이다.

그러나 논문은 그 분야의 전문 학술지를 통하여 발표되는 것이고, 각 학술지는 제각기 일정한 양식[投稿規定]을 정해 놓고 있으므로 발표하려는 학술지의 종류에 따라 논문의 체제도 조금씩 달라질 수 있다. 따라서 발표 예정 학술지의 투고 규정과 또 거기에 게재된 논문들의 체제를 미리 살펴 둘 필요가 있다.

과학 논문이라고는 하지만 학부 4학년생들의 졸업 논문은 대개의 경우 논문의 습작이라고 할 단계의 것이어서 전문 학술지에 게재할 정도에까지는 미치지 못하는 것이 보통이다. 다만 자신의 실험 결과를 과학 논문의 형식으로 기술해 봄으로써 논문 작성의 훈련 과정으로 삼는 데 의의가 있다고 할 것이다.

따라서 여기에서는 가장 일반적이라고 생각하는 논문의 체제를 살펴보기로 한다.

과학 논문이 인문·사회계의 논문과 다른 점은 실험의 결과를 바탕으로 하여 작성된다는 점에 있다. 물론 과학 논문 가운데서도 실험의 뒷받침 없이 순전히 이론만으로 구성된 것들도 있으나 실험적 근거를 가지고 논술된 것이 대부분이므로 여기에서도 실험 과학 논문을 위주로 서술하기로 한다.

먼저, 논문의 서두는 서론으로 시작되는 것이 보통이다. 이 서론에서는 그 연구의 목적 또는 의의가 서술된다. 연구의 목적이나 의의는 대개의 경우 이미 발표된 논문들을 폭넓게 섭렵함으로써 형성되는 것이므로 연구 목적의 근거가 되는 선인들의 연구 결과가 간략하게 소개된다. 말하자면 그 연구와 밀접한 관련성이 있는 연구사의 소개라고 할 수 있다. 그리고 여기서 인용된 연구 결과는 말미의 인용 문헌에서 열거된다. 이와 같이 연구의 간단한 배경 설명과 연구의 목적, 또는 의의를 되도록 간략하게 기록하는 것이 서론이다.

다음에는 연구 방법을 기술한다. 자연 과학은 객관성이 그 생명이다. 누가 언제 어떤 곳에서 해 보아도 같은 결과가 나올 수 있는 것이라야만 과학적 사실이라고 할 수 있다. 그러나 행하는 방법이 다르면 전혀 다른 결과가 나올 수 있고 또 잘못된 방법으로 얻은 결과는 무의미하므로 연구 방법은 상세히 기술할 필요가 있다. 어떤 조건에서 어떻게 처리하고 무엇으로 어떻게 측정하였으며 또 몇 번을 되풀이하였는가를 순서대로 구체적으로 기술하여야 한다. 그러나 과학 논문은 되도록 간결해야 하기 때문에 이미 널리 알려진 방법이라면 간단히 누구의 방법, 또는 무슨 방법 등으로만 기술하고 그 방법이 상세히 기술되어 있는 문헌을 밝혀 두기만 해도 족하다. 이렇게 하면 논문은 짧아지고 간략하게 되기는 하지만, 우리 나라에서는 외국의 수많은 학술지들을 손쉽게 구해 볼 수 없는 경우가 많으므로 독자의 편의를 위해서 그 방법을 구체적으로 기술해 두는 것이 낫다는 의견도 많다. 연구 방법란에는 연구에 사용한 재료도 같이 기술해 둔다.

셋째는 결과의 기술이다. 위의 재료와 방법으로 관찰·측정 또는 조사한 결과를 필요한 것만 정선하여 서술한다. 관측치나 측정치는 표로 만들어 나타내거나 그래프로 그려 나타낸다.

일반적으로 측정치 하나하나가 문제될 경우는 표로 나타내는 것이 보통이지만, 개개의 수치가 크게 문제되는 것이 아니고 전체적인 경향성, 예컨대 시간에 따른 변화의 모습 따위가 관심의 주대상이 될 때는 시각적인 효과가 큰 그래프를 택하는 것이 좋다. 수많은 측정치를 표로 나타내고 이것을 다시 그래프로 나타낸 논문들을 흔히 보지만 대개의 경우 두 가지를 다 실을 필요는 없다. 이 측정치를 표시할 때는 유효 숫자, 평균치, 표준 편차 등에 대하여 고려해야 하는 것은 말할 것도 없다. 측정치를 표나 그래프로 나타내고 또 문장으로 일일이 서술하는 것은 피해야 한다. 대체적인 경향성이나 대표치에 대해서만 요령 있게 서술하고 특히 주목할 만한 수치들에 대하여만 언급하면 족하다.

결과 다음에는 고찰 항인데 이 항은 '결과 및 고찰'이라고 하여 합치는 경우도 많다. 이 항에서는 결과의 해석을 서술하는 것인데 실험 결과에서 도출된 결론도 여기에 포함된다. 주의해야 할 점은 논리의 비약을 피해야 한다는 것이다. 얻은 결과를 과대 해석하거나 지나친 주관의 개입으로 결론을 비약시키는 일도 피해야 한다. 어디까지나 겸손하게 결과에서 추출할 수 있는 최소한의 결과만을 논리 정연하게 서술하여야 한다.

이 고찰의 항에서는 자신의 결과와 다른 사람들의 유사한 실험 결과를 비교 검토하여 차이점이 있으면 그 이유를 밝히고 설명하여야 한다. 장기간의 노력의 결실로 얻은 실험 결과는 이 고찰 항에서 그 가치가 나타나기도 하고 남의 주목을 끌지 못한 채 묻혀 버리기도 한다. 실험을 한 당사자보다 그 실험 결과를 더 면밀히 검토하는 사람은 없다. 따라서 본인이 그 결과가 의미하는 바를 파악하지 못하면 그 결과는 아무런 평가도 받지 못한 채 매장되어 버린다. 과학자의 두뇌의 명석함이나 주의력, 추리력의 우열은 여기서 나타난다.

고찰이 끝나면 인용 문헌의 난인데 여기에는 이제까지 소개된 논문들이 수록된다. 이 인용 문헌의 표시 방법은 여러 가지가 있으나 대체로 저자명, 논문의 발표 연도(이 연도는 그 학술지의 발행 연도다), 제목, 학술지 이름, 권·호수, 페이지의 순서로 된다. 이 표시 방법은 실제로 논문 몇 편을 훑어보면 쉽게 알 수 있다.

단행본이 인용되었을 때는 출판사 이름까지 적는 것이 좋다. 논문이건 단행본이건 본문에서 인용 안 된 것을 나열할 필요가 없는 것은 물론이고, 본문에 인용된 것은 빠짐없이 수록해야 한다.

끝으로 요약을 만든다. 그 논문의 내용을 간추려서 간단하게 요점만을 적는 것이다. 어떤 목적으로 어떤 측정을 하여 거기서 얻은 결과로부터 어떤 결론을 얻었다는 내용을 기술하는 것인데 그 분량은 논문의 내용에 따라 다르겠으나 대개 본문 분량의 1할을 넘지 않는다.

이상에서 과학 논문 작성법에 대한 일반론을 서술하였다. 무엇보다 중요한 일은 각자가 전문 학술지에 게재된 여러 가지 논문들을 읽어보아야 한다는 점이다. 그리고 논문 작성에 필요한 최소한의 내용만 간략하게 기술하고 논문의 분량·매수에는 구애받지 말아야 한다. 긴 논문이 반드시 좋은 논문은 아니다. 노벨상을 받은 와트슨의 DNA의 이중나선구조(二重螺旋構造)에 관한 논문은 약 9백 단어에 불과한 것이었다.


**[연구문제]**

1. 자기 전공분야와 학술논문을 세편 이상 찾아 읽고 논문의 형식 체재에 대하여 토론해 보자.
2. 자기 전공분야와 관련된 석사학위 논문을 세 편 이상 찾아 읽고 논문의 형식체제에 대하여 비판해 보라.
3. 학술지에 게재된 논문의 주석란과 참고문헌란 작성법과 학위논문의 주석란과 참고문헌란 작성법에 대하여 비판해 보고 대안을 찾아보라.

《참 고 문 헌》

고려대학교 출판부(1978). 『논문작성법』(인문·사회계). 고려대학교 출판부.

국립국어연구원(1992). 『국어 순화 자료집』. 국립국어연구원.

국립국어연구원(1992). 『표준 화법 해설』. 국립국어연구원.

국립국어연구원(1993). 『국어 순화 자료집』. 국립국어연구원.

국립국어연구원(1995). 『기본 외래어 용례집』. 국립국어연구원.

국립국어연구원(1999). 『국어 순화 자료집』. 국립국어연구원.

국어교재편찬위원회(2000). 『실용국어』. 세명대학교 국어교재편찬위원회.

기주연(2001). 『한글 맞춤법 안내』. 도서출판 박이정.

김봉군 외 3인(1999). 『작문의 원리와 실제』. 새문사.

김봉군(1987). 『증보판 문장 기술론』. 삼영사.

문화체육부(1997). 『국어 순화 용어 자료집』. 문화체육부.

박경래(1997ㄱ). "실용문에 나타난 유형별 오류 실태 분석(Ⅰ)-단어 사용의 오류를 중심으로-." 『언어학』 제1호, 중원언어학회.

박경래(1997ㄴ). "실용문에 나타난 유형별 오류 실태 분석(Ⅱ)-문법 요소·맞춤법·띄어쓰기의 오류를 중심으로-." 『개신어문학』 제14호, 개신어문학회.

박경래(1997ㄷ). "정지용 시 「향수」의 표기법과 개작양상." 『한국어문학논고』, 태학사.

박경래(2000). "실용문에 나타난 유형별 오류 실태 분석(Ⅲ)-문장 오류와 단락 구분 오류를 중심으로-." 『언어학』 제4호, 중원언어학회.

박경현(1980). "듣기 교육에 관한 이론적 고찰." 논문집 제16집, 한국국어교육연구회.

서정수(1996). 『개정판 작문의 이론과 방법 ; 단락과 논술법을 중심으로』. 새문사.

손동인(1991). 『오늘의 문장강화』. 창조사.

심재기·윤용식(1992). 『문장실습』. 한국방송통신대학.

이익섭(1998). 『국어사랑은 나라사랑』. 문학사상사.

이익섭(2000). 『국어문법론』. 학연사.

이주행(1999). 『방송화법』. 도서출판 역락.

이화형·유진열(1998). 『이제 다시 생각하고 좋은 글을 써야 할 때』. 도서출판 박이정.

이희승·안병희(1994). 『고친판 한글맞춤법 강의』. 신구문화사.

임성규(1998). 『글쓰기의 전략과 실제』. 박이정.

정승혜·문금현(2000). 『대학생을 위한 화법 강의』. 태학사.

정우택 편저(1996). 『우리말 우리글』. 양서원.

조동일(1977). 『한국소설의 이론』. 지식산업사.

한국화법학회(1999). 『국어화법과 방송언어』. 한국화법학회.

부 록

# [부록 1]

## 한글 맞춤법

### 제 1 장 총칙

제 1 항  한글 맞춤법은 표준어를 소리대로 적되, 어법에 맞도록 함을 원칙으로 한다.

제 2 항  문장의 각 단어는 띄어 씀을 원칙으로 한다.

제 3 항  외래어는 '외래어 표기법'에 따라 적는다.

### 제 2 장 자모

제 4 항  한글 자모의 수는 스물넉 자로 하고, 그 순서와 이름은 다음과 같이 정한다.

ㄱ(기역)　ㄴ(니은)　ㄷ(디귿)　ㄹ(리을)　ㅁ(미음)　ㅂ(비읍)

ㅅ(시옷)　ㅇ(이응)　ㅈ(지읒)　ㅊ(치읓)　ㅋ(키읔)　ㅌ(티읕)

ㅍ(피읖)　ㅎ(히읗)

ㅏ(아)　ㅑ(야)　ㅓ(어)　ㅕ(여)　ㅗ(오)　ㅛ(요)

ㅜ(우)　ㅠ(유)　ㅡ(으)　ㅣ(이)

[붙임 1]  위의 자모로써 적을 수 없는 소리는 두 개 이상의 자모를 어울러서 적되, 그 순서와 이름은 다음과 같이 정한다.

ㄲ(쌍기역)　ㄸ(쌍디귿)　ㅃ(쌍비읍)　ㅆ(쌍시옷)　ㅉ(쌍지읒)

ㅐ(애)　ㅒ(얘)　ㅔ(에)　ㅖ(예)　ㅘ(와)　ㅙ(왜)

ㅚ(외)　ㅝ(워)　ㅞ(웨)　ㅟ(위)　ㅢ(의)

[붙임 2]  사전에 올릴 적의 자모 순서는 다음과 같이 정한다.

자음　ㄱ ㄲ ㄴ ㄷ ㄸ ㄹ ㅁ ㅂ ㅃ ㅅ ㅆ ㅇ ㅈ ㅉ ㅊ ㅋ ㅌ ㅍ ㅎ

모음　ㅏ ㅐ ㅑ ㅒ ㅓ ㅔ ㅕ ㅖ ㅗ ㅘ ㅙ ㅚ ㅛ ㅜ ㅝ ㅞ ㅟ ㅠ ㅡ ㅢ ㅣ

# 제 3 장 소리에 관한 것

## 제 1 절 된소리

제 5 항  한 단어 안에서 뚜렷한 까닭 없이 나는 된소리는 다음 음절의 첫소리를 된소리로
적는다.

     1. 두 모음 사이에서 나는 된소리

| | | | |
|---|---|---|---|
| 소쩍새 | 어깨 | 오빠 | 으뜸 |
| 아끼다 | 기쁘다 | 깨끗하다 | 어떠하다 |
| 해쓱하다 | 가끔 | 거꾸로 | 부썩 |
| 어찌 | 이따금 | | |

     2. 'ㄴ, ㄹ, ㅁ, ㅇ' 받침 뒤에서 나는 된소리

| | | | |
|---|---|---|---|
| 산뜻하다 | 잔뜩 | 살짝 | 훨씬 |
| 담뿍 | 움찔 | 몽땅 | 엉뚱하다 |

다만, 'ㄱ,ㅂ' 받침 뒤에서 나는 된소리는, 같은 음절이나 비슷한 음절이 겹쳐 나는 경
우가 아니면 된소리로 적지 아니한다.

| | | | |
|---|---|---|---|
| 국수 | 깍두기 | 딱지 | 색시 |
| 싹둑(~싹둑) | 법석 | 갑자기 | 몹시 |

## 제 2 절 구개음화

제 6 항  'ㄷ, ㅌ' 받침 뒤에 종속적 관계를 가진 '-이(-)'나 '-히-'가 올적에는 그 'ㄷ, ㅌ'이
'ㅈ, ㅊ'으로 소리나더라도 'ㄷ, ㅌ'으로 적는다(ㄱ을 취하고 ㄴ을 버림).

| ㄱ | ㄴ | ㄱ | ㄴ |
|---|---|---|---|
| 맏이 | 마지 | 핥이다 | 할치다 |
| 해돋이 | 해도지 | 걷히다 | 거치다 |
| 굳이 | 구지 | 닫히다 | 다치다 |
| 같이 | 가치 | 묻히다 | 무치다 |
| 끝이 | 끄치 | | |

## 제 3 절 'ㄷ' 소리 받침

**제 7 항**  'ㄷ' 소리로 나는 받침 중에서 'ㄷ'으로 적을 근거가 없는 것은 'ㅅ'으로 적는다.

| | | | | |
|---|---|---|---|---|
| 덧저고리 | 돗자리 | 엇셈 | 웃어른 | 핫옷 |
| 무릇 | 사뭇 | 얼핏 | 자칫하면 | 뭇(衆) |
| 옛 | 첫 | 헛 | | |

## 제 4 절 모음

**제 8 항**  '계, 례, 몌, 폐, 혜'의 'ㅖ'는 'ㅔ'로 소리나는 경우가 있더라도 'ㅖ'로 적는다(ㄱ을 취하고, ㄴ을 버림).

| ㄱ | ㄴ | ㄱ | ㄴ |
|---|---|---|---|
| 계수(桂樹) | 게수 | 혜택(惠澤) | 헤택 |
| 사례(謝禮) | 사레 | 계집 | 게집 |
| 연몌(連袂) | 연메 | 핑계 | 핑게 |
| 폐품(廢品) | 페품 | 계시다 | 게시다 |

다만, 다음 말은 본음대로 적는다.

| | | |
|---|---|---|
| 게송(偈頌) | 게시판(揭示板) | 휴게실(休憩室) |

**제 9 항**  '의'나, 자음을 첫소리로 가지고 있는 음절의 'ㅢ'는 'ㅣ'로 소리가 나는 경우가 있더라도 'ㅢ'로 적는다(ㄱ을 취하고, ㄴ을 버림).

| ㄱ | ㄴ | ㄱ | ㄴ |
|---|---|---|---|
| 의의(意義) | 의이 | 닁큼 | 닝큼 |
| 본의(本義) | 본이 | 띄어쓰기 | 띠어쓰기 |
| 무늬[紋] | 무니 | 씌어 | 씨어 |
| 보늬 | 보니 | 틔어 | 티어 |
| 오늬 | 오니 | 희망(希望) | 히망 |
| 하늬바람 | 하니바람 | 희다 | 히다 |
| 늴리리 | 닐리리 | 유희(遊戱) | 유히 |

## 제 5 절 두음 법칙

제 10 항   한자음 '녀, 뇨, 뉴, 니'가 단어 첫머리에 올 적에는 두음 법칙에 따라 '여, 요, 유, 이'로 적는다(ㄱ을 취하고, ㄴ을 버림).

| ㄱ | ㄴ | ㄱ | ㄴ |
|---|---|---|---|
| 여자(女子) | 녀자 | 유대(紐帶) | 뉴대 |
| 연세(年歲) | 년세 | 이토(泥土) | 니토 |
| 요소(尿素) | 뇨소 | 익명(匿名) | 닉명 |

다만, 다음과 같이 의존 명사에서는 '냐, 녀' 음을 인정한다.

냥(兩)   냥쭝(兩-)   년(年)(몇 년)

[붙임 1]   단어의 첫머리 이외의 경우에는 본음대로 적는다.

남녀(男女)   당뇨(糖尿)   결뉴(結紐)   은닉(隱匿)

[붙임 2]   접두사처럼 쓰이는 한자가 붙어서 된 말이나 합성어에서, 뒷말의 첫소리가 'ㄴ' 소리로 나더라도 두음법칙에 따라 적는다.

신여성(新女性)   공염불(空念佛)   남존여비(男尊女卑)

[붙임 3]   둘 이상의 단어로 이루어진 고유 명사를 붙여 쓰는 경우에도 [붙임 2]에 준하여 적는다.

한국여자대학   대한요소비료회사

제 11 항   한자음 '랴, 려, 례, 료, 류, 리'가 단어의 첫머리에 올 적에는 두음법칙에 따라 '야, 여, 예, 요, 유, 이'로 적는다(ㄱ을 취하고, ㄴ을 버림).

| ㄱ | ㄴ | ㄱ | ㄴ |
|---|---|---|---|
| 양심(良心) | 량심 | 용궁(龍宮) | 룡궁 |
| 역사(歷史) | 력사 | 유행(流行) | 류행 |
| 예의(禮儀) | 례의 | 이발(理髮) | 리발 |

다만, 다음과 같은 의존 명사는 본음대로 적는다.

리(里): 몇 리냐?

리(理): 그럴 리가 없다.

[붙임 1]   단어의 첫머리 이외의 경우에는 본음대로 적는다.

| | | | |
|---|---|---|---|
| 개량(改良) | 선량(善良) | 수력(水力) | 협력(協力) |
| 사례(謝禮) | 혼례(婚禮) | 와룡(臥龍) | 쌍룡(雙龍) |
| 하류(下流) | 급류(急流) | 도리(道理) | 진리(眞理) |

다만, 모음이나 'ㄴ' 받침 뒤에 이어지는 '렬, 률'은 '열, 율'로 적는다(ㄱ을 취하고, ㄴ을 버림).

| ㄱ | ㄴ | ㄱ | ㄴ |
|---|---|---|---|
| 나열(羅列) | 나렬 | 분열(分裂) | 분렬 |
| 치열(齒列) | 치렬 | 선열(先烈) | 선렬 |
| 비열(卑劣) | 비렬 | 진열(陳列) | 진렬 |
| 규율(規律) | 규률 | 선율(旋律) | 선률 |
| 비율(比率) | 비률 | 전율(戰慄) | 전률 |
| 실패율(失敗率) | 실패률 | 백분율(百分率) | 백분률 |

[붙임 2] 외자로 된 이름을 성에 붙여 쓸 경우에도 본음대로 적을 수 있다.

| | | | |
|---|---|---|---|
| 신립(申砬) | 최린(崔麟) | 채륜(蔡倫) | 하륜(河崙) |

[붙임 3] 준말에서 본음으로 소리나는 것은 본음대로 적는다.

국련(국제연합)　　　　　　대한교련(대한교육연합회)

[붙임 4] 접두사처럼 쓰이는 한자가 붙어서 된 말이나 합성어에서 뒷말의 첫소리가 'ㄴ' 또는 'ㄹ' 소리로 나더라도 두음 법칙에 따라 적는다.

역이용(逆利用)　　연이율(年利率)　　열역학(熱力學)　　해외여행(海外旅行)

[붙임 5] 둘 이상의 단어로 이루어진 고유명사를 붙여 쓰는 경우나 십진법에 따라 쓰는 수(數)도 [붙임 4]에 준하여 적는다.

서울여관　　　　신흥이발관　　　　육천육백육십육(六千六百六十六)

제 12 항　한자음 '라, 래, 로, 뢰, 루, 르'가 단어의 첫머리에 올 적에는 두음법칙에 따라 '나, 내, 노, 뇌, 누, 느'로 적는다(ㄱ을 취하고, ㄴ을 버림).

| ㄱ | ㄴ | ㄱ | ㄴ |
|---|---|---|---|
| 낙원(樂園) | 락원 | 뇌성(雷聲) | 뢰성 |
| 내일(來日) | 래일 | 누각(樓閣) | 루각 |
| 노인(老人) | 로인 | 능묘(陵墓) | 릉묘 |

[붙임 1]  단어의 첫머리 이외의 경우에는 본음대로 적는다.

| | | |
|---|---|---|
| 쾌락(快樂) | 극락(極樂) | 거래(去來) |
| 왕래(往來) | 부로(父老) | 연로(年老) |
| 지뢰(地雷) | 낙뢰(落雷) | 고루(高樓) |
| 광한루(廣寒樓) | 가정란(家庭欄) | 동구릉(東九陵) |

[붙임 2]  접두사처럼 쓰이는 한자가 붙어서 된 단어는 뒷말을 두음 법칙에 따라 적는다.

| | |
|---|---|
| 내내월(來來月) | 상노인(上老人) |
| 중노동(重勞動) | 비논리적(非論理的) |

## 제 6 절  겹쳐 나는 소리

제 13 항  한 단어 안에서 같은 음절이나 비슷한 음절이 겹쳐 나는 부분은 같은 글자로 적는다(ㄱ을 취하고, ㄴ을 버림).

| ㄱ | ㄴ | ㄱ | ㄴ |
|---|---|---|---|
| 딱딱 | 딱닥 | 꼿꼿하다 | 꼿곳하다 |
| 쌕쌕 | 쌕색 | 놀놀하다 | 놀롤하다 |
| 씩씩 | 씩식 | 눅눅하다 | 눙눅하다 |
| 똑딱똑딱 | 똑닥똑닥 | 밋밋하다 | 민밋하다 |
| 쓱싹쓱싹 | 쓱삭쓱삭 | 싹싹하다 | 싹삭하다 |
| 연연불망(戀戀不忘) | 연련불망 | 쌉쌀하다 | 쌉살하다 |
| 유유상종(類類相從) | 유류상종 | 씁쓸하다 | 씁슬하다 |
| 누누이(屢屢-) | 누루이 | 짭짤하다 | 짭잘하다 |

## 제 4 장  형태에 관한 것

### 제 1 절  체언과 조사

제 14 항  체언은 조사와 구별하여 적는다.

| | | | | |
|---|---|---|---|---|
| 떡이 | 떡을 | 떡에 | 떡도 | 떡만 |

| 손이 | 손을 | 손에 | 손도 | 손만 |
| 팔이 | 팔을 | 팔에 | 팔도 | 팔만 |
| 밤이 | 밤을 | 밤에 | 밤도 | 밤만 |
| 집이 | 집을 | 집에 | 집도 | 집만 |
| 옷이 | 옷을 | 옷에 | 옷도 | 옷만 |
| 콩이 | 콩을 | 콩에 | 콩도 | 콩만 |
| 낮이 | 낮을 | 낮에 | 낮도 | 낮만 |
| 꽃이 | 꽃을 | 꽃에 | 꽃도 | 꽃만 |
| 밭이 | 밭을 | 밭에 | 밭도 | 밭만 |
| 앞이 | 앞을 | 앞에 | 앞도 | 앞만 |
| 밖이 | 밖을 | 밖에 | 밖도 | 밖만 |
| 넋이 | 넋을 | 넋에 | 넋도 | 넋만 |
| 흙이 | 흙을 | 흙에 | 흙도 | 흙만 |
| 삶이 | 삶을 | 삶에 | 삶도 | 삶만 |
| 여덟이 | 여덟을 | 여덟에 | 여덟도 | 여덟만 |
| 곬이 | 곬을 | 곬에 | 곬도 | 곬만 |
| 값이 | 값을 | 값에 | 값도 | 값만 |

## 제 2 절 어간과 어미

제 15 항  용언의 어간과 어미는 구별하여 적는다.

| 먹다 | 먹고 | 먹어 | 먹으니 |
| 신다 | 신고 | 신어 | 신으니 |
| 믿다 | 믿고 | 믿어 | 믿으니 |
| 울다 | 울고 | 울어 | (우니) |
| 넘다 | 넘고 | 넘어 | 넘으니 |
| 입다 | 입고 | 입어 | 입으니 |
| 웃다 | 웃고 | 웃어 | 웃으니 |
| 찾다 | 찾고 | 찾아 | 찾으니 |
| 좇다 | 좇고 | 좇아 | 좇으니 |

| 같다 | 같고 | 같아 | 같으니 |
| 높다 | 높고 | 높아 | 높으니 |
| 좋다 | 좋고 | 좋아 | 좋으니 |
| 깎다 | 깎고 | 깎아 | 깎으니 |
| 앉다 | 앉고 | 앉아 | 앉으니 |
| 많다 | 많고 | 많아 | 많으니 |
| 늙다 | 늙고 | 늙어 | 늙으니 |
| 젊다 | 젊고 | 젊어 | 젊으니 |
| 넓다 | 넓고 | 넓어 | 넓으니 |
| 훑다 | 훑고 | 훑어 | 훑으니 |
| 읊다 | 읊고 | 읊어 | 읊으니 |
| 옳다 | 옳고 | 옳아 | 옳으니 |
| 없다 | 없고 | 없어 | 없으니 |
| 있다 | 있고 | 있어 | 있으니 |

[붙임 1] 두 개의 용언이 어울려 한 개의 용언이 될 적에, 앞말의 본뜻이 유지되고 있는 것은 그 원형을 밝히어 적고, 그 본뜻에서 멀어진 것은 밝히어 적지 아니한다.

(1) 앞말의 본뜻이 유지되고 있는 것

| 넘어지다 | 늘어나다 | 늘어지다 | 돌아가다 |
| 되짚어가다 | 들어가다 | 떨어지다 | 벌어지다 |
| 엎어지다 | 접어들다 | 틀어지다 | 흩어지다 |

(2) 본뜻에서 멀어진 것

| 드러나다 | 사라지다 | 쓰러지다 |

[붙임 2] 종결형에서 사용되는 어미 '-오'는 '요'로 소리나는 경우가 있더라도 그 원형을 밝혀 '오'로 적는다(ㄱ을 취하고, ㄴ을 버림).

| ㄱ | ㄴ |
| --- | --- |
| 이것이 책이오. | 이것은 책이요. |
| 이리로 오시오. | 이리로 오시요. |
| 이것은 책이 아니오. | 이것은 책이 아니요. |

[붙임 3] 연결형에서 사용되는 '이요'는 '이요'로 적는다(ㄱ을 취하고, ㄴ을 버림).

|ㄱ|ㄴ|
|---|---|
|이것은 책이요, 저것은 붓이요,|이것은 책이오, 저것은 붓이오,|
|또 저것은 먹이다.|또 저것은 먹이다.|

제 16 항  어간의 끝 음절 모음이 'ㅏ, ㅗ'일 적에는 어미를 '-아'로 적고, 그 밖의 모음일 적에는 '-어'로 적는다.

1. '-아'로 적는 경우

| | | | | | |
|---|---|---|---|---|---|
|나아|나아도|나아서|돌아|돌아도|돌아서|
|막아|막아도|막아서|보아|보아도|보아서|
|얇아|얇아도|얇아서| | | |

2. '-어'로 적는 경우

| | | | | | |
|---|---|---|---|---|---|
|개어|개어도|개어서|저어|저어도|저어서|
|겪어|겪어도|겪어서|주어|주어도|주어서|
|되어|되어도|되어서|피어|피어도|피어서|
|베어|베어도|베어서|희어|희어도|희어서|
|쉬어|쉬어도|쉬어서| | | |

제 17 항  어미 뒤에 덧붙는 조사 '-요'는 '-요'로 적는다.

읽어　읽어요　참으리　참으리요　좋지　좋지요

제 18 항  다음과 같은 용언들은 어미가 바뀔 경우, 그 어간이나 어미가 원칙에 벗어나면 벗어나는 대로 적는다.

1. 어간의 끝 'ㄹ'이 줄어질 적

|갈다 :|가니|간|갑니다|가시다|가오|
|---|---|---|---|---|---|
|놀다 :|노니|논|놉니다|노시다|노오|
|불다 :|부니|분|붑니다|부시다|부오|
|둥글다 :|둥그니|둥근|둥급니다|둥그시다|둥그오|
|어질다 :|어지니|어진|어집니다|어지시다|어지오|

[붙임] 다음과 같은 말에서도 'ㄹ'이 준 대로 적는다.

마지못하다　　마지않다　　(하)다마다　　(하)자마자

(하)지 마라          (하)지 마(아)

2. 어간의 끝 'ㅅ'이 줄어질 적

| 긋다 : | 그어 | 그으니 | 그었다 |
| 낫다 : | 나아 | 나으니 | 나았다 |
| 잇다 : | 이어 | 이으니 | 이었다 |
| 짓다 : | 지어 | 지으니 | 지었다 |

3. 어간의 끝 'ㅎ'이 줄어질 적

| 그렇다 : | 그러니 | 그럴 | 그러면 | 그럽니다 | 그러오 |
| 까맣다 : | 까마니 | 까말 | 까마면 | 까맙니다 | 까마오 |
| 동그랗다 : | 동그라니 | 동그랄 | 동그라면 | 도그랍니다 | 동그라오 |
| 퍼렇다 : | 퍼러니 | 퍼럴 | 퍼러면 | 퍼럽니다 | 퍼러오 |
| 하얗다 : | 하야니 | 하얄 | 하야면 | 하얍니다 | 하야오 |

4. 어간의 끝 'ㅜ, ㅡ'가 줄어질 적

| 푸다 : | 퍼 | 펐다 |
| 끄다 : | 꺼 | 껐다 |
| 담그다 : | 담가 | 담갔다 |
| 따르다 : | 따라 | 따랐다 |
| 뜨다 : | 떠 | 떴다 |
| 크다 : | 커 | 컸다 |
| 고프다 : | 고파 | 고팠다 |
| 바쁘다 : | 바빠 | 바빴다 |

5. 어간의 끝 'ㄷ'이 'ㄹ'로 바뀔 적

| 걷다[步] : | 걸어 | 걸으니 | 걸었다 |
| 듣다[聽] : | 들어 | 들으니 | 들었다 |
| 묻다[問] : | 물어 | 물으니 | 물었다 |
| 싣다[載] : | 실어 | 실으니 | 실었다 |

6. 어간의 끝 'ㅂ'이 'ㅜ'로 바뀔 적

| 깁다 : | 기워 | 기우니 | 기웠다 |
| 굽다[炙] : | 구워 | 구우니 | 구웠다 |
| 가깝다 : | 가까워 | 가까우니 | 가까웠다 |

| 괴롭다 : | 괴로워 | 괴로우니 | 괴로웠다 |
| 맵다 : | 매워 | 매우니 | 매웠다 |
| 무겁다 : | 무거워 | 무거우니 | 무거웠다 |
| 밉다 : | 미워 | 미우니 | 미웠다 |
| 쉽다 : | 쉬워 | 쉬우니 | 쉬웠다 |

다만 '돕-, 곱-'과 같은 단음절 어간에 어미 '-아'가 결합되어 '와'로 소리나는 것은 '-와'로 적는다

| 돕다[助] : | 도와 | 도와서 | 도와도 | 도왔다 |
| 곱다[麗] : | 고와 | 고와서 | 고와도 | 고왔다 |

7. '하다'의 활용에서 어미 '-아'가 '-여'로 바뀔 적

| 하다 : | 하여 | 하여서 | 하여도 | 하여라 | 하였다 |

8. 어간의 끝 음절 '르'뒤에 오는 어미 '-어'가 '-러'로 바뀔 적

| 이르다[至] : | 이르다 | 이르렀다 |
| 노르다 : | 노르러 | 노르렀다 |
| 누르다 : | 누르러 | 누르렀다 |
| 푸르다 : | 푸르러 | 푸르렀다 |

9. 어간의 끝 음절 '르'의 'ㅡ'가 줄고, 그 뒤에 오는 어미 '-아/-어'가 '-라/-러'로 바뀔 적

| 가르다 : | 갈라 | 갈랐다 |
| 거르다 : | 걸러 | 걸렀다 |
| 구르다 : | 굴러 | 굴렀다 |
| 벼르다 : | 별러 | 별렀다 |
| 부르다 : | 불러 | 불렀다 |
| 오르다 : | 올라 | 올랐다 |
| 이르다[謂] : | 일러 | 일렀다 |
| 지르다 : | 질러 | 질렀다 |

## 제 3 절 접미사가 붙어서 된 말

제 19 항 어간에 '-이'나 '-음/-ㅁ'이 붙어서 명사로 된 것과 '-이'나 '-히'가 붙어서 부사로

된 것은 그 어간의 원형을 밝히어 적는다.

 1. '-이'가 붙어서 명사로 된 것

   길이        깊이        높이        다듬이        땀받이

   달맞이       먹이        미닫이       벌이         벼훑이

   살림살이      쇠붙이

 2. '-음/-ㅁ'이 붙어서 명사로 된 것

   걸음        묶음        믿음        얼음         엮음

   울음        웃음        졸음        죽음         앎      만듦

 3. '-이'가 붙어서 부사로 된 것

   같이        굳이        길이        높이         많이

   실없이       좋이        짓궂이

 4. '-히'가 붙어서 부사로 된 것

   밝히        익히        작히

다만, 어간에 '-이'나 '-음'이 붙어서 명사로 바뀐 것이라도 그 어간의 뜻과 멀어진 것은 그 원형을 밝히어 적지 아니한다.

        굽도리       다리[笙]      목거리(목병)      무녀리

        코끼리       거름(비료)     고름[膿]        노름(도박)

[붙임] 어간에 '-이'나 '음'이외의 모음으로 시작된 접미사가 붙어서 다른 품사로 바뀐 것은 그 어간의 원형을 밝히어 적지 아니한다.

 (1) 명사로 바뀐 것

   귀머거리      까마귀       너머        뜨더귀        마감

   마개        마중        무덤        비렁뱅이       쓰레기

   올가미       주검

 (2) 부사로 바뀐 것

   거뭇거뭇      너무        도로        뜨덤뜨덤       바투

   불긋불긋      비로소       오긋오긋     자주         차마

 (3) 조사로 바뀌어 뜻이 달라진 것

   나마        부터        조차

제 20 항 명사 뒤에 '-이'가 붙어서 된 말은 그 명사의 원형을 밝히어 적는다.

    1. 부사로 된 것

| | | | |
|---|---|---|---|
| 곳곳이 | 낱낱이 | 몫몫이 | 샅샅이 |
| 앞앞이 | 집집이 | | |

    2. 명사로 된 것

| | | | |
|---|---|---|---|
| 곰배팔이 | 바둑이 | 삼발이 | 애꾸눈이 |
| 육손이 | 절뚝발이/절름발이 | | |

[붙임] '-이' 이외의 모음으로 시작된 접미사가 붙어서 된 말은 그 명사의 원형을 밝히어 적지 아니한다.

| | | | |
|---|---|---|---|
| 꼬락서니 | 끄트머리 | 모가치 | 바가치 |
| 바깥 | 사타구니 | 싸라기 | 이파리 |
| 지붕 | 지푸라기 | 짜개 | |

제 21 항 명사나 혹은 용언의 어간 뒤에 자음으로 시작된 접미사가 붙어서 된 말은 그 명사나 어간의 원형을 밝히어 적는다.

    1. 명사 뒤에 자음으로 시작된 접미사가 붙어서 된 것

| | | | |
|---|---|---|---|
| 값지다 | 흙지다 | 넋두리 | 빛깔 |
| 옆댕이 | 잎사귀 | | |

    2. 어간 뒤에 자음으로 시작된 접미사가 붙어서 된 것

| | | | |
|---|---|---|---|
| 낚시 | 늙정이 | 덮개 | 뜯게질 |
| 갉작갉작하다 | 갉작거리다 | 뜯적거리다 | |
| 뜯적뜯적하다 | 굵다랗다 | 굵직하다 | |
| 깊숙하다 | 넓적하다 | 높다랗다 | |
| 늙수그레하나 | 얽죽얽죽하다 | | |

다만, 다음과 같은 말은 소리대로 적는다.

    (1) 겹받침의 끝소리가 드러나지 아니하는 것

| | | | |
|---|---|---|---|
| 할짝거리다 | 널따랗다 | 널찍하다 | 말끔하다 |
| 말쑥하다 | 말짱하다 | 실쭉하다 | 실큼하다 |
| 얄따랗다 | 얄팍하다 | 짤따랗다 | 짤막하다 |
| 실컷 | | | |

(2) 어원이 분명하지 아니하거나 본뜻에서 멀어진 것

　넙치　　올무　　골막하다　　납작하다

제 22 항 용언의 어간에 다음과 같은 접미사들이 붙어서 이루어진 말들은 그 어간을 밝히어 적는다.

　1. '-기-, -리-, -이-, -히-, -구-, -우-, -추-, -으키-, -이키-, -애-'가 붙는 것

| | | | |
|---|---|---|---|
| 맡기다 | 옮기다 | 웃기다 | 쫓기다 |
| 뚫리다 | 울리다 | 낚이다 | 쌓이다 |
| 핥이다 | 굳히다 | 굽히다 | 넓히다 |
| 앉히다 | 얽히다 | 잡히다 | 돋구다 |
| 솟구다 | 돋우다 | 갖추다 | 곧추다 |
| 맞추다 | 일으키다 | 돌이키다 | 없애다 |

다만, '-이-, -히-, -우-'가 붙어서 된 말이라도 본뜻에서 멀어진 것은 소리대로 적는다.

| | | |
|---|---|---|
| 도리다(칼로 ～) | 드리다(용돈을 ～) | 고치다 |
| 바치다(세금을 ～) | 부치다(편지를 ～) | 거두다 |
| 미루다 | 이루다 | |

　2. '-치-, -뜨리-, -트리-'가 붙는 것

| | | | |
|---|---|---|---|
| 놓치다 | 덮치다 | 떠받치다 | 받치다 |
| 밭치다 | 부딪치다 | 뻗치다 | 엎치다 |
| 부딪뜨리다/부딪트리다 | | 쏟뜨리다/쏟트리다 | |
| 젖뜨리다/젖트리다 | | 찢뜨리다/찢트리다 | |
| 흩뜨리다/흩트리다 | | | |

[붙임] '-업-, -읍-, -브-'가 붙어서 된 말은 소리대로 적는다.

　미덥다　　우습다　　미쁘다

제 23 항 '-하다'나 '-거리다'가 붙는 어근에 '-이'가 붙어서 명사가 된 것은 그 원형을 밝히어 적는다(ㄱ을 취하고, ㄴ을 버림).

| ㄱ | ㄴ | ㄱ | ㄴ |
|---|---|---|---|
| 깔쭉이 | 깔쭈기 | 살살이 | 살사리 |
| 꿀꿀이 | 꿀구리 | 쌕쌕이 | 쌕쌔기 |

| 눈깜짝이 | 눈깜짜기 | 오뚝이 | 오뚜기 |
| 더펄이 | 더퍼리 | 코납작이 | 코납자기 |
| 배불뚝이 | 배불뚜기 | 푸석이 | 푸서기 |
| 삐죽이 | 삐주기 | 홀쭉이 | 홀쭈기 |

[붙임] ‘-하다’나 ‘-거리다’가 붙을 수 없는 어근에 ‘-이’나 또는 다른 모음으로 시작
되는 접미사가 붙어서 명사가 된 것은 그 원형을 밝히어 적지 아니한다.

| 개구리 | 귀뚜라미 | 기러기 | 깍두기 |
| 꽹과리 | 날라리 | 누더기 | 동그라미 |
| 두드러기 | 딱따구리 | 매미 | 부스러기 |
| 뻐꾸기 | 얼루기 | 칼싹두기 | |

제 24 항 ‘-거리다’가 붙을 수 있는 시늉말 어근에 ‘-이다’가 붙어서 된 용언은 그 어근을
밝히어 적는다(ㄱ을 취하고 ㄴ을 버림).

| ㄱ | ㄴ | ㄱ | ㄴ |
|---|---|---|---|
| 깜짝이다 | 깜짜기다 | 속삭이다 | 속사기다 |
| 꾸벅이다 | 꾸버기다 | 숙덕이다 | 숙더기다 |
| 끄덕이다 | 끄더기다 | 울먹이다 | 울머기다 |
| 뒤척이다 | 뒤처기다 | 움직이다 | 움지기다 |
| 들먹이다 | 들머기다 | 지껄이다 | 지꺼리다 |
| 망설이다 | 망서리다 | 퍼덕이다 | 퍼더기다 |
| 번득이다 | 번드기다 | 허덕이다 | 허더기다 |
| 번쩍이다 | 번쩌기다 | 헐떡이다 | 헐떠기다 |

제 25 항 ‘-하다’가 붙는 어근에 ‘-히’나 ‘-이’가 붙어서 부사가 되거나, 부사에 ‘-이’가 붙어
서 뜻을 더하는 경우에는 그 어근이나 부사의 원형을 밝히어 적는다.

1. ‘-하다’가 붙는 어근에 ‘-히’나 ‘-이’가 붙는 경우

| 급히 | 꾸준히 | 도저히 | 딱히 |
| 어렴풋이 | 깨끗이 | | |

[붙임] ‘-하다’가 붙지 않는 경우에는 반드시 소리대로 적는다

| 갑자기 | 반드시(꼭) | 슬며시 | |

2. 부사에 '-이'가 붙어서 역시 부사가 되는 경우

    곰곰이        더욱이        생긋이        오뚝이

    일찍이        해죽이

제 26 항  '-하다'나 '- 없다'가 붙어서 된 용언은 그 '-하다'나 '없다'를 밝히어 적는다.

    1. '-하다'가 붙어서 용언이 된 것

       딱하다      숱하다      착하다      텁텁하다      푹하다

    2. '-없다'가 붙어서 용언이 된 것

       부질없다     상없다     시름없다     열없다     하염없다

## 제 4 절 합성어 및 접두사가 붙은 말

제 27 항  둘 이상의 단어가 어울리거나 접두사가 붙어서 이루어진 말은 각각 그 원형을 밝히어 적는다.

| | | | | |
|---|---|---|---|---|
| 국말이 | 꺾꽂이 | 꽃잎 | 끝장 | 물난리 |
| 밑천 | 부엌일 | 싫증 | 옷안 | 웃옷 |
| 젖몸살 | 첫아들 | 칼날 | 팥알 | 헛웃음 |
| 홀아비 | 홀몸 | 흙내 | | |
| 값없다 | 겉늙다 | 굶주리다 | 낮잡다 | 맞먹다 |
| 받내다 | 벋놓다 | 빗나가다 | 빛나다 | 새파랗다 |
| 샛노랗다 | 시꺼멓다 | 싯누렇다 | 엇나가다 | 엎누르다 |
| 엿듣다 | 옻오르다 | 짓이기다 | 헛되다 | |

[붙임 1] 어원은 분명하나 소리만 특이하게 변한 것은 변한 대로 적는다.

    할아버지     할아범

[붙임 2] 어원이 분명하지 아니한 것은 원형을 밝히어 적지 아니한다.

    골병       골탕       끌탕       며칠       아재비

    오라비     업신여기다    부리나케

[붙임 3] '이[齒, 蝨]'가 합성어나 이에 준하는 말에서 '니' 또는 '리'로 소리날 때에는 '니'로 적는다.

    간니       덧니       사랑니       송곳니       앞니

어금니　　　윗니　　　젖니　　　톱니　　　틀니

가랑니　　　머릿니

제 28 항　끝소리가 'ㄹ'인 말과 딴 말이 어울릴 적에 'ㄹ' 소리가 나지 아니하는 것은 아니
나는 대로 적는다.

다달이(달-달-이)　　　따님(딸-님)　　　마되(말-되)

마소(말-소)　　　무자위(물-자위)　　　바느질(바늘-질)

부나비(불-나비)　　　부삽(불-삽)　　　부손(불-손)

소나무(솔-나무)　　　싸전(쌀-전)　　　여닫이(열-닫이)

우짖다(울-짖다)　　　화살(활-살)

제 29 항　끝소리가 'ㄹ'인 말과 딴 말이 어울릴 적에 'ㄹ' 소리가 'ㄷ' 소리로 나는 것은
'ㄷ'으로 적는다.

반짇고리(바느질~)　　　사흗날(사흘~)　　　삼짇날(삼질~)

섣달(설~)　　　숟가락(술~)　　　이튿날(이틀~)

잗주름(잘~)　　　푿소(풀~)　　　섣부르다(설~)

잗다듬다(잘~)　　　잗다랗다(잘~)

제 30 항　사이시옷은 다음과 같은 경우에 받치어 찍는다.

1. 순 우리말로 된 합성어로서 앞말이 모음으로 끝난 경우

(1) 뒷말의 첫소리가 된소리로 나는 것

고랫재　　　귓밥　　　나룻배　　　나뭇가지　　　냇가

댓가지　　　뒷갈망　　　맷돌　　　머릿기름　　　모깃불

못자리　　　바닷가　　　뱃길　　　볏가리　　　부싯돌

선짓국　　　쇳조각　　　아랫집　　　우렁잇속　　　잇자국

잿더미　　　조갯살　　　찻집　　　쳇바퀴　　　킷값

핏대　　　햇볕　　　혓바늘

(2) 뒷말의 첫소리 'ㄴ, ㅁ' 앞에서 'ㄴ' 소리가 덧나는 것

멧나물　　　아랫니　　　텃마당　　　아랫마을　　　뒷머리

잇몸　　　깻묵　　　냇물　　　빗물

(3) 뒷말의 첫소리 모음 앞에서 'ㄴㄴ'소리가 덧나는 것

| 도래깻열 | 뒷윷 | 두렛일 | 뒷일 | 뒷입맛 |
| 베갯잇 | 욧잇 | 깻잎 | 나뭇잎 | 댓잎 |

2. 순 우리말과 한자어로 된 합성어로서 앞말이 모음으로 끝난 경우

 (1) 뒷말의 첫소리가 된소리로 나는 것

| 귓병 | 머릿방 | 뱃병 | 봇둑 | 사잣밥 |
| 샛강 | 아랫방 | 자릿세 | 전셋집 | 찻잔 |
| 찻종 | 촛국 | 콧병 | 탯줄 | 텃세 |
| 핏기 | 햇수 | 횟가루 | 횟배 | |

 (2) 뒷말의 첫소리 'ㄴ, ㅁ' 앞에서 'ㄴ' 소리가 덧나는 것

| 곗날 | 제삿날 | 훗날 | 툇마루 | 양칫물 |

 (3) 뒷말의 첫소리 모음 앞에서 'ㄴㄴ'소리가 덧나는 것

| 가욋일 | 사삿일 | 예삿일 | 훗일 |

3. 두 음절로 된 다음 한자어

| 곳간(庫間) | 셋방(貰房) | 숫자(數字) |
| 찻간(車間) | 툇간(退間) | 횟수(回數) |

제 31 항 두 말이 어울릴 적에 'ㅂ' 소리나 'ㅎ' 소리가 덧나는 것은 소리대로 적는다.

 1. 'ㅂ' 소리가 덧나는 것

| 댑싸리(대ㅂ싸리) | 멥쌀(메ㅂ쌀) | 볍씨(벼ㅂ씨) |
| 입때(이ㅂ때) | 입쌀(이ㅂ쌀) | 접때(저ㅂ때) |
| 좁쌀(조ㅂ쌀) | | |

 2. 'ㅎ' 소리가 덧나는 것

| 머리카락(머리ㅎ가락) | 살코기(살ㅎ고기) | |
| 수캐(수ㅎ개) | 수컷(수ㅎ것) | 수탉(수ㅎ닭) |
| 안팎(안ㅎ밖) | 암캐(암ㅎ개) | 암컷(암ㅎ것) |
| 암탉(암ㅎ닭) | | |

# 제 5 절 준 말

제 32 항 단어의 끝 모음이 줄어지고 자음만 남은 것은 그 앞의 음절에 받침으로 적는다.

| 본말 | 준말 | 본말 | 준말 |
| --- | --- | --- | --- |
| 기러기야 | 기럭아 | 온가지 | 온갖 |
| 어제그저께 | 엊그저께 | 가지고, 가지지 | 갖고, 갖지 |
| 어제저녁 | 엊저녁 | 디디고, 디디지 | 딛고, 딛지 |

제 33 항 체언과 조사가 어울려 줄어지는 경우에는 준 대로 적는다.

| 본말 | 준말 | 본말 | 준말 |
| --- | --- | --- | --- |
| 그것은 | 그건 | 너는 | 넌 |
| 그것이 | 그게 | 너를 | 널 |
| 그것으로 | 그걸로 | 무엇을 | 뭣을/무얼/뭘 |
| 나는 | 난 | 무엇이 | 뭣이/무에 |
| 나를 | 날 | | |

제 34 항 모음 'ㅏ, ㅓ'로 끝난 어간에 '-아/-어, -았-/-었-'이 어울릴 적에는 준 대로 적는다.

| 본말 | 준말 | 본말 | 준말 |
| --- | --- | --- | --- |
| 가아 | 가 | 가았다 | 갔다 |
| 나아 | 나 | 나았다 | 났다 |
| 타아 | 타 | 타았다 | 탔다 |
| 서어 | 서 | 서었다 | 섰다 |
| 켜어 | 켜 | 켜었다 | 켰다 |
| 펴어 | 펴 | 펴었다 | 폈다 |

[붙임 1] 'ㅐ, ㅔ' 뒤에 '-어, -었-'이 어울려 줄 적에는 준 대로 적는다.

| 본말 | 준말 | 본말 | 준말 |
| --- | --- | --- | --- |
| 개어 | 개 | 개었다 | 갰다 |
| 내어 | 내 | 내었다 | 냈다 |
| 베어 | 베 | 베었다 | 벴다 |
| 세어 | 세 | 세었다 | 셌다 |

[붙임 2] '하여'가 한 음절로 줄어서 '해'로 될 적에는 준 대로 적는다.

| 본말 | 준말 | 본말 | 준말 |
| --- | --- | --- | --- |
| 하여 | 해 | 하였다 | 했다 |
| 더하여 | 더해 | 더하였다 | 더했다 |
| 흔하여 | 흔해 | 흔하였다 | 흔했다 |

제 35 항  모음 'ㅗ, ㅜ'로 끝난 어간에 '-아/-어, -았-/-었-'이 어울려 'ㅘ/ㅝ, ㅘㅆ/ㅝㅆ'으로
　　　　　 될 때에는 준 대로 적는다.

| 본말 | 준말 | 본말 | 준말 |
|------|------|------|------|
| 꼬아 | 꽈 | 꼬았다 | 꽜다 |
| 보아 | 봐 | 보았다 | 봤다 |
| 쏘아 | 쏴 | 쏘았다 | 쐈다 |
| 두어 | 둬 | 두었다 | 뒀다 |
| 쑤어 | 쒀 | 쑤었다 | 쒔다 |
| 주어 | 줘 | 주었다 | 줬다 |

[붙임 1] '놓아'가 '놔'로 줄 적에는 준 대로 적는다.

[붙임 2] 'ㅚ' 뒤에 '-어, -었-'이 어울려 'ㅙ, ㅙㅆ'으로 될 적에도 준 대로 적는다.

| 본말 | 준말 | 본말 | 준말 |
|------|------|------|------|
| 괴어 | 괘 | 괴었다 | 괬다 |
| 되어 | 돼 | 되었다 | 됐다 |
| 뵈어 | 봬 | 뵈었다 | 뵀다 |
| 쇠어 | 쇄 | 쇠었다 | 쇘다 |
| 쐬어 | 쐐 | 쐬었다 | 쐤다 |

제 36 항  'ㅣ' 뒤에 '-어'가 와서 'ㅕ'로 줄 적에는 준 대로 적는다.

| 본말 | 준말 | 본말 | 준말 |
|------|------|------|------|
| 가지어 | 가져 | 가지었다 | 가졌다 |
| 견디어 | 견뎌 | 견디었다 | 견뎠다 |
| 다니어 | 다녀 | 다니었다 | 다녔다 |
| 막히어 | 막혀 | 막히었다 | 막혔다 |
| 버티어 | 버텨 | 버티었다 | 버텼다 |
| 치이어 | 치여 | 치이었다 | 치였다 |

제 37 항  'ㅏ, ㅕ, ㅗ, ㅜ, ㅡ'로 끝난 어간에 '-이-'가 와서 각각 'ㅐ, ㅖ, ㅚ, ㅟ, ㅢ'로 줄 적
　　　　　 에는 준 대로 적는다.

| 본말 | 준말 | 본말 | 준말 |
|---|---|---|---|
| 싸이다 | 쌔다 | 누이다 | 뉘다 |
| 펴이다 | 폐다 | 뜨이다 | 띄다 |
| 보이다 | 뵈다 | 쓰이다 | 씌다 |

제 38 항  ‘ㅏ, ㅗ, ㅜ, ㅡ’ 뒤에 ‘-이어’가 어울려 줄어질 적에는 준 대로 적는다.

| 본말 | 준말 | | 본말 | 준말 | |
|---|---|---|---|---|---|
| 싸이어 | 쌔어 | 싸여 | 뜨이어 | 띄어 | |
| 보이어 | 뵈어 | 보여 | 쓰이어 | 씌어 | 쓰여 |
| 쏘이어 | 쐬어 | 쏘여 | 트이어 | 틔어 | 트여 |
| 누이어 | 뉘어 | 누여 | | | |

제 39 항  어미 ‘-지’ 뒤에 ‘않-’이 어울려 ‘-잖-’이 될 적과 ‘-하지’ 뒤에 ‘않-’이 어울려 ‘찮-’이 될 적에는 준 대로 적는다.

| 본말 | 준말 | 본말 | 준말 |
|---|---|---|---|
| 그렇지 않은 | 그렇잖은 | 만만하지 않다 | 만만찮다 |
| 적지 않은 | 적잖은 | 변변하지 않다 | 변변찮다 |

제 40 항  어간의 끝음절 ‘하’의 ‘ㅏ’가 줄고 ‘ㅎ’이 다음 음절의 첫소리와 어울려 거센소리로 될 적에는 거센소리로 적는다.

| 본말 | 준말 | 본말 | 준말 |
|---|---|---|---|
| 간편하게 | 간편케 | 다정하다 | 다정타 |
| 연구하도록 | 연구토록 | 정결하다 | 정결타 |
| 가하다 | 가타 | 흔하다 | 흔타 |

[붙임 1] ‘ㅎ’이 어간의 끝소리로 굳어진 것은 받침으로 적는다.

| 않다 | 않고 | 않지 | 않든지 |
|---|---|---|---|
| 그렇다 | 그렇고 | 그렇지 | 그렇든지 |
| 아무렇다 | 아무렇고 | 아무렇지 | 아무렇든지 |
| 어떻다 | 어떻고 | 어떻지 | 어떻든지 |
| 이렇다 | 이렇고 | 이렇지 | 이렇든지 |
| 저렇다 | 서렇고 | 저렇지 | 저렇든지 |

[붙임 2] 어간의 끝음절 '하'가 아주 줄 적에는 준 대로 적는다.

| 본말 | 준말 |
| --- | --- |
| 거북하지 | 거북지 |
| 생각하건대 | 생각건대 |
| 생각하다 못해 | 생각다 못해 |
| 깨끗하지 않다 | 깨끗지 않다 |
| 넉넉하지 않다 | 넉넉지 않다 |
| 못하지 않다 | 못지 않다 |
| 섭섭하지 않다 | 섭섭지 않다 |
| 익숙하지 않다 | 익숙지 않다 |

[붙임 3] 다음과 같은 부사는 소리대로 적는다.

| 결단코 | 결코 | 기필코 | 무심코 |
| --- | --- | --- | --- |
| 아무튼 | 요컨대 | 정녕코 | 필연코 |
| 하마터면 | 하여튼 | 한사코 | |


## 제 5 장 띄어쓰기

### 제 1 절  조 사

제 41 항  조사는 그 앞말에 붙여 쓴다.

| 꽃이 | 꽃마저 | 꽃밖에 | 꽃에서부터 |
| --- | --- | --- | --- |
| 꽃으로만 | 꽃이나마 | 꽃이다 | 꽃입니다 |
| 꽃처럼 | 어디까지나 | 거기도 | 멀리는 |
| 웃고만 | | | |

### 제 2 절  의존 명사, 단위를 나타내는 명사 및 열거하는 말 등

제 42 항  의존 명사는 띄어 쓴다.

| | |
| --- | --- |
| 아는 **것**이 힘이다. | 나도 할 **수** 있다. |
| 먹을 **만큼** 먹어라. | 아는 **이**를 만났다. |
| 네가 뜻한 **바**를 알겠다. | 그가 떠난 **지**가 오래다. |

제 43 항  단위를 나타내는 명사는 띄어 쓴다.

| | | | |
|---|---|---|---|
| 한 개 | 차 한 대 | 금 서 돈 | 소 한 마리 |
| 옷 한 벌 | 열 살 | 조기 한 손 | 연필 한 자루 |
| 버선 한 죽 | 집 한 채 | 신 두 켤레 | 북어 한 쾌 |

다만, 순서를 나타내는 경우나 숫자와 어울리어 쓰이는 경우에는 붙여 쓸 수 있다.

| | | | |
|---|---|---|---|
| 두시 삼십분 오초 | 제일과 | 삼학년 | 육층 |
| 1446년 10월 9일 | 2대대 | 16동 502호 | |
| 제1어학실습실 | 80원 | 10개 | 7미터 |

제 44 항  수를 적을 적에는 '만(萬)' 단위로 띄어 쓴다.

십이억 삼천사백오십육만 칠천팔백구십팔

12억 3456만 7898

제 45 항  두 말을 이어 주거나 열거할 적에 쓰이는 다음의 말들은 띄어 쓴다.

| | |
|---|---|
| 국장 겸 과장 | 열 내지 스물 |
| 청군 대 백군 | 책상, 걸상 등이 있다. |
| 이사장 및 이사들 | 사과, 배, 귤 등등 |
| 사과, 배 등속 | 부산, 광주 등지 |

제 46 항  단음절로 된 단어가 연이어 나타날 적에는 붙여 쓸 수 있다.

그때 그곳    좀더 큰것    이말 저말    한잎 두잎


## 제 3 절  보조 용언

제 47 항  보조 용언은 띄어 씀을 원칙으로 하되, 경우에 따라 붙여 씀도 허용한다(ㄱ을 원
칙으로 하고, ㄴ을 허용함).

| ㄱ | ㄴ |
|---|---|
| 불이 꺼져 간다. | 불이 꺼져간다. |
| 내 힘으로 막아 낸다. | 내 힘으로 막아낸다. |
| 어머니를 도와 드린다. | 어머니를 도와드린다. |
| 그릇을 깨뜨려 버렸다. | 그릇을 깨뜨려버렸다. |
| 비가 올 듯하다. | 비가 올듯하다. |

그 일은 할 만하다.　　　　　　　　그 일은 할만하다.

일이 될 **법하다**.　　　　　　　　　일이 될**법하다**.

비가 올 **성싶다**.　　　　　　　　　비가 올**성싶다**.

잘 아는 **척한다**.　　　　　　　　　잘 아는**척한다**.

다만, 앞말에 조사가 붙거나 앞말이 합성 동사인 경우, 그리고 중간에 조사가 들어갈 적에는 그 뒤에 오는 보조 용언은 띄어 쓴다.

잘도 놀아만 **나는구나**!　　　　　　책을 읽어도 **보고**…

네가 덤벼들어 **보아라**.　　　　　　강물에 떠내려가 **버렸다**.

그가 올 듯도 **하다**.　　　　　　　　잘난 체를 **한다**.

## 제 4 절　고유 명사 및 전문 용어

**제 48 항**　성과 이름, 성과 호 등은 붙여 쓰고, 이에 덧붙는 호칭어, 관직명 등은 띄어 쓴다.

김양수(金良洙)　　　　서화담(徐花潭)　　　　채영신 씨

최치원 선생　　　　　박동식 박사　　　　　충무공 이순신 장군

다만, 성과 이름, 성과 호를 분명히 구분할 필요가 있을 경우에는 띄어 쓸 수 있다.

남궁억/남궁 억　　　　독고준/독고 준　　　　황보지봉(皇甫芝峰)/황보 지봉

**제 49 항**　성명 이외의 고유명사는 단어별로 띄어 씀을 원칙으로 하되, 단위 별로 띄어 쓸 수 있다(ㄱ을 원칙으로 하고, ㄴ을 허용함).

| ㄱ | ㄴ |
|---|---|
| 대한 중학교 | 대한중학교 |
| 한국 대학교 사범 대학 | 한국대학교 사범대학 |

**제 50 항**　전문 용어는 단어별로 띄어 씀을 원칙으로 하되, 붙여 쓸 수 있다(ㄱ을 원칙으로 하고, ㄴ을 허용함).

| ㄱ | ㄴ |
|---|---|
| 만성 골수성 백혈병 | 만성골수성백혈병 |
| 중거리 탄도 유도탄 | 중거리탄도유도탄 |

# 제 6 장 그 밖의 것



제 51 항  부사의 끝음절이 분명히 '이'로만 나는 것은 '-이'로 적고, '히'로만 나거나 '이'나
'히'로 나는 것은 '히-'로 적는다.

1. '이'로만 나는 것

| | | | | |
|---|---|---|---|---|
| 가붓이 | 깨끗이 | 나붓이 | 느긋이 | 둥긋이 |
| 따뜻이 | 반듯이 | 버젓이 | 산뜻이 | 의젓이 |
| 가까이 | 고이 | 날카로이 | 대수로이 | 번거로이 |
| 많이 | 적이 | 헛되이 | 겹겹이 | 번번이 |
| 일일이 | 집집이 | 틈틈이 | | |

2. '히'로만 나는 것

| | | | | |
|---|---|---|---|---|
| 극히 | 급히 | 딱히 | 속히 | 작히 |
| 족히 | 특히 | 엄격히 | 정확히 | |

3. '이, 히'로 나는 것

| | | | | |
|---|---|---|---|---|
| 솔직히 | 가만히 | 간편히 | 나른히 | 무단히 |
| 각별히 | 소홀히 | 쓸쓸히 | 정결히 | 과감히 |
| 꼼꼼히 | 심히 | 열심히 | 급급히 | 답답히 |
| 섭섭히 | 공평히 | 능히 | 당당히 | 분명히 |
| 상당히 | 조용히 | 간소히 | 고요히 | 도저히 |

제 52 항  한자어에서 본음으로도 나고 속음으로도 나는 것은 각각 그 소리에 따라 적는다.

| 본음으로 나는 것 | 속음으로 나는 것 |
|---|---|
| 승낙(承諾) | 수락(受諾), 쾌락(快諾), 허락(許諾) |
| 만난(萬難) | 곤란(困難), 논란(論難) |
| 안녕(安寧) | 의령(宜寧), 회령(會寧) |
| 분노(忿怒) | 대로(大怒), 희로애락(喜怒哀樂) |
| 토론(討論) | 의논(議論) |
| 오륙십(五六十) | 오뉴월, 유월(六月) |
| 목재(木材) | 모과(木瓜) |
| 십일(十日) | 시방정토(十方淨土), 시왕(十王), 시월(十月) |
| 팔일(八日) | 초파일(初八日) |

제 53 항 다음과 같은 어미는 예사소리로 적는다(ㄱ을 취하고, ㄴ을 버림).

| ㄱ | ㄴ | ㄱ | ㄴ |
|---|---|---|---|
| -(으)ㄹ거나 | -(으)ㄹ꺼나 | -(으)ㄹ지니라 | -(으)ㄹ찌니라 |
| -(으)ㄹ걸 | -(으)ㄹ껄 | -(으)ㄹ지라도 | -(으)ㄹ찌라도 |
| -(으)ㄹ게 | -(으)ㄹ께 | -(으)ㄹ지어다 | -(으)ㄹ찌어다 |
| -(으)ㄹ세 | -(으)ㄹ쎄 | -(으)ㄹ지언정 | -(으)ㄹ찌언정 |
| -(으)ㄹ세라 | -(으)ㄹ쎄라 | -(으)ㄹ진대 | -(으)ㄹ찐대 |
| -(으)ㄹ수록 | -(으)ㄹ쑤록 | -(으)ㄹ진저 | -(으)ㄹ찐저 |
| -(으)ㄹ시 | -(으)ㄹ씨 | -올시다 | -올씨다 |
| -(으)ㄹ지 | -(으)ㄹ찌 | | |

다만, 의문을 나타내는 다음 어미들은 된소리로 적는다.

| | | |
|---|---|---|
| -(으)ㄹ까? | -(으)ㄹ꼬? | -(스)ㅂ니까? |
| -(으)리까? | -(으)ㄹ쏘냐? | |

제 54 항  다음과 같은 접미사는 된소리로 적는다(ㄱ을 취하고, ㄴ을 버림).

| ㄱ | ㄴ | ㄱ | ㄴ |
|---|---|---|---|
| 심부름꾼 | 심부름군 | 귀때기 | 귓대기 |
| 익살꾼 | 익살군 | 볼때기 | 볼대기 |
| 일꾼 | 일군 | 판자때기 | 판잣대기 |
| 장꾼 | 장군 | 뒤꿈치 | 뒷굼치 |
| 장난꾼 | 장난군 | 팔꿈치 | 팔굼치 |
| 지게꾼 | 지겟군 | 이마빼기 | 이맛배기 |
| 때깔 | 땟갈 | 코빼기 | 콧배기 |
| 빛깔 | 빛갈 | 객쩍다 | 객적다 |
| 성깔 | 성갈 | 겸연쩍다 | 겸연적다 |

제 55 항 두 가지로 구별하여 적던 다음 말들은 한 가지로 적는다(ㄱ을 취하고, ㄴ을 버림).

| ㄱ | ㄴ |
|---|---|
| 맞추다(입을 맞춘다. 양복을 맞춘다.) | 마추다 |
| 뻗치다(다리를 뻗친다. 멀리 뻗친다.) | 뻐치다 |

제 56 항  '-더라, -던'과 '-든지'는 다음과 같이 적는다.

    1. 지난 일을 나타내는 어미는 '-더라, -던'으로 적는다(ㄱ을 취하고 ㄴ을 버림).

| ㄱ | ㄴ |
|---|---|
| 지난 겨울은 몹시 춥더라. | 지난 겨울은 몹시 춥드라. |
| 깊던 물이 얕아졌다. | 깊든 물이 얕아졌다. |
| 그렇게 좋던가? | 그렇게 좋든가? |
| 그 사람 말 잘하던데! | 그 사람 말 잘 하든데! |
| 얼마나 놀랐던지 몰라. | 얼마나 되든지 몰라? |

    2. 물건이나 일의 내용을 가리지 아니하는 뜻을 나타내는 조사와 어미는 '(-)든지'로 적는다(ㄱ을 취하고, ㄴ을 버림).

| ㄱ | ㄴ |
|---|---|
| 배든지 사과든지 마음대로 먹어라. | 배던지 사과던지 마음대로 먹어라. |
| 가든지 오든지 마음대로 해라. | 가던지 오던지 마음대로 해라. |

제 57 항  다음 말들은 각각 구별하여 적는다.

| 가름 | 둘로 가름 |
|---|---|
| 갈음 | 새 책상으로 갈음하였다. |
| 거름 | 풀을 썩인 거름 |
| 걸음 | 빠른 걸음 |
| 거치다 | 영월을 거쳐 왔다. |
| 걷히다 | 외상값이 잘 걷힌다. |
| 걷잡다 | 걷잡을 수 없는 상태 |
| 겉잡다 | 겉잡아서 이틀 걸릴 일 |
| 그러므로(그러니까) | 그는 부지런하다. 그러므로 잘 산다. |
| 그럼으로(써) | 그는 열심히 공부한다. 그럼으로(써) |
| (그렇게 하는 것으로) | 은혜에 보답한다. |
| 노름 | 노름판이 벌어졌다. |
| 놀음(놀이) | 즐거운 놀음 |

느리다            진도가 너무 느리다.
늘이다            고무줄을 늘인다.
늘리다            수출량을 더 늘린다.

다리다            옷을 다린다.
달이다            약을 달인다.

다치다            부주의로 손을 다쳤다.
닫히다            문이 저절로 닫혔다.
닫치다            문을 힘껏 닫쳤다.

마치다            벌써 일을 마쳤다.
맞히다            여러 문제를 더 맞혔다.

목거리            목거리가 덧났다.
목걸이            금 목걸이, 은 목걸이

바치다            나라를 위해 목숨을 바쳤다.
받치다            우산을 받치고 간다.
                 책받침을 받친다

받히다            쇠뿔에 받혔다.
밭치다            술을 체에 밭친다.

반드시            약속은 반드시 지켜라.
반듯이            고개를 반듯이 들어라.

부딪치다          차와 차가 마주 부딪쳤다.
부딪히다          마차가 화물차에 부딪혔다.

부치다            힘이 부치는 일이다.        편지를 부치다.
                 논밭을 부친다.            빈대떡을 부친다.
                 식목일에 부치는 글         회의에 부치는 안건
                 인쇄에 부치는 원고         삼촌 집에 숙식을 부친다.

| 붙이다 | 우표를 붙이다. | 책상을 벽에 붙였다. |
| | 흥정을 붙인다. | 불을 붙인다. |
| | 감시원을 붙인다. | 조건을 붙인다. |
| | 취미를 붙인다. | 별명을 붙인다. |

| 시키다 | 일을 시킨다. |
| 식히다 | 끓인 물을 식히다. |

| 아름 | 세 아름 되는 둘레 |
| 알음 | 전부터 알음이 있는 사이 |
| 앎 | 앎이 힘이다. |

| 안치다 | 밥을 안친다. |
| 앉히다 | 윗자리에 앉힌다. |

| 어름 | 경계선 어름에서 일어난 현상 |
| 얼음 | 얼음이 얼었다. |

| 이따가 | 이따가 오너라. |
| 있다가 | 돈은 있다가도 없다. |

| 저리다 | 다친 다리가 저린다. |
| 절이다 | 김장 배추를 절인다. |

| 조리다 | 생선을 조린다. 통조림, 병조림 |
| 졸이다 | 마음을 졸인다. |

| 주리다 | 여러 날을 주렸다. |
| 줄이다 | 비용을 줄인다. |

| 하노라고 | 하노라고 한 것이 이 모양이다. |
| 하느라고 | 공부하느라고 밤을 새웠다. |

| -느니보다(어미) | 나를 찾아 오느니보다 집에 있거라 |
| -는 이보다(의존 명사) | 오는 이가 가는 이보다 많다. |

-(으)리만큼(어미)              그가 나를 미워하리만큼 내가 그에게 잘못한 일이 없다.
-(으)ㄹ 이만큼(의존 명사)       찬성할 이도 반대할 이만큼이나 많을 것이다.

-(으)러(목적)                 공부하러 간다.
-(으)려(의도)                 서울 가려 한다.

-(으)로서(자격)               사람으로서 그럴 수는 없다.
-(으)로써(수단)               닭으로써 꿩을 대신했다.

-(으)므로(어미)               그가 나를 믿으므로 나도 그를 믿는다.
(-ㅁ, -음)으로(써)(조사)        그는 믿음으로(써) 산 보람을 느꼈다.

# 국어의 로마자 표기법

## 제 1 장 표기의 기본 원칙

제 1 항 국어의 로마자 표기는 국어의 표준 발음법에 따라 적는 것을 원칙으로 한다.
제 2 항 로마자 이외의 부호는 되도록 사용하지 않는다.

## 제 2 장 표기 일람

제 1 항 모음은 다음 각호와 같이 적는다.

### 1. 단모음

| ㅏ | ㅓ | ㅗ | ㅡ | ㅣ | ㅐ | ㅔ | ㅚ | ㅟ |
|---|---|---|---|---|---|---|---|---|
| a | eo | o | eu | i | ae | e | oe | wi |

### 2. 이중 모음

| ㅑ | ㅕ | ㅛ | ㅠ | ㅒ | ㅖ | ㅘ | ㅙ | ㅝ | ㅞ | ㅢ |
|---|---|---|---|---|---|---|---|---|---|---|
| ya | yeo | yo | yu | yae | ye | wa | wae | wo | we | ui |

[붙임 1] 'ㅢ'는 'ㅣ'로 소리 나더라도 ui로 적는다.

　[보기] 광희문 Gwanghuimun

[붙임 2] 장모음의 표기는 따로 하지 않는다.

제 2 항 자음은 다음 각호와 같이 적는다.

### 1. 파열음

| ㄱ | ㄲ | ㅋ | ㄷ | ㄸ | ㅌ | ㅂ | ㅃ | ㅍ |
|---|---|---|---|---|---|---|---|---|
| g, k | kk | k | d, t | tt | t | b, p | pp | p |

2. 파찰음

| ㅈ | ㅉ | ㅊ |
|---|---|---|
| j | jj | ch |

3. 마찰음

| ㅅ | ㅆ | ㅎ |
|---|---|---|
| s | ss | h |

4. 비음

| ㄴ | ㅁ | ㅇ |
|---|---|---|
| n | m | ng |

5. 유음

| ㄹ |
|---|
| r, l |

[붙임 1] 'ㄱ, ㄷ, ㅂ'은 모음 앞에서는 'g, d, b'로, 자음 앞이나 어말에서는 'k, t, p'로 적
는다. ([ ]안의 발음에 따라 표기함.)

[보기]  구미 Gumi            영동 Yeongdong

백암 Baegam          옥천 Okcheon

합덕 Hapdeok          호법  Hobeop

월곶[월곧] Weolgot      벚꽃[벋꼳] beotkkot

한밭[한받] Hanbat

[붙임 2] 'ㄹ'은 모음 앞에서는 'r'로, 자음 앞이나 어말에서는 'l'로 적는다. 단, 'ㄹㄹ'은 'll'
로 적는다.

[보기]  구리 Guri            설악  Seorak

칠곡 Chilgok          임실 Imsil

울릉 Ulleung          대관령[대괄령] Daegwallyeong

# 제 3 장 표기상의 유의점

제 1 항 음운 변화가 일어날 때에는 변화의 결과에 다라 다음 각호와 같이 적는다.

1. 자음 사이에서 동화 작용이 일어나는 경우

[보기]  백마[뱅마] Baengma      신문로[신문노] Sinmunno

종로[종노] Jongno        왕십리[왕심니] Wangsimni

별내[별래] Byeollae         신라[실라] Silla

2. 'ㄴ, ㄹ'이 덧나는 경우

   [보기]      학여울[항녀울]Hangnyeoul 알약[알략] allyak

3. 구개음화가 되는 경우

   [보기]      해돋이[해도지] haedoji      같이[가치] gachi

               맞히다[마치다] machida

4. 'ㄱ, ㄷ, ㅂ, ㅈ'이 'ㅎ'과 합하여 거센소리로 소리 나는 경우

   [보기]      좋고[조코] joko          놓다[노타] nota

               잡혀[자펴] japyeo        낳지[나치] nachi

다만, 체언에서 'ㄱ, ㄷ, ㅂ'뒤에 'ㅎ'이 따를 때에는 'ㅎ'을 밝혀 적는다.

   [보기]      묵호  Mukho             집현전 Jiphyeonjeon

[붙임] 된소리되기는 표기에 반영하지 않는다.

   [보기]      압구정 Apgujeong        낙동강 Nakdonggang

               죽변 Jukbyeon           낙성대 Nakseongdae

               합정 Hapjeong           팔당 Paldang

               샛별 saetbyeol          울산 Ulsan


제 2 항 발음상 혼동의 우려가 있을 때에는 음절 사이에 붙임표(-)를 쓸 수 있다.

   [보기]      중앙 Jung-ang           반구대 Ban-gudae

               세운 Se-un              해운대 Hae-undae


제 3 항 고유 명사는 첫 글자를 대문자로 적는다.

   [보기]      부산 Busan              세종 Sejong


제 4 항 인명은 성과 이름의 순서로 띄어 쓴다. 이름은 붙여 쓰는 것을 원칙으로 하되 음절
       사이에 붙임표(-)를 쓰는 것을 허용한다.(( )안의 표기를 허용함.)

   [보기]      민용하 Min Yongha (Min Yong-ha)

               송나리 Song Nari (Song Na-ri)

(1) 이름에서 일어나는 음운 변화는 표기에 반영하지 않는다.

   [보기]      한복남 Han Boknam (Han Bok-nam)

홍빛나 Hong Bitna (Hong Bit-na)

(2) 성의 표기는 따로 정한다.


제 5 항 '도, 시, 군, 구, 읍, 면, 리, 동'의 행정 구역 단위와 '가'는 각각 'do, si, gun, gu, eup, myeon, ri, dong, ga'로 적고 그 앞에는 붙임표(-)를 넣는다. 붙임표(-)앞뒤에서 일어나는 음운 변화는 표기에 반영하지 않는다.

| [보기] | 충청북도 Chungcheongbuk-do | 의정부시 Uijeongbu-si |
|---|---|---|
| | 제주도 Jeju-do | 도봉구 Dobong-gu |
| | 양주군 Yangju-gun | 삼죽면 Samjuk-myeon |
| | 신창읍 Sinchang-eup | 당산동 Dangsan-dong |
| | 인왕리 lnwang-ri | |
| | 봉천 1동 Bongcheon 1(il)-dong | |
| | 종로 2가 Jongno 2(i)-ga | |
| | 퇴계로 3가 Toegyero3(sam)-ga | |

[붙임] '시, 군, 읍'의 행정 구역 단위는 생략할 수 있다.

    [보기]    청주시 Cheongju    함평군 Hampyeong    순창읍 Sunchang


제 6 항  자연 지물명, 문화재명, 인공 축조물명은 붙임표(-)없이 붙여 쓴다.

| [보기] | 남산 Namsan | 속리산 Songnisan |
|---|---|---|
| | 금강 Geumgang | 독도 Dokdo |
| | 경복궁 Gyeongbokgung | 무량수전 Muryangsujeon |
| | 연화교 Yeonhwagyo | 극락전 Geungnakjeon |
| | 안압지 Anapji | 남한산성 Namhansanseong |
| | 화랑대 Hwarangdae | 불국사 Bulguksa |
| | 현충사 Hyeonchungsa | 독립문 Dongnimmun |
| | 오죽헌 Ojukheon | 촉석루 Chokseongnu |
| | 종묘 Jongmyo | 다보탑 Dabotap |


제 7 항  인명, 회사명, 단체명 등은 그동안 써 온 표기를 쓸 수 있다.

제 8 항  학술 연구 논문 등 특수 분야에서 한글 복원을 전제로 표기할 경우에는 한글 표
기를 대상으로 적는다. 이 때 글자 대응은 제2장을 따르되 'ㄱ, ㄷ, ㅂ, ㄹ'은 'g,
d, b, l'로만 적는다. 음가 없는 'ㅇ'은 붙임표(-)로 표기하되 어두에서 생략하는 것
을 원칙으로 한다. 기타 분절의 필요가 있을 때에도 붙임표(-)를 쓴다.

| [보기] | 집 jib | 짚 jip |
|---|---|---|
| | 밖 bakk | 값 gabs |
| | 붓꽃 buskkoch | 먹는 meogneun |
| | 독립 doglib | 문리 munli |
| | 물엿 mul-yeos | 굳이 gud-i |
| | 좋다 johda | 가곡 gagog |
| | 조랑말 jolangmal | 없었습니다 eobs-eoss-seubnida |

# 틀리기 쉬운 표준어

※ 형태소나 단어의 앞에 ×표가 되어 있는 것은 틀린 표기임.

-거리다/-대다

-구려/×-구료/×구랴

-구먼/×-구만/×-구면

-내기/×-나기(서울내기)

-녘/×녁

-다마다/-고말고

-둥이/×-동이(쌍둥이)

-뜨리다/-트리다

-만큼/-만치

-스레하다/-스름하다

-에는/×-엘랑

-올시다/×-올습니다

-(으)려고/×-(으)ㄹ려고/×-(으)ㄹ라고

-(으)려야/×-(으)ㄹ려야/×-(으)ㄹ래야

-(으)세요/-(으)셔요

-을런가/×을런고

-을진대/×을진댄

-이에요/-이어요

가는허리/잔허리

가랑이/×가랭이, 바짓가랑이/×바짓가랭이

가뭄/가물

가엾다/가엽다(가엾어/가여워, 가엾은/가여운)

감감무소식/감감소식

강낭콩/×강남콩

꺼림칙하다/께름칙하다/×꺼림찍하다

거슴츠레하다/게슴츠레하다

거시기/×거시키

거짓말하다/×거짓말시키다

게을러빠지다/게을러터지다

고까/꼬까/때때(고까신, 꼬까신, 때때신)

고린내/코린내

고샅/×고살, 겉고샅/속고샅

곰곰/곰곰이

광주리/×광우리

괴다/고이다

괴발개발/×개발새발/×개발쇠발

괴팍하다/×괴팍하다

구린내/쿠린내

국물/×멀국/×말국

귀고리/×귀걸이

귀이개/×귀개

귀지/×귀에지

귀퉁이/귀퉁머리/귀퉁배기

귓속말/귀엣말

금세/×금새

기어코/기어이

기장/길이(바지 기장, 바지 길이)

길잡이/길라잡이/×길앞잡이

까다롭다/×까닭스럽다/×까탈스럽다

깡총하다/껑충하다(다리가 길다)

깡충깡충/껑충껑충/×깡총깡총

꺼림하다/께름하다

꼭두각시/×꼭둑각시

꼽추/곱사/곱사등이

꾀다/꼬이다

나무라다/×나무래다

나지막하다/×낮으막하다

낚아채다/×나꿔채다

남녀/×남여/남·여

냄비/×남비

내로라하는/내노라하는

냠냠/×얌얌/×얌냠

넝쿨/덩굴

네/예

노을/놀

눈곱/×눈꼽

느리광이/느림보/늘보

느지감치/느지거니/느지막이

느지막하다/×늦으막하다

다기지다/다기차다

다오/×다구

담그다/×담구다

댑싸리/×대싸리

댓돌/툇돌/섬돌

덤터기/×덤테기

돌/×돓

돼지감자/뚱딴지

들락날락/들랑날랑

들쑥날쑥/들쭉날쭉

등/등때기/×등떠리

딴전/딴청

똬리/×또아리

막대기/막대

머무르다/머물다

멀찌감치/멀찌가니/멀찍이

멋쩍다/×멋적다

멍게/우렁쉥이

무/×무우/×무수

물방개/선두리

미루나무/×미류나무

미숫가루/×미싯가루

민망스럽다/면구스럽다/×민주스럽다

발목/발모가지/발목쟁이/×발목아지/×발목장이

밭장다리/×밭짱다리

벌레/버러지/×벌거지/×벌러지

보통내기/여간내기/예사내기

복슬복슬/북슬북슬/×복실복실/×북실북실

볼따구니/볼퉁이/볼때기/×볼

봉숭아/봉선화/×봉숭화

부각/×튀각/×다시마자반

부스럼/×부럼

부스스하다/푸시시하다/×부시시하다

부조(扶助)/×부주

부침개질/부침질/지짐질/×부치개질

부항단지/×뜸단지/×부항항아리

붉으락푸르락/×푸르락붉으락

빈대떡/×빈자떡

빠뜨리다/빠트리다/×빠치다

뺨따귀/×뺨따귀/×뺨따구니

뻗정다리/×뻗쩡다리/×뻗장다리

뽐내다/×뽑내다

사거리/네거리

사글세/월세/×삭월세
사돈/×사둔
살쾡이/×삵괭이
삼가다/×삼가하다
삼촌(三寸)/×삼춘
상소리/쌍소리
상추/×상치
상판대기/×쌍판대기
생인손/생손/×생안손
생쥐/×새앙쥐
서두르다/서둘다
서럽다/섧다/×설다
서슴지 않다/×서슴치 않다
서투르다/서툴다
설거지/×설겆이
손목시계/×팔목시계/×팔뚝시계
손수레/×손구루마
솔개/×소리개/×솔개미
쇠-/소-(소고기/쇠고기)
수꿩/×수퀑/×숫꿩
수놈/×숫놈
수소/×숫소
수캉아지/×숫강아지
수캐/×숫개
수탕나귀/×숫당나귀
수톨쩌귀/×숫돌쩌귀
수평아리/×숫병아리
숫양/×수양
숫염소/×수염소
숫쥐/×수쥐
승낙/×승락
시누이/시뉘/시누

시름시름/×시늠시늠
신/신발
심술꾸러기/심술쟁이/×심술보
쌍동밤/×쪽밤
쐬다/쏘이다
씁쓰레하다/씁쓰름하다
아기/×애기
아래로/×알로
아래위/위아래
아무튼/어떻든/어쨌든/하여튼/여하튼
아비/×애비
아지랑이/×아지랭이
안절부절못하다/×안절부절하다
안짱다리/×안장다리
애꾸/애꾸눈/애꾸눈이/외눈박이
애달프다/×애닯다
애순/어린순
양파/×둥근파
어미/×에미
어저께/어제
언덕바지/언덕빼기
언제나/×노다지
얼렁뚱땅/엄벙뗑
에다/×에이다(살을 에는 추위)
여느/×여늬
여쭈다/여쭙다
여태껏/이제껏/입때껏/×여직껏
열어제치다/×열어젖히다/×열어제끼다
엿기름/엿길금
오누이/오뉘/오누
오뚝이/×오똑이/×오뚜기
오순도순/×오손도손

옥수수/강냉이

올바르다/×옳바르다

외우다/외다

우레/천둥/×우뢰

으레/×으레이/×으례/×으례히

으스대다/×으시대다

으스스하다/×으시시하다

이기죽거리다/이죽거리다

일찌감치/일찌거니

자두/×오얏

자물쇠/자물통

잔돈/×잔전

잠그다/×잠구다

장가들다/장가가다

재롱떨다/재롱부리다

적이/×저으기

제가끔/제각기

제비초리/×제비추리

좀처럼/좀체/×좀체로

죄다/조이다

주책없다/×주책이다

쥐락펴락/×펴락쥐락

지겟다리/×목발

짚북데기/×짚북세기/×짚북더기

짜깁기/×짜집기

쬐다/쪼이다

차갑다/×차겁다

착잡하다(마음이)/×착찹하다

천연덕스럽다/천연스럽다

천장(天障)/×천정

철따구니/철딱서니/철딱지

총각무/×알무/×알타리무

추어올리다/추어주다/×추켜올리다

축가다/축나다

침놓다/침주다

칸/×간 칸막이, 빈칸/초가삼간, 윗간

케케묵다/×켸켸묵다

털어먹다/×떨어먹다

튀기/×트기

푿소(고기)/×풀소(고기)

풍비박산/×풍지박산

한턱내다/한턱하다

허드레/×허드래

허우대/×허위대

허우적거리다/×허위적거리다

호루라기/×호루루기

흠가다/흠나다/흠지다

흰말/백마/×백말

## [부록 4]

# 틀리기 쉬운 외래어 표기 용례


※ 단어 앞에 ×표가 있는 것은 틀린 표기임.


가스/×까스/×개스/×깨스

가운/×까운

깁스/×기브스/×기부스

난센스/×넌센스/×넌쎈스

내래이션/×나래이션

네트워크/×네트웍

녹다운/×넉다운

논픽션/×넌픽션/×난픽션

다큐멘터리/×다큐멘타리

데뷔/×데뷰/×데비

데이터 베이스/×데이타 베이스

도넛/×도너츠/×도너스

드라이 클리닝/×드라이 크리닝

드리블/×드리볼

디지털/×디지탈/×디지틀

라디에이터/×라디에타/×라디에터

라이선스/×라이센스

랑데부/×랑데뷰

러닝셔츠/러닝샤쓰/×런닝셔츠/×런닝샤쓰/×런닝셔쓰

레슬링/×레스링

레이더/×레이다

레이저/×레이져

렌터카/×렌트카

로봇/×로보트

로열티/×로얄티

로켓/×로케트/×로킷

록(음악)/×락(음악)

롤러 스케이트/롤라 스케이트/×로울러 스케이트

루주/×루즈

리모컨/×리모콘

리시브/×리씨브

리포트/×레포트

립스틱/×맆스틱

링거/×링겔/×링게르

마가린/×마아가린

마네킹/×마네킨

마니아/×매니아

마사지/×맛사지

매머드/×맴머드/×맘모스

머플러/×머프러/×마후라

멍키 스패너/×몽키 스패나

몽타주/×몽타지

미스터리/×미스테리

바리케이드/×바리케이트

바셀린/×바세린

바스켓/×배스킷/×바스킷

배지/×뺏지/×뱃지

배터리/×밧데리/×빳데리

배턴 터치/×바톤 터치

백미러/×빽미러

밸런스/×발란스/×바란스

버저/×부자

벤처 기업/×벤쳐 기업

보닛/×본넷/×본네트

보일러/×보일라/×보이라

볼링/×보울링

부르주아/×부르조아/×브르조아

부시먼(족)/×부시맨

불도그/×불독

뷔페/×부페/×비페

브이티아르/×브이티알

블라우스/×브라우스

블로커(blocker)/×브로커(cf.브로커,broker)

블로킹/×브로킹

비스킷/×비스켓/×비스켈

사디즘/×새디즘

사우나/×싸우나

사이코 드라마/×싸이코 드라마

산타 클로스/×산타 크로스

새시/×샤시/×샷시/×섀시

샤쓰/셔츠/×셔쓰

샴푸/×샴프

세미나/×쎄미나/×세미나르/×쎄미나르

세트/×쎄트/×쎌/×셀

소시지/×소세지

소파/×쇼파

쇼맨십/×쇼우맨십/×쇼맨쉽

수프/×스프/×슾

쉬르리얼리즘/×슈르리알리즘/×슈르레알리즘

슈퍼마켓/×수퍼마켓

스낵 코너/×스넥 코너

스노 타이어/×스노우 타이어

스카우트/×스카웃

스테이플러/×스테플러

스티로폴/×스티로폼

스펀지/×스폰지

시즌/×씨즌

심포지엄/×심포지움

아나운서/×어나운서

아날로그/×아나로그

아코디언/×어코디언

악센트/×액센트/×악쎈트

알고리즘/×앨고리즘

알코올/×알콜

앙케트/×앙케이트

앙코르/×앙콜/×앵콜

애프터 서비스/×아프터 서비스

액세서리/×악세사리/×악세서리

앰뷸런스/×엠불런스

어댑터/×어답터

어셈블리/×어셈불리

에메랄드/×에머랄드

에어컨/×에어콘

에페/×에뻬(펜싱)

엑셀러레이터/×엑셀레이터/×악셀레이터

옐로 카드/×옐로우 카드

오프사이드/×옵사이드/×옵싸이드

와이셔츠/×와이샤쓰

요구르트/×요쿠르트/×야구르트

인스턴트/×인스탄트

재즈/×째즈

재킷/×자켓/×쟈켓

잭나이프/×재크나이프

젤리/×제리

주스/×쥬스/×쥬우스

챔피언/×챔피온/×참피온

초콜릿/×초코렛/×초컬릿/×쵸코렛

카 센터/×카 센타

카바레/×캬바레

카바이드/×카바이트

카뷰레터/×캬부레타/×캬뷰레다

카스텔라/×카스테라

카운슬러/×카운셀러

카탈로그/×캬타로그

카톨릭/×카도릭/×캐도릭/×캐톨릭

카페/×까페

카펫/×카페트

캐러멜/×케러멀/×캬라멜

캐비닛/×캐비넷

커뮤니케이션/×코뮤니케이션

커버/×카바/×카버

커튼/×커텐/×카텐

컨트롤/×콘트롤

컬러 티브이/×칼라 티브이/×칼라 티비

케이크/×케익/×케잌

케첩/×케찹/×캐찹/×캐첩

코냑/×꼬냑

코르크/×콜크

코미디언/×코메디언

콤마/×코마/×컴마

콤플렉스/×컴플렉스/×컴프렉스

쿠데타/×쿠테타

크리스마스/×크리스머스

크리스털/×크리스탈

클라이맥스/×클라이막스

클랙슨/×크락션/×클랙션

클럽/×크럽

클로버/×크로버/×크로바

타깃/×타겟/×타킷/×타켓

타이츠/×타이즈

태코미터/×타코미터/×타코메다

텔런트/×탈렌트

터미널/×터미날

테이프/×테입/×테잎

텔레비전/×테리비/×테레비전/×텔레비젼

토너먼트/×토너멘트/×토나멘트

톱 스핀/×탑 스핀

튤립/×튜립

트로트/×트롯

파마(-하다)/×퍼머(-하다)

파이팅/×화이팅

파일/×화일

팔레트/×빠레트

팡파르/×팡파레/×빵빠레

패러독스/×파라독스

팩시밀리/×팩스

팸플릿/×팜프렛/×팜플렛

포어핸드/×포핸드

포워드/×포드/×포어드

포클레인/×포크레인

프라이팬/×플라이팬/×후라이팬

프런트 코트/×프론트 코트

프리미엄/×프레미엄/×프리미움

플라스틱/×프라스틱/×플래스틱

플래시/×프라시/×플라시/×후래시/×후라시

플래카드/×프랑카드/×플랭카드

플랫폼/×플랫홈/×프랫폼

플뢰레/×플로레(펜싱)

플루트/×플룻/×프루트/×플류트

피브이시(PVC)/×피브이씨

필름/×필림

핫케이크/×핫케잌

호르몬/×홀몬

히터/×히타

≪나라이름 · 지명 · 인명 기타≫

〈나라이름〉

네덜란드/×네델란드

말레이시아/×말레이지아

에스파냐/스페인/×에스파니아

에티오피아/×이디오피아/×에디오피아

싱가포르/×싱가폴

아랍에미리트/×아랍에미레이트

캐나다/×카나다


〈지명〉

아시리아/×앗시리아(서남 아시아)

그린란드/×그린랜드

나폴리/×나포리(이탈리아)

네브래스카/×네브라스카(미국)

노스캐롤라이나/×노스캐로라이나(미국)

댈러스/×달라스(미국)

리우데자네이루/×리오데자네이로(브라질)

마르세유/×마르세이유(프랑스)

몬태나/×몬타나(미국)

몬트리올/×몬트리얼(캐나다)

몽블랑 산/×몽브랑 산(프랑스)

베르사유/×베르사이유(프랑스)

베를린/×베르린(독일)

보훔/×보쿰(독일)

블라디보스토크/×블라디보스톡(러시아)

사할린/×사하린(러시아)

산타클라라/×산타크라라(쿠바)

상파울루/×쌍파울루(브라질)

샹파뉴/×상파뉴(프랑스)

소르본/×소르본느(프랑스)

슈투트가르트/×슈트트가르트(독일)

스와질란드/×스와질랜드

아크로폴리스/×아크로포리스(그리스)

알래스카/×알라스카(미국)

알자스/×알사스(프랑스)

앙카라/×앵커라(터키)

애리조나/×아리조나(미국)

애틀랜타/×아틀랜타/×아트랜타(미국)

앨라배마/×알라바마(미국)

앵커리지/×앙카리지(미국)

에든버러/×에딘버러(영국)

오리건/×오레곤(미국)

옥스퍼드/×옥스포드(영국)

잘츠브르크/×짤쓰브르크/×짤스브르그(오스트리아)

취리히/×쮜리히(스위스)

카사블랑카/×카사브랑카(모로코)

캐롤라인 제도/×캐로라인 제도(태평양)

캔자스/×칸사스/×캔사스(미국)

캘커타/×칼커타/×칼카타(인도)

컬럼비아/×콜롬비아(미국)

케이프 타운/×케잎 타운(남아공)

케임브리지/×켐브리지(영국)

콸라룸푸르/×쿠알라룸푸르(말레이시아)

클리블랜드/×크리브랜드(미국)

타슈켄트/×타슈겐트(우즈베키스탄)

템스 강/×테임즈 강(영국)

티베트 고원/×티벳 고원(티베트)

펀자브/×펀잡(인도)

포츠담/×포스담(독일)

포클랜드/×포크랜드(남대서양)

프로방스/×플로방스(프랑스)

플로리다/×프로리다(미국)

하바로프스크/×하바로푸스크(러시아)

하이델베르크/×하이델베르그(독일)

할리우드/×헐리웃/×헐리우드/×허리우드(미국)

호놀룰루/×호놀루루(하와이)

〈인명〉

아그리파/×아그리빠(로마)

보부아르/×보바르/×보바리(프랑스)

벤저민/×벤자민(성서;이스라엘)

브람스, 요하네스/×브라암스, 요하네스(독일)

카이사르/시저/×케사르(로마)

카뮈, 알베르/×까뮈, 알베르(프랑스)

체호프, 안톤/×체홉, 안톤(러시아)

칭기즈 칸/×징기스 칸(몽고)

덩컨, 이사도라/×던컨 이사도라(미국)

드로브자크/×드로브작(체코)

엘리엇/×엘리어트(영국)

프로이트, 지크문트/×프로이드, 지그문트(오스트리아)

고흐/×고호(네덜란드)

피아제/×삐아제(스위스)

푸슈킨/×푸시킨(러시아)

생텍쥐페리/×생떽쥐베리(프랑스)

워즈워스, 윌리엄/×워즈워드, 윌리엄(영국)

# 외래어 순화 용례

〈생활 외래어〉

가이드라인 → 지침

가타로구/가다록구 → 목록, 일람표, 설명서, 본보기책, 카탈로그

갤러리 → 그림방, 화랑

그라운드 → 경기장, 운동장

그로테스크하다 → 기괴하다

내래이션 → 해설

내추럴하다 → 자연스럽다

너트 → 암나사

네거티브하다 → 부정적이다

녹아웃시키다 → 맥 못 쓰게 하다

닉네임 → 별명, 애칭

다운타운 → 도심/도심지

다이내믹하다 → 생동적이다, 역동적이다

다이어리 → 일기장

데코레이션 → 장식/장식품

도어 → 문

도어맨 → (현관) 안내인

도킹하다 → 만나다

드라마틱하다 → 극적이다

드라이브정책 → 주도 정책

드라이플라워 → 말린꽃

디시 → 에누리, 할인

디테일하다 → 미세하다, 섬세하다, 세밀하다

라이프사이클 → 수명, 생애 주기

라이프스타일 → 생활 양식

라인 → 선, 줄, 금

랜덤하게 → 임의로, 무작위로

러닝타임 → 상영 시간

러시 → 붐빔

러프하다 → 거칠다

레벨 → 수준

레이스 → 경주, 달리기

로열박스 → 귀빈석

롱런하다 → 장기 흥행하다

루머 → 소문, 풍문, 뜬소문

리드미컬하다 → 율동적이다

리믹스하다 → 재합성하다, 재혼합하다

리뷰 → 비평, 편람

리빙룸 → 거실

리사이클링 → 재활용

리얼리티 → 현실감, 사실성

리얼하다 → 사실적이다, 현실감 있다

리조트 → 휴양지

리코딩 → 녹음, 기록

마스터피스 → 걸작

마일드하다 → 부드럽다, 순하다

메리트시스템 → 성과급 제도

메신저 → 전달자

멜랑콜리하다 → 우울하다

멜로 → 통속극

모닝스페셜 → 아침 특식/아침 별식

모던하다 → 현대적이다

모럴 → 도덕, 도의

모멘트 → 계기, 동기
무비스타 → 영화 배우
미네랄워터 → 광천수, 탄산수, 생수, 먹는 샘물
미스 → 실수
미시즈/미세스 → 부인
믹스하다 → (뒤)섞다 →
바겐세일 → 싸게 팔기, 할인 판매
바이어 → 구매자, 구매상, 수입상
백그라운드 → 바탕, 배경
버라이어티쇼 → 호화쇼
버전 → 판
베일 → 장막
보이콧 → 거절, 거부, 배척
부킹 → 예약
북디자인 → 책 도안/책 디자인
브랜드 → 상표
브레인풀제 → 두뇌 은행제
브로커 → 중개인, 거간
브이아이피 → 귀빈, 요인
블라인드 → 가리개
블랙리스트 → 감시 대상 명단, 요주의자 명단
샌드페이퍼 → 사포, 속새
샘플링 → 표본 뽑기
샤프하다 → 날카롭다, 산뜻하다, 선명하다
서머스쿨 → 여름 학교
서빙하다 → 봉사하다, 접대하다, 내다
선캡 → 볕가림 모자
센서티브하다 → 예민하다, 민감하다
센세이셔널하다 → 놀랍다, 충격적이다
소프트하다 → 부드럽다
쇼킹하다 → 충격적이다
쇼트헤어 → 짧은 머리
스커트 → 치마
스킨십 → 살갗닿기, 피부 접촉

스킨케어 → 피부 관리/피부 치료
스타트 → 출발, 시작
스타팅멤버 → 선발(先發) 선수
스태미나 → 힘, 정력, 원기
스터디그룹 → 연구회
스테이지 → 무대
스테이플러 → 찍개
스토리 → 이야기, 줄거리
스트라이크 → 파업
스트레이트 → 곧바로, 곧바른
스티커 → 붙임 딱지
스퍼트 → (막판/끝판)힘내기
스펙터클하다 → 웅장하다, 거창하다, 거대하다
스포트라이트 → 각광, 주시
스포티하다 → 날렵하다, 경쾌하다
스폰서 → 후원자, 광고 의뢰자
스프레이 → 분무, 분무기
스피디하다 → 빠르다
슬림형 → 좁은형, 납작형
시니컬하다 → 냉소적이다
시드 → 우선권
시즌 → 철, 계절
신 → 장면
심플하다 → 단순하다
싱글이다 → 독신이다, 미혼이다
싱크탱크 → 두뇌 집단
아웃사이더 → 문외한, 국외자
아이덴티티 → 일체감, 정체성
아이러니칼하다 → 역설적이다, 모순적이다
아이쇼핑 → 눈요기
아카데믹하다 → 학문적이다, 학술적이다
아티스트 → 예술가
악성루머 → 나쁜 소문, 질 나쁜 뜬소문
어드바이스 → 조언, 충고, 도움말

어드벤처 → 모험

어시스트 → 도움

어필하다 → 호소하다, 항의하다, 이의제기하다

언더그라운드 → 장외, 지하

언밸런스 → 불균형, 부조화

업그레이드 → 상승, 개선, 승급

업그레이드하다 → 개선하다, 상승시키다

에로틱하다 → 선정적이다

에이에스(A/S) → 뒷관리, 뒷봉사, 뒷손질, 뒷수리, 사후 관리, 사후 봉사

에이프런 → 앞치마

에코 → 메아리, 반향

에키스/엑기스 → 진액

에티켓 → 예절, 예의, 품위

엔트리 → 참가자, 참가자 명단

엠티(M.T) → 수련 모임

오디션 → (실연)심사, 검사

오리엔테이션 → 예비 교육, 안내, 안내 교육

오리지널 → 본, 원본, 독창적

오픈하다 → 개업하다

옴니버스 → 엮음, 복합-

와이프 → 처, 아내, 부인, 집사람, 안사람

와일드하다 → 거칠다

워밍업 → 준비 (운동), 몸풀기

유니섹스 → 남녀 겸용

유머센스 → 익살기, 유머 감각

이니셔티브 → 주도권

이니셜 → 머리글자

이미테이션 → 모조, 흉내, 모방

이벤트 → 사건, 행사

인센티브 → 유인책, 조성책

인터내셔널 → 국제(적)

인테리어 → 실내 장식

임팩트하다 → 충격적이다

제로베이스 → 원점 기준, 영(점) 기준, 원점

제스처 → 몸짓

조크 → 농담, 우스개

주니어 → 청소년, 중급자

체인점 → 연쇄점

카운터 → 계산대, 계산기

카운트다운 → 초읽기

카풀 → (승용차) 함께 타기

카피라이터 → 광고문안가

캐리운먼 → 전문 여성

캐릭터 → 개성

캐스터 → (현장) 진행자

캐스트 → 배역

캐스팅보트 → 결정권

캐주얼 → 평상(복)

캐치프레이즈 → (선전) 구호

캘린더 → 달력, 일력

커뮤니케이션 → 의사전달, 의사소통

커미션 → 수수료, 구전, 구문, 중개료

커버스토리 → 표지 기사

커버하다 → 감추다, 감싸다, 망라하다, 장악하다

커트되다 → 중지되다, 단절되다

커트라인 → 한계선, 합격선

커플 → 쌍, 짝, 부부

컨트롤하다 → 통제하다, 조절하다

컬러 → 색상, 색깔, 빛깔

컬러플하다 → 다채롭다

컬렉션 → 수집

컴백하다 → 되돌아오다

케이스 → 예, 경우

코디네이션 → 조합

코디네이트 → 조화

코멘트 → 한말씀, 의견말, 논평, 해설

코뮈니케 → 성명(서)

코믹터치 → 익살풍, 희극적 기법
코스모폴리턴/코스모폴리탄 → 세계주의자
코스트 → 비용, 든 값
콘테스트 → 경연, 대회, 경기
콘트라스트 → 대비
콤팩트 → 압축, 간편
콤퍼지션 → 구성
쿠키 → 과자
크레티트카드 → 신용 카드
클레임 → 배상 청구
클리닝 → 마른 빨래, 마른 세탁
타이밍 → 때맞춤, 적기
타이트하다 → 빠듯하다, 팽팽하다, 밀도 있다
타이틀 → 제목, 표제
타이틀 → 제목, 표제
타이틀곡 → 주제곡
터프하다 → 거칠다
테이블세팅 → 상차림
테크놀로지 → 과학 기술
텔레마케팅 → 원거리 판매
튜닝 → 조율, 조절
트러디셔널하다 → 전통적이다
트러블 → 말썽, 충돌, 고장, 문제점, 불화
트레킹 → 모험 여행
트로이카 → 삼두 마차
트릭 → 속임수
티슈 → 화장지
티켓 → 표, 권, 참자 자격, 출전 자격
티타임 → 휴식 시간
티테이블 → 차 탁자
파워 → 힘, 권력
파워게임 → 세력 다툼, 권력 다툼, 힘 겨루기
파워플하다 → 힘있다
파트타임 → 시간제 근무

패스하다 → 전하다, 건네다, 연계하다
패스하다 → 지나다, 합격하다, 통과하다
팬시점 → 선물 가게
퍼스낼리티 → 개성
펀드 → 기금
페치카 → 벽난로
포럼 → 공개 토론회
포맷 → 양식, 체제, 서식, 구성
포인트 → 효과, 강조(점)
포지션 → 자리, 지위
포커스 → 초점
포켓 → (호)주머니
포터블 → 휴대용
풀서비스 → 완전 봉사
풀스토리 → (온)내력
프라임시간대 → 황금 시간대
프랜차이즈형 → 지역할당형
프로모션 → 흥행사
프로포즈 → 제안, 청혼
플래시 → 주시, 주목
플랜 → 계획
피날레 → 마지막, 마무리
피크 → 절정(기), 한창
피크닉 → 소풍
핀트 → 초점
하이틴 → 청소년, 십대
핫이슈 → 주논점, 주관심사
핸섬하다 → 말쑥하다, 멋있다
허니문 → 신혼
허스키 → 쉰 목소리
헤게모니 → 주도권
헤드라인 → 표제(기사), 기사(제목), 머릿기사
헤어드라이어 → 머리 말리개
헤어밴드 → 머리띠

헤어스타일 → 머리 모양

홈뱅킹 → 안방 거래

홈커밍데이 → 모교 방문일

후드 → 덮개, 걸치개

휴머니티 → 인성, 인간성

히든카드 → 숨긴 패, 비책

히트하다 → 적중하다, 들어맞다


〈일본어투 순화〉

가디간 → 카디건

가라 → 가짜, 헛-

가미소리 → 면도칼, 면도기, 면도날

가부시키/가부시끼 → 나눠내기, 추렴

가오 → 얼굴, 체면

가오다시 → 우두머리

가이단(階段) → 층계, 계단

가케우동/가께우동 → 가락국수

가쿠목 → 각목, 각재

가쿠부치 → 틀, 액자

각반 → 행전

간조 → 셈, (노임)계산, 품삯(셈)

간키리/깡기리 → 깡통따개, (통조림)따개

겐노 → 쇠메

견습 → 수습

견출지 → 찾아보기 표

결석계 → 결석 신고, 결석신고서

고로케 → 크로켓

고리 → 비싼 변, 비싼 변리, 비싼 이자

고바이 → 물매, 기울기, 오르막, 비탈

고수부지 → 둔치, 둔치 마당, 강턱

곤로 → 풍로, 화로

곤색 → 감색, 검남색, 진남색

곤조 → 본성, 심지, 근성

곰장어/꼼장어 → 먹장어

공구리 → 양회반죽, 콘크리트

공차 → 빈차

교정스리 → 교정쇄

구루마 → 수레, 달구지

구리스 → 윤활유, 그리스

구배 → 물매, 기울기, 오르막, 비탈

구인 → 끌어감

구입선 → 구입처

구좌 → 계좌

구치/구찌 → 못

굴삭기 → 굴착기

금회 → 이번

기라성 → 빛나는 별

기리카에/기리까이 → 바꾸기, 교체

기마에/기마이 → 선심, 호기

기소 → 기초, 밑바탕

기소공구리 → 기초 콘크리트

기스/기즈 → 흠/흠집

기지 → 천

꼬붕 → 부하

낑깡 → 동귤

나가레/나가리 → 유찰, 깨짐

나대지 → 빈 집터

나라비/나래비 → 줄서기

나라시 → 고르기, 고루펴기

남바 → 번호, 호(수), 넘버

네지 → 나사(못)

네지마와시 → 나사돌리개, 나사틀개, 드라이버

네타바이/네다바이 → 사기, 야바위

노가다 → (공사판)노동자, 막일꾼, 인부

노견 → 갓길

노깡 → 토관

노리카에/노리까에 → 갈아타기

니꾸사꾸 → 배낭

다대기 → 다짐, 다진 양념

다마 → 구슬, 알

다마네기 → 양파

다액 → 많은 금액, 많은 돈, 큰 액수, 큰 돈

다이 → 대, 받침, 받침대

다이루/타이루 → 타일

다이야 → 바퀴, 타이어

다쿠안/다꾸앙 → 단무지

단가/당가 → 들것

단도리 → 채비, 단속

단스 → 장롱, 옷장

닭도리탕 → 닭볶음탕

데모토/데모도 → 곁꾼, 보조공

데스리 → 난간

덴조 → 천장

덴치/덴찌 → 손전등

덴푸라/뎀뿌라 → 튀김

도기다시/도끼다시 → 갈기, 갈아닦기, 갈아내기

도라이바 → 나사돌리개, 드라이버

도란스 → 변압기

도합 → 모두, 합계

동해 → 언 피해

두유 → 콩기름

따불 → 곱, 겹, 갑절

뗑깡 → 생떼

뗑뗑이 → 물방울, 물방울 무늬

라이방 → 보안경, 색안경

라지에타 → 방열기, 라디에이터

레루 → 레일

레자 → 인조 가죽

레지 → (다방)종업원

레테르/레떼루 → 상표

렌가 → 벽돌

로바타야키/노바다야끼 → 화로구이

로타리 → 둥근거리, 로터리

루베 → 세제곱미터, 입방미터

리야카/니야까 → 손수레

마키/마끼 → 두루말이, 김말이

마타도어 → 흑색 선전, 모략 선전

마호병 → 보온병

마후라 → 목도리, 소음기, 머플러

만땅 → 가득, 가득 채움/가득 참

맘모스 → 큰, 대형, 매머드

매물 → 팔 물건, 팔 것

매상금 → 판매액

매크로 → 거시적

메타기/메다기 → 계기, 계량기, 미터기

멸실 → 없어짐

모나카 → 팥소 과자

모치/모찌 → 떡

몸뻬 → 일바지, 왜바지

무뎃뽀 → 무모, 막무가내

미깡 → 감귤, 귤, 밀감

미숀/미숑 → 변속기, 트랜스미션

미싱 → 재봉틀

밀크(우유)

바라시 → 뜯기, 헐기, 해체

바란스 → 균형, 밸런스

바로미터 → 잣대, 척도, 지표

바케쓰/바께쓰 → 양동이

반네루 → 널빤지, 판자, 패널

밤바 → 완충기, 범퍼

밧테리/밧데리 → 축전지, 배터리

방가로 → 방갈로

배수 → 물빼기

배수구 → 물빼기 도랑

백그라운드 → 바탕, 배경

백미라 → 뒷거울, 백 미러

베니야/베니다 → 합판, 베니어

보나스/뽀나스 → 상여금, 보너스

보단/보당 → 단추, 누름쇠, 버튼

보이라 → 증기통, 보일러

복지 → 양복감, 양복천

분파이 → 분배, 노늠, 노느매기, 나누기

비까번쩍하다 → 번쩍번쩍하다

비로도 → 빌로드, 벨벳, 우단

빠루 → 노루발못뽑이, 배척

빵꾸 → 구멍(내기/나기), 흠구멍, 펑크

뻬빠 → 사포, 속새

뻥끼 → 페인트

뻥끼칠 → (페인트)칠

뽐뿌 → 펌프

사라 → 접시

사라다 → 샐러드

사루비아 → 깨꽃, 샐비어

사시미 → 생선회

사시코미 → 꽂개집, 콘센트

사양 → 설명, 설명서, 품목

사쿠라 → 벗나무

산림조합 → 임업 협동 조합

산입하다 → 셈에 넣다

상종가 → 상한가

새루모타/세루모다 → 시동 모터

생선가쓰 → 생선튀김

샷시 →(알루미늄) 문틀/창틀, 새시

샷타/샷따 → 덧닫이, 여닫개, 셔터

세무/쎄무 → 섀미가죽

센베이 → 전병과자

센타 → 본부, 중앙, 중심, 중심-지/-점/-집/-소, 센터

소데나시 → 맨팔옷, 민소매, 소매없는 옷

소라색 → 하늘색, 하늘 빛깔

소맥분 → 밀가루

소보로빵/소보루빵 → 곰보빵

쇄석쌓기 → 깬돌쌓기

쇼바 → 완충기

수간주사 → 나무 주사

수입고 → 수입량

수입선 → 수입처, 수입국

수출고 → 수출량

수타국수 → 손국수

수확고 → 수확량

숙박계 → 숙박부, 숙박장부, 숙박 신고서

스기 → 삼나무

스덴/스뎅 → 안녹쇠, 스테인리스

스라브 → 바닥판, 평판, 슬래브

스레토/스레뜨 → 슬레이트

스페이스 → 공간, 여백

스푼 → 숟가락, 술

승강장 → 차타는 곳

시건장치 → 잠금장치

시로토/시로또 → 신출내기, 풋내기, 초보자

시마이 → 끝냄, 끝남, 마감, 끝(마침)

시아게 → 끝손질, 마무리

시오야키/쇼야키 → 소금구이

시타/시다 → 보조원

시험관내배양 → 기내 배양

십팔번 → 단골 장기, 단골 노래

싱 → 심, 심지, 속

쓰메키리/쓰메끼리 → 손톱깎이

쓰봉 → 양복 바지

쓰부 → (알갱이)다이아몬드

쓰키다시 → 곁들이 안주

아까징끼 → 머큐로크롬, 빨간약

아나고 → 붕장어, 바다 장어

아나고튀김 → 붕장어 튀김

아시마 → 발판, 비게

아키바레/아끼바레 → 추청벼     윤중제 → 섶둑, 둘렛둑
악세사리 → 장식물, 노리개, 치렛감, 액세서리     음용수 → 먹는 물, 마시는 물
앙꼬 → 팥소     이지메 → (집단) 괴롭힘
야리쿠리 → 둘러대기, 꾸며대기     인프레 → 인플레이션
야지 → 야유     잇파이/입빠이 → 가득, 한껏, 많이, 가득들이
야키만두/야끼만두 → 군만두     자부돈/자부동 → 방석
양갱 → 단팥묵     잣쿠/자꾸 → 지퍼
양자 → 양성자     저변 → 밑바닥
어분 → 생선 가루, 물고기 가루     절취사면 → 땅깎기 비탈면
어획고 → 어획량     절토사면 → 땅깎기 비탈면
에리 → 깃     정지 → 땅고르기
연와 → 벽돌     제반 문제 → 여러 문제
열대강우림 → 열대 우림     조로 → 물뿌리개
엽연초 → 잎담배     중간말목 → 사이말뚝
오뎅 → 어묵, 꼬치, 꼬치 안주     중매인 → 거간, 거간꾼
오봉 → 쟁반     지라시/찌라시 → 선전지, 낱장 광고
오삽 → 큰삽     지입 → 가지고 들기, 갖고 들기
오야 → 우두머리, 두목, 계주     찌찌/쭈쭈 → 젖
오야붕 → 우두머리, 두목, 책임자     차장 → 승무원
오야지 → 우두머리, 책임자, 공두(工頭)     추리닝 → 연습복, 운동복
오코시 → 밥풀과자     축제 → 축전, 잔치
와리바시 → 나무젓가락     취조 → 문초
와사비 → 고추냉이     칠부바지 → 칠푼 바지
와이로 → 뇌물     카렌다 → 달력, 캘린더
와쿠/와꾸 → 틀     카부 → 굽이, 굽은 길
왔다리갔다리 → 왔다갔다     캄푸라지 → 거짓 꾸밈, 위장
요지 → 이쑤시개     캬브레타 → 기화기, 갸뷰레터
우동 → 가락국수     커리큘럼 → 교과 과정
우라 → 안, 안감     컴프레서 → 압축기
우와기 → 윗도리, 상의, (양복)저고리     콘셉트 → 개념, 관념
우키/우끼 → 찌, 띄우개, 튜브     크락숀 → 경적, 크랙슨
운전수 → 운전 기사, 운전사     택배 → 집배달, 문앞 배달
워카 → 군화     터키탕 → 증기탕
유토리/유도리 → 융통, 여유     퍼스컴 → 개인 컴퓨터, 개인용 컴퓨터

페인팅나이프 → 그림칼
프라이/후라이 → 튀김
프라이드치킨 → 닭고기 튀김
프레임 → 틀
하구언 → 가어귓둑
하루나 → 왜갓
하바 → 폭, 나비, 너비
하바키 → 꾐, 괴개
하부차 → 결명자, 결명자 차
하종가 → 하한가
하코방/하꼬방 → 판잣집
한소데 → 반소매
함마 → (큰) 망치, 해머
함바 → 현장 식당
함바 → 현장 식당

호로 → 덮개, 포장
호리가타 → 터파기, 골파기, 땅속틀
호리꾼 → 도굴꾼
혹성 → 행성
홈 → 플랫폼
화목 → 땔나무
화이바 → 안전모
활어 → 산 고기, 산 물고기
후안/후앙 → 환풍기, 송풍기
후키 → 뿜질, 뿜칠
휴즈 → 퓨즈
히사시 → 차양
히야시/시야시 → 차게 함, 채움
히키/삐끼 → 끌기

# [부록 6]

## 당신의 우리말 실력은?

〔연습문제 1〕

※ 다음 문장 가운데 맞춤법이 틀린 부분을 바르게 고치시오.

1. 판자촌 단칸방에서 삭월세 살이 하든 추억이 새롭다.
2. 가까운 친구들도 첫딸 돐잔치를 몰래 치렀다고 야단이었다.
3. 세째, 문 목사의 북한 방문에 대한 어느 집단의 의견도 수렴하지 않는다.
4. 뒷집 영희네는 윗어른을 모시고 산다.
5. 정부는 산모와 세 쌍동이에게 의료 혜택을 주기로 하였다.
6. 봄의 문을 여는 아지랭이가 피어오르기 시작하였다.
7. 난장이가 쏘아 올린 작은 공
8. 빚장이들이 몰려오자 집안은 순식간에 아수라장으로 변해 버렸다.
9. 연기자들 세계에서는 심심찮게 들을 수 있는 이야기들이 떠돌았다.
10. 아이들은 어깨를 걸고 반월당 큰 길로 내달았다.
11. 올 김장철에는 배추뿐만 아니라 무우도 부족할 전망이다.
12. 모방하거나 흉내만 내는 꼭둑각시 사업은 전망이 어둡다.
13. 소매치기를 하기 위해 일당을 슬쩍 끼어 주었다.
14. 청소년 연맹에서 실시하는 수련회에 끼어 가기로 하였다.
15. 싱그러운 자연의 내음에 취하여 집으로 돌아오고 싶은 마음이 없었다.
16. 주부들은 부담 없이 가구를 장만할 수 있다는 사실에 놀랬다.
17. 남자 종업원들이 달라들어 그들을 떼어 놓았다.
18. 경찰 내부에서도 화염병과 돌맹이가 난무하는 시위 진압을 위해 최루탄을 사용할 것인지에 대하여 깊이 있게 논의한 것으로 알려졌다.
19. 퇴근길에 가끔 우리 사무실에 들렸다 가곤 하던 인숙이가 요즈음에는 통 소식이 없었다.
20. 가까운 대리점에 들리셔서 눈으로 직접 확인해 보시기 바랍니다.
21. 잘 달인 간장으로 양념하여 맛깔진 음식을 마련하십시요.
22. 전 주스로 한 잔 주세요.
23. 철수는 빵집이 가까와지자 주머니에 든 지폐로 손이 갔다.
24. 누군가가 버리고 간 쓰레기들이 여기저기 볼쌍사납게 흩어져 있었다.
25. 자동 보관함을 사용코저 하시는 분들께 알립니다.
26. 골치 아프고 성가스러운 일은 안 하려고 한다.
27. 취재 기자들과 실랑이를 벌렸다.
28. 육계장에는 쇠고기를 넣는다.
29. 불이 나서 소나무들이 모두 검게 그을려 있었다.

30. ‘인생’을 주제로 500자 내외의 글을 써라.

31. 연말·년시가 되면 불우 이웃을 돕는 손길들이 끊이지 않았다.

32. 올해에는 각 대학마다 입시 경쟁율이 다소 높아 질 것으로 보여집니다.

33. 갈색 눈동자에 우유빛 피부가 유난히 눈에 띄었다.

34. 가는 곳마다 갈비집 아니면 무슨무슨 가든이라 는 이름의 음식점들이 즐비하였다.

35. 해마다 묘자리로 들어가는 국토 면적이 늘어나 고 있다고 한다.

36. 담배갑에 흡연에 대한 경고문을 넣도록 의무화 하였다.

37. 우리 옛 속담에 ‘천리길도 한 걸음부터’라는 말 이 있다.

38. 경기 결과 못지 않게 감독들의 전술 대결도 흥 미거리다.

39. 화제의 촛점은 머리말에 어떤 내용을 넣을 것인 가에 모아졌다.

40. 체육관의 윗층은 출입이 제한되어 있었다.

41. 우리는 그날 하룻동안 ‘선녀와 나뭇군’을 세 번 이나 관람하였다.

42. 전화국 뒷공터에는 축구를 하기 위해 아이들이 하나 둘씩 모여들기 시작하였다.

43. 지금 와서 곰곰히 생각해 보니 그 때 간간히 들 려오던 고양이 소리가 우리를 무섭게 했었다.

44. 자연 속에서 살아가는 아이들은 그러치 못한 아 이들에 비해 시적 정서가 풍부하다는 사실이 밝혀졌다.

45. 개발의 부작용을 솔직이 인정하고 자연 환경을 보존할 수 있는 구체적인 대책을 마련하도록 하였다.

46. 설겆이를 하던 순희가 정희에게 딱다구리가 나 오는 만화영화를 좋아하느냐고 나직히 묻는 소 리가 들려왔다.

47. 우리가 술잔을 부딪히며 보람있는 대학생활에 대하여 토론하고 있었다. 그러나 생각치도 않 은 곳에서 문제가 생겼다.

48. 아뭏든 자기 표현이 확실한 요즘 아이들을 위해 새로운 대안 마련을 생각케 하는 계기가 되었다.

49. 여름이면 언덕배기에 올라 풋고추와 상치를 뜯 어다가 찬밥을 먹곤 하시던 할머니의 모습은 보는 이들을 안스럽게 하였다.

50. 일을 하겠다는 것이요? 안 하겠다는 것이요?

51. 그의 양복 웃도리는 양복점에서 마추어 입은 것 이지만 아무도 믿지 않았다.

52. 이번 생일에는 목거리를 사던지 반지를 사던지 하겠다고 마음먹었다.

53. 그것이 우연한 사고가 아니였다는 것을 모르는 바는 아니지만 재털이를 집어던진다고 문제가 해결되는 것도 아니요.

54. 겨울 밤에는 할머니 옆에 누워 옛부터 전해 내 려오는 으시시한 이야기를 들을 수 있었다.

55. 돈이 많다고 으시대는 사람을 보면 왠지 마음이 좋지 않던대요.

56. 옛날부터 전해오는 미풍양속은 보존하는 것이 좋습니다. 하지만 옛스러운 것이 반드시 좋은 것만은 아닙니다.

57. 개구장이 내 동생은 곱슬머리인데다가 뻐드렁 니가 나 있고 별명도 여러 개입니다.

58. 그는 열심히 일했다. 그러므로 아내를 읽은 슬 픔을 달래려 하였다.

59. 어머니는 홀몸도 아닌 딸이 진성에 사구 오는 것을 못 마땅해 하시는 눈치였다.

60. 어스름 달밤에 담배 한 개피 꺼내 물고 개구리 우는 소리를 듣고 있자니 마음이 울적해졌다.

61. 검찰은 사건을 조기에 마무리짓기 위해 본격적 인 증인 심문에 들어갔습니다.

62. 아버님을 여윈데서 오는 애끓는 슬픔을 누가 헤

아릴 수 있겠습니까?

63. 큰 일을 치루고 나니 웬지 모르게 가슴이 텅 빈 것 같았습니다.

64. 가게 앞에 벌려 놓은 물건 때문에 지나가는 행인들과 실랑이를 벌려야 했습니다.

65. 으례 하는 인사로 선생님을 모시고저 하는 것이 아닙니다.

66. 오랫만에 그 사람을 만났다. 그런데 그의 태도가 예전과는 이상스러울이만큼 많이 달라져 있었다.

67. 이 집은 회덥밥과 육계장 맛이 아주 좋습니다.

68. 다음 문장을 띠워쓰기 규정에 따라 띠워 쓰시오.

69. 비가 오는 여름철만 되면 어릴 때 쇠뿔에 받친 허리가 쑤신다.

70. 미류나무 숲 속에 피워놓은 모닥불 속으로 날아드는 불나비와 같이 어리석은 사람이 되지 않도록 해야 한다.

71. 그는 트기였지만 마이크를 잡고 멋드러지게 노래를 부르는 모습이 아주 매력적이었다.

72. 우리가 여주에 있는 세종대왕릉에 참배하러 갔을 때였다. 왕릉 앞에서 먼 하늘을 고즈너기 바라보고 계시던 선생님의 모습은 경건해 보였다.

73. 커다란 나무들이 강풍에 뿌리채 뽑혀 나가는 모습이 텔레비젼에 방영되었다.

74. 어찌나 땀을 많이 흘리고 배가 고팠던지 냉수를 한 바가지나 들이키고 나서야 정신을 차릴 수가 있었다.

75. 개그나 무용이 아무리 쉬운 쟝르라고 하더라도 백화점이나 수퍼마켓에서 살 수 있는 것이 아닙니다.

76. 시샛말로 대학 시절의 써클 선배와 좋아지내면서 아구찜을 안주로 삼아 소주를 마시기도 하였다.

77. 중학교 때 우리를 가리켜 주셨던 선생님이 한참

일할 나이인 예순 살에 돌아가셨다는 말을 듣고 우리 모두는 허탈해 하였다.

78. 그 잔인한 수법을 본 많은 사람들이 아연질색하지 않을 수 없었다.

79. 학생들은 옷매무새하는 방법을 잘 알아야 하는 것은 물론이고 학생들 신분에 어긋나는 행동은 일체 해서는 안 된다.

80. 지리한 장마철을 대비해서 밭고랑이 무너지지 않도록 평소에 단도리를 잘 해 두어야 한다.

81. 한국 육상이 침체의 늪에서 허위적거릴 때 혜성같이 나타난 넓이뛰기 선수가 바로 이 선수입니다.

82. 그 당시 어머니의 유일한 바램은 하나밖에 없는 아들이 지나친 술과 담배를 삼가하는 것이었다.

83. 그녀가 입은 곤색 원피스는 팔목시계와 잘 어울렸다.

84. 지난 여름에 담아 놓은 포도주를 마시고 하마트면 취할 뻔하였다.

85. 번개와 우뢰가 치는 여름철에는 울타리 밑에 심어 놓은 강남콩도 열매를 맺기 시작한다.

86. 아리스토텔레스는 일찌기 '너 자신을 알라'고 말하였다.

87. 사람들은 중국의 등소평을 일컬어 쓰러져도 또다시 일어나는 오뚜기 같은 인물로 평가하고 있다.

88. 잔듸가 자랄 때가지 잔듸밭 출입을 금지하고 있아오니 양지하시기 바랍니다.

89. '갓길 없음'이라는 팻말을 보자 계속해서 길어깨로 달리는 것이 양심에 허락치 않았다.

90. 술자리가 점점 무르익음에 아무래도 술자리가 금방 끝나지 않을 거라고 생각한 나는 슬며시 그 자리를 빠져 나왔다.

91. 우리가 사용하던 굴삭기에도 쌍용 정유 주유소에서 기름을 넣을 수 있었다.

〔연습 문제 2〕

※ 다음의 문장에서 잘못 쓰인 단어나 표현이 있으면 바르게 고치시오.

1. 방학이 끝날 때까지 학교는 오랫동안 강의실을 비워 두고 있었다.

2. 고기를 굽는 내음이 나는 식당 앞에 이르자 아이는 차라리 더 보채기 시작하였다.

3. 평균 스무 살이 되기 전에 시집을 가면 새벽별 스러지기 전에 일어나 밥하고 빨래하고 밭매고 길쌈하고, 밤이면 윗채에불이 꺼지기 전까지 호롱불 아래 옷 깁고 다듬이질해야 하는 중노동에 시달렸다. 3년을 벙어리 신세로 마소처럼 일하며, 열 명 정도의 자식을 낳았다.

4. 물을 많이 써서 수도세가 많이 나왔다.

5. 학생들에게 정문을 사용하지 못하도록 하였다.

6. 그 사람들은 복장도 깔끔하게 차려입었다.

7. 이 기간 동안 아무도 주의를 기울이지 않았다.

8. 심도 깊은 논의를 하였다.

9. 고추는 옥상 위에 널어 말렸다.

10. 노사는 부평 공장 가동을 다음달부터 정상화시키기로 합의하였다.

11. 오랜 노력의 결과가 결실을 맺는 순간이었다.

12. 술이 취해 비틀거리는 사람이 보기 좋지 않다.

13. 고인의 애도와 명복을 비는 행렬이 줄을 이었다.

14. 유기농법으로 재배된 농산물은 높은 값에 거래되었다.

15. 책을 하나도 사지 않았다.

16. 그 범인은 길목을 지키고 있던 경관에 의해 붙잡혔다.

17. 우리 집 앞의 큰 나무가 태풍에 의하여 쓰러졌을 때…

18. 남북 불가침 선언 채택을 실현하기 위한 방법과 절차를 구체화시키고 있다.

19. 고양이 새끼가 태어났다.

20. 십만 대의 귀성차량이 서울을 빠져 나갔다.

21. 오늘은 날씨가 매우 추운 것 같다.

22. 이 같은 고은의 문학은 곧 그의 삶에 다름 아니다.

23. 이밖에 '민족 현실과 김수영 문학의 소시민적 한계'도 주목에 값한다.

24. 크고 작은 사전들을 속속 출간하고 있다.

25. 저 토끼는 흰 귀를 가졌다.

26. 어제 마을회관에서 친목회를 가졌다.

27. 한 잔 술을 마시고 인생을 논하였다.

28. 이 음식은 짠맛이 있다.

29. 할아버지는 그의 손자인 나를 잘 보살펴 주었다.

30. 두 사람은 그곳에서의 살림을 그만두고 이사했다.

31. 수업에 빠지는 것은 나쁘다.

32. 배우고 가르치는 것이 가장 좋은 낙이다.

33. 그는 수영은 말할 것도 없고 탁구도 수준급이다.

34. 우리도 나름대로 잘 하려고 애썼기에 더욱 공감을 느낄 수 있었다.

35. 참으로 대단한 미모를 가졌던 분이 일제의 침략과 만행으로 10여년 간이나 독수공방을 지켜야 했다.

36. 수질 오염에 대한 문제는 그 심각성에도 불구하고 한 번도 질문되어 본 적이 없었다.

37. 앞에서 신호 대기를 기다리던 택시를 들이받아 대형 참사가 발생하였다.

38. 급유 공급이 끝나자마자 떠나던 그들의 모습이 뇌리 속에서 떠나지 않았다.

39. 어느새 해는 석양에 걸려 있고 거리는 유행의 꽃들로 만발해 있있다.

40. 그 아이가 처음에 출생했을 때 그와의 첫 만남
    이 시작되었다.

41. 아직까지 키워주신 부모님께 감사드리는 기도
    를 올릴 때 부모님의 사랑이 나의 가슴을 시리
    게 하였다.

42. 00당 총무단들은 단상 아래로 몰려가 이 의장에
    게 마이크를 넣어줄 것을 요구하였다.

43. 집사람도 좋아하고 아이들도 신나 했다.

44. 다른 사람을 도울 수 있다는 것이 얼마나 값지
    고 보람스러운 일인가?

45. 학생들은 희색이 만면인 반면 선생님들의 표정
    은 사뭇 실망스러워 하는 모습이었다.

46. 우리가 가장 좋아하는 가수를 만나러 갔으나 설
    레이는 마음을 진정시키기도 전에 그가 교통
    사고를 당했다는 충격적인 소식을 들었다. 우
    리 모두는 도저히 믿기지 않는다는 듯 꼼짝도
    하지 않고 그 자리에 서 있었다.

47. 그 사람의 눈이 커진 것은 공포스러운 일에 대
    한 거부반응의 결과다.

48. '매춘'이란 영화에서 보면 사회의 현실이 나타
    나고 있다.

49. 30일 현재까지 관리비가 거의 대부분 수납된 것
    으로 밝혀졌다.

50. 어떤 모습으로 변해 갈 것인가에 대한 공포와
    두려움을 안겨 주기에 충분하다는데 공감을 느
    낄 수 있었다.

51. 광주 문화원의 존치(存置)에 관한 문제가 연구
    중에 있다.

52. 비행기가 속도를 가장 늦게 할 수 있는 한계를
    실속 속도라고 한다.

53. 옷이 전혀 안 타고 부작용이 없는 새로운 염색
    약을 개발하였다.

54. 한 때 서울 중랑천 부근에 테니스장을 운영하기
    도 했던 경험을 살려 엄청난 수지를 맞을 것이

라는 골프장 사업에 손을 댄 것이 화근이었다.

55. 그는 보험회사를 다니다가 교직에 발을 들여놓
    았으나 교직에의 경험도 없이 사명감만으로 담
    임을 맡았었다.

56. 역사상 수많은 질병이 인류에 대해 도전해 왔었
    다.

57. 지금 원택의 아내에겐 지푸라기라도 잡고 싶은
    심정이었다.

58. 인간은 신을 숭배하지만 도전하기도 한다.

59. 흰 구름과 맑은 물이 감도는 금강산 봉우리를
    바라보며 골짜기를 따라 걸었다.

60. 다음달 1일부터 시내버스 값이 5% 오를 예정이
    다.

61. 여름철에는 베나 모시로 만든 바지저고리를 입
    는 것이 시원하다.

62. 안전 장비를 휴대하지 않은 버스에 대해서는 범
    칙금을 부과하기로 결정하였다.

63. 이번 회담의 결과를 김일성이에게 설명한 것으
    로 알려졌다.

64. 차삯이 없어 안절부절하는 모습이 매우 안타깝
    게 보여 내가 대신 차비를 내 주었다.

65. 우리가 테니스 코트장에 나갔을 때는 해가 넘어
    갈 무렵이었다.

66. 우리는 수요일 아침 아홉 시에 역전앞에서 만나
    기로 하고 헤어졌다.

67. 백혈병으로 죽어가던 소년이 '디즈니 월드를 구
    경가는 게 소원'이라는 신문 기사를 읽고 흑인
    소년의 꿈을 이뤄지는 등의 공로로 그 영광의
    상을 받았다.

68. 그 때 일 가운데 아직까지 뇌리에서 사라지지
    않는 것이 하나 있다.

**〔연습문제 3〕**

※ 다음 문장을 읽고 문법이나 화법에 맞지 않는 표현이 있으면 고치시오.

1. 조촐하게 차린 음식입니다만 많이 드십시오.
2. 설사가 나오면 설사약을 먹어야지.
3. 지금 중부 지방의 날씨는 맑고 있습니다.
4. 이런 질문을 가진 분이 계십니까?
5. 이번 아펙 모임의 장본인인 클린턴 대동령이 도착하는 모습입니다.
6. 맨발 벗고 뛰어라.
7. 총장님 실에서 회의가 있으시겠으니 해당 보직 교수들은 모두 참석해 주시기 바랍니다.
8. 원고지 작성법을 모르는 사람도 학교에선 반장직을 맡고 있습니다.
9. 통행에 불편을 드려 죄송합니다.
10. 자율학습을 감독하러 간다.
11. 우리 집이 오늘 이사갑니다.
12. 칠칠맞게 그런 멍청한 일을 왜 하니.
13. 선배께 자문을 구하러 왔습니다.
14. 새로 취학한 아동들은 모두 즐거움과 함께 학교에 다니고 있습니다.
15. 하루 종일 나무를 심었더니 저녁에는 밥맛이 생겨요.
16. 피부 노화 방지를 도와주는 약을 새로 개발하였습니다.
17. 오늘 회의는 1시 이후부터 시작됩니다.
18. 오늘 상장을 수여받은 분들은 자리에 남아 주시기 바랍니다.
19. 오늘 경기에서 우리 선수들이 두 꼴을 터트렸기 때문에 일본을 무찌르고 A조 1위로 아시아 지역 본선에 진출하게 되었습니다.
20. 그가 보험회사를 다녔다는 것은 하나의 새로운 시도라고 보아질 수 있습니다.
21. 사과 껍데기는 먹지 말아라.
22. 난 너의 말대답에 진저리가 난다.
23. 밭떼기로 팔아서 얼마나 받겠는가?
24. 모기장을 밟지 않게 거두어라.
25. 노는 것도 옛날과는 많이 틀려졌어.
26. 호명하는 사람은 단상 앞으로 나와서 상장을 수여하시기 바랍니다.
27. 정부는 부족한 주차난을 해결하기 위하여 여러 가지 대책을 마련중에 있습니다.
28. 궁금한 소식이 있으신 분은 언제든지 편지나 엽서를 주십시오.
29. 잔디 면적이 가장 많은 운동장에서 연습을 하기 때문에 공을 너무너무 정확하게 찰 수 있는 겁니다.
30. 부모에게 효나 스승에게 존경한다는 것은 아무리 강조하더라도 모자람이 없다고 생각합니다.
31. 하나님께서 우리를 묶어주셔서 흐뭇하기 짝이 없습니다.
32. 이 문제는 쉽게 해결되어지지 않을 것으로 보입니다.
33. 공적자금 처리 과정은 실망스러운 수준이었다고 할 수 있습니다.
34. 선생님께서는 항상 웃으시며 지도하십니다.
35. 이 자리에 오신 주부님께 감사드립니다.
36. 저는요, 죽어도 거짓말을 못시키는 성격입니다.
37. 저야말로 정말 솔직한 것을 빼면 시체입니다.
38. 선생님 말씀은 굉장히 훌륭합니다.
39. 굉장히 미인이십니다.
40. 신청하실 도서명과 주소를 게재하십시오.
41. 통행에 불편을 드려 죄송합니다. 우회하여 주십시오.

42. 그 사람은 어찌나 우유부단하고 두리뭉시한지 더 이상 함께 일하고 싶지 않더라.

43. 너 돈 같은 거 있니?

44. 자연의 고요로움 속에서 풍부한 사색을 즐길 수 있는 휴양지입니다.

45. 이번 대우자동차 노사협상은 올 봄 노동 운동의 방향을 가름지을 것으로 기대됩니다.

46. 이 달 20일까지 가입하시는 분에게는 2개월간 무료로 교육시켜 드립니다.

47. 이번 심의에서 국방비의 대폭 삭감에 사회 개발비의 대폭 증액을 예상합니다.

48. 이 달에는 흐린 날씨가 많고, 강한 바람과 비가 많이 내리는 날도 있겠습니다.

49. 선친이 독립 운동가로 계셨었지요?

50. 오늘같이 축복된 날에 좋은 시간이 되시고 계신지요.

51. 아파트 관리비를 벌써 수납하셨어요?

52. 저기 사거리에서 왼쪽으로 좌회전 한 다음에 곧장 가세요.

53. 그 책은 낱권 판매도 가능하다고 합니다.

54. 선생님께 거짓말을 시켜서는 안 된다는 생각을 했지요.

55. 이번에 상을 수상하신 소감에 대하여 말씀해 주시지요?
    글쎄요, 기분이 참 좋은 것 같아요.

56. 이번 일을 성사시키는 데 큰 어려움은 없었습니까? 예, 특별한 어려움은 없었던 것 같습니다.

57. 부장님, 고마웠어요. 다음에 뵐게요.

58. 많은 사람들이 경험을 중요시 여기는데 나도 그렇다고 생각되어집니다.

59. 지금의 내 처지보다는 차라리 저 날으는 새가 부럽습니다.

60. 저희나라가 이 정도로 발전한 것은 모두 국민들이 열심히 일한 덕분입니다.

61. 오늘 이 자리에는 바르셀로나 올림픽 역도 경기에서 금메달을 획득한 장본인인 전병관 씨가 나오셨습니다.

62. 오늘 제가 이 자리에 설 수 있었던 것은 주의력을 집중하여 열심으로 익혀왔기 때문입니다.

63. 제5회 직장인 농구대회에서 우승하신 분에게는 푸짐한 상금과 상패가 주어집니다.

64. 투표인 과반수 이상이 찬성했으므로 이 안건을 통과된 것으로 하겠습니다.

65. 선생님 남편은/부군은 무엇하시는 분이세요?

66. 열차가 곧 도착됩니다. 승객 여러분께서는 안전선 안에 계시면 위험하오니 안전선 밖으로 한 걸음 물러서 주시기 바랍니다.

67. 자기야, 전화좀 받아보세요(신혼 초).

68. 아빠가 데려다 주셨어요(방송에서 남편을 지칭하며).

69. 제 부인이 이것을 좋아하지만 건강이 좋지 못합니다.

70. 그 일 때문에 아버지한테 야단을 맞았어.

71. 딸아이가 학교에서 돌아오기만 하면 저에게 여쭈어 봐요.

72. 선생님, 물어볼 것이 있어서 왔는데요?

73. 그 선배도 이 번에 박사학위를 땄다고 하던데요?

74. 선생님, 오늘 오후에 시간이 계십니까?

75. 지금으로부터 이사장님과 총장님의 말씀이 계시겠습니다.

76. 부장님, 과장님은 지금 자리에 없습니다.

77. (입시생에게) 너 입학원서 아직도 접수 안 했니? 내일까지만 접수받는다더라.

78. 김씨는 10여 년 간을 미국에 유학하고 최근에 귀국한 재원으로서 우리 학교에 큰 역할을 담당하시리라 봅니다.

79. 교장 선생님, 제가 술 한 잔 따라 올리겠습니다.

80. 영순아, 너 김 교수님께서 연구실로 오시래.

81. 할아버지, 점심 드시고 가세요.

82. 지금까지 저희 KBS 텔레비전을 시청해 주셔서 감사합니다. 시청자 여러분, 좋은 밤 되시기 바랍니다.

83. 교수님, 수고하십시오(일을 마치고 헤어질 때 인사).

84. 교수님, 조교 선생님이 오늘 아프셔서 출근 못한다고 하셨습니다.

85. 선생님, 집이 어디세요?

86. 우리 시아빠는 말이야, 너무 고지식해서 말이 안 통해.

87. 부모와 자식간에 흐르는 정보다 더 값어치 있는 것이 어디 있겠습니까?

88. 새로 태어난 꿩 새끼들이 정신없이 날아다니고 있는 현장을 찾아왔습니다. 올해에 새로 태어난 꿩 새끼도 여러 마리가 있다고 합니다.

## 〔연습문제 4〕

※ 다음 문장을 읽고 잘못 쓰인 어휘나 표현이 있으면 고쳐보시오.

1. 조촐하게 차린 음식입니다만 많이 드십시오.
2. 설사가 나오면 설사약을 먹어야지.
3. 물을 많이 써서 수도세가 많이 나왔다.
4. 이런 질문을 가진 분이 계십니까?
5. 이번 아펙 모임의 장본인인 클린턴 대통령이 도착하는 모습입니다.
6. 맨발 벗고 뛰어라.
7. 학생들에게 정문을 사용하지 못하도록 하였다.
8. 그 사람들은 복장도 깔끔하게 차려입었다.
9. 통행에 불편을 드려 죄송합니다.
10. 자율학습을 감독하러 간다.
11. 우리 집이 오늘 이사갑니다.
12. 칠칠맞게 그런 멍청한 일을 왜 하니.
13. 선배께 자문을 구하러 왔습니다.
14. 이 기간 동안 아무도 주의를 기울이지 않았다.
15. 심도 깊은 논의를 하였다.
16. 고추는 옥상 위에 널어 말렸다.
17. 오늘 회의는 1시 이후부터 시작됩니다.
18. 오늘 상장을 수여받은 분들은 자리에 남아 주시기 바랍니다.
19. 노사는 부평 공장 가동을 다음달부터 정상화시키기로 합의하였다.
20. 오랜 노력의 결과가 결실을 맺는 순간이었다.
21. 사과 껍데기는 먹지 말아라.
22. 난 너의 말대답에 진저리가 난다.
23. 밭떼기로 팔아서 얼마나 받겠는가?
24. 모기장을 밟지 않게 거두어라.
25. 노는 것도 옛날과는 많이 틀려졌어.
26. 술이 취해 비틀거리는 사람이 보기 좋지 않다.
27. 고인의 애도와 명복을 비는 행렬이 줄을 이었다.
28. 유기농법으로 재배된 농산물은 높은 값에 거래되었다.
29. 책을 하나도 사지 않았다.
30. 그 범인은 길목을 지키고 있던 경관에 의해 붙잡혔다.
31. 우리 집 앞의 큰 나무가 태풍에 의하여 쓰러졌다.
32. 이 문제는 쉽게 해결되어지지 않을 것으로 보입니다.

33. 남북 불가침 선언 채택을 실현하기 위한 방법과
    절차를 구체화시키고 있다.

34. 선생님께서는 항상 웃으시며 지도하십니다.

35. 이 자리에 오신 주부님께 감사드립니다.

36. 저는요, 죽어도 거짓말을 못시키는 성격입니다.

37. 저야말로 정말 솔직한 것을 빼면 시체입니다.

38. 선생님 말씀은 굉장히 훌륭합니다.

39. 굉장히 미인이십니다.

40. 고양이 새끼가 태어났다.

41. 십만 대의 귀성차량이 서울을 빠져 나갔다.

42. 오늘은 날씨가 매우 추운 것 같다.

43. 너 돈 같은 거 있니?

44. 이 같은 고은의 문학은 곧 그의 삶에 다름 아니
    다.

45. 이밖에 '민족 현실과 김수영 문학의 소시민적
    한계'도 주목에 값한다.

46. 크고 작은 사전들을 속속 출간하고 있다.

47. 저 토끼는 흰 귀를 가졌다.

48. 어제 마을회관에서 친목회를 가졌다.

49. 한 잔 술을 마시고 인생을 논하였다.

50. 이 음식은 짠맛이 있다.

51. 할아버지는 그의 손자인 나를 잘 보살펴 주었다.

52. 두 사람은 그곳에서의 살림을 그만두고 이사했다.

53. 수업에 빠지는 것은 나쁘다.

54. 배우고 가르치는 것이 가장 좋은 낙이다.

55. 그는 수영은 말할 것도 없고 탁구도 수준급이
    다.

56. 30개월 된 어린 아들이 한참 말 배우기를 시작
    할 때다. 외할머니가 아이를 돌보고 계셨는데
    그 분은 경상도가 고향이셨다.

57. 자연히 경상도 사투리를 접할 기회가 많았던 아
    이는 '혼난다'라는 단어를 '뭐칸다'로 들었다.

58. 옛부터 예절 교육은 밥상머리에서 하라고 했다.

59. 출발 시간은 여덟 시 정각입니다.

60. 큰 인물이 큰 정치를, 적은 인물이 적은 정치를
    하는 것입니다.

61. 교복이 적어서 못 입는 학생들은 바꾸어 입도록
    하였다.

62. 맞는다고 생각하시면 동그라미, 틀리다고 생각
    하시면 가위표를 하시오.

63. 박쥐가 어둠 속을 날으는 일은 어떻게 가능할
    까?

64. 그는 낯설은 해변에 서 있었다.

65. 문은 손잡이를 앞으로 밀은 상태로 열어야 열리
    게 되어 있다.

66. 도서관에 공부하려 간다(목적).

67. 공부를 할려고 해도 친구들이 자꾸 불러내었다.

68. 군것질을 삼가하고 불량식품을 사 먹지 않기로
    결의하였다.

69. 이를 실천하고 있아오니 고객 여러분의 많은 관
    심과 성원을 부탁드립니다.

70. 특별회비는 해당 않 됨.

71. 전국 유명 토산물전 주부들에 인기

72. 선생님에 반말, 예절 모른다.

73. 이혼 땐 부인에 재산 반 줘라.

74. 출석 회원 과반수 이상의 찬성으로 의결한다.

75. 성원이 충족되었으므로 회의를 시작하겠습니다.

76. 누구나 좋은 문학작품을 읽으면 진한 감동을 느
    끼게 된다.

77. 이 종 소리 때문에 귀가 멀었어요.

78. 학생들에게 벌을 세우는 일이 없도록 해 주시기
    바랍니다.

79. 나의 살던 고향은 꽃피는 산골

80. 생각과 염려도 없이 과거 판을 벌렸단 말이냐?

81. 그에 걸맞는 새 도읍지를 구해야 한다고 생각했
    기 때문이다.

82. 왕씨들을 격리시킬 수밖에요.

83. 너는 어디 가는 길이더냐?

저자 약력 / 박경래

1957년 충북 괴산 출생
충북대학교 사범대학 국어교육과 졸업
서울대학교 대학원 석사과정 수료 문학석사
서울대학교 대학원 박사과정 수료 문학박사
서울대학교, 충북대학교, 서원대학교 강사 역임
현재 세명대학교 한국어문학과 교수
논저 : 괴산 연풍 방언의 음운에 대한 세대별 연구
       충주 방언의 음운에 대한 사회언어학적 연구 외 다수

## 디지털 시대의 글쓰기

1쇄 발행  2002년 3월  5일
4쇄 발행  2011년 2월 25일

지은이  박경래
펴낸이  박찬익

편  집  이기남, 김민영, 최민영, 지미정
영  업  박찬일, 이승욱, 박지우

펴낸곳 도서출판 **박이정**
130-070 서울시 동대문구 용두동 129-162
Tel 922-1192~3, Fax 928-4683
Http://www.pjbook.com, E-mail pijbook@naver.com
온라인 (국민) 729-21-0137-159
등록 1991년 3월 12일 제1-1182호
ISBN 978-89-7878-574-7 93710
ⓒ 2004, 박경래

**값 15,000원**

*잘못된 책은 바꿔드립니다. 저자와 협의하여 인지를 생략합니다.